北京日本学研究中心 编

日本学研究 二十五

学苑出版社

图书在版编目（CIP）数据

日本学研究．第25辑／北京日本学研究中心编．—北京：学苑出版社，2015.11
ISBN 978－7－5077－4920－5

Ⅰ．①日… Ⅱ．①北… Ⅲ．①日本—研究—丛刊 Ⅳ．①K313.07－55

中国版本图书馆CIP数据核字（2015）第275151号

出 版 人：孟 白
责任编辑：杨 雷 李点点
出版发行：学苑出版社
社　　址：北京市丰台区南方庄2号院1号楼
邮政编码：100079
网　　址：www.book001.com
电子邮箱：xueyuanpress@163.com
联系电话：010－67601101（营销部）、67603091（总编室）
经　　销：全国新华书店
封面设计：北京京点图文设计有限公司
印 刷 厂：三河市灵山红旗印刷厂
开本尺寸：787×1092　1/16
印　　张：26
字　　数：490千字
版　　次：2015年11月第1版
印　　次：2015年11月第1次印刷
定　　价：100.00元

本书由
日本国际交流基金
资助出版

《日本学研究 二十五》编辑委员会

主　　编：徐一平　笠原清志
编　　委：周维宏　施建军　秦　刚
　　　　　朱桂荣　潘　蕾　葛东升
执行主编：朱桂荣

前　言

　　北京外国语大学北京日本学研究中心成立于1985年9月，是中日两国政府为了促进教育文化交流和人才共同培养而设立的教学研究机构。北京日本学研究中心承载其历史使命，已经走过了三十个年头。在这三十年间，中日双方的工作人员在上级领导的关怀之下，克服困难，创造条件，为我国培养了大批日本学研究方面的专门人才。与此同时，作为北京日本学研究中心的学术刊物——《日本学研究》也走过了第25个年头。它在中日双方主任的关注之下，同时在编辑委员会成员的辛勤努力之下，每一期都把最新研究成果呈献给亲爱的读者。

　　今年，由于网络原因，《日本学研究》原有的投稿信箱不能正常使用，给投稿者带来不便，本编辑委员会深感歉意。当我们公布了新的投稿邮箱，并相应延长了投稿截止期限时，收到了广大读者的踊跃来稿。

　　本期共收到投稿稿件26篇。经过编辑委员会公平、公正、严格的审稿，共采用了20篇。其中，日语研究5篇、日语教育研究5篇、日本文学研究4篇、日本文化研究4篇、日本社会研究2篇。在所刊载的论文中，多半是在读博士生的论文，这反映出青年学子从事日本学研究的积极态度。同时，本期也刊载了今年刚刚毕业的硕士研究生的5篇优秀硕士论文，这些论文是北京日本学研究中心硕士研究生教育成果的体现之一。

　　我们希望《日本学研究》能够继续为国内外广大日本学研究者搭建一个交流的平台，通过学术的交流，进一步增进中日双方的相互理解，共筑和平。

北京日本学研究中心
《日本学研究》第25期编辑委员会
2015年7月17日

目 录

日语研究

〈動作主〉デ格成分が統語的に主語なのか …………………………………………… 孟会君（3）

意味に基づく日中同形語の分類の揺れ
　　——二字漢語分類のツーバージョン対照を中心に ………………… 叶栩邑（14）

話者の視点による現代日本語の敬語
　　——敬語の使い分けと表現効果について ………………………………… 武立引（26）

再帰構文における他動詞の「結果相」についての一考察
　　——「テイル」を中心に ……………………………………………………… 韩佳梅（47）

次要范畴存在的可能及理论意义
　　——代动词 suru 的语法角色 ……………………………………………… 杜盛斌（61）

日语教育研究

关于20世纪20~30年代中国留学生日语教科书的研究
　　——以《日语全璧》为例 ……………………………………………………… 朱桂荣（75）

百年日语教科书中的故事性题材选文研究 ……………………… 张金龙　李友敏（89）

関連教材から見た中国の大学日本語専攻教育における敬語教育
　　——教材における敬語に関する新たな記述を目指して …………… 任丽洁（98）

日语教育领域中的汉语母语学习者的日语单词认知研究 ……………… 费晓东（113）

映画を用いた日本語学習の有効性
　　——初級日本語学習者を対象に … 加藤靖代　毕春玲　秦　怡　壇辻正剛（124）

日本文学研究

论《乌宝传》作为《贫福论》出典的可能性 ································· 岳远坤(135)

国木田独歩の初期散文小品「たき火」小論
　　——ワーズワースの詩「幼時を回想して不死を知る頌」との関連において
　　··· 曲　莉(143)

「前世夢告夢」の変遷
　　——『日本霊異記』から『今昔物語集』へ ····················· 赵季玉(151)

岩崎本『日本書紀』の形容詞和訓について ························· 刘　琳(162)

日本文化研究

文化面向西方世界的自我形象构筑
　　——新渡户稻造与辜鸿铭的人文理想的比较研究 ············· 李斌瑛(175)

梁启超与新渡户稻造忠义思想的重叠与再构
　　——从"程婴、公孙杵臼"到"菅原道真的故事" ············· 张晓明(185)

中江兆民对康德哲学的译介与儒学思想
　　——以"良智"与"良心"为视角 ······························· 李　亚(192)

试论《琉球八景》中葛饰北斋的创作手法和意图 ················ 程　茜(203)

日本社会研究

日本农村治理的变迁及启示 ·· 乐燕子(221)

"良妻贤母"论的预设行动结构研究 ··································· 李书琴(233)

优秀硕士论文

極限系のとりたて表現の焦点に関する日中対照研究
　　——日本語のサエ、マデ、モと中国語の"连……都/也"を中心に ······ 吴庆霞(243)

学習者コーパスに基づく日本語のアスペクト習得の研究
　　——C-JASにおけるアスペクト仮説の検証を中心に ········· 姚一佳(261)

宮崎駿『ハウルの動く城』の深層
　　——戦争の表象を中心に ··· 王蕙林(284)

目 录

近世初期風俗画の小袖表現について
　　──大阪市立美術館蔵「邸内遊楽図屏風」を中心に ………… 丁　韵（309）

定年高齢者の再社会化に関する測定方法の検討 ………… 王勇丽（345）

日本経済の外生ショックと景気変動
　　──中規模ニューケインジアンDSGEモデルによる実証分析 ……… 王　芮（367）

『日本学研究』投稿規定 ……………………………………………（396）

『日本学研究』執筆要領 ……………………………………………（397）

《日本学研究》征稿启事 ……………………………………………（399）

《日本学研究》撰稿规范 ……………………………………………（400）

　Contents ……………………………………………………………（402）

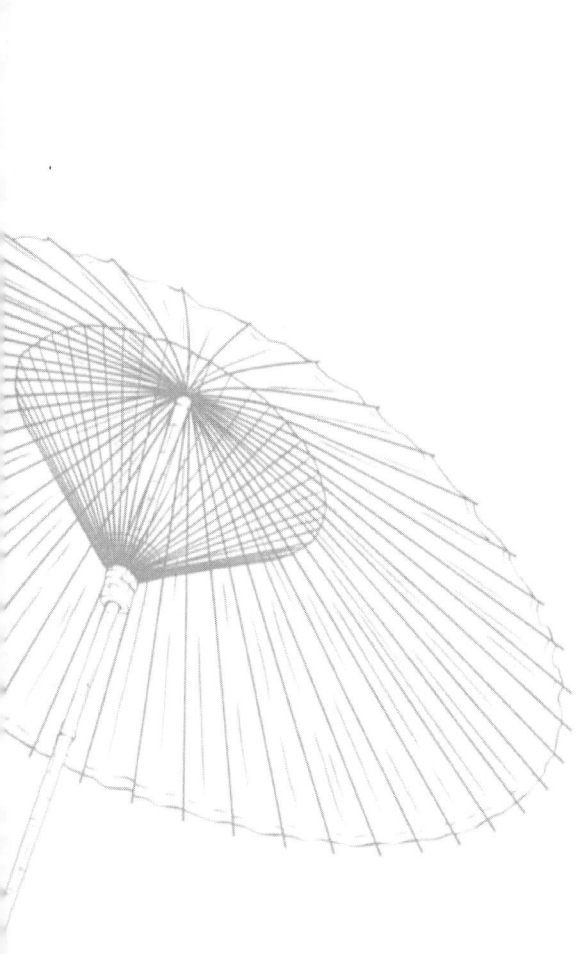

日语研究

〈動作主〉デ格成分が統語的に主語なのか

北京外国语大学　孟会君

摘要: 本文在相关研究的基础上,总结提出了适用于动作主体デ格的主语性判断基准,并据此对动作主体デ格成分在句中是否用作主语进行了分析探讨,考察结果如下:(1)动作主体デ格句子中不存在潜在的主语;(2)从语序上看,动作主体デ格成分基本位于句首;(3)句法上,该成分既可引起谓语动词的敬语化,也可用作反身代词的先行词;在并列结构中,其还可引起后起句中与其相同的主语的省略。因此基于以上语法特征,笔者认为,即使不足够典型,动作主体デ格成分在句中也具备一定程度的主语性。

キーワード: 〈動作主〉デ格　主語性　尊敬語化　再帰代名詞化　潜在的主語

1. はじめに

　本稿では〈動作主〉デ格成分の文法的機能、つまり、それが文中において統語的に主語なのかどうかについて検討してみたい。

　柴谷(1978)でも指摘していたように、意味役割が文法関係と必ずしも対応しているわけではないが、〈動作主〉が常に主語と結び付けて考えられている。たとえば、主語に関して、Keenan(1976)が30余りの特性を挙げていたが、Dixon(1979)はそのうち、「主語は、存在する場合には、普通行為の動作主を表す」[1]を主語に関しての唯一の普遍的な基準だと述べた。そのほか、Comrie(1981)も「主語のプロトタイプは動作主と主題の共通部分を表す」[2]と述べている。

　(1) a. John hit Mary.
　　　 b. ジョンが　メアリーを　殴った。
　　　 c. メアリーを　ジョンが　殴った。

例(1)に示されているように、日本語は英語とは異なり、その文法関係は語順ではなく、当該成分の文中での意味役割や格助詞とは大きな関係があるので、ガ格表示の〈動作主〉が確かに常に主語として働いているが、それは他の格助詞により表示されることもあるので、それらがすべて主語として働いているのかというと、必ずしもそうではない。たとえば、例(2)は〈動作主〉ニ格の場合であるが、そこにガ格名詞句も現れているので、それらが明らかに主語として働いているのではない。

　(2) a. メアリーが　ジョンに　殴られた。
　　　 b. ジョンが　ビルに　メアリーを　殴らせた。
　　　 c. メアリーが　ジョンに　来てもらった。

　勿論、一方、ガ格名詞句の現れていない文法環境での〈動作主〉も見られている。

(3) a. 母親から 衣類を 送ってきた。
　　b. 気象庁では 台風警報を 出した。
　　c. 太郎と花子で 母校を 訪問した。

(3)aはカラ格表示の〈動作主〉であり、その主語性はすでに井上(2002)により認められているが、(3)b、cのようなデ格表示の〈動作主〉の場合はどうであろうか、本稿では、研究対象をここに絞り、それが文中において主語性を持っているのかどうかについて検討してみる。

2. 主語性に関する先行研究

本節では、主にKageyama(1978)及び柴谷(1985)、杉本(1986)を中心に、先行研究において「主語性」という概念がどのように捉えられ、どのように判定されているのかを紹介した上で、〈動作主〉デ格に適用可能な主語性検証テストを提案してみる。

まず、三者はいずれも「主語性」が絶対的なものではなく、そこに程度があると考えられている。たとえば、柴谷(1985)は主語をプロトタイプ論的に捉え、それによると、主語は「多くの統語的・意味的特性の集合体」であり、それらすべてを満たすものが「典型的な主語」であるという。

次は柴谷(1985)により提出されていた「日本語の主語の統語特性」である。

(4) ①格助詞「が」で示される。
　　②基本語順で文頭に起こる。
　　③尊敬語化を引き起こす。
　　④再帰代名詞の先行詞として働く。
　　⑤等位構文においてφとなったり、φの先行詞として働く。
　　⑥主文と補文において同一名詞句が要求される構文では、補文のφになる。
　　⑦「の」と「が」の交替を許す。
　　⑧恣意的なゼロの代名詞がその位置に起こる。

つまり、主格標示がただ主語の一特徴に過ぎず、「「が」で示されていない名詞句でも主語の特性を持つものがある(p8)」。柴谷(1985)では、「太郎に英語が分かる」のような構文における与格主語のことをいうのであるが、これは〈動作主〉デ格の場合にも適用しているのであろうと考えられ、この点については、次節で検証することにする。

また、Kageyama(1978)も、次のような主語の特徴の集合を挙げたことがある。

(5) ①再帰代名詞化　　　　　　　　　　　　　　　　　　　　（=(4)④）
　　②数量詞の遊離[3]
　　③「が/の」交替　　　　　　　　　　　　　　　　　　　　（? =(4)⑦）
　　④尊敬語化　　　　　　　　　　　　　　　　　　　　　　（=(4)③）
　　⑤同一名詞句消去　　　　　　　　　　　　　　　　　　　（=(4)⑥）
　　⑥不定名詞句消去の不適用性　　　　　　　　　　　　　　（? =(4)⑧）

右に示されているように、それと柴谷(1985)とはほぼ重なるようであるが、注意

すべきところがいくつかある。

　まず、(5)③と(4)⑦であるが、両者がともに「が/の」の交替であるが、実は異なる現象を指している。前者は(6)のように連体句の中の「が」が「の」と交替する現象であるのに対して、後者は(7)のような主語名詞句の中の「の」格名詞句の主語化のことであり、むしろ柴谷(1984)のいう「所有者上昇」に当たる。ここでは詳しく紹介しないが、この二点が杉本(1986)に「主語性判定のテストとしては危険である」とされている[4]。

(6) a. 太郎が買った本
　　 b. 太郎の買った本
(7) a. 象の鼻が長い。
　　 b. 象が鼻が長い。

　そのほか、(5)⑥と(4)⑧であるが、両者は異なるように見えるが、本質的には同じ現象である。前者は(8)のように、文の完全性のために、不定主語の消去は許されないのに対して、不定目的語の消去はそれほど悪くはないという規則であるが、後者は(9)のように、連体句において不定主語が起こりうるのに対して、不定目的語などが許されないということである。つまり、後者は前者が連体句に位置する場合だけであろう。たとえば、例(8)を連体句に入れると、(10)のようになり、(9)と同じ結果になる。

(8) a. 子どもがφ食べた。
　　 b. *φうどんを食べた。　　　　　　　　　　　　（Kageyama1978:50）
(9) a. (PROが)本を読むことはいいことだ。
　　 b. *子供が(PROを)尊敬することはいいことだ。
　　 c. *僕は一生を(PROに)捧げたい。　　　　　　　（柴谷1985:7）
(10) a. *子供が(PROを)食べることはいいことではない。[5]
　　　 b. (PROが)お昼にうどんを食べることはいい節約術だ。

　この点の主語の特徴としての適当性はともかくとして、主語を恣意的なゼロ代名詞(PRO)にすること自体はまず〈動作主〉デ格の性質に向いていない。森田(1989)でも指摘したように、〈動作主〉デ格はもともと動作の主体を限定するものなので、「人々」とか「どのような人でも」とか任意の人を指すはずがない。ゆえに、この二点を〈動作主〉デ格成分の主語性の判定テストとしては適当ではない。

　さらに、杉本(1986)は上記の(4)と(5)をテストに、「山田先生が奥さんが若い」のような二重主格構文における大主語及び、「僕に彼女の気持ちが分かる」のような与格構文における与格名詞句の主語性を検証し、それと同時に、上記の特徴の適当性についても検討した。上述のいくつかの点の外に、杉本(1986)は「数量詞の遊離」の主語判定テストとしての不適当さも指摘した。

(11) a. 学生が3人来た。
　　　 b. 鉛筆を5本買った。
　　　 c. *子供たちに8人ピアノを教えている。

d. ＊トラックから4台荷物を降ろした。
　　　e. ＊ベニア板で5枚巣箱を作った。　　　　　　　　　　　（杉本1986：258）
　(11)に示されているように、数量詞の遊離を許すのはガ格やヲ格に限られているが、それが表層格により支配されているのか、それとも主語、目的語といった文法関係により支配されているのか、まだ議論の分かれているところなので、主語性判定のテストとされるのは適当ではない。
　最後に、「同一名詞句の消去」という点についても見てみたい。(12)のように、同一名詞句の消去というのは埋め込み文において、補文の主語が主文の主語と同一名詞句である場合に消去されるということであるが、以下のような原因で、この点も〈動作主〉デ格の場合に向いていないと考えられる。
　(12)a. 僕$_i$は　［φ$_i$　彼女の気持ちが　分かり］　たい。
　　　b. 僕$_i$は　［φ$_i$　先生に　ほめられ］たい。
　森田(1989)、山西(2000)などでも指摘したように、〈動作主〉デ格が意志的な動作文にしか使えないので、それはまず上記の「〜たい/ほしい」などの埋め込み文には使えない。これだけでなく、(13)に示されているように、受身文、使役文などにおいてもその動作主性が保持できない。
　(13)a. 太郎と次郎で花子を殴った。
　　　b. ＊花子が太郎と次郎で殴られた。
　　　c. ＊あの人が太郎と次郎で花子を殴らせた。
　勿論、これだけで〈動作主〉デ格が補文構造には出られないと結論付けてはちょっと気が早いが、上述のような原因で、この点をまず〈動作主〉デ格の主語性判定テストとはしない。
　このように、〈動作主〉デ格の主語性判定に適用可能なのは以下のようないくつかの点が考えられている。そのうち、②と③が杉本(1988)に「主語の徴候に関するもののうち最もrigidなものである」とされている。
　(14)①基本語順で文頭に起こる
　　　②尊敬語化を引き起こす
　　　③再帰代名詞の先行詞として働く
　　　④等位構文においてφとなったり、φの先行詞として働く
　続いては、これらをテストに、〈動作主〉デ格成分が主語性を持っているかどうかについて検証してみる。

3.〈動作主〉デ格成分の主語性判定

3.1　テストによる判定
3.1.1　基本語順
　言語類型論的には、主語が文頭に来るのは普通である。Tomlin(1986)の1000語に及ぶ言語の語順の調査によると、SOV型、SVO型、VSO型はそれぞれ45.8％、41.5％、11％を占め、そのうち、主語が文頭に起こるのは九割近くも占めている。二枝

(2007)でも主語を「文頭に置かれ、必要な場合にはVと呼応、選択関係において関係を持つNP」と規定している。

　日本語は英語、中国語などとは異なり、その文法関係が語順との間には絶対的な関係がないが、主題化など有標な場合を除いては、その主語もやはり普通文頭に来るのであろう。この点において、〈動作主〉デ格の場合も基本的に同じである。

(15)a. 警察で事件の真相を発表した。
　　　b. 彼等で旅行のことを相談している。
　　　c. 私の方で切符を買っておきます。

例(15)のように、〈動作主〉デ格も基本的に文の始めに位置する。勿論、一方、(16)a,bのような用例も見られているが、(16)a′,b′のように、それらがただ対象語の「交通費を/この仕事を」を主題化したものであろう。

(16)a. 交通費は会社で負担してくれます。
　　　a′会社で交通費を負担してくれます。
　　　b. この仕事はわれわれでやります。
　　　b′われわれでこの仕事をやります。

例(2)のような受身文、使役文、さらに授受構文などにおける〈動作主〉ニ格とは異なり、〈動作主〉デ格は統語的に文頭に起こるので、主語の〈動作主〉から目的語の〈対象〉に動作が及ぶというわれわれの認識パターンとも合致し、主語性を持ちやすいのであろうと考えられる。

3.1.2　尊敬語化

　尊敬語化に関して、柴谷(1985:5)は、「尊敬語化を引き起こす名詞句は特定のものでしかない。まずその名詞句が話者の尊敬に価する人を指し、その名詞句が統語的に特別なものでなければならない」と指摘している。その「統語的に特別なもの」とは何かというと、「主格助詞「が」を伴う名詞句が尊敬語化の現象において特別な働きをしている」という。

　〈動作主〉デ格の場合はどうであろうか、以下のような用例を見てみよう。

(17)a. お隣でおはぎを持ってきた。
　　　b. お隣でおはぎを持ってきてくださった。
　　　c. ＊子供たちでおはぎを持ってきてくださった。
(18)a. ＊私たちで過労で入院した部長を見舞ってくださった。
　　　b. 会社のリーダーたちで仕事中にけがをした私を見舞ってくださった。

(17)b,c及び(18)a,bの文法性の違いから、「おはぎをもってくる/見舞う」の尊敬語化を誘発するのは〈動作主〉デ格名詞句であるということが窺えるのであろう。つまり、「子供たち/私達」が目下の人か自分側の人なので、述部が尊敬語化する必要がないが、「お隣/会社のリーダーたち」になったら、その尊敬語化を引き起こす。次のような用例も基本的に同じである。

(19)a. 事後処理はそちらでなさってください。
　　　b. 検事さんの方でお調べになったらどうですか。

c. 役場の方でお忘れになったのではなかろうかと思いまして、…
　　　d. 私どもで承るか、或いはお客様の方でご用意なさるか。

(19)a、b、cにおいて、述部の尊敬語化はいずれも〈動作主〉デ格名詞句を対象とするものである。(19)dには尊敬語化だけでなく、謙譲語化も見られている。そこにおいて、「承る」は「受ける/引き受ける」の謙譲語であり、〈動作主〉の「私ども」が誘発するものであるが、〈動作主〉が「お客様の方」になったら、「ご用意なさる」のように尊敬語化する必要が出る。

　このように、〈動作主〉デ格が述部の尊敬語化を引き起こすことができ、これはその主語性をある程度裏付けられるのであろう。

　以上検証したのはすべて述語が動詞である場合であるが、これは〈動作主〉デ格の性質とは関係があり、つまり、〈動作主〉デ格が意志的な動作文にしか使えないので、その述語が名詞、形容詞であるはずがない。

3.1.3　再帰代名詞化

　再帰代名詞「自分」が主語指向性を持っていて、その先行詞として働きうるのは主格名詞句に限られると考えられているが、次のように、〈動作主〉デ格名詞句もその先行詞になりうるようである。

(20)a. 彼等$_i$で自分たち$_i$の進路の問題について相談している。
　　　b. ある既製服メーカー$_i$で自分$_i$の得意先にこのアンケート調査を行った。
　　　c. 自社$_i$の発展のために、会社のリーダーたち$_i$で海外進出戦略を策定している。[6]

　確かに、〈動作主〉デ格の前接名詞になるのは、集団・組織名詞か、複数行為者名詞しかできないので、「自分」という再帰代名詞を使うのはまれのようであるが[7]、(20)のように、別にできないわけではない。(20)において、「自分たち/自分」の先行詞になるのはいずれも〈動作主〉デ格名詞句である。(20)cは「自社」という名詞の形になるが、「自分の会社」という意味なので、ここでは再帰代名詞の「自分」と同じように扱っている。

　このように、〈動作主〉デ格名詞句が再帰代名詞「自分」の先行詞として働き、この点もその主語性の裏付けの一つと見られるのであろう。

3.1.4　等位構文におけるφ及びその先行詞

　柴谷(1985)は、(21)を例に、二つの文を等位的に結びつけると、二番目に繰り返される名詞句は省略されるのが普通であるが、φの先行詞には特定の名詞句、つまり主格の名詞句しか働き得ないと指摘している。

(21)a. 姉$_i$が弟を叱って、φ$_i$泣いた。
　　　b. 弟$_i$が姉に叱られて、φ$_i$泣いた。

　〈動作主〉デ格の場合はどうであろうか、次のような用例を見てみよう。

(22)a. 政府$_i$で金を出し、φ$_i$中小企業を援助する。
　　　b. 昭和四十年の初めに親類たち$_i$で金を出し合い、φ$_i$新建材の卸業を始めた。
　　　c. 消防局$_i$では市内各地で講習会などを開き、φ$_i$もちによる事故防止を指導

する。
　(22)において、φはいずれもその前の文に出ている〈動作主〉デ格名詞句を指す。そのうち、(22)bは「親類たちで金を出し合い、私は新建材の卸業を始めた」と理解できないわけでもないが、それは等位構文とも理解できるので、これもある程度その主語性を裏づけられるのであろう。
　このように、上記のいずれのテストにおいても〈動作主〉デ格成分が主語のように振舞っていて、それは典型的ではなくても、主語性をある程度持っているのであろうと考えられているが、このように結論付けるにはやはりもう一つの問題点を考えなければならない。つまり、今まで観察したのはただ表層的な現象であり、それら、特にそのうちの尊敬語化、再帰代名詞化を引き起こしたのは究極的には〈動作主〉デ格なのか、それともそこに表層化していない他の「真の主語」なのか、さらに検討する必要がある。
　この点を究明するには、以下のような二点を考えなければならない。つまり、
　①〈動作主〉デ格構文は潜在的な主語の省略したものなのか。
　②〈動作主〉デ格成分が〈動作主〉ガ格と〈場所〉デ格が融合したものなのか。
　上記の二点がともに否であったら、〈動作主〉デ格構文には潜在的主語が存在していないことになり、今まで観察した尊敬語化、再帰代名詞化も〈動作主〉デ格成分により誘発したものと結論付けられるようになる。
　続いては、この二つの点について検討してみる。

3.2 〈動作主〉デ格構文は潜在的主語の省略したものなのか

　この点は、当該構文に潜在的主語が表層化できるかどうか、言い換えれば、そこに新たに主語を加えられるかどうかを検証することにより究明できる。
　たとえば、(23)a、bにおいて、「みんなで/家族で」は〈動作主〉よりはむしろ潜在的な動作主を〈様態〉の面から限定するものなので、(23)a′、b′のように、そこには潜在的な動作主が表層化でき、それに、デ格名詞句の意味も変わらない。この点は潜在的な主語の省略した文の統語的な特徴とは見られるのであろう。
　(23)a. みんなで見舞いに来てくれた。
　　　a′クラスメートたちがみんなで見舞いに来てくれた。
　　　b. 家族で山に遊びに行った。
　　　b′われわれが家族で山に遊びに行った。
　〈動作主〉デ格の場合はどうであろうか、それはその前接名詞の意味特徴により、①「組織名詞＋で」((24)a)及び、②「複数行為者名詞＋で」((24)b)、③「の方＋で」((24)c,d)のような三つの種類に分けられるが、それぞれについて検証してみよう。
　(24)a. 警察で事件の真相を発表した。
　　　b. 彼等で旅行のことを相談している。
　　　c. 検事さんの方でお調べになったらどうですか。

d. せめて義務教育を終えるまでは生家のほうで育ててもらうように言うの
　　　　である。

　まずは、「組織名詞＋で」の〈動作主〉デ格の場合であるが、(25)bのように、その前にガ格名詞句が加えられるが、そのようにすると、「警察で」は〈場所〉に降格し、〈動作主〉ではなくなってしまう。「組織名詞＋で」の〈動作主〉デ格がこのように降格できるのは、その前接名詞の意味特徴とは関係があり、つまり、その前接名詞が場所性を持っていて、それが〈場所〉に降格できるので、文中に新たに〈動作主〉を加えられるのであろう。ゆえに、この場合、ガ格名詞句が新たに加えられても、そこに潜在的な主語が存在しているとは考えられない。

　(25) a. 警察で事件の真相を発表した。
　　　b. 政府が警察で事件の真相を発表した。
　　　c. ＊警察が警察で事件の真相を発表した。

　一方、「複数行為者名詞＋で」の〈動作主〉デ格の場合であるが、その前接名詞句が場所性を持っていないので、〈動作主〉から〈場所〉に降格するはずがなく、(26)bが成立できないように、そこに新たに〈動作主〉ガ格を加える可能性がない。

　(26) a. 彼等で旅行のことを相談している。
　　　b. ＊…が彼らで旅行のことを相談している。

　「…の方＋で」の〈動作主〉デ格は基本的に先述の二種類のものに「の方」をつけることでできたものなので、そこに新たに〈動作主〉ガ格を加えられるかどうかは「の方」の前接名詞の意味特徴とは関係がある。

　(27) a. せめて義務教育を終えるまでは生家のほうで育ててもらうように言うの
　　　　である。
　　　a′ せめて義務教育を終えるまでは彼等が生家のほうで育ててもらうように
　　　　言うのである。
　　　b. 検事さんの方でお調べになったらどうですか。
　　　b′ ＊…が検事さんの方でお調べになったらどうですか。

　(27)aにおいて、「生家のほう」は意味的に場所性を持っているので、(27)a′のように、その前に〈動作主〉ガ格を加えると、それが〈場所〉に降格するが、(27)bにおいて「検事さん」は場所性を持っていなく、それが「の方」をつけることで場所性を持つようになっているようであるが、(27)b′のように、その前に新たな〈動作主〉デ格が加えられない。

　このように、〈動作主〉デ格はその意味役割を保持したままで、文中に新たにガ格名詞句を加えることができない。言い換えれば、〈動作主〉デ格構文は潜在的主語の省略したものとは考えられない。

3.3　〈動作主〉デ格成分が〈動作主〉ガ格と〈場所〉デ格が融合したものなのか

　本節では、〈動作主〉デ格成分が〈動作主〉ガ格と〈場所〉デ格が融合したものであるかどうかについて検討してみたい。つまり、動作の主体が同時にその行われた場所

でもある場合、文の冗長さを避けるために、〈動作主〉ガ格と〈場所〉デ格が義務的に〈動作主〉デ格に融合したとは考えられるかどうかということである。

具体的に言うと、たとえば、(28)aにおいて、「A大学で」は「運動会」の開催者であると同時にその開催地でもあるので、それが(28)bのように、「A大学がA大学で」の融合と見られるかどうかということである。

(28) a. A大学では運動会を開催している。
　　 b. A大学がA大学で運動会を開催している。

孟(未発表)では〈動作主〉デ格の[−場所性]について論じたことがあり、それによると、デ格成分が特定の文法環境[8]において〈動作主〉として働いていたら、それが同時に動作の行われた場所を限定しない。(28)aにおいて、〈動作主〉の「A大学で」が同時に「運動会」の開催の〈場所〉でもあるようであるが、それを(29)aのようにするとどうであろうか。

(29) a. A大学ではマラソン大会を開催している。
　　 b. ＊A大学がA大学(の構内)でマラソン大会を開催している。

「マラソン大会」の開催はふつう大学の構内に限定されていないので、(29)aにおける「A大学で」はただ〈動作主〉として働いているのであろう。このような場合、動作の主体とその行われた場所とが一致していないので、(29)bが意味的に成立しがたいように、〈動作主〉の「A大学で」を〈動作主〉ガ格と〈場所〉デ格の融合と分析するのはちょっと無理がある。

以下のような場合も基本的に同じであろう。

(30) a. 学生課では下宿の世話をしてくれます。
　　 a′ ＊学生課が学生課で下宿の世話をしてくれます。
　　 b. 消防署では昨夜の火事の原因を調査している。
　　 b′ ＊消防署が消防署では昨夜の火事の原因を調査している。

例(30)において、「下宿の世話／火事の原因調査」の行われた場所は必ずしも「学生課」や「消防署」に限定されていないので、(30)a′、b′のように、ここでの〈動作主〉の「学生課で」や「消防署で」も〈動作主〉ガ格と〈場所〉デ格の融合したものとは見られない。

以上は「組織名詞＋で」の〈動作主〉デ格の場合であるが、(31)のような「複数行為者名詞＋で」の〈動作主〉デ格の場合、その前接名詞がもともと場所性を持っていないので、それが同時に〈場所〉を表すはずがなく、〈動作主〉ガ格と〈場所〉デ格の融合である可能性がない。

(31) a. 彼等で旅行のことを相談しています。
　　 a′ ＊彼等が彼等で旅行のことを相談しています。
　　 b. 太郎と花子で母校を訪問した。
　　 b′ ＊太郎と花子が太郎と花子で母校を訪問した。

このように、〈動作主〉デ格が同時に動作の行われた〈場所〉を表さないので、融合分析がそれには向いていない。

まとめてみれば、〈動作主〉デ格構文が潜在的主語の省略したものでもなく、融合分析もそこに向いていないので、〈動作主〉デ格構文には潜在的主語の存在が考えられない。ゆえに、この前に観察された述部の尊敬語化や再帰代名詞化も〈動作主〉デ格名詞句により誘発されたものであろう。

4.終わりに

以上は統語的な検証法により、〈動作主〉デ格成分の主語性の有無について検討してきた。結論をまとめてみると、以下のようになる。

［1］〈動作主〉デ格構文には潜在的主語の存在が考えられない。

［2］〈動作主〉デ格名詞句が基本語順で文頭に起こり、述部の尊敬語化を誘発でき、再帰代名詞及び等位構文におけるφの先行詞にもなるので、統語的に主語として働く。

以上のような考察に基づき、〈動作主〉デ格成分が典型的ではなくても、主語性をある程度持っているのであろうと考えられる。

注

［1］Subjects normally express the agent of the action, if there is one.
［2］The prototype of subject represents the intersection of agent and topic.
［3］柴谷(1985)では挙げていないが、柴谷(1984)ではこの点を主語の特徴として挙げている。
［4］詳しくは杉本(1986)を参照すること。
［5］勿論、これを特定の目的語の省略したものと見なしては、別にできないわけではない。
［6］ここで、「i」は同一指示である名詞句を示す。
［7］杉本(1986)は無生名詞が主語であっても、再帰代名詞の先行詞になることができないと指摘している。「政府/銀行/企業」などの組織名詞が無生名詞であるが、ヒトの存在を前提としたものなので、「企業が自分の利益のために」のように、「自分」の先行詞として働けないわけではない。
［8］つまり、〈動作主〉ガ格の欠けている意志的な動詞文において。

参考文献

Comrie. B. 1981. Language universals and linguistic typology. Oxford; Blackwell
Dixon. R. M. W. 1979 Ergativity. Language
Kageyama Taro. 1978. On Identifying Grammatical Relations. Gengo Kenkyu 73. pp43-61
Keenan. E. 1976. Towards a universal definition of "subject". InLJi. pp303-333
Tomlin. R. 1986. Basic word order; functional Principles. London; Croom Helm
井上和子. 2002. 能動文、受動文、二重目的語構文と「から」格, kanda university of Internatioanl Studies. VOL1 3月号
柴谷方良. 1978. 日本語の分析. 大修館
柴谷方良. 1984. 格と文法関係. 言語 13;3
柴谷方良. 1985. 主語プロトタイプ論. 日本語学. VOL4 10月号
杉本 武. 1986. いわゆる日本語助詞の研究. 凡人社

杉本 武. 1988. いわゆる「文法関係」への意味的要因の関与について. 九州工業大学学術機関リポジトリ
森田良行. 1989. 基礎日本語辞典. 角川書店
山下美津子. 1987. 主語の機能と特性. 京都教育大学紀要. 第71巻
山西正子. 2000. 動作の主体を表す格助詞「デ」. 目白大学人文学部紀要. 号6
二枝美津子. 2007. 主語と動詞の諸相：認知文法・類型論の視点から. ひつじ研究叢書：言語篇. 第53巻
孟会君（未発表）〈动作主体〉デ格的语义特征分析

意味に基づく日中同形語の分類の揺れ
——二字漢語分類のツーバージョン対照を中心に

北京外国語大学　天津外国語大学　叶栩邑

摘要：中日同形词基于语义常被分为同形同义词、同形近义词、同形异义词三类。在同一类型平台中，对中日同形词异同进行分析对比的先行研究不在少数，但是对同形词整体分类调查的相关量性研究确甚少。且作为中日对比的平台，现有的分类调查中存在着诸多问题，同一词的判定在不同分类调查中可能属于不同的类型分类。本文通过对比两个代表性版本的分类调查研究，对其在分类上出现问题的情况进行了数据统计和类型归类，并通过分类基准、分类作业、语义变迁等方面具体分析产生分类歧义的原因，强调动态全面地看待中日同形词的异同问题。

キーワード：日中同形語の分類　分類基準　分類の揺れ　意味変遷　訳語の対応関係

1. はじめに

　これまでの研究の流れにおいて、その意味から見ると「日中同形語」を同形同義語、同形類義語、同形異義語と分けられるのが普通である。その内、同形同義語の割合が一番高く、64％～90％[1]を占めていると見られるが、調査者ごとに、同形同義語が示す割合に差が出ているのも見逃せ難い事実である。そもそもいくら同形同義であっても、二つの言語システムにおいてある限り、絶対的な同義が存在しない。あくまでも相似性の程度のことである。でもその相似性の程度はどこまで同義でどこまで類義ではっきりされず、同義か類義かの揺れが「日中同形語」の分類の問題において著しく存在している。実際に調査してみると、この種の揺れだけではなく、類義と異義の間ひいては異義と同義の間でも、調査者によれば判定の差も存在している。

　同じ語であっても、違う調査者によると異なる分類結果になることもある。しかもその揺れの量はかなりの数があることに本研究であえて課題として取り上げようとしている。一体何種類の揺れがあるか、その揺るの底にどんな原因や変遷ルートが潜んでいるかなどの問題の探求によって、ただ「日中同形語」を分類することではなく、これまでの研究であまり触れなかった分類の問題点に絞り、日中同形語の意味判定を見つめ直し、日中対照研究にも語学の教育指導にも力が添えようと思っている。

2. 日中同形語の分類に関する量的先行調査

　日中国交正常化以来、「日中同形語」に関する研究が勢いスピードで盛んになり、

日中対照研究においても重要な柱となってきている。30年あまりの時間に、それをテーマとして取り上げた中国国内の論文だけで、「中国知網」で登録された論文限りでも227部もあり、意味対照分析、翻訳、教育指導など様々な視点から研究を行なっている。とはいえ、これまでの研究は個例研究に集中し、幾つか大事な課題はまだ未解決のままである。「日中同形語」の基本的な定義に定説がなく、意味に基づく日中同形語の分類の基準も明確にならず、全体の分布状況や量的な調査に関してはさらに少ないのが現状である。

2.1 文化庁(1978)の漢字音読語調査

　日中同形語の研究に注目を集めはじめたのは、日中国交正常化後の20世紀70年代末で、その先頭に立つのはまさに文化庁1978年に発行された『中国語と対応する漢語』である。当時は、「日中同形語」という一つの分野に括って取り上げるより、むしろ日本語教育指導の立場から、外国人学習者特に中国人日本語学習者向けに調査結果をまとめていた。

　分析の材料としては、3種類計10冊の教科書から漢字音読語を選出していた。

　利用する教科書は、①早稲田大学教育研究所編『外国学生用日本語教科書』初級・中級(計2冊)、②国際基督教大学編『Modern Japanese for University Students』Ⅰ・Ⅱ・Ⅲ(計3冊)、③長沼直兄『標準日本語読本』Ⅰ・Ⅱ・Ⅲ・Ⅳ・Ⅴ(計5冊)という三種類になっている。

　語彙選択において、二つの条件が設けられ、一つは、外国人向けの日本語教育初級・中級の段階でよく出てくる漢語で、もう一つは漢字音読語に限定することで、なお、ローマ字や平仮名で書かれている漢字音読語も漢字に書き直して採録することになっている。そこで集めた10000語を元として、2種類以上の教科書に扱われている語だけを改めて整理し、最終的に2000語ぐらいまでまとめていた。

　さらに各漢字音読語の意味に基づいて①S類(Same)日中両国語における意味が同じか、または、極めて近いもの、②O類(Overlap)意味が一部重なってはいるが、両者の間にずれのあるもの、③D類(Different)意味が著しく異なるもの、④N類(Nothing)日本語の漢語と同じ漢字語が中国語に存在しないもの、という四種類に分け、その後の語彙分類研究と量的調査に大きな影響を及ぼしている。

2.2 八十・九十年代における「日中同形語」の調査

　この時期における「日中同形語」に関する分類や量的考察は主に四つ挙げられる。以下は年代順に簡単にまとめる。

　曽根博隆(1988)の調査研究では、《现代汉语频率词典》(『現代中国語頻度辞典』)の「頻度順から見た上位8000単語表」(合計8441語)を利用し、その中の上位1000語を対象に日中同形語313語[2]を抜き出し、文化庁(1978)の分類法を参考にS(227語)・D(13語)・SD(73語、O類に相当)三種類に分け、意味分類の語彙リストを作り上げた。

同じく《现代汉语频率词典》(『現代中国語頻度辞典』)を分析資料として調査を行ったのは西川和男(1991)の研究である。その研究では、辞典にある「生活口語中に見られる上位4000語頻度表」を元に、2音節以上の単語(2505語)を対象に日中同形語を選別し、さらに同形同義語(937語、S類に相当)、同形異義語(99語、O類D類に相当)、異形同義語(22語、前後の漢字を入れ換えれば意味が共通する語)という三種類に分けている。

その後、橘純信(1994)の研究では、同形類義語の部分をさらに細分し①両国語義が一致する型、②両国語に共通する語義以外に、中国語に別義がある型、③両国語に共通する語義以外に、日本語に別義がある型、④両国語に共通する語義以外に、両国語にそれぞれ別義がある型、⑤両国語に共通する語義がない型、という5種類となっている。分類語数から見れば、《汉语水平词汇大纲》[3]の8828語を対象に日中同形語を選出し、前述の5種類に当てはまると、それぞれ2976語、819語、263語、367語、249語で、合計4683語となっている。曾根と西川の分析材料と違って、橘の研究では《汉语水平词汇大纲》を利用しているが、その語彙選定の根拠は依然として《现代汉语频率词典》によるものである。

上記の研究はいずれも中国語を元に調査を行っているもので、曲維(1995)の調査では、日本語教育指導参考書『日本語教育基本語彙七種比較対照表』を分析材料として、同形同義語(1805語)、同形類義語(206語)、同形異義語(52語)に分けている。

2.3　王蜀豫(2001)の大規模日中同形語調査

これまでの調査研究はほとんど千語単位に行ったもので、王(2001)の調査は日本の『現代国語辞典』(77000語)を対象に、大規模な量的調査を行っている。そのうち二字以上の漢語は31797語で、その中から日中同形語を選出して同形同義語(10480語)、同形類義語(1911語)、同形異義語(635語)三種類に分け、さらに各意味分野(合計100項目)における量的な分布実態まで考察している。

表1　各量的調査一覧表

調査者	調査時間	調査資料	同形語語数/総調査語数	分類状況
文化庁	1978	外国人向けの日本語教科書10冊	2000語(漢語)/10000	S/O/D/N
曾根博隆	1988	『現代漢語頻率詞典』の「頻度順から見た上位8000単語表」	313/1000	S/SD(Oに相当)/D
西川和男	1991	『現代漢語頻率詞典』の「生活口語中に見られる上位4000語頻度表」	1058/4000	S/O+D/異形同義(逆順同義)
橘　純信	1994	《汉语水平词汇大纲》	4683/8822	S/O(下位分類3種)/D
曲　維	1995	『日本語教育基本語彙七種比較対照表』	2063/6195	S/O/D
王　蜀豫	2001	『現代国語辞典』	13026/77000	S/O/D

3. 研究対象の設定

「日中同形語」分類の揺れ状況を調査するために、本研究では文化庁(1978)と王蜀豫(2001)という二つの分類バージョンを照合し、二字語を中心に分類揺れの結果を分析している。その二つの分類バージョンを選択する理由としては以下の4点にまとめられる。

一、語彙の収録量から見ると王蜀豫(2011)の調査は圧倒的に数が多く、包括性という点では照合のベースとして一番ふさわしい。

二、語彙分析資料の性質から見ると、曽根(1988)・西川(1991)・橘(1994)は中国語を元に語彙リストを作られたもので、文化庁(1978)・曲維(1995)・王蜀豫(2001)は同質で日本語を元にできたものである。しかし、曲維(1995)の調査では、分類の結果分析だけで、具体的な語彙リストが添付されず、同質照合可能になるのは残りのツーバージョンだけである。

三、「日中同形語」の定義に関しては、まだ定説がなく、和語も入れる説もあるが、上記のツーバージョンは漢語だけを集め、分類を行った。また、時間軸から見れば、両者は二十年以上の年代差があり、その揺れの比較分析によって、語彙変遷の土壌となる文化社会の変化も覗き見ることもできよう。

四、一字語が意味の複雑性や、語の構成要素にもなるなどの原因で王蜀豫(2001)調査では最初の語彙集め段階で既に除かれた。また、二字以上の語は全体に占める割合が非常に低いため、最終的に二字語だけを中心にツーバージョンの比較対照を行った。

4. ツーバージョンの対照比較

4.1 各自の分類作業

分類に揺れが生じるのは、その作業における方法や基準に大きく関与していると想定される。

まず文化庁(1978)の分類作業としては、以下の三段階で行われていた。

第一段階、3種類計10冊の教科書から漢字音読語を選出する。

そこで10000語を集め、そのうち2種類以上の教科書に扱われている語だけを改めて整理し、最終的に2000語ぐらいまでまとめていた。

第二段階、辞書との照合作業。

照合の目安となるのは、①香坂順一編『現代日中辞典』(光生館)、②香坂順一・太田辰夫共編『現代中日辞典』増訂版、この二つの辞書の利用である。

まずS類の認定条件としては相互対訳の成立ということである。例えば、日本語「以下」の『現代日中辞典』における対訳語は中国語の"以下"であると同時に、中国語の"以下"の『現代中日辞典』における対訳語は日本語の「以下」であること。

次は、N類の判定、先決条件としてはまず『現代中日辞典』に存在しないこと、次

は補助確認としては、『現代日中辞典』における対訳にそれと相応する漢字語も存在しないことである。

　最後は残りの部分を意味が著しく異なるD類と一部重なるO類に分けることである。そこで、D類の認定条件も対訳の状況である。例えば、日本語の「気味」は『現代日中辞典』における対訳語に"气味"という漢字語が存在しなく、また中国語においては"气味"という語が存在しているが、日本語の「気味」とは全く意味が異なる場合。それからO類の場合は、日中各自の意味範囲はともかく、即ち片方の意味範囲はもう一方の意味範囲に包括されている場合も含め、意味が一部重なっているなら、O類と認定している。

　第三段階、中国系留学生との検討確認。

　元々確認だけの段階で、かえって色々な問題が発見されていた。その一つは、辞書における意味項目の解釈と母語話者の意味把握との対応問題である。そこで、辞書における意味解釈の項目が多く、実際にそれをどのように中国語と対応するか、または辞書に掲載している普段用いられていない意味と母語話者が普通の使用中に受け取っている意味の差などの問題が特に挙げられていた。

　そして、もう一つは、分類の基準としている二つの辞書に載せられている語が対応していない問題である。例えば日中辞典に同じ漢字訳語が存在しながらも、中日辞典にその漢字語の見出しが載っていない場合もある。母語話者の中国語で実際に使用しているかの判断によって、S類かN類に分類する。さらに、O類にも再検討を行っていた。

　それと比べ王蜀豫(2001)の調査は『現代国語辞典』(新潮社)と『中日辞典』(小学館)を利用している。そのうち、『現代国語辞典』の収録語数は77000語あり、いままでの各調査よりも基本調査語数が圧倒的に多い。そのうえ、字体や語種類においても選別ルールを決めていて、単なる「日中同形語」という概念にだけ絞って語選びを行っている。そうすると、中国語に存在しない日本語の漢語いわゆるN類がまず顕われない。

　分類作業の段取りが王蜀豫(2001)の調査では詳しく言及されていないが、その分類判断の基準が明確に挙げられている。一つ、実質的概念を採り語用面の差異は主な基準とはしない。もう一つは日本語と中国語の判定はそれぞれ『現代国語辞典』『中日辞典』の解釈によって行うことである。種類としては、①意味の同じあるいは近い語(S類)②意味の部分的に重なる語(O類)③意味の異なる語(D類)に分け、ほぼ文化庁の分類を援用している。

4.2　ツーバージョン分類揺れの実態調査

　文化庁(1978)の調査では二字語が全部で1620語あり、その内同形同義語(以下S類と略する)は1063語で全体の65.6％を占め、同形類義語(以下O類と略する)は67語で全体の4.1％を占め、同形異義語(以下D類と略する)は59語で全体の3.6％を占め、残りは中国語に存在しない語と認定され488語(以下N類と略す)あり、全体

の30.1％を占めている。

　分類の揺れ状況から見ると、1620語のうち揺れ発生数が354例もある。文化庁分類から王分類までという時間軸から見ると、S類からO類に転換するパターンが最も多く、1620語の内172例もあり、その逆のパターン、S類からO類に転換するのが22例である。それだけではなく、O類からS類へ、D類からO類・S類へ、さらにN類からS類・O類・D類への転換なども存在している。

表2　転換パターンと例数一覧表

転換パターン	S→O	S→D	O→S	D→S	D→O	N→S	N→O	N→D
例数	172	4	22	12	28	68	35	13

4.2.1　S類とO類の揺れ

　典型的なS類とO類はともかく、その典型性の周辺にある中間帯には境界線がはっきりとされず、あやふやの基準に調査者個人の主観判断を加え、分類の結果にずれが多発している。現段階での分類基準はほとんど辞書での意味解釈を参考として行われている。その方法の便利性が想像できるが、語に潜まれている文体など非概念的な違いが見られず、また各調査者が利用する辞書の違いで、辞書自体収録語数や意味解釈の項目細分具合も異なるため、実際分類作業を行う際多問題が存在している。

　上記の通り、対照調査ではS類からO類に転換（時間軸）する例が最も多く172例もある、354例で揺れの半分近くはその種の揺れである。

　S類からO類への転換（172例）：

愛好	安心	意外	遺憾	以上	維新	椅子	一刻	一旦	解決	解釈	化学
活動	可能	感覚	感情	乾燥	観念	機械	気候	基礎	規模	基本	教師
教室	行政	恐怖	教養	極端	規律	謹慎	苦心	具体	経営	警戒	傾向
芸術	化粧	結局	研究	現金	健康	原始	現実	航空	工芸	公式	更新
呼吸	個人	滑稽	根拠	最近	最後	最高	裁判	採用	材料	差別	参加
産地	資格	自信	自然	思想	湿気	失敗	自動	支配	四方	習慣	主人
手段	需要	手腕	準備	消極	将軍	上下	条件	正面	将来	勝利	処置
初歩	処理	指令	人口	人体	人物	水面	数字	性格	清潔	性質	精神
製造	西南	成分	生理	整理	前後	前者	前線	全体	選択	船長	前途
組織	祖父	大概	対抗	大小	大体	態度	体面	単純	弾力	地域	地方
中学	提出	適当	天気	動作	当時	同情	東北	東洋	道路	独自	読書
図書	土地	入学	人情	年代	農家	発行	発展	発明	反面	避暑	表現
品質	武士	不足	不便	文化	文章	文明	変化	変動	報告	帽子	保守
発作	本人	満足	無数	夢想	名詞	模型	友好	輸出	輸送	輸入	由来
様子	余地	理論	練習								

　前述の通り、文化庁の分類作業を行う際、対訳は一つの指標として重要視されている。文化庁調査の前置きに、S類の分類作業を説明するため、一つの例が挙げら

れている。
　「以下」
　　日中　　いか〔以下〕20/二十以下。小数点第2位～は切り捨て/小数点第二位以下
　　　　　　抹去。
　　　　　　5歳～は無料/五岁以下免费。以下同じ/下同。～省略/下略；以下省略；以
　　　　　　下从略。
　　中日　　〔以下〕yǐxià①…以下。＜股长～都有津贴＞係長以下は手当がある。②以
　　　　　　下。＜～的话＞以下のことば。③より劣ったもの。＜～的人，更不足论了＞
　　　　　　それ以下の人は更に問題とするに足りぬ。
　この両者の記述を併せ考えると、日本語における「以下」という漢語について、次のような日中両語の対比を導き出すことができる。
　（1）日本語における「以下」という漢語の意味に当たる中国語や対訳は、同じ「以下」という漢字語である。
　（2）中国語における「以下」という漢字語の意味に当たる日本語訳や対訳も、同じ「以下」という漢語である。
　こういう場合には、日本語における「以下」という漢語について、それを中国語における「以下」という語と同じ意味に解釈して差し支えないわけである。（文化庁1978:8）
　しかし導いたこの結論においては、幾つかの問題点が潜まれている。
　その一、意義をどこまで細分するかあるいは統合するかの問題。
　同じ語の場合でさえも、辞書によっては、意味解釈の下位細分が必ずしも一致するわけではない。「日中同形語」の場合、字形が一緒でも、違う言語システムに属する以上、意味項目の対応関係がもっと複雑になるのが事実である。指している意味範囲が同じであっても、片方は一つの意味解釈で済むことに対し、片方は複数の項目に分けて説明するケースも少なくないのである。すなわち、ここで同じ意味を指しているか、どのような対応関係しているかは現実上調査者の主観的な判断を必要とされている。
　その二、対訳語の対応問題が挙げられる。
　例えば、上述の「以下」が日中辞典にける解釈では、「以下同じ」のことを"下同"と訳されている。それを"以下相同"の省略と考えれば一理もあるかもしれないが、実際CCLコーパス[4]で用例数を調べたところ、"下同"は1320例に対して、"以下相同"は2例しかなく、しかのそのうち1例は"以下相同条件"の形となっている。文面上の判断では、訳語が十全な対応関係ではないことがわかる。
　また、例として挙げられた「以下」において、日中両語とも一つの訳語しか存在していないが、実際の場合、原語と対応数漢語あるいは漢字語のほか、複数意味の近い訳語が並んでいるのは普通状態である。そういうは場合、それらの訳語をどう判定するかも問題となっている。さらに、訳語が一致しても、品詞などの違いで必ずしも同じ意味を指している一わけではない。

辞書[5]を利用してまとめて説明すると、
意外(日本語)
日汉大辞典　　　　　　　意外。想不到。出乎意料。意外な人物/想不到的人。
新世紀日汉双解大辞典　　思いがけないこと。予想外。▲意外。意想不到，預料之外。「事の〜に驚く」事出意外令人吃惊。
意外(中国語)
超級クラウン中日辞典　　①意外だ．予想外だ．　感到〜/意外に思う．〜事故/アクシデント．这情况太〜了/この情況はまったく予想外だ．在大街上我〜地碰上了小美/街で思いがけずメイちゃんに出くわした．②不測の事態．
汉日词典　　　　　　　　yìwài①意外(に思う)．思いがけず．②突发事故．アクシデント．

(1) 意外(日本語)が辞書での説明に"意外。想不到。出乎意料。意料之外。"などが載せられている、それは訳語か意味解釈かはともかく、その後ろにつく例文訳には"意外"という対応する漢字語が実際現れていない。

(2) 意外(中国語)の意味項目①に「意外だ．予想外だ．意外(に思う)．思いがけず．」などの説明があり、日本語の意外の意味と一致しているわけである。しかも、訳語として、対応する漢語「意外」も使われている。しかも、「思いがけず」などのほかの訳語も挙げられている。

(3) 意外(中国語)は意外(日本語)よりもう一つの意味項目が付け加えている。品詞上の違いで、中国語では予想外という形容詞の品詞だけではなく、予想外のこと、不測の事態などの名詞性も同時に持っている。上述の辞書では、簡単な説明を加えられ、用例とその訳も挙げられなかった。

S類の判定過程において単なる辞書の対訳語を参考するのは明らかに限界があることが分かった。事実上、ツーバージョンの対照によって、分類結果のずれもはっきりと現れてきた。

S類判定からO類判定に転換することと逆に、O類の判定からS類に転換する例も22例存在している。

O類からS類への転換(22例)：
意識　一定　往復　外部　解放　完全　合成　催促　作用　失礼　重大　衝撃
進行　第一　大抵　多少　通行　通信　動員　部長　面目　容易

そのような転換を導いた理由としては、何種類の可能性が想定できる。

第一に、前述と同様に分類基準の偏差と実際作業中意味対応の判定問題である。第二に、ツーバージョンいずれも辞書を元に人的判断を加えるもので、分類調査といっても、その正確性に疑問を持つべきである。第三に、ツーバージョンの間20年あまりの間隔が置いてあり、ちょうど日中国交正常化と相まって、日中両国の文化交流も盛んになり、お互いの言語に影響しつつ融合している。その結果、日中同形語意味変遷によって分類結果に影響を及ぼしているのも無理がないのである。

4.2.2　N類判定の変化

分類結果のずれが発生する例数から見ると、S類O類の揺れの次にN類の転換数もあなどれず、かなりの例数もある。

N類からS類への転換（68例）

医師　看護　元日　歓待　官庁　帰国　記念　休憩　急行　牛乳　競技　共通
興味　極度　苦痛　苦労　決意　倹約　後援　今日　細君　再現　砂糖　砂漠
辞書　自身　支店　若干　写本　柔道　上京　食糧　職工　女優　石炭　世間
漸次　全然　洗練　早期　措置　素朴　台風　（淡泊）[6]　通訳　弟子　鉄道
天皇　答案　当日　特定　俳句　拝見　番号　不意　無礼　分野　平素　便所
便利　放送　密接　様式　洋服　余裕　来年　領地　礼儀

N類からO類への転換（35例）

一心　一体　演習　開国　解説　覚悟　元来　境界　強力　義理　下品　元気
後輩　降伏　次第　時分　始末　写真　邪魔　出世　上品　人事　先輩　卒業
多分　短縮　注文　道具　都会　入院　婦人　平和　放出　報道　留守

N類からD類への転換（13例）

暗記　一応　一方　喧嘩　高校　自分　就職　進出　暖房　馬鹿　本当　約束
用事

　N類に関する分類のずれが合わせて116例、そのうちN類からS類に転換する例が最も多く68例もある。しかし、実際に調べたところ、最初にN類と判定する結果の正確性に揺ぎがあるのである。上記の語を同年代の《新華字典》(1980)と照合した結果、53例もあり、全体の45.7％を占め、当時の中国語に存在する語と判明されている（下線部は全て《新華字典》(1980)にあり）。しかもその中、辞書に載せられず実際当時に使用する語がまだ加算にしていない。

　文化庁(1978)調査の参考資料となる『現代中日辞典』に載せていないことは、中国語に存在していないことを意味しているわけではない。実際《新華字典》で照合したところかなりの誤差が見られる。それは辞書自体の制限と分類する時辞書を過剰依頼することによる問題である。また、N類転換を引き起こすもう一つ重要な契機は、両言語間の交流や融合による意味の変化である。N類からS類に転換することがN類総転換数の大半を占めることからも、文化交流による語の意味接近を垣間見ることができよう。

4.2.3　その他の判定ずれ

　N類の転換契機と同様に、文化交流の盛んによる意味の融合がD類の転換にも見られている。一方、最初の判断に差異性を過剰判断し分類が間違っているケースも存在している。一番分かりやすい例を挙げると、「下流」という語が、日中両言語において、七・八十年代もその後の20年あまりの時間の中でも、「川下」という意味を持っているはずであるが、共通の意味を持っていないD類に判定するのはやはり正確性を欠いている。

D類からO類への転換（28例）
一面　一身　階段　下流　漢語　関心　記事　勤労　工夫　結構　検討　合計
自覚　事情　成就　丈夫　新聞　先生　総会　通例　到底　人間　評判　貧乏
便宜　迷惑　模様　料理

D類からS類への転換（12例）
異様　汽船　原稿　混雑　試験　趣味　正月　招待　親切　説明　掃除　無論

逆に、「無論」の場合は、日本語の「言うまでもなく、もちろん」の意味に対し、中国語の古語にそれと対応する意味が存在していたが、現代中国語においてはその意味が欠落し、「～だとしても、～に関わらず」などの意味だけを使い、定型的な文型で使用されている。辞書によって、古語の意味を載せるものもあるし、無いものもあるが、現代中国語に常用される「～だとしても、～に関わらず」の意味は日本語には存在していないため、S類の判定には確実に問題がある。

S類からD類への転換（4例）
質問　指摘　丁寧　発送

S類の判定からD類への判定が一番少ない4例に止まっている。しかし、ここでも分類の問題があり、『超級クラウン中日辞典』だけで確認したところ、"指摘"に対する意味解釈が「誤りを指摘して批判する．」となり、"発送"に対する意味解釈が「①発信する．送信する．②発送する．」となり、共通する意味が持つ以上まずD類に判定することはないのである。

5.終わりに

　ツーバージョンの対照比較によって、分類に関する幾つかの問題点やこれからの注意すべきところが見えてきている。

　一、ほとんどの分類作業は辞書頼りにしていて、効率的なところが評価できるが、それなりの限界もあるのが事実である。

　まず、辞書の収録数に制限がある。参考する辞書によって、収録する語彙の範囲も意味解釈の粗密も異なっている。場合によって、N類に関する判定ずれのように、辞書に載せられていないだけ、中国語に対応する語がないと判定されるような極端な例もある。

　二、辞書という客観的・明確的に見える物差しを利用しているが、実際分類作業においての判断基準が曖昧で、隙だらけである。

　前述のように、辞書の文面通りだけに判定を下すのは無理があるのである。文化庁（1978）の調査では訳語の参考を中心に分類作業を行っているが、訳語が多くの場合唯一ではなく、複数の近い意味の訳語が並べていて、両言語の間十全な対応がしていない。そのとき、人的な分析や判断が必要とされている。または、どこまで意味項目を細分し説明を行うのは辞書によって異なるので、指している意味領域が一致しているかどうかも、辞書に載せている意味項目の数だけから判断しにくいし、具体的な対応関係も慎重な分析が必要である。さらに、辞書には概念的な意味だけ

が載せられ、文体や使用面など非概念的な差異は露わになっていない。品詞性による意味の差がたまに訳語に現れず、分類判断に影響する例も少なくはない。

三、言語はそもそも静態的なものではない。同じ漢字文化圏に属している日中両言語は、盛んになる文化交流とともに、語の意味に変化が起きているのである。意味変遷によって、変わらない分類配属がなく、動的に捉えなければならない。そして、上述の分析ではわかるように、現時点の分類調査に対し、その結果の正確性に疑問を持ち、もっと謹厳に見つめ直すべきである。

四、これまでの研究であれ教育の現場であれ、O類同形類義語やD類の同形異義語に集中して対照研究を行っている。S類の同形同義語は差異性より相似性のほうが顕著するので対照比較する余地が少ないと思われがちである。しかし、実際にS類とO類の境界線がはっきりされず、「同義」といってもあくまでも類似性程度のことで、逆に相似性が高いものだけ使い分けが難しく辞書に十分な差異性の説明も行われていない。同形同義語の細部の違いを対象に力を入れることは、これからの日中対照研究や教育現場の指導にとっていずれも重要な課題である。

注

[1] 64%と90%はそれぞれ西川(1991)と橘(1996)の調査によるデータである。
[2] 1000語から1005語までランキングが同じなので、実際は1005語を対象に実施した。
[3] 中国語検定試験HSKの主な根拠、または外国人向けの中国語教育における重要な参考となる語彙リストである。
[4] 北京大学漢語言語学研究センター開発。http://ccl.pku.edu.cn:8080/ccl_corpus
[5] 文化庁(1978)が調査する当時の辞書が入手できないため、現時点使用している辞書を利用している。
[6] 分類ミス。王蜀豫(2001)の調査では多義語「淡泊」は刺激、態度、性格という三つの意味分野に配属し、それぞれS類、S類、O類と表記し、矛盾している状況である。

参考文献

日本語：
荒川清秀.1979.「中国語と漢語―文化庁『中国語と対応する漢語』の評をかねて」.『愛知大学文学論叢』62.361-388.愛知大学文学会
大塚秀明.1990.「日中同形語について」.『外国語教育論集』12.327-337.筑波大学
王蜀豫.2001.『日中語彙の対照的研究――同形語を中心に―』.四川文芸出版社
何宝年.2012.『中日同形語の研究』.東南大学出版社
曽根博隆.1988.「日中同形語に関する基礎的考察」.『明治学院論叢』424.61-96.明治学院大学
橘純信.1994.「現代中国語における中日同形語の占める割合」.『国際関係学部研究年報』15.99-116.日本大学国際関係学部
文化庁.1978.『中国語と対応する漢語』.大蔵省印刷局
西川和男.1991.「現代漢語頻率詞典からみた日中同形語について」『関西大学文学論集』40(3).49-65.関西大学

中国語：

柳纳新. 1997. "关于日汉同形近义词(上)". 《日语知识》. 1997 年 06 期. 22-25
潘钧. 1995. "中日同形词词义差异原因浅析". 《日语学习与研究》. 1995 年 03 期. 21-25
曲维. 1995. "中日同形词的比较研究". 《辽宁师范大学学报》. 1995 年 06 期. 34-37
王志军. 2014. "汉日同形词计量研究的成果与问题". 《东北亚外语研究》. 2014 年 01 期. 46-53

参考辞書

《新华词典》. 1980. 商务印书馆出版.
《新世纪日汉大辞典》第二版. 1997. 外语教学与研究出版社.
《日汉大辞典》. 2002. 上海译文出版社.
『超級クラウン中日辞典』. 2010. 三省堂.
《汉日词典》电子版.

話者の視点による現代日本語の敬語
——敬語の使い分けと表現効果について

山西师范大学　武立引

摘要：本文运用菊地康人提出的社会要素和心理要素的相关理论,记录了剧作家桥田寿贺子的作品——『となりの芝生』第一集的台词,将其作为语言素材,从中遴选了各种场合说话者使用敬语的行为,并对这些行为进行了理论分析,从而明确了如何灵活运用敬语以及敬语具有的表达效果。
　　说话者并非只是机械地考虑社会诸要素然后就决定自己的语言措辞,心理要素有时也是一个极为重要的要素。说话者需要综合考虑社会要素和心理要素来灵活运用敬语。具体来讲,说话者即使是面对同一位听话者,假如有第三者出现在谈话现场时,即使该第三者不参与讲话,说话者也会意识到他的存在,并考虑与他的上下、恩惠关系而灵活使用敬语;或者第三者没有出现在谈话现场,而是成为说话者谈论的话题时,说话者也会恰当的认识到他与话题人的上下、亲疏关系而使用敬语。谈话现场构成人员的变化及话题的转换是影响敬语灵活运用的一个非常重要的因素。而敬语又可以形象生动地表达出说话者千变万化的心情。
キーワード：話者の視点　敬語　使い分け　社会的ファクター　心理的ファクター　表現効果

　　日本の社会において敬語はその人の人生を左右するほどの力を持つ。敬語と言えば、その概念規定のしかたには過去から現在に至るまで諸説あって定まらないが、それらに共通して言えることは「敬意を表わすことば」とする点であろう。事実、敬語について、日本の国語辞書の類を試みにひもといてみても、多くの辞書で「尊敬の気持ち」「相手を敬う気持ち」「相手や話題の人物に対して敬意を表わす言語表現」といった大同小異の説明が見られる。しかし、現代日本語の敬語の実態に即して考えれば、敬語は必ずしも話し手の敬意を表わすとは限らない。
　　本稿では、菊地康人(1997)[1]が整理した敬語の使い分けに関係する社会的ファクターと心理的ファクターの諸ファクターの理論を応用して、脚本家橋田壽賀子の作品—『となりの芝生』第一話[2]における話者が用いた敬語の全体像を明らかにする。具体的には(1)場の構成者及び話題や親族関係における上下の関係、恩恵授受の関係によって、敬語がどう使い分けられるか、どう機能するか;(2)話の筋の展開の上で新しい登場人物が話の場に入ったり、話題になったりすることをきっかけに、話者はその場の構成者と話題の変化を意識して視点を変え、敬語を使い分ける。それらの敬語はどのような表現効果を上げているかについて検討していく。なお、『と

なりの芝生』第一話のセリフはすべて筆者自身が2009年8月、インターネットサイトhttp://www.youtube.com/でビデオを見て、聞き取り、文字化したものである。

1. はじめに

アメリカの言語学者ロビン・レイコフ(Robin Tolmach Lakoff)は『言語と女性の地位』(Language and Woman's Place)[3]で「ことばが私たちを使っている。私たちが言葉を使っていると同じぐらいに」(井出 2006；4-5)[4]と述べている。言葉は強大な力を持っている。言葉が適切に使われれば、よりよい人間関係が構築できる。その一方、言葉の使い方が不適切であれば、予測できないほど深刻な事態となる。日本の社会において、敬語はその人の人生を左右するほど言葉が力を持つという典型的な一例とも言える。

人が人と関わる時に、どのように敬語を使い分けるのだろうか。話者がただ通常の社会的上下の関係や恩恵授受の関係、親疎の関係など社会的ファクターの観点から単純に判断して、敬語を使用するだけでは、不十分な所がある。場合によっては、話者の心理的ファクターのほうが敬語の使い分けにおいて主な要素にもなる。

本稿では従来の敬語研究を踏まえ、菊地(1997)が掲げている「社会的ファクター」と「心理的ファクター」の理論を応用する。また、『となりの芝生』第一話のセリフを言語資料にした。様々な状況の下で登場人物相互のコミュニケーション行動を取り上げ、敬語が社会的ファクターと心理的ファクターの諸要因により使い分けられることを解明しようと試みる。

心理的ファクター(表2.1参照)と言っても、理解しにくい部分があるので、本稿では全ての会話において、たとえ構成者は会話で現われなくても、その場での構成者を全部挙げて具体的に考察する。新しい登場人物が話の場に入ったり、話題になったりして、会話の場は変化するが、話者は常にその場の構成者の変化と話題の切り替わりを意識しながら刻々と自分の言葉遣いを変えているからである。つまり、話者の視点の変化に伴い、敬語が使い分けられているのである。筆者は特にこの点に興味を持って本研究を始めた。

また、敬語はただ目上や初対面の人、あまり親しくない相手等に対して、敬意や礼儀、尊重の念を表わすだけでなく、話者が相手を羨ましく思う心情や相手への親愛、怒りと皮肉の気持ち等多様な内面的なものも表現できる。敬語を適切に使用することによって、話者と話の場に関わってくる相手との人間関係もスムーズになり、話者自身のキャラクターも表現できると思われる。筆者はその点についても分析と考察を行う。

2. 現代日本語の敬語の実態調査

以下で菊地(1997)を参照しながら、敬語の使い分けについての理論を簡単にまとめる。

2.1 敬語の使い分けについて

　菊地(1997)はどんな場合に敬語を使うかについて、敬語の使い分けに関係する社会的ファクターと心理的ファクターの諸ファクターを以下の通りに整理している。[5]筆者は菊地(1997)の本文をまとめて表2.1を作成した。

表2.1　菊地による敬語の使い分けに関係する諸ファクター

(1)社会的ファクター	A 場および話題	①その場の構成者 ②場面の性質など ③話題
	B 人間関係	①上下の関係(一般的な意味での社会的地位の上下関係、同一タテ社会内部での地位等の上下関係、同じ方面での先輩・後輩(経験の長短)、親族関係における上下関係、年齢の上下関係) ②立場の関係(強弱関係(恩恵授受関係、権限/従属関係)、社会/心理的優劣関係、模擬恩恵授受関係、模擬優劣関係) ③親疎の関係 ④内/外の関係
(2)心理的ファクター	A 待遇意図	①ごく一般的な待遇意図 ②「恩恵」の捉え方 ③「親疎」の距離のとり方 ④「内/外」の捉え方 ⑤その他、特殊な待遇意図(例：皮肉な・意地悪な・ふざけた表現等) ⑥待遇意図が働く以前の心理状態で述べる場合
	B 背景的なファクター	①その人物に対して持つ心情 ②場面に対して持つ心理 ③人間関係を円滑なものにしようという意図(の有無) ④ただの「飾り」としての慇懃さを示そうとする意図 ⑤人柄/品性 ⑥話し手の「育ち」あるいは言語生活歴
	C 表現技術・伝達効果の点からの考慮	①敬度のレベルを揃えて一貫性を保つ配慮 ②わかりやすく述べる配慮 ③相手に与える印象を考える心理

　表2.1で菊地が提示した理論は敬語の使い分けを分析するのに非常に有益なものだと考えられる。

2.2　敬語を含むデータの分析

　ここで、菊地(1997)が整理した敬語の使い分けに関係する社会的ファクターと心理的ファクターの諸ファクターに従い、筆者の記録したデータの分析を行う。敬語を含む文を一つの単位として分析する。研究の都合で筆者はセリフにある敬語の下に線を引いた。例えば、「お客さまが見えて、遅くなれば狭いアパートとは違うんだから、どうぞ、お泊りくださいとも言わなくちゃいけないし。」このように、「お客さま」「見える」「お泊りください」下線の敬語を含む文を一つの単位として分析を進めていくことにする。なお、敬語を含んだ文をよく理解するために、ひとまとまり

の談話を取り上げる場合もある。

　また、井出(2006)によれば、日本語は場に応じて言うことが決まっている「あいさつことば」が非常に多いことで知られているという。[6] 談話レベルで見てみると、「よろしくお願いします」「すみません」等のような、場によって意味が決まってくるような決まり文句が多く、コミュニケーションの潤滑油として機能している。[7] それらは、人と人とが関係を結んで社会のシステムを作り、そのシステムの中で生活するために有効なもので、日本社会では必要不可欠なものとなっている[8]。よって、本稿では、セリフにおける決まり文句をも扱い、敬語として分析の対象にする。例えば、「ありがとうございます。」「恐れ入ります。」「お邪魔します。」等である。

2.2.1　社会的ファクターの変化による敬語

　本稿では場の構成者及び話題、上下の関係（主に親族関係における上下の関係）、恩恵授受の関係の社会的ファクターを中心に、それらの変化に伴う話者の言葉遣いの変化、話者の視点による敬語の使い分けを検討する。

2.2.1.1　場の構成者及び話題による敬語

　以下、主人公・知子の短大時代の友人達が知子の家の新築祝いに来て、知子と別れる時の三つの会話を取り上げる。第三者が会話の構成者になったり、話題が第三者のことに切り替わったのをきっかけに、ずっと会話の現場にいる話者が常にその場の構成者と話題の変化を意識し、敬語を使い分けていることを考察する。

　〈会話1〉は知子の実母が話の場にいる時、知子の友人達と知子の会話で、〈会話2〉は知子の夫・要が退社後、家に帰ってきた時、知子の友人1と交わした言葉である。〈会話3〉は本人が話の場にいないにもかかわらず、知子の実母が話題になった時の知子と友人達の会話である。

〈会話1〉
場の構成者：友人1、友人2、友人3、友人4、友人5、知子、知子の実母
例1：(友人1)「楽しかったわ。新築のお家でごちそういただいて、気兼ねのないお喋りして。」
例2：(友人2)「知子のお母さまとも何年ぶりかでお目にかかれたし、本当に学生時代に帰ったみたいだった。」（中略）
　　（友人2)「やっぱり、人間、ソーラーパネルがつけられる家に住まなきゃね。ほら、家、マンションでしょう、エコだ、なんだって言ったって、縁のない話だもんね。」
　　（知子）「私はね、お金もないから、無駄だって言ったんだけど、主人が環境問題考える時代だ、新しい時代には必要だっていうから、思い切って買っちゃった。」
例3：(友人3)「りっぱなご主人じゃないですか。羨ましい。」
例4：(友人4)「じゃ、すてきな旦那さまによろしく。お目にかかれなかったのが残念だけど。」
例5：(友人4)「じゃ、お母さまも失礼します。」

「敬語の指針」(2007)[9]を参考にしながら、〈会話1〉～〈会話3〉における八例の文体と敬語の分類を表2.2にまとめる。動詞の場合は辞書形に変えることにする。ただし、決まり文句の場合はセリフのままとする。

表2.2　例1～例8の文体※1と敬語分類※2

例	文体	尊敬語	謙譲語Ⅰ	丁寧語	美化語
1	普	お家	いただく	ごちそう	お喋り
2	普	お母さま	お目にかかる		
3	丁	ご主人		～です(1)※3	
4	普	旦那さま	お目にかかる		
5	丁	お母さま		失礼します。	
6	丁	いらしてください		どうも失礼しました。	
7	丁			恐れ入ります。失礼します。	
8	普	お母さま			

※1：文体；普→普通体；丁→丁寧体。
※2：例1～例8には謙譲語Ⅱに属する敬語がないので、表2.2で謙譲語Ⅱの一欄を省略することにする。
※3：「～です(1)」の(1)は「～です」の出る回数を指す。

　表2.2で示しているように、文体から見ると、〈会話1〉の例1、例2と例4が普通体で、例3と例5が丁寧体である。

　実際の日常生活では普通友人同士の会話なら、敬語はあまり使われず、くだけた言葉遣いが使われることのほうが圧倒的に多い。しかし、〈会話1〉で取り上げた五つの例は知子の友人四人が「お家」「お母さま」「ご主人」「旦那さま」の尊敬語、「いただく」「お目にかかる」の謙譲語Ⅰ、「お喋り」の美化語並びに「ごちそう」「～です」「失礼します。」の丁寧語を用いた。友人四人の話し方に個人差があるが、話者の視点から見れば、会話の「場の構成者」と「話題」の変化を十分配慮していることが分かる。

　では、まず例2を見ていく。敬語は目下の人が目上の人を立てて使われるものである。〈会話1〉では、知子の実母に向けて友人2が「お母さま」と「お目にかかる」の敬語を使用し、知子の実母に敬意を表わした。ところが、例2の文体は普通体で、それは話者・知子の友人2の視点から見ると、一緒に短大時代を過ごした知子も側にいて話を聞いているので、知子との友人同士の関係を配慮して普通体を用いたのである。話者の相手は知子だけなら、親しい友達関係なので通常くだけた言葉遣いが用いられる。

　例2を分析して会話の場の構成者によって、話し手の改まり方が違ってくる。敬語の使い分けの原因を図2.1図示する。

話者の視点による現代日本語の敬語

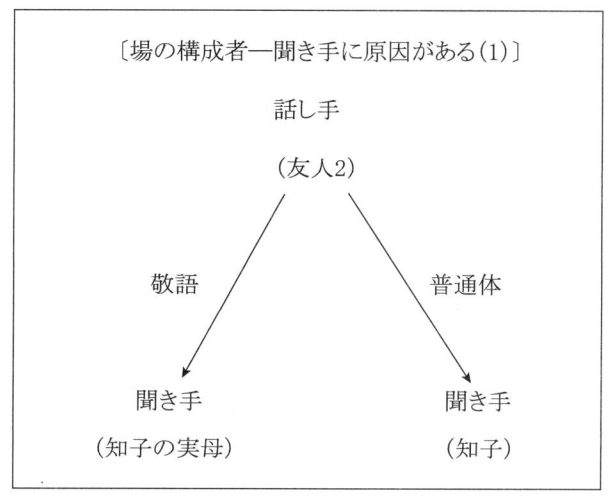

図2.1　知子と知子の実母が聞き手の場合

　また、例5では知子の友人4が知子の実母に向けて丁寧体の敬語を使用するのも例2と同じく目上の知子の実母に敬意を表わすためである。
　続いて、例1、3、4を見ていく。三つの例は全て友人達が知子に向けた会話であるが、場の構成者の変化と話題の切り替わりに伴い、話者がその変化を瞬時に判断し、敬語を用いたことが分かる。例1は友人1が知子の新築の家でおいしい料理をごちそうしてくれたことに感謝しているので、尊敬語の「お家」、謙譲語Ⅰの「いただく」、丁寧語の「ごちそう」と美化語の「お喋り」を使った。友人1と知子が短大時代からの親しい間柄で通常敬語を使う必要はないが、例1の場合は会話の場の側に知子の実母もいて、しかも、そのおいしい料理は知子の実母が作ってくれたものなので、話者・友人1は会話の場の構成者を総合的に配慮し、普通体の敬語を用いたのである。敬語の使い分けの原因を図2.2図示する。

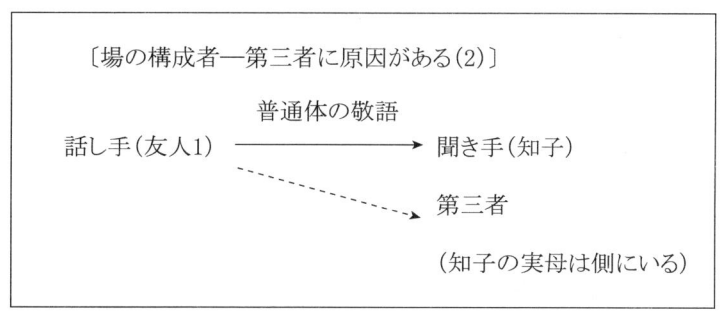

図2.2　知子は聞き手、知子の実母は第三者の場合

　例3と例4は話の展開に伴い、話題が知子の新築時に取り付けられた屋根のソーラーパネルに切り替わり、更に知子の夫が話題になった時、友人3と友人4が知子に向けた会話である。例3では尊敬語の「ご主人」と丁寧語の「〜です」を使い、例4で

31

は尊敬語の「旦那さま」と謙譲語Ⅰの「お目にかかる」を使用した。菊地（1997）は、「話題が、その場の構成者（およびその家族など）のことか、それとも、その場にいない第三者のことか。実はこれが、敬語が使われるかどうかにしばしばかかわる、かなり大きいファクターである。」[10]と言っている。例3と例4では話題になった知子の夫は話の現場にいない。その上、友人3と友人4は知子の結婚式の時に知子の夫に一回しか会ったことがなく、あまり親しくないことがここで敬語が使われた一番の原因である。この点はまた、菊地（1997）「その場にいる人（およびその家族など）のほうが、その場にいない人よりも、はるかに、敬語で高める対象になりやすい。」[11]ということと少し違う。それにしても、友人3と友人4の用いた敬語は知子の夫を尊敬している意味ではなく、特別な意図を持って使われたのである。友人3は知子の素敵な家を見て羨ましく思っていたので、敬語を使うことで自分の気持ちがうまく表現できたのである。そして、友人4は普通体の敬語を使用して礼儀正しく知子に別れを告げようとしたのである。敬語の使い分けの原因を図2.3図示する。

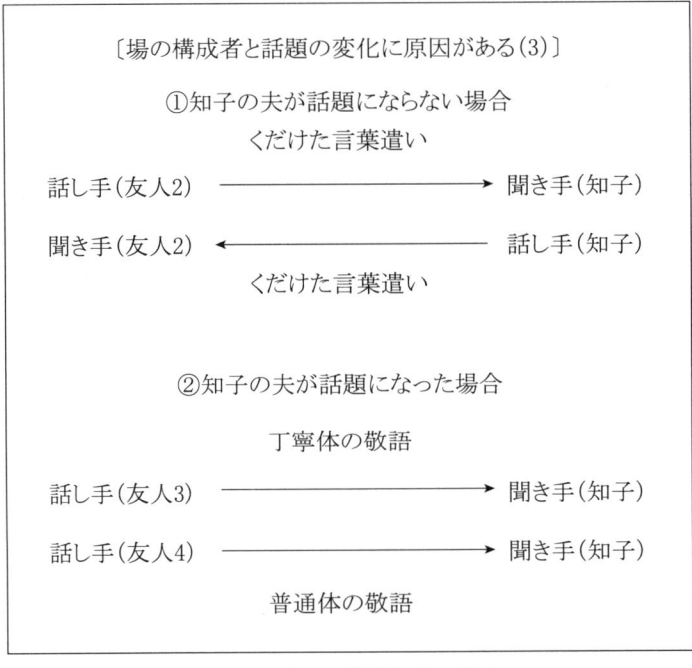

図2.3　知子が聞き手の場合

〈会話2〉
場の構成者：知子の夫・要、友人1、友人2、友人3、友人4、友人5、知子
例6：（要）「どうも失礼しました。またいらしてくださいね。」
例7：（友人1）「恐れ入ります。失礼します。」
　　（知子）「ごめんね、駅まで送って、と思ったのに。」
　　（友人5）「いいの、いいの、私たち悪かったわ。長居しちゃって。」
　　（友人1）「知子も速く。」

（知子）「一言、連絡くれればいいのに。」
　例6と例7二例が要と知子の友人1の会話で、要は丁寧語の「どうも失礼しました。」と尊敬語の「いらしてください」を使った。一方、知子の友人1は丁寧語の「恐れ入ります。」と「失礼します。」で返事をした。表2.2両方とも丁寧な言葉遣いを使用した。それが要と知子の友人1が一回しか会ったことがなく、お互い心理的な距離が遠いので、目の前の相手を尊重して、礼儀正しく別れを告げるために敬語を用いたのである。また、〈会話2〉における知子の友人1の要に向けた言葉遣いと知子に向けた言葉遣いが異なることがはっきり見える。話者・友人1は第三者・知子の夫が会話の場に入ることをきっかけに、場の構成者の変化を瞬時に意識し、状況を的確に判断して言葉遣いを変えている。言葉遣いの変化の原因を図2.4.1、図2.4.2図示する。

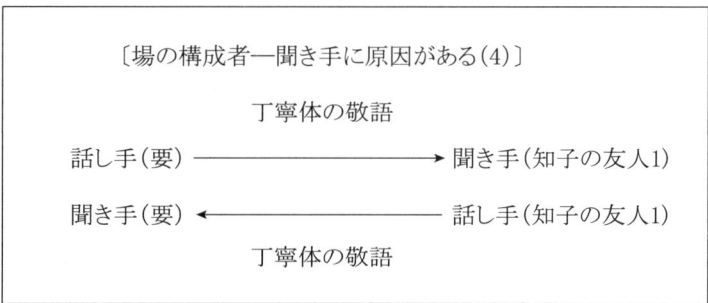

図2.4.1　知子の友人1は聞き手、知子の夫・要は聞き手の場合

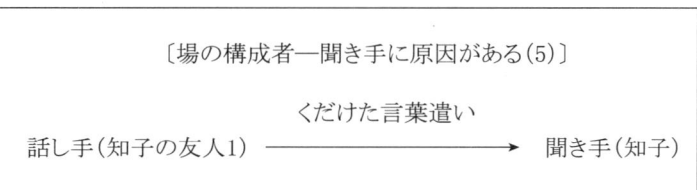

図2.4.2　知子が聞き手の場合

〈会話3〉
場の構成者：知子、友人1、友人2、友人3、友人4、友人5
　　　（知子）「ごめんね、駅まで送って、と思ったのに。」
　　　（友人5）「いいの、いいの、私たち悪かったわ。長居しちゃって。」
　　　（友人1）「知子も速く。」
　　　（知子）「一言、連絡くれればいいのに。」
　　　（友人2）「そういうものなのよ、男って。」
　　　（知子）「じゃ、ここで、ごめんね。」
例8：（友人1）「いいえ、お母さまによろしくね。じゃ、また。」
　　　（知子）「じゃね。」
　例8は知子の実母が話題になった時、友人1が知子に向けた会話である。知子の

実母が側にいなくても、友人1は話題の切り替わりを認識して目上である知子の実母に対し、普通体の尊敬語「お母さま」を用いて礼儀正しく知子と挨拶を交わした。敬語の使い分けの原因を図2.5図示する。

```
〔話題の変化に原因がある(6)〕

知子の実母が側にいないが、話題になった場合

           普通体の敬語
話し手(友人) ─────────→ 聞き手(知子)
```

図2.5　知子が聞き手の場合

　以上の八例をまとめてみると、第三者は直接会話の現場にいて話を聞くだけでも場の構成者の変化に繋がること、或いは話題が第三者に切り替わることに伴い、話者が速やかにそれらの変化を認識して第三者との上下、親疎などの人間関係を適切に判断することが分かる。その上、話者自身が会話の場に相応しい位置を見付け、それなりの役割を演じて言葉遣いを変えている。つまり、話者の視点により、話し手は常に場の構成者及び話題の変化を意識して、聞き手や第三者に対する敬語を使い分けるのである。

　また、以上の八例は、実際の日常生活で用いられる敬語が相手に敬意を表わすだけでなく、話者が相手を羨ましく思う心情や話者の礼儀正しさを表現する一面もあると裏付けた。この八例には、日本文化にある「親しき仲にも礼儀あり」ということが確実に反映されていると言える。

2.2.1.2　上下の関係による敬語

　人間関係の中で上下の関係は言葉遣いに関わる最も基本的なファクターだと言える。以下は主に親族関係における上下の関係を巡り、話者の視点による敬語の使い分けを考察する。

　ここで、知子の義母・志乃が次男夫婦の新築の家に到着してからの〈会話4〉と〈会話5〉を取り上げる。

〈会話4〉
場の構成者:知子の夫・要、知子、娘・花子、息子・太郎、知子の義母・志乃
例9:(知子)「まあ、母さん、よくいらっしゃいました。」
例10:(花子)「いらっしゃい。」
例11:(太郎)「いらっしゃい。」
例12:(知子)「お疲れになりましたでしょう。」(姑にスリッパをとってあげた後)「さあ、どうぞ。みんなも楽しみにお待ちしてたんですよ。」

(中略)

例13：(知子)「いえ、遠慮なくおっしゃってください。せっかくいらしてくださったんですもの。いる間だけでも、せめて、お好きなものを。」

（義母)「本当に気遣わないでちょうだい。今度はねえ、少しのんびりさせてもらうと思ってるの。だって、要がわざわざ私の部屋までこしらえてくれたり、住まなかったら、悪いわよねえ。」

〈会話5〉
場の構成者：知子、知子の義母・志乃

例14：(知子)「お母さん、これ、要さんから、お小遣いの足しになさってくださいって。」

（義母)「冗談じゃないわよ。あなたたちだって、家を建てて物入りなんでしょう。私に気遣わないでちょうだい。」

例15：(知子)「ああ、そんなにおっしゃるほど入ってないですよ。私たちの気持ちだけなんですから、お出かけになる時の電車代にでもなさってください。」

（中略）

(義母)「ねえ、この近くに、家具屋さんないかしら。」
(知子)「あ、」
(義母)「いや、箪笥一つほしいと思って。いいの、大阪置いて来ちゃったでしょう。まさか着物放り出してはおけないし。それから、小さなお仏壇、いや、そのまま裸で置いておくわけにはいかないもんね。安いんだったら買おうと思って。」

例16：(知子)「あ、わかりました。要さんと相談して、なんとかしますから。」

「敬語の指針」(2007)を参考にしながら、例9〜例16の文体と敬語の分類を表2.3にまとめる。動詞の場合は辞書形に変えることにする。ただし、決まり文句の場合はセリフのままとする。

例9〜例16の文体から見ると、例13の後文と例14が普通体で、例9〜例13の前文、例15、例16が丁寧体である。日本の社会には明らかに上下関係のある二人の会話では、敬語を用いるルールがある。

表2.3　例9〜例16の文体と敬語の分類[※4]

例	文体	尊敬語	謙譲語Ⅰ	丁寧語	美化語
9	丁	いらっしゃる			
10	丁	いらっしゃい。			
11	丁	いらっしゃい。			
12	丁	お疲れになる	お待ちする	〜です(1)	
13	前文丁	おっしゃる いらしてくださる		〜です(1)	
	後文普	お好き			

续表

例	文体	尊敬語	謙譲語Ⅰ	丁寧語	美化語
14	普	なさる			お小遣い
15	丁	おっしゃる お出かけになる なさる		～です(2)	
16	丁			わかりました。 ～します。	

※4：例9～例16には謙譲語Ⅱに属する敬語がないので、表2.3で謙譲語Ⅱの一欄を省略することにする。

　また、日本語は本来「私」を主題として立てることをしない。会話の場で様々な人がかかわってくる時、「わたし」「あなた」などを一々言わなくても、敬語を用いることで、かかわってくる人の人称をはっきり示すことができる。以下敬語の人称としての機能も加えて具体的に例を分析しながら考察を行う。

　〈会話4〉においては、中略部分も含めて説明する。例9～例12は志乃が次男夫婦の新築の家に着き、知子、花子、太郎が階段を降りながら志乃を迎える時の会話である。例13は志乃が家に到着してから、知子は先にお風呂に入ってもらい、早速すき焼きで家族団らんと思いきや、「知らなかったのかぁ、母さん、肉嫌いなんだよ。」と要が言って、食事の場が一瞬にして嫌な雰囲気になった時の会話である。目上の志乃に向けて知子は尊敬語の「いらっしゃる」「お疲れになる」「おっしゃる」「いらしてくださる」「お好き」、謙譲語Ⅰの「お待ちする」と丁寧語の「～です」終始敬語を使用した。花子も太郎も尊敬語の「いらっしゃい。」を使った。例9～例12の敬語は全て目上の志乃に敬意を表わすための表現である。例13で会話の場は嫌な雰囲気になっても、知子は敬語を用い続けた。しかし、この時、知子が用いた敬語は目上の志乃に敬意を表わすための表現ではなく、実母にしかられ、教育を受けたことによって、義母・志乃と夫・要の前で嫌な心情を表に出さず、立派な嫁、妻としての姿を十分見せたゆえの表現と考えられる。例9～例13の前文の敬語が使い分けられる原因を図2.6図示する。

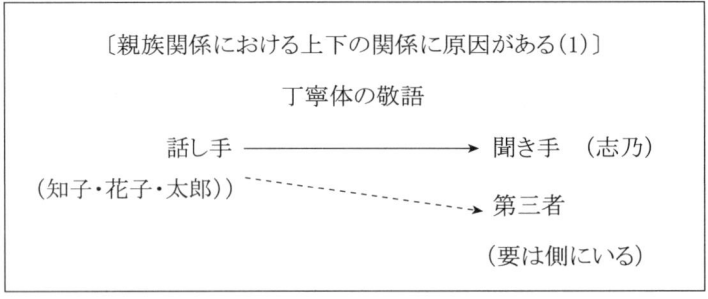

図2.6　知子の義母・志乃は聞き手、知子の夫・要は第三者の場合

　〈会話5〉の例14と例15は知子が義母・志乃にお小遣いをあげる時のシーンで、目上の志乃に向けて知子は尊敬語の「なさる」「おっしゃる」「お出かけになる」、丁寧語の「～です」と美化語の「お小遣い」を使い、志乃に尊敬の意を表わした。例16は

志乃が知子に箪笥と小さなお仏壇を買ってもらう時のシーンで、志乃の頼みに対して、知子は丁寧語の「わかりました。」と「〜します」で答えた。例16で知子が用いた敬語は聞き手の志乃に恩着せがましい感じを与えてしまう表現と考えられる。日本では、結婚してから、通常妻が一家の財政権を握っている。例16では義母の頼みに対して、知子は「要さんと相談して、なんとかします。」で答え、義母の前で立派な嫁の姿を見せる一方で、義母への不満な気持ちも表現した。また、義母・志乃の立場から見ると、嫁・知子のこの一言で、もし今後ほかに何かを買ってもらうものがあったとしても、嫁に言いにくくなる。例16の敬語はいわゆる「本音」と「建前」の表われである。例14〜例16の敬語の使い分けの原因を図2.7図示する。

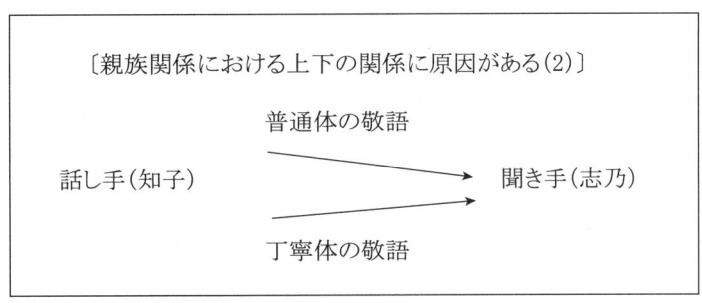

図2.7　知子の義母・志乃が聞き手の場合

　例9〜例16の八例をまとめてみると、話者の視点により、話し手が場の構成者との上下関係を的確に認識して上位者の聞き手を立てて敬語を用いる。この種の敬語は話者が上位者と距離を保ち、上位者への敬意や礼儀正しさを表現する場合もあれば、話者が本音を隠して建前で相手を扱い、話者の本当の気持ちを相手に暗示する場合もあるということである。

2.2.1.3　恩恵授受の関係による敬語

　菊地(1997)によれば、一般的にいえば恩恵を受ける立場にある側は、恩恵を与えてくれる側に対して丁寧な物言いをするのが普通で、恩恵授受の関係は敬語を使い分ける一つのファクターだとのことである。[12]

　以下、知子と知子の実母が友人達を玄関先まで送り出している時に、夫・要が同僚達を引き連れて家に帰ってきた〈会話6〉を取り上げ、恩恵授受の関係による話し手の敬語の使い分けを考察する。特に、知子の場合は、以下の例で友人達に対する言葉遣いが「2.2.1.1　場の構成者及び話題による敬語」における友人達に対する言葉遣いと対照的である。なお、ここで取り上げる例はドラマの筋に沿った順番である。前に述べたようにひとまとまりの談話を挙げ、その中の敬語を含む文を例として取り上げ、分析する。

〈会話6〉
場の構成者：友人1、友人2、友人3、友人4、友人5、知子、知子の夫・要、要の同僚達、
　　　　　　知子の実母

例17：(友人5)「お二人の結婚式ですね、私たち全員出席させてもらったんです。知子の短大時代の悪友グループです。」
例18：(知子)「新築祝いだったのね。皆さん、お揃いで、遠い所わざわざ来てくださったの。」
例19：(要)「ああ、それはどうもありがとうございます。」
例20：(友人3)「本日はお邪魔しました。」
例21：(友人2)「居心地がいいもんですから、すっかり長居しちゃって。」
例22：(知子)「ねえ、お祝いいただいたの。」
例23：(要)「ああ、ご丁寧に恐れ入ります。」
　　　(友人3)「いいえ、ほんの気持ちだけで。」
例24：(要)「あれ、もうお帰りですか。よろしかったら、もっと、ごゆっくり。」
例25：(友人1)「あ、もう、もういっぱいいただきました。」

「敬語の指針」(2007)を参考にしながら、例17～例25の文体と敬語の分類を表2.4にまとめる。動詞の場合は辞書形に変えることにする。ただし、決まり文句の場合はセリフのままとする。

表2.4　例17～例25の文体と敬語の分類[※5]

例	文体	尊敬語	謙譲語Ⅰ	丁寧語
17	丁	お二人		～です(3)
18	普	お揃い 来てくださる		
19	丁			どうもありがとう ございます。
20	丁		お邪魔しました。	
21	前件丁			～です(1)
	後件普			
22	普	お祝い	いただく	
23	丁	ご丁寧		恐れ入ります
24	前文丁	お帰りです		
	後文普	ごゆっくり		よろしい
25	丁		いただく	

※5：例17～例25には謙譲語Ⅱと美化語に属する敬語がないので、表2.4で謙譲語Ⅱと美化語の一欄を省略することにする。

　表2.4で示しているように、例17～例25は文体から見ると、例17、例19、例20、例21の前件、例23、例24の前文と例25が丁寧体で、例18、例21の後件、例22と例24の後文が普通体である。
　例18と例19、例22と例23は知子と要が交わした会話であるが、知子は尊敬語の「お揃い」「来てくださる」「お祝い」と謙譲語Ⅰの「いただく」を使った。「敬語の指

針」(2007)では、「くださる」の場合は、行為者を立てるという一般の尊敬語の働きに加えて、「その行為者から恩恵が与えられる」という意味も併せて表わし、「いただく」の場合は、謙譲語Ⅰの基本的な働きに加えて、恩恵を受けるという意味も併せて表わすと規定している。[13]例18と例22の所に戻り、話者・知子は短大時代の友人達がわざわざ新築祝いに来てくれて、しかもお祝いをもらった恩恵に感謝するため、夫の要に向けた発話にも普通体の敬語を使用したである。

また、例18と例22は知子の夫・要が会話に参加したことをきっかけに、会話の場の構成者が変わった。話者・知子はこの変化に瞬時に気付き、自分の新しい位置を確認して夫と同じ立場に立ち、ずっと会話の場にいる短大時代の友人達と少し距離を取り、友人達を外の関係に置いて、敬語を用いたのである。場の構成者の変化も敬語の使い分けにおいて影響を与えるもう一つ大きな要因である。しかも、例18と例22の二例において、知子は夫が会話の場に入ることにより、友人達に向けた言葉遣いを急に変え、くだけた言葉遣いから敬語を使うようになった。これは日本人の身内意識の強さ、あるいは一種の縄張り意識をよく表わしていると言える。敬語の使い分けの原因を図2.8図示する。

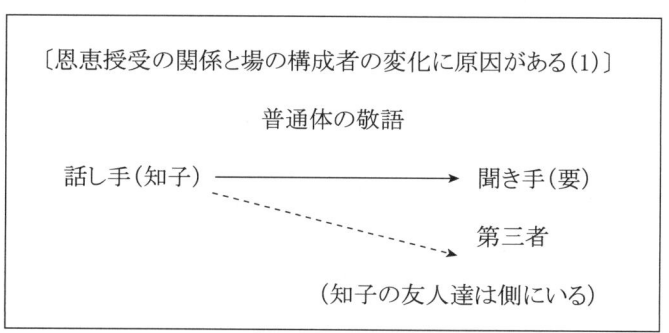

図2.8　知子の夫・要は聞き手、知子の友人達は第三者の場合

続いて、例19と例23を見ていく。二例は要が知子の話を聞いた後、知子の友人達に向けた会話である。ここで尊敬語の「ご丁寧」と丁寧語の「どうもありがとうございます。」「恐れ入ります」が使われた。要が非常に丁寧な言葉遣いを用いた原因の一つは、知子の友人達と一回しか会ったことがないことにあり、そして、もう一つの大事な原因は、知子の友人達がわざわざ新築祝いに来てくれたことに感謝している所にある。つまり、妻の知子と同じく知子の友人達から受けた恩恵にお礼を言うためである。

例24で、要は尊敬語の「お帰りです」「ごゆっくり」と丁寧語の「よろしい」を使用した。それは例23に続き、知子の友人達から受けた恩恵に感謝している気持ちを表わすためである。敬語の使い分けの原因を図2.9図示する。

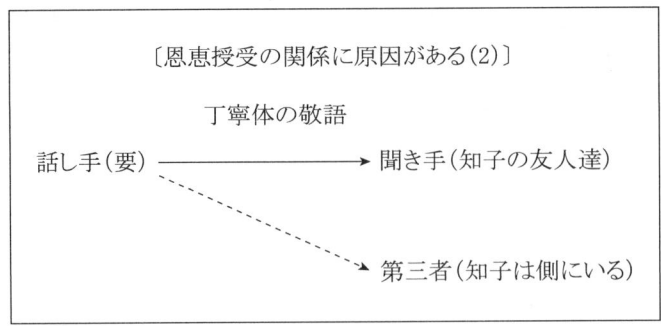

図2.9　知子の友人たちは聞き手、知子は第三者の場合

　以下、簡単に例17、例20、例21、例25を見ていく。この四つの例は全部知子の友人達の会話である。尊敬語の「お二人」や謙譲語Ⅰの「お邪魔しました。」「いただく」と丁寧語の四つの「～です」が使われた。元々親しい友人同士では敬語を用いないが、この場面では、要が会話に参加することによって、知子の友人達は瞬時に場の構成者の変化を意識して言葉遣いを変え、敬語を使い分けたのである。敬語の使い分けは話の場の構成者の変化に関係あるが、友人達は知子の家でおいしい料理を食べ、気兼ねのないお喋りを楽しんだことにより、知子一家にお世話になり、恩恵を受けたと感じている所にも原因がある。そこで、知子が側にいても、友人達は要に向けて感謝の気持ちを表わすためにとても丁寧な言い方を用いたと考えられる。敬語の使い分けの原因を図2.10図示する。

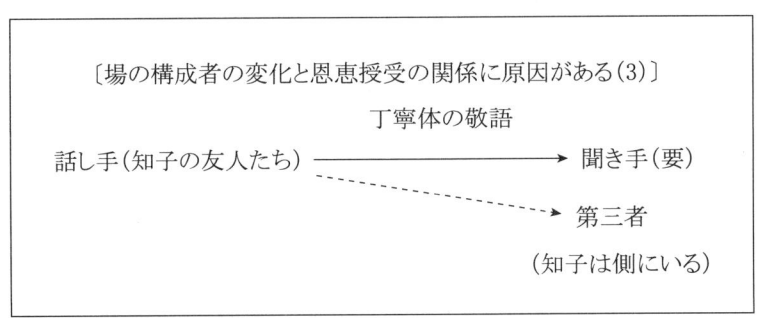

図2.10　知子の夫・要は聞き手、知子は第三者の場合

2.2.2　心理的ファクターの変化による敬語

　話者はただ社会的諸ファクターを勘案すれば機械的に言葉遣いが決まるというものではない。それに、話者の心理的ファクターが加わるのである。日本の社会では通常家族といった親しい内の関係では、敬語を使うことが期待されているわけではない。特に、親しみを示す場合、かえって使わないことが多い。しかし、その一方、親しみを示す場合や喧嘩、諍いなどの場合は、親しい関係なのに、わざと敬語を用いて、聞き手や話題の人物に対する「親愛、怒り、皮肉」の気持ちを表わすことがある。以下は話し手が聞き手や話題の人物に対して親愛や怒り、皮肉の特殊な心情を表現するために敬語を用いた例を取り上げ、心理的ファクターにおける特殊な待遇

意図による敬語の使い分けについて考察を行う。
2.2.2.1 親愛としての敬語
　以下は知子と要、夫婦間の会話を取り上げる。
〈会話7〉
場の構成者：知子、知子の夫・要
例26：（知子）「あなたも、もうお休みにならないと…」
例27：（知子）「ええ、できるだけのことは。でも、どのぐらいいらっしゃるおつもり
　　　　　　なのかしら。」
（中略）
　　　（要）「冗談じゃないよ。こっちの都合も考えずに、そんなかってなあ。」
例28：（知子）「とにかく、私たちが黙ってたほうが、実家の母に厳しく言われたの、
　　　　　　いつまでいるつもりだなんて、口が裂けても聞いたりするじゃないよって。
　　　　　　私にもわかるの、そんなこと言われたら、きっと寂しいお思いになさるよ、お
　　　　　　母さん。」
　　　（要）「そんなしおらしい女じゃないよ、あのおふくろは。こういうことはなあ、最初にはっきりさせとかないと。」
例29：（知子）「いいじゃない、あんな喜んでいらっしゃるのよ。しばらくほっておい
　　　　　　てさしあげましょうよ。そのうち、お母さんの気持ちだって、わかる
　　　　　　わよ。」
　「敬語の指針」(2007)と菊地(1997)を参考にしながら例26～例29を分析する。例26と例27は知子が初めて家に来た義母・志乃を落ち着かせてから夫・要に向けた会話である。例26では、知子は尊敬語の「お休みになる」を使って翌日早起きして仕事をしに行かなければならない要への思いやりの心情と親しみの気持ちを十分表わした。例27では知子は尊敬語の「いらっしゃる」と「おつもり」を使い、話題になった義母を立てて敬意を表わすと同時に要への親愛の気持も表現した。例28と例29は志乃宛の大きな荷物が知子の家に届き、志乃が長期間泊まるかもしれないと思った知子の話である。分かりやすく説明するために要の話を取り上げて分析する。「冗談じゃないよ。こっちの都合も考えずに、そんなかってなあ。」「そんなしおらしい女じゃないよ、あのおふくろは。こういうことはなあ、最初にはっきりさせとかないと。」と要が志乃を扱う態度と反対に、知子は話題になった志乃に対して、尊敬語の「お思いになる」「喜んでいらっしゃる」と謙譲語Ⅰの「ほっておいてさしあげる」を使って義母の志乃を思いやる心情を表わした。ここで知子は夫の要が実際は親孝行したがっているということを配慮して敬語を使ったのである。それは知子が妻として、義母と自分の間のジレンマを抱える夫・要への一種の思いやりでもあり、夫への親愛の表われとも言える。
2.2.2.2 怒りとしての敬語
　以下は知子と要の夫婦間の会話を挙げる。

〈会話8〉
場の構成者:知子、知子の夫・要
例30:(知子)「あの部屋、お母さんのために造ったと<u>おっしゃった</u>の。」
　　　(要)「うん。」
　　　(知子)「もう、調子いいんだから。」
　　　(要)「なにが?」
　　　　　　　　　　　　　（中略）
　　　(知子)「あたしは、ずいぶん運のいい女だったのねえ。」
例31(知子)「あなたのような甲斐性のあるすてきな<u>旦那さま</u>と結婚ができて。」
　　　(要)「なに、言ってんだ、今頃。」
例32:(知子)「そりゃ、確かにそうかもしれないわ。けど、あんなふうに言われると、お母さん、あなたがどんなにすごい給料をとってると<u>思っていらっしゃる</u>のかしらねえ。」

　「敬語の指針」(2007)と菊地(1997)を参考にしながら例30〜例32を分析する。例30と例31では、知子は要に向けて尊敬語の「おっしゃる」「旦那さま」を使った。例30では、話題になった「あの部屋」について、要は新築時に知子の前で文句を言い、部屋を造ることに反対したが、母親・志乃の前でいい息子を見せ、志乃のためにわざわざ「あの部屋」を造ったと言った。要の言動に怒った知子はわざと敬語を使って話し方をよそ関係にシフトし、聞き手の夫に対するよそよそしさ、或いは他人行儀を示して、怒りの気持ちを十分表わした。知子は実母からよい教育を受けた教養のある人で、普段言葉遣いは丁寧だが、この場合は夫に向けて敬語を用いたのが異常であり、話者・知子の夫への怒りの程度の強さが感じられ、「ばか」「畜生」「間抜け」などの罵りの言葉より話者の怖さを感じさせる。

　また、例32は知子が義母・志乃から嫌な話を聞かされて要に話した言葉である。尊敬語の「思っていらっしゃる」を使用したが、義母に敬意の気持ちは全然持っていない。それは話者・知子が義母から嫌な話を聞いた後、話題になった義母及び聞き手の要をわざと外関係に置いて双方と遠い距離を保ち、義母への強い不満な気持ちを表現したためである。

2.2.2.3　皮肉としての敬語

以下は知子の妹の話を取り上げる。

〈会話9〉
場の構成者:知子の妹・聡子、知子、知子の実母
例33:(妹)「お姉ちゃん、たいへん、ずっと高平のお母さん、東京に<u>いらっしゃる</u>らしいんだって。」
例34:(妹)「たいしたお姑さんらしいわよ。着物山ほど持ってきたのにね、それを入れる箪笥は持ってこないし、<u>旦那さま</u>の位牌を持ってきておいて、仏壇がないって、催促らしいことを言うって。」

　「敬語の指針」(2007)と菊地(1997)を参考にしながら以上の例を分析する。例

33、例34の二例は知子の妹・聡子の話で、話題になった姉・知子の義母に対して、尊敬語の「いらっしゃる」と「旦那さま」を使用し、姉のことをかわいそうと思っていると同時に、姉の義母への非難を表わした。それらの敬語は言葉だけでなく、ドラマにある知子の妹の表情から見ると、姉の義母に対する皮肉表現であることが分かる。

3. 終わりに

3.1　むすび

　これまで考察してきたように、筆者は菊地(1997)が整理した敬語の使い分けに関係する社会的ファクターと心理的ファクターの諸ファクターの理論を応用して、『となりの芝生』第一話における話者が用いた敬語の全体像を明らかにした。具体的に言えば、以下の通りである。

　(1)日本語の敬語は韓国語の絶対敬語と違い、相対的なものである。「2.2　敬語を含むデータの分析」で検討したように、日本語の敬語は話者の視点により、話し手が聞き手、或いは第三者との人間関係や会話の場面に応じて、話し手の意志で使い分けるものである。同じ聞き手に向けても、第三者が側で話を聞いているだけで、或いは新しい登場人物が会話の場に入ったり、話題になったりすることをきっかけに、話者が常にその場の構成者及び話題の変化を意識しながら、敬語を使い分けるのである。

　(2)話者の視点により、話し手が場の構成者との上下関係を的確に認識して上位者の聞き手を立てて敬語を用いる。この種の敬語は話者が上位者と距離を保ち、上位者への敬意や礼儀正しさを表現する場合もあれば、話者は本音を隠して建前で相手を扱い、話者の本当の気持ちを相手に暗示する場合もある。

　(3)恩恵授受の関係は話者の言葉遣いを大きく左右する。話者の視点により、話者自身が恩恵を受ける側であるかどうかを的確に判断し、敬語を使い分ける。また、恩恵を受ける立場にある側は、社会的な上下関係にかかわらず、恩恵を与えてくれる側に対して、丁寧な物言いをするのが常識である。

　(4)話者が相手に敬意を表わすために、敬語を用いるが、敬語はすべて相手に敬意を払うためのものではなく、話者が相手を羨ましく思う心情や相手に親愛、怒り、皮肉の内面的なものを示すのに用いられることもある。例えば、喧嘩の際、「ばか」「畜生」などを使用して相手を罵る人もいれば、普段より丁寧な表現を用いることで、相手との距離を取る態度を示す人もいる。知子の実母は二人の娘が姑に偏見を持つことについて、「あなたたち、親っていうもの、なんだと思ってるの。この際だから、はっきり言っときますけどね。母さんだって、息子の嫁に、赤の他人の嫁に世話になってるのよ。自分の母親は他人に押し付けといて、自分が嫁の立場になったら、旦那さんのお母さんの面倒は知りません。かってすぎるのもいいとこじゃないの。それじゃ、世間は通りませんよ。自分の母親が他人の世話になっていると思った

ら、高平のお母さんを粗末にはできないはずよ。ううん、そんなこと、母さん、許しませんからね。」のように、丁寧語の「言っときます」「知りません」「通りません」「許しません」を使用した。親子であるにもかかわらず、話者・知子の実母が聞き手の娘達に向けて、急に敬語を用いたことは、話者の相手への怒りの程度の強さと話者の怖さを感じさせる。この場合の敬語は普通の罵りの言葉より強い。

　また、親しい内関係なのに、話者はわざと敬語を用いて、聞き手や第三者に対する非難や不満を表現することがある。これらの敬語は、更に話者のボディーランゲージと結び付き、話者が相手を皮肉る心情を表わす一面もある。

　日本の社会では、通常敬語を用いるのは無難であるが、度を越えた敬語はかえって相手に慇懃無礼な感じを与えてしまい、一種の飾りや見えとなるおそれがある。例えば、親しい友達同士の場合は、ずっと敬語を使用すると、相手に丁寧過ぎて、余所余所しい感じを与えてしまうので、この場合は、やはり少しくだけた言い方をしたほうが友達になりやすいではないかと思われる。

　以上で述べたように、話者がただ社会的諸ファクターを勘案すれば、機械的に言葉遣いが決まるというものではない。それに、話者の心理的ファクターが加わるのである。話者は社会的ファクターと心理的ファクターの諸要因を総合的に配慮し、敬語を使い分けるのである。また、用いた敬語は話者の様々な心情を生き生きと表現するのに役立つ重要なものである。

3.2　今後の課題

　時間の制限で、今回集めることができたデータは少なく、分析の不十分な所もある。これからもっと多くの生きた敬語のデータを集め、関係がある心理学の著作を読もうと考えている。新しい人物が会話に登場したり、話題になったりすることをきっかけに、ずっと話の現場にいる話者がその場の構成者の変化と話題の切り替わりを配慮し、瞬時に言葉遣いを変え、敬語を使い分けることを更に研究していきたいと思う。

　また、本稿はホームドラマ『となりの芝生』を選んで、主に夫婦・親子・嫁姑・友人・兄弟などの人間関係を巡り、家庭内部或いは知り合いの間で用いられた敬語を分析、考察してきた。敬語の使用範囲はそれだけでなく、家庭外部、疎の人間の間でも広く使用されているので、今後、研究の範囲を広げ、家庭外部、疎の関係同士で用いられる敬語も含めて考察し続けたいと考える。

　それから、中国語には日本語のような体系的な敬語組織はないが、類似の現象があるので、日本語の敬語を理解する時、母国語とも結び付けると、もっと理解しやすくなるのではないかと思う。中国語と日本語の対照はもちろん大切であるが、両方の違う点に注目してばかりいると、逆に偏りが出てくるではないかと思うので、今後、敬語について、中国語と日本語両方の似ている部分もきちんと注目し、日本語の敬語の実態への理解を更に深めていこうと思う。

注

[1] 菊地康人. 1997a.『敬語』. 講談社.

[2] 橋田壽賀子は「大衆に受け入れられてこそ価値のある作品である」という信念の下で、数多くのヒットを飛ばした。作品はホームドラマが多く、日常生活に近い場面がよく描かれる。『となりの芝生』は橋田脚本による日本のテレビドラマのタイトルで、1976年1月から2月にNHKの『銀河テレビ小説』枠で放送され、核家族が進む中で嫁姑問題を正面から描いた「辛口ドラマ」である。日本全国から反響があり、一大論争を巻き起こし、第八回テレビ大賞優秀番組賞を受賞した。現代版の『となりの芝生』は2009年7月1日から9月16日までTBSで放送された。ごく普通のサラリーマン家庭の専業主婦・高平知子を巡る夫婦・親子・嫁姑・友人等のありふれた人間関係が網の目のように布置され、個性のあるキャラクターが描かれた作品である。その複雑な人間関係の中で、主人公・知子に関わる主要な人物として、夫・要は勿論のこと、その他に実母や義母・志乃、妹・聡子、娘・花子、息子・太郎、短大時代の友人等も大きな存在である。第一話では、知子と友人との会話の場面や実母との会話の場面、義母との会話の場面、及び夫との会話の場面等が重要な位置を占めている。また、『となりの芝生』は言葉遣いがスタンダードで、表現も巧みである。作品には様々な会話があり、適切な敬語を使うことにより、登場人物の心理的な側面も自然に表現され、とても魅力のある作品となっている。今にも肉声が聞こえてくるようである。よって、筆者はこのいくつかの人間関係に関わる九つの場面に焦点を絞り、ドラマのセリフを文字化して記録し、言語資料にした。

[3] Robin Tolmach Lakoff. 1975. *Language and Woman's Place*. Mary Bucholtz.

[4] 井出祥子がロビン・レイコフの言葉を翻訳したものを引用した。井出祥子. 2006a:4-5.『わきまえの語用論』. 大修館書店.

[5] 菊地康人. 1997b:42-76.『敬語』. 講談社.

[6] 井出祥子. 2006b:55.『わきまえの語用論』. 大修館書店.

[7] 井出祥子. 2006c:197.『わきまえの語用論』. 大修館書店.

[8] 井出祥子. 2006d:200.『わきまえの語用論』. 大修館書店.

[9] 2007年「敬語の指針」は以下の文化庁のアドレスで原文が見られる。http://www.bunka.go.jp/bunkashingikai/soukai/pdf/keigo_tousin.pdf

[10] 菊地康人. 1997c:44.『敬語』. 講談社.

[11] 菊地康人. 1997d:44.『敬語』. 講談社.

[12] 菊地康人. 1997e:52.『敬語』. 講談社.

[13] 2007年「敬語の指針」は以下の文化庁のアドレスで原文が見られる。
http://www.bunka.go.jp/bunkashingikai/soukai/pdf/keigo_tousin.pdf

参考文献

井出祥子. 2006.『わきまえの語用論』. 大修館書店
石坂正蔵. 1969.『敬語　敬語史と現代敬語をつなぐもの』. 講談社
大石初太郎. 1977.『敬語』. 筑摩書房
美しい日本語について語る会. 2003.『美しい日本語のすすめ』. 国立印刷局
大石初太郎・林四郎編. 2000.『敬語の使い方』. 明治書院
大石初太郎・外山滋比古ら. 1983.『新しい敬語　美しいことば』. 小学館

蒲谷宏・川口義一・坂本恵. 1998.『敬語表現』. 大修館書店
蒲谷宏・金東奎等著. 2009.『敬語表現ハンドブック』. 大修館書店
菊地康人. 1997.『敬語』. 講談社
国立国語研究所. 1990.『敬語教育の基本問題(上)』. 大蔵省印刷局
国立国語研究所. 1992.『敬語教育の基本問題(下)』. 大蔵省印刷局
辻村敏樹. 1992.『敬語論考』. 明治書院
文化庁. 2007.『敬語の指針』
http://www.bunka.go.jp/bunkashingikai/soukai/pdf/keigo_tousin.pdf
宮地裕. 1981.『講座日本語学9　敬語史』. 明治書院
森田良行. 2006.『話者の視点がつくる日本語』. ひつじ書房
呉少華. 2009.『待遇表現の談話分析と指導法―漱石作品を資料にして―』. 勉誠出版

再帰構文における他動詞の「結果相」についての一考察
——「テイル」を中心に

韩佳梅

摘要:关于再归动词、再归构句的研究迄今为止进行了许多。仁田(1982)将"由表示动作主体身体一部分的ヲ格名词构成"的他动词句称之为再归构句。工藤(1990)提出再归构造是主语和补语(ヲ格、二格、カラ格)之间构成"所有者—所有物"的关系。稻村(1995)将主语和补语具备所属关系,形式上是「主語＋ヲ格補語＋述語」「主語＋ヲ格補語＋ニ/ヘ/カラ格補語＋述語」的他动词句归结为再归构句,并将其分为指代"人"和"物"两方面内容。片山(2003)将再归分为词汇上再归和构句上再归,考察了他动词的再归用法,并指出再归构句的特点是主体的状态变化被焦点化。但是,关于再归构句的"テイル"形的研究还不是太充分,并没有特别详尽广泛的论说研究。笔者将在之前先行研究的基础上,专门对拥有"所属"关系的指代"人"的部门作为本研究的对象,对其构句上テイル的时体意义进行详细的考察。根据不同分类和构句文脉探索分析表达"结果相"的原因。

キーワード: 再帰構文　所属　テイル　結果相　構文文脈

1. はじめに

　　日本語の「テイル」の解釈に関しては、一般的に動詞分類に基づき意味記述を行う研究が多い。その基本的意味としては「動作・作用の継続」「動作・作用の結果状態・結果の継続」いわゆる「進行相」と「結果相」であり、その他、「経験」「反復」「単なる状態」といったものは派生的または二次的意味だと考えられる。そして、「進行」には他動詞の方が比較的に多いのに対して、「結果状態」には自動詞の占め合いが圧倒的だと見られる。しかし、以下の他動詞文(竹沢 1991)はどうであろう。

　(1)山田さんが腕を折っている。(結果状態)
　(2)山田さんが足を痛めている。(結果状態)
　(3)山田さんが髪を染めている。(進行/結果状態)
　(4)花子が顔に墨をつけている。(進行/結果状態)
　(5)隣の家はドアを閉めている。(進行/結果状態)

　　以上の例文は、目的語を持つ他動詞文であるにも関わらず、結果相の解釈が可能である。それは上の文は主語と目的語、補語との間に何らかの関係を持っているからである。具体的にいえば、主語の指示すものと目的語の指示すものとは「全体—部分」あるいは「所有者—所有物」の関係で、または「ニ」格名詞が主語の一部であ

るという点である。

　例(1)(2)(3)では、「ヲ」格名詞の「腕」「足」「髪」は動作主とまったく関係がない他者の存在ではなく、主語の一部分である。(1)を例に取って言えば、普通の考えでは、ヲ格名詞句の「腕」は動作主「山田」の「腕」であり、その「折る」行為は動作主以外の他者への影響を与えない。その動作の結果は最後まで「山田」自身に及び、変化の状態として残っている。当然、「山田さんが自分の腕を折っている」という故意的極端な例なら、「進行」の意味になるのは別の問題である。(2)の場合は極端な例を除いて「結果の持続」を表し、(3)の方は自分自身を指しても「進行」・「結果」の両義文になる。例(4)は「ヲ」格成分の「顔」も動作主「花子」の一部分で、前の三つの例文と同じく、動作主の行為は他者への影響が見られない。自分が自分の顔に「墨をつけている最中」と「墨をつけている状態」という二つの意味解釈ができる。(5)の目的語「ドア」が「隣の家」の所有物であり、家の主人が「今ドアを閉めている」という動作進行と主人の意図行為で「ドアが閉まっている」状態になるという両義性を持っている。

　こういう関係で、動作主から出た働きかけが他者に向かうものではなく、結局動作主自分自身に及ぶことによって、その動作が終結するという再帰的な特徴が見られる。仁田(1982)[1]はこれを「再帰用法」と呼び、典型的な他動詞でありながら、再帰的に使われるものである。形式的に見ると、「ヲ格成分が動作主の体の一部を表す名詞類によって形成されている」という特徴を持っている。この再帰用法の動詞を含む構文を「再帰構文」と称している。仁田はこの再帰構文が「テイル」をとれば、「動作持続」と「変化の結果」の「両義性」を帯びたものになると打ち明けている。この他動詞の再帰的用法についてのアスペクトをめぐった研究は工藤をはじめ、竹沢、彭飛、片山などが挙げられる。とりわけ、工藤は「所有」の関係から再帰構造を明らかにさせ、結果相になる構文に対し分類を行っている。

　本稿はこれまでの研究成果を踏まえ、再帰の枠組みにおいて、主体と客(ヲ格・ニ/カラ格名詞)が「所属」[2]の関係を持つ再帰構文をめぐって、特に稲村に提出する「主宰者による使役的出来事」や「他の行為や外部の原因を受けた受身的出来事」などの再帰も含め、そこにおけるアスペクトの意味を検討し、他動詞の再帰用法のテイルの意味、特に「結果相」になる状況を改めて考察してみようとする。

2.先行研究と本稿の位置づけ

　日本語の再帰には「再帰動詞」と「再帰用法」という二つの概念が含まれている。最初に再帰動詞と他動詞の再帰的用法を分けて提示したのは、仁田(1982)である。
　(6)彼は入浴後いつも冷水を浴びることにしている。
　(7)その男はエナメルの靴を穿き派手な背広を着ていた。
　(8)服を脱ぐと、すぐに寝床に潜り込んでしまった。
　(9)彼は体を曲げて入ってきた。
　(10)花子は眉を吊り上げて、怒っている。

(11) 心 (気持ち) を静めて、私の言うことを聞いてください。
(12) 転んで、足を折った。
(13) 腕を挙げて、殴りかかってきた。
(14) 胸をはらはらさせながら空の光景を見ていた。
(15) お爺さんは椅子に腰をかけた。

　これらの他動詞は典型的な他動詞と異なり、再帰動詞と同じく動作主の働きかけが動作主自身に戻ってくる。仁田はこういう普通の他動詞でありながら、その一用法として再帰的な用法を有するものを「再帰用法」と呼び、再帰用法の動詞を含む構文を「再帰構文」と称している。この構文の特徴を細かくみれば、ヲ格成分としての「体」「眉」「心」「気持ち」「足」「腕」「胸」「腰」といった名詞はすべて動作主に現に付随している体の一部分である。もう少しはっきり言うと、(12)(14) のような非自制的な例もあれば、それ以外の自制的な例もある。仁田は「再帰とは動作主からの働きかけが結局は動作主自分に戻ってくることによって、動作が完結するといった現象を言う」という定義を出し、例(6)-(8) のような動詞を再帰動詞、(9)-(15) のような文を再帰用法と分けている。さらに、再帰構文の特色は「ヲ格成分が動作主に現に付随している動作主の体の一部を表す名詞類によって形成されている」と指摘し、この体の一部には物理的なものだけではなく、(11) のように「気持ち・心」といった心理的なものも含まれると述べている。一方、再帰動詞は自動詞に近づいた存在で、まともの受動を作らないこと及びアスペクトにおいて典型他動詞文と異なっていると打ち明けた。

　工藤 (1995) はヴォイスとアスペクトと関連しながら、他動詞文の能動態、受動態、再帰態、自動詞文などについて考察した。再帰構造は形式的に他動詞構造と共通するが、意味的には主語と補語 (ヲ格、ニ格、カラ格) とが「所有者-所有物」(身体部分・関係者・全体一部分など) の関係で結ばれ、動作・作用は他の対象に向かうのではなく自らに向かうものであり、自らの内に納まる運動で自動構造的であると論じた。再帰と自動の違いは、所有者-所有物の内部分化がある場合に、所有者を主語とするか、所有物を主語とするか (「チューリップが芽を出す」と「チューリップの芽が出る」) にあるとする。

　稲村 (1995) は主語と補語が所属関係[3]を現は慣用句的で、他動性を欠いていて再帰性の特徴とつながるという。もちろん、「主語＋ヲ格補語＋述語」、「主語＋ヲ格補語＋ニ/ヘ/カラ格補語＋述語」などの他動詞文を再帰構文として考察を行った。「主語をめぐる出来事を表し、主語から補語へ働きかけのない状態の主体として存在する文は自動詞文に近い」と指摘し、「家を建てる」「注射をする」などのような「主宰者主語による使役的出来事」や「他の行為や外部の原因を受けた受身的出来事」まで再帰構文に入れて広くした。なお、「a. 再帰構文の主語は『主語自身への働きかけを行う動作主体』『変化の結果の状態の主体』『状態生産の主体』などとして存在する。b. 変化動詞と動き動詞のどちらの他動詞でも、主語が『状態の主体』として存在する文が成立する。c.『飲む』『嘗める』『蹴る』など主語の身体を直接つかって動

作する以外に動詞の意味を表現しえない動詞は『状態の主体』を主語とする再帰構文にならない」と述べている。

工藤(1991)は「結果性は運動の時間的展開とかかわるアスペクト現象であり、しかしまた同時に参加者のだれに生じるかという点でヴォイスとも結びついている」という考えからヴォイスとアスペクトの関係を記述し、また他動詞を「主体動作と客体変化」「主体動作と客体運動」「主体動作のみ」の三つのタイプに分類している。更に、再帰構造文を形成する構文・文脈条件について「行為者による結果」「外的作用による結果」「自発的結果」「原因に触れない結果」に分け、「結果持続」の状況を考察した。最後に、「自動詞、再帰構造文も受動文と同様＜結果持続＞を表し、広義ヴォイス構造上の共通性がある」と結論を出した。しかし、工藤は「主体変化」のみを表す再帰構文へはまだ十分に注目せず、「結果の持続」を表す再帰構文の分類にもまだ検討の余地があるかと思われる。

彭飛(1990)は「非意図的行為を示すマイナスの意味の他動詞文」[4]と提示し、「私は妻をなくした」「財布を落した」「私は倒れて頭を打った」などのような他動詞文は「状態変化及びその結果を表す文」の一種のもので、「マイナスの意味の他動詞文」を構成する「五条件」を挙げている。また、「体の全部、またその一部を客体とする他動詞文」に注目して、ヴォイスとアスペクトについて述べている。「お中を壊している」「足を挫いている」などの非意図的構文は「結果状態の持続」を表すと指摘した。「倒れて頭を打った」のような「身体部位＋打つ」の他動詞文も「状態変化と結果」の文にしたが、「テイル」と関係づけてアスペクトの検討は行っていない。

片山(2003)は語彙レベルの再帰と構文レベルの再帰という二つの方面から他動詞の再帰的用法を考察し、再帰動詞は主体の状態変化が表せる一方、再帰構文も主体の状態変化を表していると打ち明けた。再帰構文について、「取り付け動詞・取り外し動詞」「主体動作を表す再帰構文」「主体動作と状態変化を表す再帰構文」「主体の状態変化を表す再帰構文」「自然現象を表す再帰構文」「依頼者主体の再帰構文」という六種類に分けて、各種類の意味特徴を分析すると同時に、「テイル」形のアスペクトの意味検討に触れ、「結果の存続」の状況を明らかにさせた。最後に「主体の動作を表す再帰構文以外は、すべて主体の状態変化を表している。つまり、再帰構文は、主体から客体への働きかけの有無にかかわらず、動作主や外的な原因が後景に退き、主体が被った状態変化が焦点化されたものである。私たちは、文脈によって、後景に退いた動作主と主体との関係を再構築しているのである。」という結論を出した[5]。しかし、結果相をめぐって系統的な研究はあまりしておらず、「依頼者主体の再帰構文」のテイル形には触れなかった。

本稿は従来の研究を踏まえ、主体の意志性の有無から手を入れ、文脈環境と構文的意味特徴を考えながら、再帰構文における「結果相」を考察しようとする。研究の対象を控えるため、筆者は主体が「人」[6]であり、主体と客体（ヲ格補語とニ/カラ格補語）の間に「所属」の関係を持つ再帰構文に焦点を絞りたい。つまり、客体は人の「身体部位、所有物、関係のもの」を指している再帰構文である。そして、稲村による

「主宰者主語による使役的出来事」の再帰構文に考えの焦点を当て、アスペクト性を広く検討したい。「人」を主体とする再帰構文をめぐって、主体が客体へ働きかけの意図性の有無と構文の意味特徴を手がかりにして分類を行い、それぞれの再帰構文の特徴を分析しながら、テイルと共起するアスペクト意味を検討し、結果相の解釈が現れる可能性を考察しようと試みる。

3.「人」を主体とする再帰構文の分類と結果相

工藤(1991)はアスペクト的意味とヴォイス対立、相関性を考えながら、動詞の語彙的意味の内部構造から他動詞を三つのグループに分かれている。
①主体動作と客体変化動詞―切る、開ける、壊す、染めるなど(模様替え動詞)
　　　　　　　　　　　　つける、つなぐ、巻く、外す、落すなど(取り外し動詞)
　　　　　　　　　　　　出す、あげる、移す、おろすなど(移し変え動詞)
　　　　　　　　　　　　作る、築く、たてるなど(生産動詞)
②主体動作と客体動き動詞―動かす、回す、流す、飛ばす、揺らすなど
③主体動作のみとらえている動詞―叩く、撫でる、打つ、押すなど

①動詞は＜客体の変化＞というヴォイス的側面も重要で、＜再帰構造＞の場合には、客体ならぬ主体に変化をもたらすことになるので、法則的に＜結果の継続＞になる。②③動詞は運動の変化の側面には無関心に、動作の側面のみを捉え、動作の継続を表している。

3.1　ア類

(16)太郎が手を叩いている。(動作の進行)
(17)太郎が頭を掻いている。(動作の進行)
(18)彼は顎を撫でている。(動作の進行)
(19)花子は(唇に)口紅をつけている。(動作の進行/結果の持続)
(20)花子は(顔から)眼鏡を外している。(動作の進行/結果の持続)
(21)彼は(ポカンと)口を開けている。(結果の持続)
(22)花子は首にネッカチーフを巻いている。(動作の進行/結果の持続)
(23)子供が二階の窓から顔を出している。(結果の持続)
(24)太郎は手足を伸ばしている。(結果の持続)
(25)太郎は爪を切っている。(動作の進行/結果の持続)
(26)敵役に扮するために、顔を汚している。(結果の持続)
(27)彼女は目を閉じている。(結果の持続)
(28)老人は縁側に腰を下ろしている。(結果の持続)

以上の用例では、(16)-(18)のほかに、残りの全部は「結果の持続」と読み取ることが可能である。(16)-(18)において「叩く」「掻く」「撫でる」の他動詞はいわゆる③の接触・打撃動詞で、「動作の進行」しか表さない。ほかの例文では、他動詞は殆ど工藤による「主体動作・客体変化」動詞で、「結果の持続」の解釈が現れると予想さ

れる。

　それについて、仁田(1986)、天野(1987)は①②の動詞を「結果副詞を取る他動詞」または「動き変化他動詞」[7]として提示し、主体の動きと客体の変化の両方の意味を持つ他動詞であると主張している。片山(2003)も①②の動詞が状態変化を表す動詞であると支持し、「結果の持続」の可能性を証明した。(19)のような両義文は、「動作の進行」か「結果の持続」を表すのかは、主体の動作と主体の状態変化のどの側面に焦点を当てて捉えることによって決まるといえよう。

　しかし、状態変化動詞はもともと主体の動作と客体の変化を表す動詞であるため、主体の動きに関心がある場合は、「老人はゆっくり腰を下ろしている」あるいは「彼女はゆっくり目を閉じている」のように、動作の進行を表すことも可能である。

3.2　イ類

(29)（歯医者に依頼して歯を抜いた場合）
a 太郎は歯を抜いている。
b 太郎が歯を抜いているので私も抜く。
(30)（美容師に依頼して髪を染めた場合）
a 花子は髪を染めている。
b 花子が髪を染めているので私も染める。
(31)（大工が太郎の家を建てた場合）
a 太郎は家を建てている。
b 太郎が家を建てているので私も建てる。
(32)（浩が写真屋に依頼して顔写真を撮ってもらった場合）
a 浩は顔写真を撮っている。
b 浩が顔写真を撮っているので私も撮る。
(33)（母にセーターを作ってもらった場合）
a 花子はセーターを作っている。
b 花子がセーターを作っているので私も作る。
(34)（病院で注射をしてもらった場合）
a 患者は注射を打っている。
b その患者が注射を打っているので私も打つ。

　片山(2003)では、この「主体が依頼者を表す再帰構文」を再帰構文の一項目として、その構文は「主体の依頼→第三者の動作→主体の状態変化を表す」という意味特徴を明らかにさせた。しかも、その文末の「タ」形は結果状態にだけ焦点がおかれている点では、「太郎は骨を折った」のような状態変化主体の再帰構文と同じであると指摘した。ところが、「テイル形」の場合は考慮の範囲に入っていないようである。文脈や背景を無視すると、実際の動作主がその主語自身で、意図的な働きかけで動作を実現し、「テイル」と共起すれば「動作の進行」と読むのは間違いない。もちろん、「花子は髪を染めている」では、花子が実際の動作主とする場合は「動作の進行」

のほかに、「結果の持続」と読み取ることもあり得ると考えられる。しかし、実際の動作主としての第三者が背後に存在する構文では「テイル」をめぐった意味考察は今まで殆ど見かけていない。この第三者が潜んでいる「介在性他動詞文」の「テイル」は「結果の持続・結果の状態」を表す可能性を検討するため、筆者は日本語母語話者に対してアンケート調査を行い、その中の50人[8]の結果のデータを抽出し、以下の表を作った。

例	a	b
29	○	○
30	○	○
31	×	○
32	×	○
33	×	○
34	×	○

(「○」は「結果相」を表すことが可能、「×」は「結果相」を表すのが無理)

以上のデータから分かるように、文脈と結びつけて考えれば、結果相と読み取れるのは29、30というごく僅かの2例で、残った例文は全部結果相にはよみ取れない。即ち、このタイプの再帰構文では、「テイル」のアスペクト的意味は普通「結果の持続」を表しにくいということが分かった一方、「太郎が家を建てているので私も建てる」「洋子が写真を撮っているので私も撮る」「その患者が注射を打っているので私も打つ」のような埋め込みの表現なら、すこし無理のような例でありながら、すべての例文が「結果の持続」を表すことができるという調査の結果が分かった。

要するに、依頼者を介在する構文では、「タ」形と共起するのでは「結果の持続」の解釈ができるが、「テイル」形との共起では結果相の解釈になりにくく、「進行の持続」を表すのは最もの考えである。特に、一般的に考えれば「動作の進行」の意味を表すに違いない。但し、「歯を抜いている」「髪を染めている」は結果状態の持続とも読み取れるのは述語動詞の意味特徴と関わっているのではないかと思われる。

3.3　ウ類

(37)花子が(転んで)額を切っている。(結果の持続)
(38)太郎が(スキーで)足の骨を折っている。(結果の持続)
(39)花子が(風で)帽子を飛ばしている。(結果の持続)
(40)私達は(空襲で)家財道具を焼いている。(結果の持続)
(41)勇二は(教師に殴られて)前歯を折っている。(結果の持続)
(42)花子は(うっかり)ドアに指を挟んでいる。(結果の持続)
(43)彼は泥酔して転倒して頭を割っている。(結果の持続)

上のヲ格名詞は主語と＜所属関係＞を持ち、客体が主体の一部分または所有物である。外的原因、あるいは主語の過失行為など非意図的な内部原因によって状態変

化を被るようになった。その状態変化が結局動作主自身に戻ってきて、主体の状態変化のみを表している。「額を切っている」「帽子を飛ばしている」「指を挟んでいる」などは結果相の読みしかなく、それぞれに相応する自動的表現「額が切れている」「帽子が飛んでいる」「指が挟まれている」に言い換えることができると考えられる。

　片山(2003)は以上のような用例について、それは天野(1987)の言う「状態変化主体の他動詞文」にあたり、主体から客体への働きかけがなく主体の変化が焦点化されているために、このような文の「テイル」形は普通の解釈では結果の継続しか表さないと指摘している。括弧の内容が直接に明示され、あるいは文脈的・語彙的に暗示されていることが必要である。彭飛(1990)がこの種の他動詞文を「状態変化及びその結果を表す・非意図的行為による有生名詞を主格とするマイナスの意味が込められた『ヲ』を伴って客体を取る他動詞文」と規定し、「非意図的行為を示すマイナスの意味の他動詞文」の概念を取り上げた。そして、「お中を壊している」「足を挫いている」などの非意図的の構文は「結果状態の持続・結果の存続」と指摘した。

3.4　エ類
　(44)子供は腐ったものを食べて腹を壊している。（結果状態の持続）
　(45)彼は煩い音で目を覚ましている。（結果状態の持続）
　(46)太郎はあの本を読んで心を動かしいる。（結果状態の持続）
　(47)雨に濡れて強い熱を出している。（結果状態の持続）
　(48)炎の明るさに眉を顰めている。（結果状態の持続）
　(49)酔っぱらって階段から転落し、頭から血を流している。（結果状態の持続）
　(50)試験の失敗で面子をなくしている。（結果状態の持続）
　(51)花子は恥ずかしくて顔を赤らめている。（結果状態の持続）
　この種類の構文は実はウ類と同じく「非意図的行為を示すマイナスの意味の他動詞文」に所属し、彭飛(1990)が「体の全部、またはその一部分を客体とする他動詞文」で非意図的の再帰用法を分析し、その「テイル」文は殆ど「結果状態の持続・結果の存続」を意味すると指摘した。だだし、「腹を壊す」「目を覚ます」「熱を出す」「心を動かす」「眉を顰める」「面子を無くす」「顔を赤らめる」などは木村の言っている「慣用句的、再帰的特徴」を備え、主体の生理的・感情的現象の表現であると言える。こういう構文には、外界の刺激または何らかの原因を受けて、主体は生理的、心理的な変化が出てくるという特徴が見られる。そのヲ格名詞も主体の一部、生産物なので再帰的特徴が窺え、主体は意図的な働きかけではなく、主体の状態を表している。

4. 再帰構文の「結果相」と中国語の「着・了・在」

　日本語の「テイル・テイタ」はよく中国語の「着・了・在・过」と対応することができ、それをめぐった先行研究も数多くある。呂淑湘、劉月華、戴耀晶などをはじめとする中国の学者は「着・了・在・过」[9]をめぐった中国語の研究を盛んに行って

いるが、一体どんなアスペクト的意味を表すのかまだ定説がないようである。それに、日本語のアスペクト的表現との対照研究もかなり多く、ある問題において意見が重なっている。木村、荒川などはテイルの意味と動詞の語彙的意味と関連づけて、日中アスペクトの異同を指摘している。本章では、中日対訳コーパスを利用し、またはある文学作品から用例を抽出し、その中から「結果相」を表す再帰構造のテイル文を取り上げ、その中国語の表現を更に検証しようとする。

4.1 ア類

（52）康子は絹のワンピースを着て、胸に紫のすみれの花束をつけていた。（青春の蹉跌）

康子穿着一件丝质的连衣裙,胸前别着一朵紫罗兰花。

（53）何だかべらべら然たる着物へ縮緬の帯をだらしなく巻きつけて、例の通り金鎖りをぶらつかしている。

他穿着一件轻飘飘的和服,腰里勒着绉绸带子,仍然挂着那条金锁链。

（54）直子は指で何度か髪をすいた、もう髪どめを外していたので、下を向くと髪が落ちて彼女の顔を隠した。（ノルウェイの森）

直子用手指理了几下头发。发卡已经摘掉了,每一低头,发便落下遮住她的脸。

（55）克く見れば、奥様は両方の目を泣腫らしている。（破戒）

细一看,师母两只眼睛都哭肿了。

（56）彼女は膝をふたつに折って、飢えた孤児のようにその上に顎をのせていた。（ノルウェイの森）

她怀抱双膝,如同饥饿的孤儿似地把下颏搭在膝头。

（57）彼はグラウンドへ下りる二三段の大谷石の石段に腰を下ろしていた。（金閣寺）

他走进体育场,坐在大谷石砌就的台阶上。

この種の「テイル」文は中国語の「着・了・在」の表現との対応は一番多く見られる。(52)(53)(54)は所謂「取り外し」の意味がある構文で、主体の意図的な動作や働きかけによって、動作主自身になんらかの状態の変化が引き起こされている。中国語の「着」には「状態の持続・静態持続」を意味する「着」が見られ、こういう「結果の持続」を表すテイルと合致している。そのほか、「テイル」が中国語に対応する時、「了」となる例がずっと多い。(56)(57)の訳文のように「V＋在＋NP」は中国語ではよく見かける表現である。

4.2 イ類

（58）たった一晩のうちに、一本残らず。それ以来わたしは髪を黒く染めていたの。（スプートニクの恋人・村上春樹）

一夜之间,头发全白了,一根都不剩。从那之后我就把头发染成了黑色。

（59）2日前から歯が痛いです。しかしその歯は銀歯です。その前後の歯も神経

も抜いています。歯茎から血が出ているとか、腫れているなどといった症状はありません。(健康、美容とファッショ/Yahoo！知恵袋)

两天前牙就很痛。但是那是颗镶的银牙。前后的牙齿和神经都拔掉了。并没有出现牙龈出血和红肿的症状。（笔者訳）

(60) そのとき、痩せた色の黒い小がらな若い女子学生が、かの女のすぐそばにいた。くたびれた藍色のあわせをきて、髪を短く刈っている。(青春の歌)

这时靠她旁边站着一个年轻女学生，小个子，黑黑瘦瘦的，穿着破旧的蓝布夹袍，披着短短的头发。

以上の3例は文脈からみれば、実際の動作の実行者は誰かは表層に明示されていない。が、いずれの例文でもその背後には本当の動作主が潜んでいると理解しうる。「髪を黒く染める」「髪を短く刈る」「歯も神経も抜く」のは普通「美容師」「歯医者」などであると推測され、その事態の過程はどうなるかについてあまり関心がなく、最後に主体が状態の変化があり、その変化の結果が持続し、テイルと共起しやすいと思われる。しかも、例文には「黒く・短く」などの形容詞も共起し、テイルの「状態」を際出せている。

4.3　ウ類

(61) そのとき初めてシゲ子が頭の髪を焦がしていることに気がついた。(黒い雨)

这时，我才发现繁子的头发烧焦了。

(62) 初老の男が畦道に横倒れになって、服の胸をびっしょり濡らしていた。(黒い雨)

一个四、五十岁的男人横躺在畦道上，胸前的衣服都湿透了。

(63) 女はむっとしてうなだれると、襟をすかしているから、背なかの赤くなっているのまで見え、なまなましく濡れた裸を剥き出したようであった。(雪国)

她闷闷地垂下头来，从敞开着的衣领，甚至可以看见背脊都现出红潮，宛如新鲜的嫩肉裸露出来。

上の例文は前後の文脈、構文的条件から以下の情報が推測される。「①主体は外的な働きかけ、作用、刺激などによって、その自身に状態変化を起こす受動的な経験主のような存在である。②主体が客体への働きかけがない非意図的な動作主である。③その状態変化の引き起こし手が明示されている。または暗示されている。」(61)を例とすれば、「シゲ子」が自分の「髪」を焦がしたのではなく、なんらかの外的な原因や作用によって、「頭の髪を焦がしている」という結果状態になったと考えられる。その他の文も同じで、最後の結果状態にだけ焦点が置かれている。

4.4　エ類

(64) 日当りのわるい中の間で蒼い顔した病人は慈念の経文をききながら目を閉じていた。(雁の寺)

在光线阴暗的中间房里，脸色苍白的病人听着慈念念经，闭上了眼睛。
（65）池田嘉七のうしろから尾いてきている一行の中に、京都市東山区四条縄手を北に入ったところで、美術工芸商を営む「鮫島平壺堂」の主人鮫島市次郎が、やはり竹人形の出来栄えに眼を瞠っていた。（越前竹人形）

尾随池田嘉七的一行人中，有一个工艺美术品商人叫鮫島市次郎，他在京都市东山区第四街北面开了间"鮫島平壺堂"。对于这么出色的竹偶，鮫島也看傻了眼。
（66）やはり宇品罐詰は糧秣廠の管轄工場で、製品を被服支廠の食堂へ一部納入しているが、それでいて石炭のことでは頭を悩ましている。（黒い雨）

宇品罐头厂是粮秣厂管辖的一个工厂，一部分产品供给被服分厂的食堂，连这样的工厂也同样为解决煤的问题在伤脑筋。
（67）こんな時の梶大助の顔は真剣である。額にうっすらと汗をかいている。（明日来る人）

这种时候，梶大助显得分外认真，额头上微微渗出了一层细汗。

5. 終わりに

本論文は再帰構文の枠組みでそこにおける「他動詞＋テイル」のアスペクト的意味を検討し、「結果の持続、結果状態の持続」を表す再帰構文のテイル形を再考察をしてみた。今までの先行研究を踏まえ、「ひと」を主体とする再帰構文を考察の対象に絞り、稲村による「主宰者主語による使役的出来事」という「介在性の他動詞文」まで含め分類を試み、ア、イ、ウ、エ類の構文特徴を解明してみた。また、各種類の「テイル・テイタ」のアスペクト的意味を検討し、「結果相」になる可能性を探り出した。更に、各種類の対応する中国語の表現を明らかにするため、中日対訳コーパスと少納言コーパスを利用して、テイルのア、イ、ウ、エ類での「結果相」の用例を選出し、「着・了・在」などと対応できる状況を取り上げた。

最後に、工藤の再帰構造における「客体の変化を問う」他動詞文だけではなく、依頼者が主体である「介在性他動詞文」、主体の変化のみを表す「状態変化主体の他動詞文」までその「テイル」形は「結果の持続」を表すこともよくある。私たちは文脈によって、後景に退いた動作主と主体との関係を再構築しているので、主体が意図性があるかどうかに関わらず、主体の状態変化が焦点化されたのは再帰構文の特徴である。

注

[1] 仁田（1982）は「再帰とは動作主からの働きかけが結局は動作主自分に戻ってくることによって、動作が完結するといった現象」と定義した。

[2] ここの「所属」という概念は稲村によって提示されたもので、工藤の言う「所有」とはほぼ同じで、内容がさらに具体化されている。

[3] 稲村（1995）による所属関係：
　①（部分）　　ひと―身体部分（手・足・頭・髪・爪など）

		もの―ものの部分(木＞葉・枝/船＞スクリュー/家＞屋根など)
②(側面)		ひと―身長・体重・性質など
		もの―大きさ・形・色・属性など
③(所有物)		ひと―所有物(衣服・腕時計・バッグなど)
		関係の密接なひと・動物(家族・親族・部下ペットなど)仕事・興味など、その他の所有物
		もの―ものが含むもの・もつもの(電車＞乗客など)
④(生産物)		ひと―ことば・汗・息・声・作品など

[4]「外国人を悩ませる日本人の言語慣習に関する諸問題をめぐって」をご参照

[5]「日本語他動詞の再帰的用法について」―― Reflexive Uses of Transitive Verbs in Japanese 片山(2003)をご参照

[6]「庭の木は芽を出している」のような「もの」を表す再帰構文も「結果の持続」と読みとれる。

[7]「動き変化の他動詞」が工藤の「主体動作・客体変化他動詞」とはほぼ一致する。但し「動かす、飛ばす、揺らす」のような「客体の変化を表す他動詞であっても、客体の変化の結果の側面を表さない」他動詞は「動き変化の他動詞」に入っている。

[8]この50人は全部学歴が大卒以上であり、言語学を知っている日本人である。

[9]具体的にいうと、「動作の継続」を表す「着」と副詞としての「在」は、進行相の「テイル」と殆ど対応できる。一方、「着」は「状態の持続」、「了」は「動作完了の結果」、介詞としての「在」は「存在」を含意し、「結果の状態や結果の持続」を表す「V―テイル」と対応する状況が多い。経験相としての「過」は「動作の完結」、「過去の経験」を表し、パーフェクト相のテイルはよく「過」などと対応する。

参考文献

仁田義雄. 1982.「再帰動詞、再帰用法-Lexico-Syntax の姿勢から-」.『日本語教育』47

仁田義雄. 1997.『日本語文法研究序説』. くろしお出版

天野みどり. 1987.「状態変化主体の他動詞文」.『国語学』151. 国語学会

稲村すみ代. 1995.「再帰構文について」.『東京外語大日本語学科年報』16. 東京外語大日本語学科. 55-80

片山きよみ. 2003.「日本語他動詞の再帰的用法について―― Reflexive Uses of Transitive Verbs in Japanese」.『熊本大学留学生センター紀要』. 7. 熊本大学留学生センター. 49-59

工藤真由美. 1995.『アスペクト・テンス体系とテクスト―現代日本語の時間の表現―』. ひつじ書房

彭飛. 1993.「日本語の他動詞文における他動性喪失の諸問題をめぐって」.『文学史研究』. 大阪市立大学

児玉美智子. 1989.「状態変化主体他動詞文の成立と構造」.『甲子園短期大学紀要』9. 67-79

佐藤里美. 1986.「使役構造の文―人間の人間にたいするはたらきかけを表現する場合―」. 言語学研究会編.『ことばの科学』. むぎ書房. 89-179

佐藤琢三. 1994.「他動詞表現と介在性」.『日本語教育』84. 日本語教育学会. 53-64

須賀一好. 1981.「自他違い―自動詞と目的語、そして自他の分類―」.[須賀一好・早津恵美子(編).『動詞の自他』. (ひつじ書房、1995)に再録. 122-136

高橋太郎. 1975.「文中にあらわれる所属関係の種々相」.『国語学』103. 国語学会. 1-17

高橋太郎.1985.「現代日本語のヴォイスについて」.『日本語学』4-4.明治書院.4-23

竹沢幸一.1991.「受動文、能格文、分離不可能所有構文と「ている」の解釈」.『日本語の ヴォイスと他動性』.くろしお出版.59-81

村木新次郎.1991.「ヴォイスのカテゴリーと文構造のレベル」.『日本語のヴォイスと他動性』.くろしお出版.1-30

荒井文雄.1998.「日本語動詞の概念構造と自・他動詞の派生規則」.上智大学

吕叔湘.1982.《現代漢語八百詞》.商務印書館

刘月华.1988.『現代中国語文法総覧』相原茂.監訳.くろしお出版

俞咏梅.1999.《论"在＋处所"的语义功能和语序制约原则》.(《中国语文》).第1期

俞光中.1987.《"V 在 NL"的分析及其来源献疑》.《语文研究》.第3期

房玉清.1992.《动态助词"了""着""在"的语义特征及其用法比较》[J].汉语学习

用例の出典

『新潮国語辞典』

『外国人のための基本語用例辞典』

『日語動詞例解辞典』

『基礎日本語1・2・3』

『十五万例文・成句　現代国語用例辞典』

付録

アンケート調査

以下の「テイル」文は括弧の文脈を考えながら、「結果の持続・結果の状態」と読みできる場合は「○」を、読みできない場合は「×」をおつけください。

a.
(1)（歯医者に依頼して歯を抜いた後の場合）
太郎は歯を抜いている。
(2)（美容師に依頼して髪を染めた後の場合）
花子は髪を染めている。
(3)（大工が太郎の家を建てた後の場合）
太郎は家を建てている。
(4)（写真屋さんに顔写真を撮ってもらった後の場合）
浩は顔写真を撮っている。
(5)（母にドレスを作ってもらった後の場合）
花子はドレスを作っている。
(6)（病院で注射をしてもらった後の場合）
太郎は注射を打っている。

b.
以下の埋め込みの表現ではどうでしょうか。
(1)（歯医者に依頼して歯を抜いた後の場合）
太郎が歯を抜いているので私も抜く。
(2)（美容師に依頼して髪を染めた後の場合）
花子が髪を染めているので私も染める。
(3)（大工が太郎の家を建てた後の場合）
太郎が家を建てているので私も建てる。
(4)（写真屋さんに顔写真を撮ってもらった後の場合）
浩が顔写真を撮っているので私も撮る。
(5)（母にドレスを作ってもらった後の場合）
花子がドレスを作っているので私も作る。
(6)（病院で注射をしてもらった後の場合）
太郎が注射を打っているので私も打つ。
ご協力どうもありがとうございました。

調査対象の50人の中で、「○」を付けた人の人数は40人に達しているなら「可能」と見なし、下表のように「○」で表記され、その反対に「無理」の場合は「×」で示される。そうすると、以下の結果が得られた。

例	a	b
(1)	○	○
(2)	○	○
(3)	×	○
(4)	×	○
(5)	×	○
(6)	×	○

次要范畴存在的可能及理论意义
——代动词 suru 的语法角色[1]

杜盛斌

要旨：現代言語学理論は言語の文法範疇を語彙範疇と機能範疇に分けている。しかし、この二者対立のシステムにおいて、助詞のような判定が微妙になる語も無視できなく存在する。そこで、Fukui(2006)はレキシコンを4種類に分けることを提案している。その中に[-F,-L]という特徴を持つ語が現れている。即ち、自然言語の中に語彙範疇でもなく機能範疇でもない一群の語が存在することを提案している。しかし、このような語の実在さえいまだに確認できない、従って、この提案は長い間注目されていない。この論文は、その支持として、英語のDo-supportとの対照により、日本語の代動詞である「する」がそのような機能範疇にもなれず、語彙範疇の特徴も持っていない語であることを論証している。つまり、この論文は二者対立の不足を補うため、現代言語学の研究がより精細的なレキシコン分類が必要であることを支持している。

关键词：词汇范畴　功能范畴　次要范畴　代动词 suru

1. 前言

普遍语法(Universal Grammar)的语法范畴被认为是包含了动词、名词、形容词等具有描写性内容的实质词(Content word)，以及表示人称、数、格、性等语法特征的功能词(Function word)。前者一般称之为词汇范畴(Lexical category)，后者称功能范畴(Functional category)。然而 Fukui(2006)[2]提出了一种新的类别——次要范畴(Minor category)，并认为小品词(Particles)属这一范畴。虽然关于这一分类仍然疑团重重，受一直处统治地位的二元分类的影响，长久以来并未引起学界的关注。普遍语法中是否存在既不具备词汇范畴特征，又缺少功能范畴特征的词类呢？其存在是否具有理论需求？作为 Fukui(2006)的支持，本文将通过对如下的 Do-support 现象的分析，提出新的证据。

我们知道，英语中当有否定词存在时，会采取填入助动词(或者说代动词)Do 的方式来挽救时制等的表达障碍，如(1)。类似的现象也在日语表达中存在，如果动词与时制词之间存在 dake, mo, sae 等助词的介入，则如(2)所示，suru 的填入不可避免。一般认为 Do 与 suru(下文以"si"简称)在这样的句子中并无实际意义，是作为挽救句子合法性的代动词(Dummy verb)起作用。Kuroda(1965)早就指出，这样的现象与英语 Do-support 极为相似，如(2)

(1) a. Mary read books.
    b. * Mary not read books.
    c. Mary did not read books.

(2) a. taroo-gahon-o yon da. //太郎读了书。
       太郎$_{subject}$书$_{object}$读了$_{past}$
    b. * taroo-gahon-oyomidake/mo/saeta.
       太郎$_{subject}$书$_{object}$读 只/也/甚至了$_{past}$
    c. taroo-gahon-oyomidake/mo/saesita. //太郎只/也/甚至读了书。
       太郎$_{subject}$书$_{object}$读只/也/甚至 si 了$_{past}$

Kuroda(1965)以后，不乏在生成语法范围内对日语代动词表达进行的探讨(Miyara 1991；Kageyama 1992；Miyagawa 1998；Sakai 1998；Sakai & Ivana & Zhang 2004；Sakai & Ivana 2007；Kishimoto 2001,2008；青柳 2006；岸本 2007；平田 2010)。代表性研究如 Kageyama(1992)比较了代动词 si 与轻动词(Light verb)suru 的区别；青柳(2006)则以助词的功能为重心对这一现象进行了解释。然而，si 的语法范畴划分仍然还不明确，si 不同于实义动词具有特定语义，也不同于功能词可以标记句子的语法特性。那么，si 有可能是次要范畴吗？这还需要进一步论证。下面本文将以解决上述问题为目的展开讨论。

2.次要范畴的提出

自 Chomsky(1970)开始词汇项目的划分都以[±V]，[±N]特征为标准,也就是说这两个特征组合起来只产生 4 类词汇(A,V,N 和 P)。80 年代 X-bar 理论的问世使得词汇项目分为两大类，即现在所说的词汇范畴和功能范畴。由此开始，功能范畴研究日渐显示出其影响力(Fukui 1986,1988；Abney 1987；Pollock 1989；Chomsky1991 等)，典型的功能范畴如：时制词(T)、一致要素(Agr)、限定词(D)、子句连词(C)得以提出。在新的投射系统中，词汇范畴仅进行单一阶层投射，而一些功能范畴能够形成双层投射，即通过一致(Agreement)关连取得独立的指示语(Spec)，也就是说，功能核心(Functional head)可以携带一致特征(Agreement features)，以此把其他要素吸引至它的 Spec 位置，换言之，可以引发移动。但是，因为功能范畴不具备实质语义内容，因此也无法分配论旨角色，正如 Fukui & Sakai(2003:324)所言，功能范畴是语言表达的结构运算面。[3]众所周知，如动词，名词，形容词等的词汇范畴是具有实质意义的开放性词类项目(Open-class items)，可以直接参与论旨角色的分配，在 LF(Logical Form)层形成谓词-论元结构。那么功能范畴在 LF 层又如何体现呢？

参照 Chomsky(1991)列举的 5 类 LF 层要素，其中并不包含功能范畴。[4]因此 Fukui(2006:110)认为，功能范畴在 LF 层中是不可见的，可以完全隐藏于词汇项目中，除非在 PF(Phonetic Form)层具有显在特征。有些特定语言的词汇项目中，会缺少功能要素，日语就是这样的语言（Fukui & Speas 1986；Fukui 1988,2006；Fukui & Sakai 2003)。随着跨语言研究(cross-linguistic)的发展，对功能范畴的探索也在不断深入。功能范畴是否普遍存在，基于最简方案，Chomsky(1995:240)给出了

肯定回答:功能范畴假设的合理性可以通过输出条件(语音和语义解释)或者理论内推理进行证明,但要加以举证,并非易事。同文指出,有些功能范畴也许同样具有音声表现,比如英语 T 的齿音,C 的 that,日语的格等,为存在于词汇中不可见的范畴提供了理想编码。可见,功能范畴的多样性使得功能范畴与词汇范畴的辨别不能简单的基于词汇体现或音声特征,二者之间似乎不能完全地划清界限,因此,为对普遍词汇中词汇范畴与功能范畴进行有效地区分,Fukui(2006:364)将词汇范畴特征([±L])与功能范畴特征([±F])组合以区分词汇项目。

表 1 词汇范畴与功能范畴的交差分类[5]

	+L	-L
+F	包含了词汇特征的功能范畴(v 等)	纯粹的功能范畴(Agr,D,C,T)
-F	词汇范畴(A,V,N,P)	次要范畴(particles)

依照上表,v 的范畴特征可表示为[+F,+L],这些功能要素,具有词汇范畴的特征,是源自于词汇范畴的功能范畴,日语轻动词 suru 就是这一类的典型。[6]被分类为[+F,-L]的是纯粹的功能范畴,Agr,D,C,T。Fukui(2006)认为是主要功能范畴(Major Functional categorties)。而形容词,动词,名词,介词等实体词则划分为[-F,+L]。对于次要范畴,Fukui 没有作出更多的解释,将其作为 Minor categories,并提出如小品词(Particles)这样无词形变化的词属这一范畴,然而,Fukui 并没有进一步提出将小品词划为这一类的依据,由此看来,其存在本身似乎就值得怀疑。对此,有必要稍作探讨。

倘若依照表 1 的划分,即整个词汇项目可以划分为 4 大部分。那么[±V],[±N]得出词汇范畴 4 项,纯粹的功能范畴 4 项,则其他词汇项目都将划分到[+F,+L]或[-F,-L]。如果能够确定[+F,+L]包含的词汇项目,则剩余未得到划分的就是[-F,-L]所包含的词汇项目。就普遍语言中存在的功能范畴,Muysken(2008:16)总结出以下类别:限定词(Determiners),一致(Person agreement),时制词(Tense markers),语气词(Modals),代名词(Pronouns),指示词(Demonstratives),疑问词(Question words),量词(Quantifiers),介词(Prepositions),连词(Conjunctions),子句连词(Complementisers),连接词(Connectives),小品词(Particles)。[7]我们不能断言这样的目录包含了普遍语法中的所有功能范畴,但至少为功能范畴的内涵提供了一个草图或参考。依照表 1,排除 4 项纯粹功能范畴,其余 9 项的归属就成为必须解决的问题。哪些属于[+F,+L],哪些属于[-F,-L]范畴?本文暂不进行一一探讨,且对 Fukui 提出的小品词稍作分析。

先以英语为例,其中可称之为 particle 的词类不在少数,如 into,up,down,around,away 等,常见与动词搭配构成短语使用,并且具备一定的语义。Radford(1997:38)将小品词和助动词(Auxiliaries)都划入了功能范畴。Punske(2013)的研究甚至指出,在特定结构中小品词可以占据论元位置。所以我们有充分理由认为英语小品词的词汇特征是至少具有[+F]或[+L]其中之一。再看日语小品词,日语将这类词称为助词,如,ha, mo,sae,dake,da,yo,ne 等,这些词或表示主题或带有一定语义表示焦点(Focus),它们不参与论旨角色的分配。虽然在句法结构中附着于其他词类,并不产生最大投射,但是拥有辖域(Scope)(见 Kishimoto 2001;青柳 2006 等),也就是说可在 LF 层中充当算子(Operator)。我们认为这些特征足以支持[+F]的划分,并且由于在形态特征上与 T 或 v 不无相通,甚至可以认为是[+F,+L]要素。但是,将小品词与表 1 中的词汇范畴及纯粹功能范畴相比较,可以发现小品词的两个代表性特征。首先,小品词区别于词汇范畴不具备实质语义;其次,小品词区别于功能范畴不能处于核心位置。如果次要范畴并不是以既[-F]又[-L]的标准来区分的话,[-F,-L]就不能作为词汇项目的特征标识来使用,其划分也就毫无意义。但是,出现在语言表达中的所有要素都必然有其作用,无论是参与语义表达还是组织结构,对于表述人的思想行为完全无用的语言要素并不存在。以此为前提,[-F,-L]要素或许在一定程度上缺乏词汇及功能特征,但是,对于语言的表出也必然起到一定的作用。

那么,序言中所述的 si 是符合[-F,-L]特征吗?我们先抛开 Fukui 的 4 类划分,在词汇范畴/功能范畴二元对立的基础上,比较英语代动词 do 的特征以确定 si 的属性。

3. si 的鉴定

3.1 填入机制

日语复合谓语之间有助词介入时 si 的出现可以挽救句子的合法性。而英语中一旦形式上无法独立发挥作用的时制词由于其他词的介入而被孤立时,需要 Do 填入。英日两种语言存在极大的差异,然而在挽救时制词表达障碍的方式上如此相似。相信对于英语 Do-support 的讨论,将会有助于我们对日语 si 填入的分析。Kuroda(1965)认为,日语 si 的填入与英语的 Do-support 是相同的作用。(1b),(2b)可以做如下结构表示。

(3)a. [Mary[$_{T'}$ T$_{[+past]}$ not [$_{VP}$read books]]]
 b. [taroo-ha[$_{T'}$[$_{VP}$hon-o yomi$_v$]dake/mo/sae ta$_T$]]

(3a)中的时制词与动词 read 之间受到否定词 not 的阻隔,导致时态的表达障碍,当代句法理论的解释是,当句中存在否定词时,位于 T 位置的一致要素(Agr)及时制词(INFL)无法下跃(Lowering)至动词,为挽救句子结构,英语采用了 Do 填入的方法。在句法结构上,Do 可能出现在 I 和 C 位置。首先关于 I 位置,上文中提到英语不会产生主要动词移位至时制词。但助动词如 be/hav 等却可以。与 be 和 have 相同,Do 并非生成于 T,而是提升至 T。但不同于 be/have 生成于 VP 并经过两步移动至 T,Do 生成于 Agr 直接提升至 T,(4a-c)有如(5a-b)的结构(Pollock1989:398-399)。

(4)a. John is(n't) happy.
 b. John has(n't) lost his way.
 c. John doesn't go.

(5)a. [$_{TP}$ John [$_T$[$_{Agr}$[$_{vi}$ be/have]Agr]T]([$_{NegP}$ not) t$_i$[$_{vp}$ t$_i$...]()]
 b. [$_{TP}$ John [$_T$[$_{Agr}$[$_{vi}$ do]Agr]T][$_{NegP}$ not][$_{AgrP}$t$_i$[$_{vp}$ V]]]

虽然(5)的结构经过 Belletti(1990)、Chomsky(1995),发展为周知的分离 INFL

假设(Split INFL hypotehsis),一致核心被认为高于时制核心,如 be/have 的助动词生成于时制词位置,由此移动至分离的一致核心。[8]依照这个假设,do 的原始位置为 T,再由 T 移动至 Agr。do 同时满足了 Agr 及 T 的语音要求,因为这些要素必须通过语音兑现(Spell-out)的形式才能得到核查。再看下面的情况。

(6)a. They know him.
 b. Do they know him?
 c. [CPDo_i[TP they[I'tᵢ[VPknow him]]]]

如(6c),因为强 C(Strong Comp)不能为空,但是由于 Do 需要 VP 为补语所以无法直接生成于 C,于是产生了 I-to-C 移动。Chomsky(1995:150)指出,Do 填入也可以看作是一种最后手段(Last resort),作用如同移动。虽然此时尚不足以认定 Do-support 是 PF 层的需求而非 LF 层,但至少可以认为 Agr,T 和 C 这样的抽象特征必须依靠 do 体现于 PF 层,才能满足语法要求。

日语方面,如(3b),时制词 ta 由于助词的介入从动词语干上分离,致使句子不合法。青柳(2006:10)认为,根据 Pollock(1989),Chomsky(1995)的动词核心移动(Head-movement)说,如(7)中的动词 yom 与 ta 的结合,实为动词向时制词位置(T)进行了核心移动的结果。但是,在结构上助词的介入将成为动词向 T 移动的语障(Barrier),作为拯救孤立了的 ta 的手段 si 被填入(但因助词不形成独立投射而另觅他法,后文详述)。即,在形式句法结构上与 ta 结合处于 T 位置。

(7)a. [T'[VPhon-o tᵢ]yomi-da T]

b. [T'[XP[VP hon-o yomi]X dake/mo/sae]si ta T]

但是这样的观点实际上存在一些理论问题,那就是,日语实际上不发生主要动词移入时制词现象(Fukui&Takano 1998;Sakai 1998;Kishimoto 2001;Fukui&Sakai 2003;岸本(2005),青柳(2006)。[9]英语的 V-to-I 移动也仅限助动词而已。也就是说,si 的填入与动词移动无关,日语否定表达就是证据,日语否定词 nai 不同于英语的 not,其本身具有屈折变化。否定要素(Neg)作为典型的功能范畴,会在 TP 下位形成一个最大投射(NegP),如(8)。

(8)a. [TP[NegP[VPyom]Neg]T]
 b. [TP[NegP[XP[VPyom]sae]tᵢ]siNegi-T]

但是,日语否定核心可以提升至 T 位置(岸本 2005;Kishimoto 2008),也就是说像"yomisaesinai/nakatta"这样的复合谓语,会产生(8b)的结构,nai 解决了时制词的孤立,但仍然发生了 si 的填入。既然 si 的填入与动词提升无关,那又是什么原因造成的呢?

据 Miyagawa(1998)的观察,si 的填入不仅仅局限于时制词的场合,如 hazimeru(开始)、tuzukeru(继续)等形式上要求接动词语干的词类也会导致相同情况。

(9)a. yomi-hazimeru//开始读

读-开始

b. yomi-tuzukeru//继续读

读-继续

(10)a. yomimosihazimeru//甚至开始读

读甚至 si 开始

b. yomimosituzukeru//甚至继续读

读甚至 si 继续

像这样复合谓词,后项动词对前接条件具有形式上的选择性,然而,为满足后项动词选择特征的前项动词被助词所阻隔,因此,为满足后项动词的选择特征,si 填入。这样的选择特征说得到众多的认可(见 Miyagawa 1998；Sakai 1998；青柳 2006；平田 2010)。因为时制词直接附加于后项动词,(10)的现象不能用移动说来解释。显然 Miyagawa(1998)的解释更符合日语实情。

由此看来,日语代动词填入有别于英语的 Do-support,有其自身的特殊性。下面我们将以 Do 为参照着重讨论日语代动词 si 的句法特征。

3.2 青柳(2006)的问题点

前文我们指出了日语动词核心移动说的不合理性,但如果 V-to-T 为正确,助词必将形成独立投射,否则不足以阻碍动词核心向 T 位的移动。但是根据 Sells(1995)的观察,日语助词并不产生独立投射,据此,动词核心移动的阻碍将无从谈起。即,无法对 si 的填入作出合理的解释。对于这样的矛盾,青柳(2006)提出的解决方案则是接词性附加词(Clitic adjunct)假。该假设认为日语助词具有后缀性([＋suffixal])的形式特征,可以作为后缀附加于任何可能的品词,身为核心却不产生投射(青柳 2006：30)。分割(Demerge)的助词核心以毗邻条件(Adjacency condition)为原则,通过几次核心附加,得到用以解释 si 填入的结构图(12)。

(11)a. [$_{TP}$[$_{vP}$[$_{vP}$[$_{VP}$ hon-o   yomi]v∅][$_Q$Qmo   ta T]   ta T]

b. [$_{vP}$[$_{vP}$[$_{VP}$ hon-o   yomi][v∅ [$_Q$Qmo   ta T]][$_Q$Qmo   ta T]

c. [$_v$yomi [$_{Q[+suffixal]}$ mo [$_{v[+suffixal]}$]v ta T$_{[+suffixal]}$]]]]

(12)[$_v$yomi [$_{Q[+suffixal]}$ mo [$_{v[+suffixal]}$ v∅   ta T$_{[+suffixal]}$]]]]

|si填入

(11a)中 T 首先附加于助词,然而选择特征无法得到满足,便进一步随助词向动词核心 v 附加(11b)。(11c)中,功能范畴 T,v,Q 的[＋suffixal]特征均得到满足,但是,v 的形式选择特征没能得到满足,因此作为 V 的替代,将 si 填入,如(12)。简言之,被分离的核心(T)为满足自身的特征([＋suffixal])向邻近的核心移动以寻求形式上的合并(Morphological merger)。[10]但是移动并未达到预期的效果,于是产生了 si

的填入。

问题是,既然形式上的附加并不能满足 T 接续上的需求,si 的填入最终无可避免,那么在这种情况下的多次核心附加是否有其必要性。如果 si 的填入发生在多次附加之前,[+suffixal]特征得到满足的 T 便失去了多次寻求附加的驱动力,省去了繁琐的附加过程。实际上,如果按照青柳的观点,无论填入发生在核心附加前还是后,时制词都将附加于 si,而 si 必须居于核心地位,才能吸引时制词的附加。si 的词汇特征(Lexical feature)为[+V,-N](即动词属性),则其可能随意处于轻动词(v)或动词(V)的位置,这样的 si 足以满足 T 的选择特征(青柳 2006:56)。但是 si 能成为核心吗?另外,虽然 v 与 V 都具有[+V,-N]的词汇范畴特征,但是如从语法作用上划分,V 属于词汇范畴,而 v 属功能范畴。

Sakai&Ivana(2007:174)认为代动词 si 仅满足时制词的形式要求,不包含词汇语义内容,也不参与论旨角色(Thematic role)的分配,不具词汇特征。同样认为 si 不具词汇特征论述的还有 Kageyama(1992),后文详述。虽然青柳(2006:56)将 si 的词汇特征定位为[+L],功能特征不指定,但遗憾的是,青柳并没有给这样的论断提供任何的证据,本文且不持赞同态度。既然 si 不具词汇特征,那么 si 也与英语的 Do 一样属功能范畴吗?在词汇与功能范畴二元对立的情况下,理所当然。但实际上,si 作为功能范畴的条件似乎并不充分。[11]下面将就此进行详细讨论。

3.4　si 的语法角色

关于 si 不具词汇特征的说法,Kageyama(1992)给出了极具说服力的证据,且概括如下。

(13)a. 不分配论旨角色

　　b. 不能被动化

　　c. 不能重叠使用(如:＊hon-oyomisaesi-si)

　　d. 无可能态(如:＊hon-oyomisaedekiru)

　　e. 具有动词形态却不能名词化

对于以上特征,已无需再进行更多的证明,但需要指出的是,不具词汇特征并不代表 si 就是功能范畴。以下我们将以 Do 为参照,考察 si 的功能特性。首先讨论其句法地位。先看以下例句(高见&久野 2006):

(14)a. taroo-ga hanako-ni hana-o okurisaesi ta.　//太郎甚至赠送了花给花子。

　　　　太郎　　花子　　花　赠送甚至 si 了

　　b. taroo-ga warui yume-o mi saesita.　//太郎甚至做了恶梦。

　　　　太郎　　不好的梦　　见 甚至 si 了

因为 si 不可能分配任何论旨角色,所以(14)中并不允许隐主语(PRO)存在,结构表示如下:

(15)a. [$_{TP}$ taroo-ga$_i$ [$_{VP1}$ [$_{VP2}$ t$_i$ hanako-ni hana-ookuri]sae]si ta].

　　b. [$_{TP}$ taroo-ga$_i$ [$_{VP1}$ [$_{VP2}$ t$_i$ warui yume-o mi]sae]sita].

(16)a. ＊[$_{TP}$ taroo-ga$_i$ [$_{VP1}$ t$_i$ [$_{VP2}$ [PRO$_i$ hanako-ni hana-ookuri]sae]]si ta].

b. *[TP taroo-ga$_i$[VP1 t$_i$[VP2 [PRO$_i$ waruiyume-o mi]sae]]sita].

即,这一类型的句子在结构上为主语提升结构(Raising construction),而非控制结构(Control construction)。因为,如(15)所示,si 处于 T 位置,VP$_1$ 并不是它的最大投射,而是由非核心的 sae 附加于 VP$_2$ 所形成。[12] 换言之,此类句子缺乏控制结构的条件,实质上的 VP$_1$ 并不存在。那么,si 是否有可能如同助动词 nai 一样移位至 T 呢?显然不行,因为 si 无论如何不能参与论旨角色分配,无法向 nai 一样形成真正独立投射。但是 si 又能在结构中占据什么位置?(10)的现象又该如何解释呢?(10)中的 si 能够形成 VP 吗?以上的讨论还不能对这些疑问作出回答。我们必须先解决以下问题:(10)中的动词 hazimeru(开始)、tuzukeru(继续)居于什么位置;(10)这样的谓词句中是否允许 PRO 的存在。

如(10)中这种复合谓语的后项动词的位置,或许具有两种可能,即 V 或 T 位。如果 si 必须处于 T 位,那么位于 si 与 ta 之间的 hazimeru、tuzukeru 也必然是处与 T 位,这种情况不允许 PRO 的存在。但是,我们在前文中已经提到,日语其实是不产生主要动词移位至 T 的语言,所以后项动词处于 T 的情况首先可以排除。因此 hazimeru、tuzukeru 必然作为 VP(非 vP)核心,那么语序上位于 hazimeru、tuzukeru 前的 si 必然也处于 VP 下,si 可否在 VP 投射内占据一席之位也就成为首要问题。但 VP 已有核心,纵然可以处于 VP 投射内,但无法成为 VP 核心,不能形成 VP 投射。可以先将(10)的 VP 结构暂且表示如(17)。

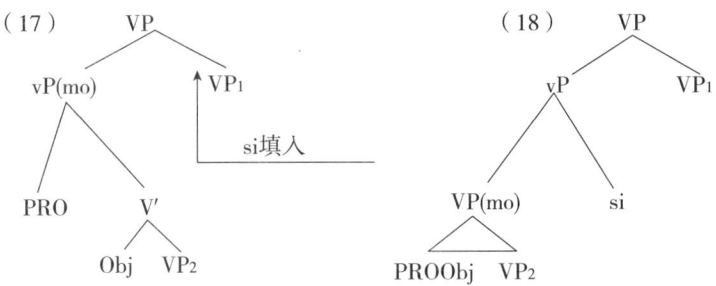

既然 si 无法居于核心位置,且 si 与 VP$_1$ 之间无法加入任何内容或者说修饰成分,即,VP$_1$ 不会投射成 V'再与 si 合并。也就是说,si 不能在此结构中立足。实际上,通过对日语语料库的检索,发现类似"mosihazimeru/tuzukeru"的表达并不存在于实际语言当中,以日语母语者为对象的调查也表明,实际上并不使用这样的表达。[13] 也就是说,在这样的结构中不需要 si 的填入。虽然如此,本文并不反对 Miyagawa(1998)对于 si 填入的解释。那么,如(18)si 与 sae 一样附加于 VP$_1$ 的情况可能出现吗?我们并不排除这种可能。但是下面这种情况将很难得到合理解释。

(19)a. hanako-nihana-ookurisaetaroo-gasita.(髙見 & 久野 2006:25)

b. [CP[VP hanako-nihana-ookurisae]$_i$[TP taroo-ga t$_i$ sita]]

c. *[CP[VP[VP hanako-nihana-ookurisae]si]$_i$[TP taroo-ga t$_i$ ta]]

d. *[CP[VP hanako-nihana-ookurisae]$_i$[TP taroo-ga [vP[vP t$_i$]si] ta]]

(19a)是(14a)演化而来的动词组提升(VP Scrambling)句。如(19b)所示,附加于

VP 的 sae 随 VP 一同移动至 CP,在原位置留下痕迹 t_i。如果 si 也附加于 VP 就会出现(19c)的结果。si 的填入未能起到预期的作用。如果 si 不随 VP 前移,就会造成(19d)的不合法结构。此时 TP 中的 VP 已经成为"空壳",而 si 无法成为其核心,更不能担负起赋予主语论旨角色的任务。因此,我们认为此时 si 的唯一出路便是附加于时制词,并以此满足时制词的前接选择特征。然而 si 不同于 Do,不能成为时制词的音声体现。当 si 以 suru 的形态出现时,TP 核心仍为 I。

Abney(1987:56)将功能范畴定义为具有[＋F]性质的要素,而[＋F]意味着这一要素将"f-选取"符合描述性话语所表达的语义内容的补语。而综上所述,si 并不能选择任何要素充当其补语。因此我们认为 si 不能形成任何独立投射,缺乏功能范畴的特征。下面本文将举出 si 不具功能范畴特征的另一个证据。

前文提到,功能范畴不具备特定语义这一特征。正因如此功能范畴无法得到副词修饰(Fukui&Speas 1986,Muysken 2008)。在此且借用 Muysken(2008:44)的例句。

(20)a. *He very much must go.
　　b. He really must go.

(20a)中的 very much 直接修饰助动词 must,而(20b)中的 really 修饰的是整个 VP,因此前者不合法而后者是正常的句子。那么,si 也不具特定语义,si 也不能被修饰吗?根据外崎淑子(2014 私信),如(2c)中的 si 是可以得到副词诸如"yissyokenmei(专心致志地)"的修饰的。

(21)taroo-ga hon-o yomi sae yissyokenmei-ni sita. // 太郎甚至拼命地读了书。
　　太郎　　书　读　甚至专心致志地　　si 了

也就是说 si 并不受制于无特定语义就不能被修饰的条件,其使用要比功能范畴自由。因此,我们认为 si 缺乏功能范畴特性。但是,在词汇范畴与功能范畴形成两极对立的词汇系统中,这样的词类将难以定位,对于更多像 si 一样的词类的归属问题将引发更多争议。如果根据 4 类划分原则,si 既然缺乏词汇范畴特征即[-L],那么它只可能属于纯粹功能范畴或次要范畴。然而 si 并不属于 Agr,C,T,D 的任何一类,因此简单地就能把它认定为次要范畴。但是,我们并不否认 si 同时也带有一些词汇范畴或功能范畴特性,如具有动词形态,属封闭性词类,[14]抽象语义等。但是,它还没有达到作为词汇范畴或功能范畴的必要条件。

4. 结语

以上我们详细讨论了日语代动词 si 的词类特征。虽然 si 一直以来被认为不具词汇范畴特征,然而就其是否是功能范畴,未能得到如英语 Do 一样的正式判定。究其根由,在词汇与功能范畴两极对立的词汇系统中,如果否认 si 为词汇范畴,那它必然就是功能范畴,然而它又缺乏可判定为功能范畴的条件。其句法及语义方面的特性表明,si 缺乏词汇范畴特征,并且成为功能范畴条件不足,其属性可标记为[-F,-L],可以说从侧面证明了非功能非词汇范畴的存在。根据 Fukui(2006)的划分,我们可以称呼其为次要范畴。如果在存在词汇与功能范畴以外范畴的前提下来讨论这样的词类,各种问题便将迎刃而解。因此,语言学理论发展日新月异的今天,随着研究的深入及新

领域的开拓,我们认为有必要将词类项目进行更加精细的划分,打破词汇与功能范畴的对立,对于今后语言学理论的发展有着积极的推动意义。

但是另一方面,次要范畴在逻辑结构中如何定位,它们是否总是作为附加词出现。还有很多问题需要解决。

注

[1] 本文在撰稿过程中得到了东海大学国际教育中心外崎淑子教授的诸多宝贵意见,在此表示由衷的感谢。

[2] 此文原载于 Shibatani, M., Bynon, T. 1995. *Approaches to Language Typology*. Oxford University Press. pp327-372.

[3] 更多关于词汇范畴与功能范畴区别的论述可见 Chomsky 1995;Fukui 2006;Fukui & Sakai 2003;Muysken 2008。

[4] 可以出现在 LF 层的 5 类要素,引用如下(Chomsky 1991:443):

1. Arguments: each element is in an A-position, α1 Case-marked and αntheta-marked, in accordance with the chain condition.
2. Adjuncts: each element is in an A-bar position.
3. Lexical elements: each element is in an X^0-position.
4. Predicates, possibly predicate chains if there is predicate raising, VP-movement in overt syntax, and other cases.
5. Operator-variable constructions, each a chain (α1, α2), where the operator α1 is in an A-bar position and the variable α2 is in an A-position.

[5] 原文解释引用如下(Fukui2006:364):

[+F, -L]: "pure" functional elements

[+F, +L]: functional elements with lexical nature

[-F, +L]: lexical categories (substantive elements)

[-F, -L]: "minor categories" (particles, etc.)

[6] 另外,日语表示使役/被动的 sase/rare,以及表示体的 hajime,oe 等都可以认为具有[+F,+L]特征(青柳 2006:29,45)。

[7] 值得注意的是 Muysken(2008)将介词也归入了功能范畴之列。很显然其采用的是最常见的词汇与功能范畴划分标准,即,是否封闭性词类(closed-class items)。因此认为作为封闭性词类的介词是功能范畴具有一定的合理性。但是另一方面,很多介词具有明显的词汇性功能,比如,作为格标记的 of 以及具有实质意义的空间性介词。同样认为介词是功能范畴而非词汇范畴的还有 Baker(2003)等,关于此类问题,限于篇幅且不作过多探讨。

[8] 该假设认为时制与一致具有各自不同的投射,主格特征在 AgrP 内进行核查(Check)。

[9] 关于日语动词的核心移动,学界众说纷纭,如 Koizumi(1995,2000);Otani&Whitman(1991);Whitman(1991)等认为动词因核心移动由 VP 向外部上升。本文赞成非移动说。

[10] 根据的是 Takano(1996),Fukui&Takano(1998)提出的线性化理论(Linearization)。

[11] 因此 Sakai&Ivana&Zhang(2004),Sakai&Ivana(2007)都认同代动词 si 直接填入 T 位。但是,就 si 是否是功能范畴,未见相关论述。

[12] 高见&久野(2006:25)认为 sae 附加于整个 VP 而非 V。对于 sae 的位置,涉及助词的焦点与作用域等问题,非本文的目的,且不做进一步讨论。

[13]检索语料库为"KOTONOHA『現代日本語書き言葉均衡コーパス』";以日语母语者为对象的调查结果是:4位调查对象中4位不认为类似表达可以使用。

[14]si属封闭性词类,日语中得到认可的代动词除suru外还有aru,作为代动词的aru多现于日语copula句。另外,外崎淑子(2014私信)指出如"taro-gasi ta no ha…"分裂句中的si也是代动词。然而,我们认为其中还有不少疑点。相关讨论将另文阐述。

参考文献

Abney, S. 1987. *The English noun phrase in its sentential aspect*. Doctoral dissertation. MIT

Baker, Mark C. 2003. *Lexical categories: verbs, nouns, and adjectives*. Cambridge: Cambridge University Press

Belletti, A. 1990. *Generalized verb movement*. Turin: Rosenberg & Sellier

Chomsky, N. 1970. Remarks on nominalization. *Readings in English transformational grammar*. R. A. Jakobs and P. S. Rosenbaum (eds.). pp184-221. Waltham. MA. Ginn

Chomsky, N. 1991. Some notes on economy of derivation and representation. *Principles and parameters in comparative grammar*. Robert Freidin(eds.). pp417-454. Cambridge. Mass.: MIT Press

Chomsky, N. 1995. *The minimalist program*. Cambridge. Mass: MIT Press

Fukui, N. 1988. Deriving the differences between English and Japanese: a case study in parametric syntax. *English Linguistics* 5. pp249-270

Fukui, N., Speas, M. 1986. Specifiers and projection. *MIT Working Papers in Linguistics* 8, Department of Linguistics and Philosophy. MIT. Cambridge. MA. pp128-172

Fukui, N. 1988. Deriving the differences between English and Japanese. *EnglishLinguistics* 5. pp249-270

Fukui, N., Takano, Y. 1998. Symmetry in syntax: merge and demerge. *Journal of East Asian Linguistics* 7. pp27-86

Fukui, N. 1993. Parameters and Optionality. *Linguistic Inquiry* 24. pp399-420

Fukui, N. 1995. The principles-and-parameters approach: a comparative syntax of English and Japanese. *Approaches to Language Typology*. Shibatani, M., Bynon, T. (Eds.). pp327-372. Oxford University Press. Oxford

Fukui, N., Sakai, H. 2003. The visibility guideline for functional categories: verb raising in Japanese and related issues. *Lingua* 113. pp321-375

Fukui, N. 2006. *Theoretical Comparative Syntax: Studies in macroparameters*. Routledge

Kageyama, T. 1992. Dummy su-and Lexical su: A Reply to Miyara. *GengoKenkyu* 102. pp165-174

Kishimoto, H. 2001. Binding of Indeterminate Pronouns and Clause Structure in Japanese. *Linguistic Inquiry* 32. pp597-633

Kishimoto, H. 2008. On the Variability of Negative Scope in Japanese. *Journal of Linguistics* 44. pp379-435

Koizumi, M. 1995. *Phrase structure in minimalist syntax*. Doctoral dissertation. MIT

koizumi, M. 2000. String vacuous overt verb raising. *Journal of East Asian Linguistics* 9. pp227-285

Kuroda, S-Y. 1965. *Generative grammatical studies in the Japanese language*. Doctoral dissertation. MIT

Miyagawa, K. 1998. The Japanese dummy verbs and the organization of grammar. *Japanese/Korean*

    Linguistics 7. pp427-443
Miyara，S. 1991. On the Insertion of /s/-form (sure) in Japanese. *GengoKenkyu* 99. pp1-24
Muysken，P. 2008. *Functional Categories*. Cambridge University Press
Otani，K.，Whitman，J. 1991. V-raising and VP-ellipsis. *Linguistic Inquiry* 22. pp345-358
Pollock，J-Y. 1989. Verb Movement，Universal Grammar，and the Structure of IP. *Linguistic Inquiry* 20. pp365-424
Punske，J. 2013. Three forms of English verb particle constructions. *Lingua*135. pp155-170
Radford，A. 1997. *Syntax：a minimalist introduction*. Cambridge University Press
Sakai，H. 1998. Feature checking and morphological merger. *Japanese/Korean Linguistics* 8. pp189-201
Sakai，H.，Ivana，A.，Zhang，C. 2004. The role of light verb projection in transitivity alternation. *English Linguistics*. *Nihon Eigo Gakkai*［*The Japanese Society of English Linguistics*］21. pp348-375
Sakai，H.，Ivana，A. 2007. Honorification and light verbs in Japanese. *Journal of East Asian Linguistics*16. pp171-191
Sells，P. 1995. Korean and Japanese Morphology from a Lexical Perspective. *Linguistic Inquiry* 26. pp277-325
Takano，Y. 1996. *Movement and Parametric Variation in Syntax*. Doctoral dissertation. Universtiy of California. Irvine
Whitman，J. 1991. *String vacuous V to Comp*. Ms. Cornell University
青柳宏. 2006.『日本語の助詞と機能範疇』. ひつじ書房
平田一郎. 2010.「肯定の意味素性指定を受けたNegPと形式動詞の挿入について」.『言語研究』137. 81-94
岸本秀樹. 2005.『統語構造と文法関係』. くろしお出版
髙見健一・久野暲. 2006.『日本語の機能的構文研究』. 大修館書店

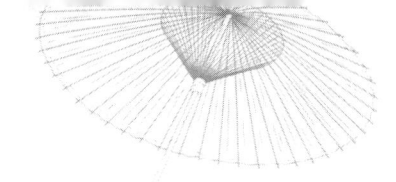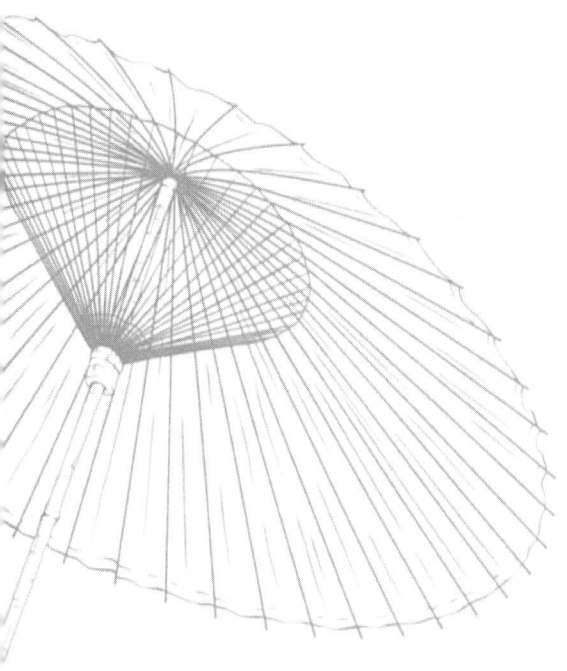

日语教育研究

关于20世纪20~30年代中国留学生日语教科书的研究
——以《日语全璧》为例

北京外国语大学　朱桂荣

要旨: 本研究は『日语全璧』(文求堂编辑局1925年)を例にして、20世纪20~30年代日本で出版された留学生向けの日本語教科書を分析した。その教科書の概要と構成を詳しく述べたうえで、編纂上の特徴をまとめた。具体的に(1)語彙から文章までボトムアップ的な構成、(2)内容が広範囲にわたる、(3)文法導入が構造化され独学に適する、(4)学習方法を説明するなどの特徴を備えている。民国の時期、日本語教科書は編纂者、編纂目的、対象者などにより、多様なものが刊行されていたが、その中で『日语全璧』のような、日本で西洋の先進制度や文化を学ぶために留学する中国人留学生のために編纂された教科書もある。『日语全璧』の再版状況からみて、当時好評されたと推測される。

关键词: 民国中期　中国留学生　日语教科书　《日语全璧》　田中庆太郎

1. 前言

20世纪二三十年代为民国中期，在社会政治方面，较民国初年而言，政局更为动荡，内忧外患程度加剧，全国出现抗日救亡运动的新高潮。在文化科技方面，国民党新军阀推行文化专制主义，实行恐怖政策，从而引起思想文化领域的抗争。在科学技术方面，世纪之交发生了近代科学技术革命。大批中国留学生在国外看到了先进的科学技术。加之，国内新文化运动的兴起，更使得中国人民认识到科学的重要性。于是，为实现救国理想而选择赴日留学的学子层出不穷。

关于当时的日语教育，虽然北洋政府和国民政府所公布的学制中极少提及，但也有个别例证。例如，在《教育部审定中学大学适用现代日语》(1930年)这本教科书的序言中写到:(日本)"维新六十年。一跃而跻于世界三强国之林。其学术之发达。在足资吾国之借鉴。故近来国内各大学多添设日语一课，十七年全国教育会议复议决中等师范及实业学校之外国语以教授日语为原则"。由此可窥视民国政府认识到了教授日语的重要性。

与此相对，在日本占领的关东州地方以及(伪)满铁附属地区日语教育得到了极端重视，出版发行了大量的日语教科书，这些教科书充满了殖民主义色彩。

在1922~1937年间出版了多套日语教科书。按照编写者、编写目的、审定制度等标准，可将这些教科书分为四类：

第一类是教育部审定的日语教科书，共2套：

　　游无为《东文实用读本》(初等篇)1929年

蒋君辉《教育部审定中学大学适用现代日语》上下卷、1930年

第二类是由中国人在中国国内编写、出版发行的非教育部审定教科书，共3套：

艾华《日本语法例解》1933年

丁卓《中日会话集》1936年

张我军《最新日语基础读本》1937年

第三类是日本人为开展殖民统治、进行奴化教育而编写的日语教科书，共7套：

南满洲铁道株式会社教育研究所《中等日本语读本》(1-4)1922年—1923年

关东厅教科书编纂委员会《日本语读本》(1-7)1922年

南满洲教育会教科书编辑部《高等日本语读本》(稿本)(1-8)1926年

饭河道雄《日语会话宝典》1928年

南满州教育会教科书编辑部《中等日本语读本》(修订版)(1-4)1929年—1930年

南满洲教育会教科书编辑部、关东局在满教务部教科书编辑部《高等日本语读本》(1-8)1933年

高宫盛逸《初等日语课本》1937年

第四类在日本出版发行的、针对中国留学生编写的日语教科书，共3套：

文求堂编辑局所著《日语全璧》1925年

王玉泉《日语华译公式》1935年

吴主惠《现代日语会话》1936年

本文选取第四类教科书进行分析。理由是当时赴日留学者多为社会精英，他们有着明确的学习目的和强烈的学习动机。如何帮助留学生更好更快地学习日语，是当时日本应对留学生问题上的一个现实需求。除了中国人在日本编纂的日语教科书之外，日本汉学者也承担起了这一重要责任，编纂了一些日语教科书，推动了当时日本国内的日语教育。由文求堂编辑局所著的《日语全璧》(1925年)便是具有代表性的教科书之一。为此，本文以《日语全璧》为分析对象，研究当时针对留学生编写的日语教科书，以便了解当时日本国内的日语教育状况。

2.《日语全璧》概要

2.1 基本信息

《日语全璧》为文求堂编辑局所著，文求堂编辑局的代表兼发行者是文求堂主人田中庆太郎。该书由文求堂书店发行，初版于大正十四年(1925年)，再版于昭和五年(1930年)。《日语全璧》的前言记载，"中日交际日益亲密，中国绅商之游历学生之往来踵相接也。然凡至东瀛者，欲考求政治、研究学问，非精日语不可。书肆所售日语书虽多，而苦无完全之善本，本局深以为憾，故特为此编以辅其缺"。由此可知，该书是为赴日

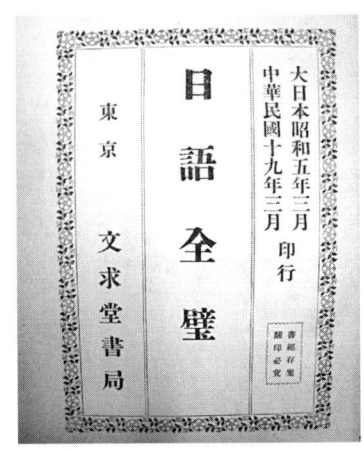

图1 《日语全璧》的封二

的中国人钻研日语而编纂的。从"需之者接踵不已,故兹加改定,付诸再刊"的前言描述中,可窥见该书在当时颇受欢迎。

2.2 教科书的内容与体系结构

《日语全璧》的基本构成如下:

表1 《日语全璧》基本构成

封皮	封底	扉页	封二	索引	前言	后记	目录	附录	课文	总页数
有	有	有	有	无	有(中日文版)	无	有(6页)	无	7部分	506页

2.2.1 例言

一 中日交际日益亲密,中国绅商之游历学生之往来踵相接也。然凡至东瀛者,欲考求政治、研究学问,非精日语不可。书肆所售日语书虽多,而苦无完全之善本,本局深以为憾,故特为此编以辅其缺。

一 本书分为七篇,一曰发音篇,二曰单语篇,三曰成句篇,四曰散语篇,五曰问答上篇,六曰问答下篇,七曰谈话篇。

一 发音篇者,专言日本之五十音长短高下,一一举例而申明之。单语篇者,凡单句双字剖析无遗,万象森罗备于尺幅。成句篇者,使知语言构造自有成法,错综参伍,俱极微妙。散语篇者,凡属散语皆搜集之。问答上篇则先以简易,问答下篇稍进复杂,同为问答而浅深分焉。终之以谈话篇者,则以日语之学贵在实行,声入心通,言宣意尽,学者至此无遗憾矣。

一 学者先熟读五十音,则将发音之法了然于心,故一名一物易于记忆,单语可不劳而获,再进而研究其语法之组织、字义之联属,成句与散语亦易读易解,由是而问答也、谈话也,各双方对语渐就圆熟,所谓升堂入室者殆近之矣,计日成功,其为日语之捷径乎。

一 本书所用之日本字音及假名,皆依日本古来惯用之字音与文典而编之。合因前此文部省所改字音假名之法虽为简便,而究未完全,不免失日语固有之特质,且误谬之亦有故,本书不依其规则。

一 书中译语务期与原语相符,然其中亦有日华语法迥殊碍难吻合,或不免微有参差。学者苟先明其全句之大意,则细微之处亦易研究矣。

一 本书以使普通人易于通晓为宗旨,凡华人就师学日语者可以此本为教科书。如无师而欲知日语之梗概,亦可以此书为独修之用。即日本人习华语者持此书以为参考亦无不可也。

一 是书因上年震灾,原版全归乌有。然而需之者接踵不已,故兹加改定,付诸再刊。

中华民国十四年七月
文求堂编辑局识

该书例言(即前言)对出版背景、内容结构、各部分的内容概要、日语学习方法、标记原则、中文译文、使用对象、再版缘由等一一进行了介绍。该例言分中日文两种版本,中文在前,日文在后。

2.2.2 发音篇

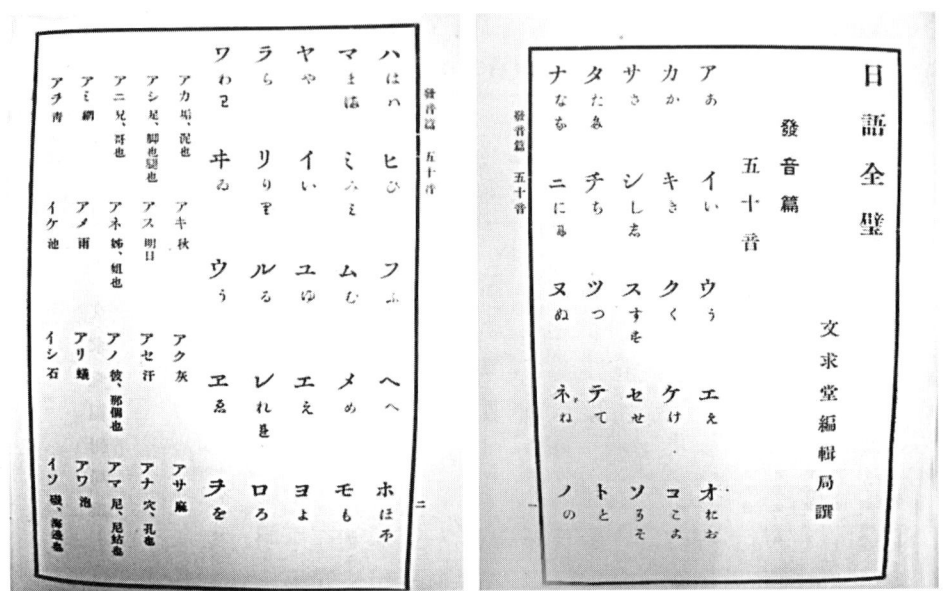

图2 《日语全璧》发音篇 五十音

该书的五十音主要使用片假名标记,并在每个片假名的下方以小字方式表记了平假名。同时对オ、コ、タ、シ、ス、ソ、ナ、ニ、ホ、マ、リ、レ、ワ的平假名来源进行了表记。

发音篇中,除了介绍了五十音,还介绍了鼻音、浊音、半浊音、促音、拗音及转音。转音即"ハ—ワ、ヒ—イ、フ—ウ、ヘ—エ、ホ—ヲ",也就是说,前者为表记符号,后者为发音符号。在现代日语中,只有"ハ—ワ、ヘ—エ"的转音保留了下来,并且一般的日语教科书不再用"转音"的概念进行说明,只是解释为提示助词"は"读"わ",格助词"へ"读"え"。

该书在介绍日语发音时列举了大量单词。所列单词均以片假名表记,并注有日文汉字,同时附上了相应的中文词汇或解释,但对日中文同形同义的词,没有标注相应的中文词汇或解释。可以说,该书在发音阶段就贯穿了汉日对译的原则。

发音篇中还介绍了"音势"。"音势"即现代日语中所说的声调,并以对照方式列举出了大量发音相同、声调不同的词例。如"キ气 意思也——キ樹"、"アキ秋——アキ空"。

如例言所述,"发音篇者,专言日本之五十音长短高下,一一举例而申明之"。发音篇对日语发音讲解得非常详尽,并列举了大量单词。

2.2.3 单语篇

单语篇涉猎广泛，分类详细，包括数目、月日、时令、十干、十二支、方角、天文、地理、身体、人伦、人生、家屋、器具物品、服饰、花卉草木、果物、野菜、饮食物、金石类、鸟、兽、鱼贝类、虫、舟车类、色彩、商工业、官公衙、学事、陆海军、荣誉、法律、医事、药、神佛等34类词汇。同时，各类词汇举例丰富，如"时令"包括时、分、秒、日、月、年、节气、季节等172个单词；"身体"包括各部位、脏器及身体排泄物的名称，共155个单词；"器具物品"包括家具、石器、洗盥用品、文具等各领域器具物品的名称，共269个单词。从表记上看，单语篇全部为汉字名词，并以片假名注音。如，例言所述，"单语篇者，凡单句双字剖析无遗，万象森罗备于尺幅。"可见其词汇涵盖范围之广。不难推测，该书为当时的读者带来了便利。

2.2.4 成句篇

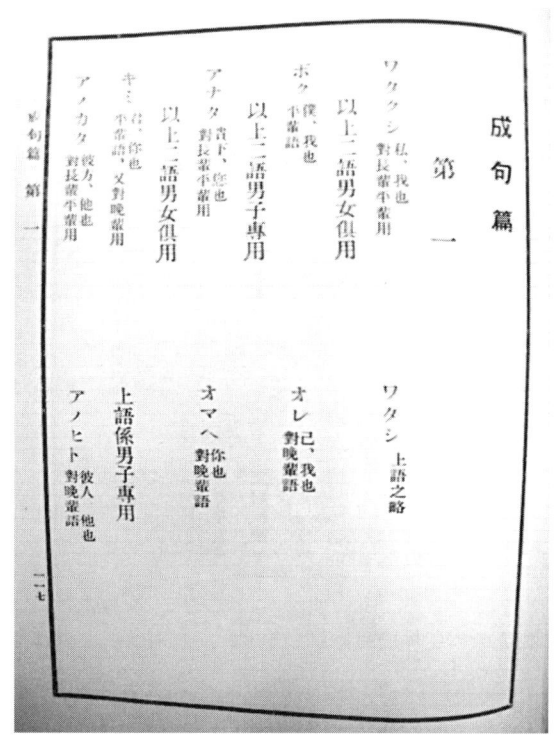

图3 《日语全璧》成句篇

成句篇的目的是使日语学习者了解日语的"语言构造自有成法"，著者分六十五个部分讲解了与日语语法相关的内容。以下抄录该篇的呈现顺序，并从大量例句中选取一二一并展示。

第一	ワタクシ	私、我也	ワタシ	上語之略	
	對長輩平輩用				
	以上二語男女俱用				
	ボク	僕、我也	オレ	己、我也	
	平輩語		對晚輩語		
	以上二語男子專用				
第二	ノ	之也、的也　承上接下之字也、又表物主之意			
	私ノ　我的		貴方ノ　您的		
第三	筆ノ毛　笔之毛		春ノ花　春之花		
第四	コノ　此、這个也		ソノ　其、中國原無此語以這個或那個等充之		
	アノ　彼、那個也				
	彼本屋ノ後　那個書舖後邊　其紙ノ裏　這個紙的裏面				
第五	イイ　好		ワルイ　惡、不好也、歹也		
第六	高イ山　高山		低イ丘　低的丘		
第七	ト　與也、及也、和也				
	河ノ水ト海ノ水　河水和海水　高イ家ト低イ物置　高房子和矮堆房				
第八	あたたかい　暖和		すずしい　涼		
第九	美シイ花　好看的花兒		寒イ風　冷風		
第十	ニ　於也、又有在字之意				
	月ニ雲　月邊雲彩		花ニ風　花時有風		
第十一	のる　乘、坐也		船ニ乗ル　坐船		
第十二	コ　此處、這兒也、這裏也		コチラ　此方、這個地方也		
	ソコ　其處、那/這兒也、那/這裏也		ソチラ　其方、那/這個地方也		
	アソコ　彼處、那兒也、那裏也		アチラ　彼方、那個地方也		
	ねむる　眠、睡也		其方ニ眠ル　在那個地方睡		
第十三	ヲ　把也、將也				
	ミル　見、看也		地圖を見る　看地理圖		
第十四	かせる　貸、借給也		僕ノ時計ヲ君に貸セル　把我的表借給你		
	河ノ中ニ魚ヲ捕ル　在河裏捕魚				
第十五	名詞＋ハ	名詞＋ノ＋名詞＋ハ			
	ハ　者也、是也				
	馬ハ走ル　馬是跑		馬ハ早ク走ル　馬是快跑		
第十六	ガ說起事物之動作形狀之字、略有中語有字之意時有與字之意				
	雨ガ降ル　下雨		花ガ咲ク　花開		
第十七	大雪ガ降ル　下大雪		私ノ庭ノ櫻ガ咲ク　我院子裏的櫻花開		
	隣ノ家ニ時計ガ鳴ル　在隔壁兒家鍾打響				
第十八	モ　亦也、也也				
	私モ買フ　我也買		此処ニも有ル　這兒也有		
	私モ嫌イノ話　我也不愛聽的話				
第十九	カ　乎也、麼也				
	有るか　有麼		多いか　多不多		
第二十	ナイ　不也、無也、沒也				
	来ナイ　不來、沒來		居ナイ　沒在		
	悪クナイ　沒不好		熱クナイ　不熱		
第二十一	ヌ　不也、沒也				
	私ハ解ラヌ　我不明白		君モ知ラヌ　你也不知道		
第二十二	動詞＋マス				
	マス　語尾之敬辭也				
	買ヒマス　買		時計を買ひます　買表		
	貴方に上げます　給你				

第二十三	マセウ　マス之未來思量語		マシタ　マス之過去語
	動キマセウ　動罷		動キマシタ　動了
第二十四	常語		敬語（凡添敬辭者語尾皆變）
	君ハ手紙ヲ書クカ　你寫信麼		君ハ手紙ヲ書キマスカ　你寫信麼
第二十五	常語		敬語（未來思量語之列）
	船ニ乘ラウ　坐船吧		船ニ乘リマセウ　坐船吧
第二十六	常語敬語（過去語之列）		
	理科ヲ習フ/ッタ　學理科了		理科ヲ習ヒマシタ　學理科了
第二十七	現在語	未來語	過去語
	見る　看	見やう　看吧	見た　看了
第二十八	見ます	見ませう	見ました
第二十九	デ　用也、以也		
	船デ河ヲ渡リマシタ　用/以船過河		
第三十	現在語	未來語	過去語
	眠ル　睡覺	眠ラウ　睡覺吧	眠ッタ　睡覺了
第三十一	眠ります	眠りませう	眠りました
第三十二	カラ　由也、起也		マデ　迄也、到也
	カラ　因為也、所以也		マデ　連也
	朝カラ晚迄遊ビマシタ　一天到晚遊逛了		
第三十三	ダ　末尾語、也之意、現在語		デアル　同上
	ダカラ　ダ之未來思量語		デアラウ　デアル之未來思量語
	ダッタ　ダ之過去斷定語		デアッタ　デアル之過去斷定語
	それは馬だ　那是馬		彼は牛である　那是牛
第三十四	デス　ダ之敬語	デセウ　ダラウノ之敬語	デシタ　ダッタ之敬語
	私ノデス　是我的	私ノデセウ　是我的吧	私ノデシタ　是我的了
第三十五	現在語	未來語	過去語
	持タナイ　沒帶著	持タナカラウ　沒帶著吧	持タナカッタ　沒帶了
第三十六	ガ　可也	シカシ　可是也	ケレドモ　雖然也、以上三語略同意也
	私のですが上げませう　是我的、可是奉送吧		
	其処ですが併し有りますまい　是那兒、可是沒有吧		
	雪ですけ共少しでせう　雪是雪可不多吧		
第三十七	自動語		他動語
	コハレル　毀、壞也		コハス　使壞
第三十八	デアリマス　之又敬語デ	アリマセウ　デセウ之又敬語	
	デアリマシタ　デシタ之又敬語		
	御座イマス　アリマス之最敬語	御座イマセウ　アリマセウ之最敬語	
	御座イマシタ　アリマシタ之最敬語		
	御座リマス　同御座イマス	御座リマセウ　同御座イマセウ	
	御座リマシタ　同御座イマシタ		
第三十九	アリマセヌ　ナイ之敬語	アリマスマイ　ナカラウ之敬語	
	アリマセヌデシタ　ナカッタ之敬語		
	御座イマセヌ　同上最敬語	御座イマスマイ	
	御座イマセヌデシタ		
	御座リマセヌ　同上	御座リマスマイ	
	御座リマセヌデシタ		
第四十	テ　而也		ヘ　上也、與二字同義也
	外ヘ出テ見マシタ　出外頭看了		
	ダレカ此方ヘ来マスカ　有什麼人上這兒來麼		
	来テ又往キマシタ　來了又去了		
	昨日カラ待ッテ居マシタ　從昨天等著了		

第四十一	ドノ 那個也、那也		ドチラ 那個也、那兒也
	どの方かお在でなさいますか 是有那位哪		
	どちらをお召しなさいます 穿哪件哪		
第四十二	コンナ 這樣、這麼		コノヤウナ 這麼樣、這個樣
	ソンナ 那樣、這樣、麼那		ソノヤウナ 這個樣、那麼樣、那個樣
	アンナ 那樣、那麼		アノヤウナ 那麼樣、那個樣
	ドンナ 怎麼樣、什麼樣		ドノヤウナ 同上
第四十三	イフ 叫也		イヒ 同上
	伊藤トイウ人デス 叫伊藤		
	コレハ何トイフ物デ御座イマスカ 這是叫什麼的		
第四十四	ヨリ 比也、於也		
	其路ヨリハ近イデス 比那個道兒近		
第四十五	ナゼ 怎麼、為什麼		ナゼカ 同上
	ドウシテ 同上		ドウシタコト 為什麼事、怎麼個事情
	彼ノ人ハ何故来ナイノデセウ 他怎麼不來的		
第四十六	ドウモ 怎麼也、總也		ドウシテモ 同上
	どうも駄目だらうと思ふ 我想總不行		
第四十七	ナス／シ 為也、做也		スル 同上
	シ 同上		イタス／シ 同上
	コレハ何ノ用ヲ為スノデスカ 這是作何用的		
第四十八	シロ 罷也、吩咐語也		ナサイ 同上敬語
	能く注意しろ 好好兒的小心着罷		
	早くお帰りなさい 快回來（去）罷		
第四十九	クレ 給		下サイ 同上敬語
	クレ給へ 同上		下サイマセ 最敬語
	僕ニ其紙ヲクレ 給我那個紙		
第五十	ヤル給		同上敬語 ヤリマス
	上ゲル同上		上ゲマス最敬語
	買ッテヤル		給買
第五十一	ホシイ 欲也、要也		タイ 欲也、望也、要也
	モラヒタイ 欲人送與我也、亦有願意之意		イタダキタイ 同上敬語
	良イ着物ガホシイ 要好衣裳		
	アノ長靴ガ買ヒタイ 要買那個靴子		
第五十二	ナラバ 若之意		ナラ ナラバ之略言
	ナケレバ 同上否定語		ネバ同上
	君ガ帰ルナラ僕モ帰ラウ 你若回來（去）我也是回來（去）罷		
第五十三	ラレ 為所也、被也、叫也		レ 同上
	途中デ犬ニ吠エラレマシタ 在道兒上被狗咬了		
第五十四	ラレ 得ラレ之約言、可以也、能也		レ 同上最約言也
	私ハ船ニ乗ラレマス 我可以坐船		
第五十五	トハ 所謂――者也、說――是也		
	山とは地の高い処であります 說山的是謂地之高處也		
第五十六	サセ 令人為也、使人做也、叫――做也		セ 同上、約言也
	彼ノ人ニ話サセマセウ 叫他說罷		
第五十七	バカリ 只也、竟也、就也		ダケ 同上 サへ 略同上意
	英語バカリ習ヒマシタ 竟學英國話了		
第五十八	ナガラ 着也		
	読みながら考ひました 念着想了		
第五十九	ナ 莫也、別也		ナサルナ同上敬語
	ナサンナ ナサルナ之轉音		ナサイマスナ 最敬語
	ソレヲ持ッテ往クナ 別拿那個去		

```
第六十      イカヌ  不可也、不行也   イケヌ  同上    イケナイ  同上
           イケマセヌ  同上敬語
           ナラヌ  不准也   ナリマセヌ  同上敬語
           ソンナ事ヲシテハイカヌ  不可做那麼樣的事
第六十一    ソシテ  然而也          ソレカラ  然後、往後、而後
           ソウスルト  這麼著也    ソレデ  那麼樣
           ソコデ  同ソウスルト    ソノ  上而且、並且、再者也
           ソレカラ私ノ所へ来マシタ  然後到我這兒來了
第六十二    ヤ  或是之意          カ  略同ヤ之意        ト  有若之意
           碗ヤ箸ハ何程モアリマス  碗或筷子是要多少有多少都有
第六十三    感嘆辞  感歎辭種類千態萬樣一言難盡今取就中最常用者數語
           私デスヨ  是我咯
           屹度逃ゲマスゾ  一定跑啊
第六十四    ヤー堪ラヌ  哎呀了不得了
           ホー吃驚シタ  喝、嚇了一跳了
第六十五    着物一枚  一件衣裳
           一杯ノ茶  一碗茶
```

　　本篇对所涉及的语法项目列举了大量的短语或句子，同时附有汉译加以对照，并且内容多为日常生活中所需的语言表达，简单易记。在导入新的语法点时，大多使用刚刚出现过的语法点或词汇，前后关联紧密，知识点的复现率高，有助于强化记忆。

　　简明扼要的中文解释中，体现了如下特点：一，对某些语法项目的说明体现了语用论的观点，例如第一部分（第 117 页）中写到："ボク僕、我也。平輩語　　オレ己、我也。對晚輩語　　以上二語男子專用"。这样的说明就把同是表示"我"的两个词在使用上的区别讲清楚了。二，针对中文中没有的用法，说明中也会特别指出，如第四部分（第 123 页）中关于"ソノ"的中文解释是，"其，中國原無此語以這個或那個等充之"。这样有助于引起学习者的关注，并促进学习者对新的语法项目的理解。

　　总体来说，对各个语法项目只有大量举例，没有特别详细的讲解。如第五十三部分（第 193 页）对被动用法"ラレ"的介绍中，并未谈及动词的活用规则，这一点不同于某些详细讲解日语语法的现代教科书。本篇的讲授特点类似于直接法和翻译法的结合，即需要学习者一边通过中文体会句子的含义，一边归纳总结日语的使用规律。

　　成句篇的表记最初采用汉字及片假名表记法。但是在第八、十一、十二、十三、十四、十六、十九、二十二课中出现了汉字及平假名表记法，而在第二十七、二十八、三十一、三十三、三十六、四十一、四十六、四十八、五十五、五十八课中，则全部以汉字和平假名表记。由此可见，该教科书在表记方式上体现了逐渐由片假名向平假名过渡的特点。

2.2.5 散语篇

　　散语篇收录了大量日常生活中常用的短句，共有四十六个组成部分。各例句内容关联性较强，如第十七部分中（第 260 页），"役人二ハナリタクアリマセヌ我不願意做官""官吏ニナルノモ容易デアリマセヌ　做官也不容易""試驗ニ及第シナケレバナリマセヌ　得考试上考中了纔好"等，都是围绕"做官""考试"等关键词展开的。

　　此外，很多例句在内容上与中国相关，如第十八部分中，例句包括"貴州で金礦を

發見した人があります 在貴州那兒有人看出金礦來了"等。

著者在展示例句时，会标注出重难点，并给出相关解释。如第三部分（第 224 页）中，"人ガ来タヤウデス 光景是有人来 ヤウ 光景也"。另外，如果例句中出现了之前学过的知识点，编者会用下划线标将其标出，以引起学习者的注意。如第一部分（第 220 页）中"<u>ドチラ</u>ヘ往キマシタ"中的"ドチラ"在成句篇第四十一部分（第 174 页）中出现过，"氣ヲ<u>ツケ</u>ナサイ"中的"ツケ"在成句篇第十三部分（第 136 页）中出现过。

散语篇的表记体现了由片假名向平假名过渡的特点。其中，用汉字和平假名表记的课文为第十八、二十三、二十四、二十七、二十八、三十一、三十二、三十六、三十七、四十、四十三、四十四课。

2.2.6　问答上篇、问答下篇、谈话篇

问答上篇和下篇按照由简单到复杂的顺序编排。对话内容没有按主题分类，有些内容涉及日本、美国、俄国、印度等国家。如第十一部分（第 351 页）中："日本には府がいくつありますか 日本有幾個府呢。東京京都大阪の三つです 有東京京都大阪三府"。第十七部分（第 368 页）中：米国の首府は紐育ですか 美國的首城是紐育了麽　否、華盛頓で御座います 不對、華盛頓了"。有些对话涉及红茶、咖啡、羊毛、绸缎、出口等具有时代特征的内容。如第十部分（第 348 页）中："紅茶はありませぬか 有紅茶沒有 紅茶も咖啡もあります 紅茶咖啡都有"。

问答上篇、下篇在例句编排上采用问句顶格，答句另起一行并空两格的排列法，在形式上看问句和答句时一目了然。如 336 页第六：
"赤い色のばかりですか 都是紅顏色的麽"
　　"青いのもあります 也有綠色的"

在文体上，该教科书均使用"デス·マス"体。学习者掌握敬体，会显得对对方比较恭敬。问答上篇、下篇的表记特点也是由片假名逐渐向平假名过渡。问答篇中以汉字和平假名表记的课文有：问答上篇中的第五、六、十一、十二、十七、十八、二十九、三十课；问答下篇中的第九、十、十一、十二、十五、十六、十九、二十一、二十三、二十六、二十八、三十、三十三课。谈话篇中各课采用交错表记的方式，即前一段使用汉字和片假名表记，后另一段使用汉字和平假名表记，如此往复。

3. 教科书的主要特点

通过对《日语全璧》编排结构、内容构成等进行分析，可以指出其具有如下特点。

3.1　循序渐进的编排方式体现出自下而上的信息处理模式

《日语全璧》在编排上由发音篇、单语篇、成句篇、散语篇、问答上篇、问答下篇、谈话篇构成。从信息处理方式上讲，这种编排属于典型的自下而上模式（bottom-up model），即从文字、词汇的识别开始，然后再进行句子、语篇等信息的处理，是一种由小的语言单位到大的语言单位（由局部到全体）进行信息处理的模式。

3.2 各篇内容全面,涉猎范围广

《日语全璧》的发音篇、单语篇、成句篇、散语篇、问答上篇、问答下篇、谈话篇各篇内容全面,涉猎范围广。以单词篇为例,包括数目、月日、时令等34类词汇。成句篇分65个步骤逐步导入语法项目,层层铺垫,句子结构由简单到复杂,易于学习者理解。散语篇分45个步骤导入了大量日常生活中常用的句子,理解和产出这些句子,等于对成句篇进行了有效复习。问答上篇和下篇安排了各种场景的对话,有问有答,有利于学习者进一步提高日语运用能力。谈话篇则介绍了更为复杂的文章内容,其中大多为复句形式。尽管内容千变万化,但是文章自有成法,如果学习者很好地掌握了成句篇,那么理解谈话篇的段落内容应该没有障碍。谈话篇所示范例,有助于学习者产出较为复杂的日文文章。

3.3 语法导入采用逐步拓展的方式

《日语全璧》与现代日语教科书的语法导入有所不同。现代的日语教科书,多从"～は～です"入手(例如《综合日语》北京大学出版社)。而该教科书是在导入人称代词以后,导入格助词ノ,接着导入大量使用ノ的短语。在导入指示代词后,又与普通名词结合,进行了大量的练习。其中不乏"此屋根ノ上ノ雪"这样的表达方式。再如,导入形容词后,练习了大量的"形容詞＋名詞"的表达方式,接着又导入了并列助词ト,练习了"河ノ水ト海ノ水""高イ家ト低イ置物"这样的表达方式。接着导入了格助词ニ,之后练习了"名詞＋ニ＋動詞"(船ニ乘ル)以及"動詞＋指示代名詞＋ニ＋動詞(此处ノ机ノ上ニ置ク)"这样的表达方式,即使用已经学过的内容导入新的语法点,逐渐扩展句子。该教科书的语法呈现,严格地遵守了逐步导入的原则,正如例言中所提示的,"成句篇者,使知语言构造自有成法,错综参伍,俱极微妙。"这种逐步拓展的方法,有利于学习者掌握日语语法规律,便于自学。

3.4 例言中谈及了日语学习方法

《日语全璧》的例言中讲到"日语之学贵在实行,声入心通,言宣意尽,学者至此无遗憾矣。"虽然只有简短的一句话,但却道出了语言学习的真谛,即语言学习一定要学以致用。听到一个日语句子,用心去理解它的含义,表达一个日语句子,说话人的意图得以全部展现。学到这样的程度,学习者就没有什么遗憾了。

4. 教科书的使用、地位与影响

综上所述,民国中期(1922—1937),社会动荡、政治形势多次发生转变、日本帝国主义对中国侵略不断加剧。这一期间的日语教科书也呈现出不同的编写目的,其中既有日本殖民统治为在我国东部地区强行推行日语学习而编写的教科书,又有北京、上海等地中国人为救国图强、提高读者修养、方便学习者快速掌握日语而编写的教科书,还有为促进赴日人士的中日交流而编写的日语教科书。

本文在前言中提到的第四类日语教科书是在日本出版发行的、为中国留学生编写

的日语教科书。其编写者既包括日本人又包括中国人。而《日语全璧》作为日本人编写的教科书，具有较大的影响力。其编辑者代表以及发行者田中庆太郎（1880—1951），其先祖数代经营书店，并于1861年创办了文求堂。田中庆太郎1899年毕业于东京外国语学校（现在的东京外国语大学）汉语科，后继承家业。文求堂致力于出版发行与中国相关的书籍。20世纪30年代，在田中庆太郎的帮助下，郭沫若在文求堂出版了十二本学术著作（李庆国2005），二人的交往载入史册，这些足以证明田中庆太郎是中日友好的先驱。甲午战争（1894—1895）结束后，很多中国留学生到日本学习西方先进的制度和文化，赴日留学的中国学生需要快速地掌握日语。在这样的需求下，《日语全璧》诞生了。在其前言中记载："中日交际日益亲密，中国绅商之游历学生之往来踵相接也。然凡至东瀛者，欲考求政治、研究学问，非精日语不可。书肆所售日语书虽多，而苦无完全之善本，本局深以为憾，故特为此编以辅其缺"。由此可知，该书是为赴日的中国人钻研日语而编纂的一部教科书。

通过本文的分析，可见《日语全璧》课文内容详细，例句丰富，实用性较强，附有中文翻译，便于理解和记忆。对日语语法的讲解，虽未使用大量笔墨，却煞费心思，做到了层层深入，逐步拓展，便于学习者掌握日语的语法体系，这种导入方法对当时的学习者来说是难能可贵的。同时，课文内容不带有殖民主义色彩，这一点区别于日本人为实施殖民统治、进行奴化教育而编写的日语教科书。此外，例言中还提到"日本人习华语者持此书以为参考亦无不可也"，即该书也适于日本人学习华语，可见其受众范围之广泛。从例言中的"需之者接踵不已，故兹加改定，付诸再刊"的描述中，也能证明该教科书在当时是一本符合学习者需求的畅销教科书。

［本文系国家社科基金重大项目《中国百年教科书整理与研究》（项目批准号：10&ZD095，首席专家：徐岩）的阶段性研究成果之一。］

参考文献
関正昭.1997.『日本語教育史研究序説』スリーエーネットワーク
李慶国.2005.「郭沫若と文求堂主人田中慶太郎」『アジア文化学科年報』8、49-60、伊藤虎丸.1992.「増井経夫氏蔵　郭沫若致文求堂田中慶太郎書簡刊印縁起」『東京女子大学比較文化研究所紀要』53、1-15
陈青之著.1934《民国丛书第一编 中国教育史》上海书店
刘孝良主编.1986.《中国革命史》安徽人民出版社
吴小欧.2008."近年来中国近现代中小学教科书研究综述"《湖南师范大学教育科学学报》
李庭晶.2011."论日伪统治时期的奴化教育——以强行推行日语为中心"黑龙江省社会科学院硕士学位论文
王昌善.2011."我国近代中小学教科书审编制度研究"湖南师范大学博士论文

附录1

《日本全璧》目录

發音篇	一
五十音	一
鼻　音	五
濁　音	六
半濁音	八
促　音	九
拗　音	一四
轉　音	一六
音　勢	一八
單語篇	二五
數　　目	二五
月　　日	二六
時　　令	二六
十　　干	三二
方角天文	三三
地　　理	三五
身　　體	三九
人　　倫	四四
人　　生	四八
家　　屋	五二
器　　具	五六
服　　飾	六四
花卉艸木	六八
果　　子	七〇
蔬　　菜	七一
飲食　物	七四
金石　類	七七
鳥	七八
獸	八〇
魚　　貝	八一
蟲	八三
舟　　車	八五
色　　彩	八六
商　　工	八八
官公　衙	九四
學　　事	九七
陸海　軍	一〇二
榮　　譽	一〇七
法　　律	一〇八
醫　　事	一一一
藥	一一四
神　　佛	一一五
成句篇	一一七
自第一至第六十五	一一七 二一六
散語篇	二一七
自第一至第四十六	二一七 三二
問答上篇	三二一
自第一至第三十	三二一 四〇六
問答下篇	四〇七
自第一至第三十五	四〇七 四八八
談話篇	四八九
自第一至第八	四八九 五〇六

附录2　课文精选

《日语全璧》单语篇 时令

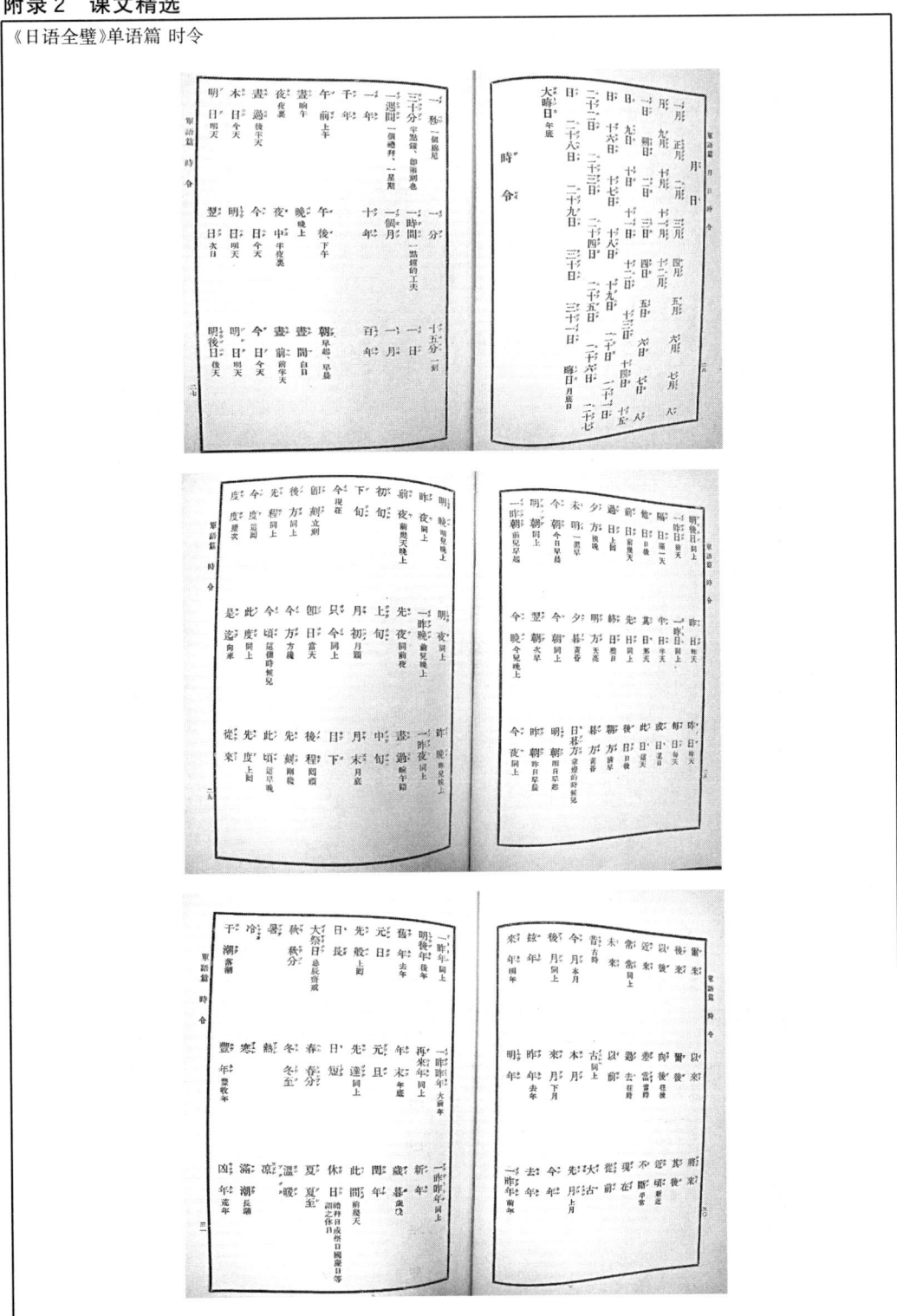

百年日语教科书中的故事性题材选文研究

课程教材研究所　张金龙
中央财经大学　李友敏

要旨： 本稿は中国百年の日本語教科書に見られる物語文を統計し、清末、民国、新中国といった各時代の日本語教科書における物語文の採用状況を分析してみた。その結果、物語文の採用は教科書の編集者の文化背景に影響されているので、教科書によって編集者を慎重に選べるべきこと、採用率は時代の移り変わりに沿って減少傾向にあること、時代ごとに物語文の種類構成は違うが、どの時代の教科書においても寓言、昔話の比重が大きいこと、また有名な物語文は多種の教科書に採用されることが分かった。

关键词： 日语　教科书　故事性题材选文　百年

1. 研究背景

自清末算起，我国的日语教科书编写已经走过了一百多年的历程。百余年来，已经编写、出版了大量的各级、各类日语教科书。大部分日语教科书均采用选文（每课编写或选择一篇文本作为载体，围绕该文本进行相关知识的教授）的形式进行编纂。受培养目标、编写理念及使用对象等多种因素的影响，不同种类、不同级别的教科书往往在选文方面会体现出不同的特点。

选文题材的正确性与丰富性是评价一部教科书优秀与否的重要标准。在我国的日语教科书中，生活类题材、故事类题材、自然地理类题材、历史文化类题材、科技发明类题材以及时政爱国类题材经常出现，其中故事类题材的文章简单易懂、生动有趣，并具有较强的教育意义和一定的文学性，受到不同时期教科书编写者的青睐。

本文所谓日语教科书，原则上指基础教育阶段根据教学大纲或课程标准编制的、系统反映日语学科内容、作为课堂教学主要资源的学生学习用书。然而，鉴于在百年日语教科书历史中，存在清末、民国以及1982年以前没有日语教学大纲的特殊情况，所以将这些历史阶段中，基础教育阶段使用的、系统反映日语学科内容的、作为课堂教学主要资源的学生学习用书也纳入教科书范围之内。本文从使用范围、影响力、构成特点等角度，共选择了清末以来的31种代表性教科书（参照表1）作为分析对象。首先，从总体数量、主题类型等角度对百年教科书中故事选文的总体情况进行概括，总结了清末民国时期、新中国成立后至改革开放前、改革开放后（人教版）三个时期的教科书中故事选文的特点。然后，总结了我国百年日语教科书中故事选文的特点，并立足于当今的日语教科书编写，探讨了故事选文的价值和使用方法。

故事选文是我国语文教科书以及其他语言类教科书选文的重要组成部分。相关研究中,关于语文教科书和幼儿园教材中故事选文的研究较多,但尚未发现关于日语教科书中故事选文的研究。关于我国语文教科书、幼儿园教材中故事选文的研究角度多样,既包括针对故事人物的研究(如姚本先、涂元玲 2003),也有关于同一故事在不同时期教科书中的演变分析(如范远波 2011),还有从文化的角度展开的研究(如江岚 2007;朱家珑 2008)。这些研究在研究方法、分析角度等方面为本研究提供了重要参考。

广义的故事包括神话、传说、寓言、童话、笑话、小说等,凡一切带有故事情节的散文作品都可以叫作故事。本研究根据研究目的及资料的具体情况,将童话故事、寓言故事、民间及历史故事、人物传记故事(包括中国人物和外国人物)、神话故事、作为主要研究对象。

2. 调查结果

2.1 总体情况

表 1 代表性日语教科书中故事选文的出现情况

时期	教科书名称	选文	教科书名称	选文
清末 (61篇)	东语入门	0篇	日语入门	0篇
	东语正规	3篇	东文法程	0篇
	和文汉译读本	26篇	日语读本	32篇
民国 (268篇)	日本语读本	18篇	现代日语	5篇
	自修适用日语汉译读本	6篇	初级小学小日本语教科书	0篇
	初等日本语读本	49篇	高级小学小日本语教科书	20篇
	中等日本语读本	71篇	初级中学校日本语教科书	15篇
	高等日本语读本	47篇	国民学校日语国民读本	2篇
	东文实用读本	13篇	国定教科书初中日语	22篇
建国后 (46篇)	外国语学校小学课本日语	6篇	辽宁省中学试用课本日语	6篇
	北京市中学试用课本日语	14篇	辽宁省高中试用课本日语	15篇
	辽宁省小学试用课本日语	5篇	广州市小学课本日语	0篇
改革开放后 (56篇)	初级中学课本日语(试用本)	7篇	义务教育课程标准实验教科书日语	2篇
	高级中学课本日语	14篇	普通高中课程标准实验教科书日语	9篇
	九年义务教育三年制初级中学教科书日语	3篇	义务教育教科书日语	5篇
	全日制普通高级中学教科书日语	16篇		

31种代表性教科书中共出现了故事选文431篇,其中清末61篇、民国268篇、新中国成立46篇、改革开放后56篇。虽然各时期所选定的代表性教科书的数量不同,各教科书的构成课数也不同,故而无法根据上述数量进行单纯比较,但从总体上看,民

国时期的日语教科书中最常选用故事性题材文章,清末次之,建国后再次之,改革开放后的教科书最少。

25种代表性教科书中出现了故事选文,《东语入门》《日语入门》《东文法程》《初级小学校日本语教科书》《广州市小学课本日语》《义务教育课程标准实验教科书日语》等6种教科书中未出现。在出现故事选文的25种教科书中,出现数量超过10篇的教科书共有14种。对照代表性教科书列表可知,(一)清末早期的部分教科书由于其多为词汇集、短句集的形式,因此不容易出现故事选文。(二)故事选文在高级阶段、高年级阶段教科书中出现频率较高,而在初级阶段、低年级阶段的教科书中出现较少。

2.2 清末、民国时期故事性题材选文

2.2.1 数量

清末、民国时期的18种代表性教科书中,共有14种出现了故事选文,共计329篇。从故事选文的数量看,不同教科书之间差距较大。整体来看,故事选文的数量与教科书编写者的文化背景之间存在着明显的关联。日本人(或日本人组织)编写的教科书中出现的故事选文比中国人编写的日语教科书要多。《东语正规》《东文实用读本》《现代日语》为清末、民国代表性教科书中中国人编写的教科书,其中分别出现了3篇、13篇、5篇故事选文。而《和文汉译读本》(26篇)、《日语读本》(33篇)等日本人个人编写的教科书和《国定教科书初中日语》(22篇)、《初等日本语读本》(49篇)、《日本语读本》(18篇)、《中等日本语读本》(71篇)、《高等日本语读本》(47篇)、《高级小学校日本语教科书》(20篇)、《初级中学校日本语教科书》(15篇)等日本殖民机构组织编写的教科书中故事选文的数量明显较多。

2.2.2 童话故事选文较少,寓言故事、民间故事选文比重最大

童话故事是儿童文学中的一种典型题材,它的本质特征在于虚构和幻想,充满魔幻色彩和神奇力量的童话对于儿童具有强烈的吸引力,对于培养儿童的想象力和创造力具有重要的作用(伊玉霞 2013)。但是由于清末、民国的日语教育较少从儿童阶段开始(日本殖民地区除外),因此,童话故事选文在该时期的代表性日语教科书中只有《中等日本语读本》中的"見えない着物(皇帝的新装)"等极少数。

寓言故事和民间故事也是故事类题材的重要代表。与童话故事相比较,一般来讲,寓言故事和民间故事的情节更曲折、内容更丰富、篇幅更长、教育性和寓意更明显,因此也更适合于以少年、青年为对象的语言类教科书。中国、日本以及西方都存在着数量巨大的寓言故事和民间故事,这些故事成为语言教科书中常见的选文。

清末、民国时期代表性日语教科书中出现的寓言故事包括"ねずみのそうだん(老鼠开会)""あほー鳥(蠢笨的乌鸦)""蟻トセミ(蚂蚁与蝉)""燕と雀(燕子与麻雀)""烏と蛤(乌鸦和蛤蜊)""負けひらいな蛙(不服输的青蛙)""樫の木と竹(橡树与竹子)""欲深イ犬(贪婪的狗)""狼と小羊(狼和小羊)""鹿ノ水カガミ(鹿照水)""虎と蟻(老虎和蚂蚁)""真の知己(真正的友谊)""ろばの話(驴子的故事)""蝙蝠(蝙蝠)""二匹ノヤギ(两只山羊)""メクラトゾウ(盲人摸象)""金ノタマゴ(金蛋)""烏ノチエ(乌鸦喝

水)""虎卜狐(狐假虎威)""小鳥卜猫(鸟儿与猫)""ナマケモノノ驢馬(懒惰的骡子)""ありときりぎりす(蚂蚁与蟋蟀)""熊の私語(真正的友谊)""蝙蝠の話(蝙蝠)""雲雀と人(云雀与农夫)""太陽卜北風(太阳与北风)""山びこ(山里的妖怪)""ヨクバリノサル(贪婪的猴子)""獅子と鼠(狮子和老鼠)"等。这些寓言故事都带有明显的教育意义,包括教育读者做事要持之以恒、要学会肯定自己、要正确认识他人、要真心对待自己的朋友、不要偷懒耍心眼、不要贪婪、不要自夸、不要不自量力等,主要涉及到了读者的性格培养、道德培养等方面。

清末、民国时期代表性日语教科书中出现的民间故事也很多,包括"象の目方(曹冲称象)""松山鏡(松山镜)""手がさはると黄金(触手成金)""司馬光(司马光砸缸)""義侠な少年(狭义少年)""志の堅い少年(意志坚定的少年)""尹淮鵝鳥をあわれむ(尹淮怜鹅)""李白と小野道風(李白与小野道风)""待ちぼうけ(守株待兔)""浦島太郎(浦岛太郎)""青い塔(蓝色之塔)""梨売と道士(卖梨人与道士)""忠義な下男(忠诚的仆人)""忠実な水夫(忠实的水手)""主なき梨(无主梨)""十三重の塔(十三重塔)""黄河の昔話(黄河故事)""運転手の試験(驾驶员考试)""故事一束(故事几则)""母ノ戒(母亲的教诲)""美しい心の兄弟(善良的兄弟)""養老の瀧(养老泉)""洪水奇談(洪水奇谈)""水中ノ玉(水中玉盘)""賢い母親(孟母三迁)""人の口(众口不一)""九曲の珠(九曲珍珠)""不老不死の薬(长生不老药)""花咲カジジ(开花爷爷)""牛と百姓(牛与百姓)""春聯(春联)""勇敢なラッパ手(勇敢的号手)""恩知らずの虎(忘恩负义的老虎)""邯鄲の夢(黄粱一梦)""黄鶴楼(黄鹤楼)""和氏の壁(和氏璧)""出世美談(出人头地)""孝婦河(孝妇河)"等。其中包括我国的司马光砸缸、曹冲称象、铁杵磨成针、孟母三迁、梁上君子、黄粱一梦、和氏璧等历史故事,也包括日本的浦岛太郎、花开爷爷等经典民间故事。这些故事生动有趣,教育意义深刻。主要教育读者要有坚定的信念、仁爱的心灵、知恩图报的品格、随机应变的智慧、不要贪得无厌等。主要关注读者的品格、道德、智慧等方面。

2.2.3 中日古代历史人物及西方科技人物较多

清末、民国教科书中人物传记类故事选文的数量较多,共出现了80余篇,占所有故事选文的五分之一强。其中主要包括我国古代历史人物、日本古代历史人物和西方科技人物。

整体来看,清末、民国时期的教科书对我国古代历史人物关注较多,也从一个侧面体现出我国古代文化对日本文化的深远影响。教科书中出现的我国历史人物包括司马光、郭隗、闵损、张良、韩信、李白、孔子、孟子、成吉思汗、努尔哈赤、吴凤、文天祥、杜子春、诸葛孔明、岳飞、苏武等,多为我国古代典籍中出现的文化名人、民族英雄、智慧的化身等。

同时,很多教科书中还出现了较多的日本人物,其中历史人物居多,现代人物较少(仅有生物学家野口英世)。历史人物既包括神武天皇、神功皇后、应神天皇、仁德天皇、圣德太子等社会顶层的政治人物,也包括丰臣秀吉、楠木正成、德川光国、上杉谦信、乃木大将、日本武尊等忠君忠上、英勇智慧的大臣、将军等,还包括阿倍仲麻吕、盤珪禅师、小野道风等文化名人,此外还出现了一些勤奋好学、勤俭立业的普通人物。其

中,丰臣秀吉、楠木正成、小野道风、塙保己一、二宫金次郎、盐原多助等在清末、民国的教科书中反复出现。

教科书中还出现了一些西方历史名人,包括哥伦布、马可波罗、拿破仑、伽利略、林肯等,主要介绍了他们的生平、成就。有些还介绍了他们年少时的一些小故事。清末、民国时期,西方在科学技术及政治制度等方面进步于东方,在教科书中介绍做出过巨大贡献的科技人物和著名的政治人物,从一侧面反映出教科书编写者希望读者了解西方、学习西方的意图。

2.2.4 少数教科书中出现了神话故事

神话故事内容生动、人物形象鲜明、善恶分明、想象空间广阔,对于青少年具有强大的吸引力。无论是中国还是日本都流传着数量众多的神话故事。然而,从此次分析的 31 种代表性日语教科书来看,神话故事很少被选入日语教科书。只有《和文汉译读本》中的"岩戸ひらき(岩户开)"、《高级小学校日本语教科书》中的"天の岩屋(天岩屋户)""おろち退治(斩大蛇)""日本のはじまり(日本起源)"、《初等日语读本》的"月の桂(吴刚种树)"以及《全日制普通高级中学教科书日语》《高级中学课本日语》中的"三つのおの(三把斧头)"。

"岩戸ひらき(岩户开)""天の岩屋(天岩屋户)""おろち退治(斩大蛇)""日本のはじまり(日本起源)"主要讲述日本人的起源以及其祖先团结一致克服困难的故事。《和文汉译读本》为对日本原版教科书的翻译注解,其中出现这样的内容不足为奇。《高级小学校日本语教科书》是日本殖民者全面占领我国东北地区后,伪满洲国政府在日本殖民者的严格监督和审查下编写的日语教科书,其中出现这样的日本神话故事从一个侧面反映出日本侵略者对殖民地青少年进行思想奴役的意图。

2.2.5 战争题材内容常见

与建国后的日语教科书以及清末、民国时期中国人主编的日语教科书相比,日本人主编的日语教科书的另一个明显特点就是其中有关征伐的内容较多。例如《和文汉译读本》中的"一の谷のしろぜめ(一谷攻城)""日本武尊(日本武尊)""楠木正成(楠木正成)"、《日语读本》中的"神武天皇(神武天皇)""神功皇后(神宫皇后)""楠木正成(楠木正成)"以及在多部教科书中均有出现的桃太郎的故事等。这些故事多讲述日本政府对反叛军队的征讨、日本岛内不同集团之间的征战以及日本对周边其他国家的征伐等,从一个侧面反映出日本文化中崇尚武力的一方面。关于桃太郎的故事在近代教科书中所表现出的侵略性和好战一面,韩若冰(2008)、宋协毅(2004)中有较为详尽的论述。

2.3 新中国成立后至改革开放前的故事性题材选文

新中国成立后至改革开放前,我国的日语教育总体上处于低潮期。这一时期出版的日语教科书数量不多,同时受到这一时期特殊历史背景的影响,教科书中的故事选文也体现出了一些异于其他历史时期的鲜明特点。

2.3.1 数量基本稳定,经典寓言故事比重较大

这一时期的代表性日语教科书中,除了《广州市小学课本日语》外,其他 5 种教科

书中均出现了故事选文。而且,仔细对照每种教科书中故事选文的出现情况可知,这一时期的教科书基本保证了每册均出现故事选文,每册故事选文不超过2篇的规律。

此外,这一时期的代表性教科书的故事选文中,经典寓言故事的比重较大,乌鸦喝水、狼来了、盲人摸象、矛盾、东郭先生和狼、狐假虎威、愚公移山等经典寓言故事被选入了日语教科书中。

2.3.2 人物多为当时的英雄人物、国家领袖;政治色彩浓重,时代影响明显

这一时期的代表性教科书中也出现了不少人物传记故事,当时的英雄人物(如雷锋、刘胡兰等)和国家领袖(如毛泽东、周恩来、朱德、华国锋等)的相关故事出现较多。其中,有关雷锋的故事出现最多,包括《北京市中学试用课本日语》中的"わたしは解放軍と言う(我叫解放军)""雷锋の日記(雷锋日记)"、《辽宁省小学试用课本日语》中的"らいほうのしょうねんじだい(雷锋的少年时代)"、《辽宁省中学试用课本日语》中的"雷锋(雷锋)"和《辽宁省高中试用课本日语》中的"雷锋の話(雷锋的故事)"。这些故事选文从各个角度描述了雷锋的身世,其乐于助人的事迹以及忠于革命忠于党的思想觉悟。作者希望通过教科书弘扬雷锋精神,号召青少年向雷锋同志学习。此外,《外国语学校小学课本日语》中的"朱德同志のつくったとうがん(朱德种冬瓜)"、《辽宁省小学试用课本日语》中的"朱德そうしれいが野菜をつくる(朱德总司令种菜)"和《辽宁省高中试用课本日语》中的"朱德の印象(朱德印象)"均涉及到了朱德同志,主要刻画了他热爱劳动的特点和平易近人的性格。

教科书的内容受到其所处历史社会环境的影响,教科书中的故事选文亦是如此。新中国建立后到改革开放这段时期内,特别是文化大革命时期,社会环境复杂,政治斗争激烈,这一时期的教科书也带有着明显的政治色彩和时代影响的痕迹。除上述内容之外,《辽宁省小学试用课本日语》中的"太陽(太阳毛泽东)""化主席について前進(跟随化主席前进)""周そうりをしのぶ(缅怀周总理)"等也是其明显的体现。

2.4 改革开放后(人教版)教科书中的故事性题材选文

改革开放后,虽然我国有些地区仍然编写仅限该地区使用的中小学日语教科书(如延边地区),但总体来看,人教版日语教科书是使用范围最广、影响力最大的,同时也是教育部审定的唯一中学日语教科书。改革开放初期的人教版日语教科书是以文革末期的日语教科书为基础改编而成的,其中必然受到了之前教科书的影响。之后,人教版教科书积极探索、勇于创新,而今已经发展成为体系完整、个性鲜明的中学日语教科书系列。

2.4.1 故事选文的比重整体上较少

这一时期的日语教科书中,故事选文整体上呈现下降趋势。改革开放初期的《初级中学课本日语》和《高级中学课本日语》受到之前教科书的影响,其中仍然存在一定量的故事选文。之后的《九年义务教育三年制初级中学教科书日语》和《全日制普通高级中学教科书日语》中故事选文有所减少。到了《义务教育课程标准实验教科书日语》和《普通高中课程标准实验教科书日语》等义务教育课程标准(实验)教科书、普通高中课程标准实验教科书时,其中的故事选文已经很少。

但需要说明的是，本研究对故事选文的统计是分为童话、寓言、民间及历史故事、人物传记故事、神话故事五类进行的。但是，近年来，人教版义务教育阶段日语教科书采用了将教科书内容整体故事情节化的处理。即整套教科书中的出场人物（主要是中学生）是固定的，然后围绕出场人物的学习、生活，各课设定不同的话题来展开。这种人为设定的"故事"未被统计。此外，改革开放后的人教版教材中，还尝试使用了漫画等新颖的形式，例如《义务教育课程标准实验教科书日语九年级》（上册）阅读文中的"礼儀（礼貌）"、九年级下阅读文中的"カメラ付携帯電話（带相机的手机）"、《全日制普通高级中学教科书日语》第三册阅读文中的"二日続きの後悔（二日后悔）"等。

2.4.2 有时代感，紧跟时代步伐

从内容角度分析，这一时期的故事选文随着时代的发展及社会环境的变化也出现了一些变化。初期的"わたしは解放軍と言う（我叫解放军）""劉胡蘭（刘胡兰）""雷鋒の日記（雷锋日记）"等选文逐渐消失，取而代之的是一些带有时代感、紧跟时代步伐的新故事。如表现主人公顽强意志的"自転車世界一周（自行车周游世界）""車いすで世界を走った男（坐着轮椅游世界）""太平洋単独横断（横渡太平洋）"，表现人与动物和谐相处的"パンダと少年（熊猫与少年）"，与环境保护相关的"植樹に20年（植树造林20年）"，以及关怀残障人士的"盲導犬を育てた人（导盲犬驯养员）"等。

3. 百年日语教科书中故事性题材选文的总体特点及启示

上文对清末以来各时期的代表性日语教科书中的故事选文进行了分析。接下来，笔者将站在百年变迁的角度，对我国日语教科书中故事选文的总体特点进行分析。并从日语教科书编写的角度出发，探讨百年变迁对今后日语教科书编写有何启示。

3.1 编者的文化背景对教科书内容的选择具有明显的影响，应当根据不同种类教科书的不同需要，慎重选择编写者

调查分析发现，一种教科书是由中方（中国人）主导编写，还是由日方（日本人）主导编写，对于教科书内容的选择具有重大的影响。也就是说，教科书编写者的文化背景对教科书内容的构成具有明显的影响。如清末、民国时期的教科书中，由日方（日本人）主导编写的教科书与中方（中国人）自主编写的教科书相比，其在故事题材的选用方面更加注重日本历史人物故事，选用了较多含有征伐内容的故事。除了这种明显的影响之外，在教科书的各项具体内容选择、整体设计等方面都会受到编写者的深刻影响。

在国际交流日益频繁的今天，中外双方共同参与编写外语类教科书已经是一种常见现象。然而，双方合作的方式以及双方在合作过程中如何定位却是一个值得深入思考的问题。是中方为主，外方为辅，还是以外方为主，中方为辅，或是双方平等参与。这一问题不能一概而论，但需要在策划教科书之初，全面、科学分析教科书的性质和定位，根据每套教科书不同的性质来选择最合适的编者和合作编写方式。

3.2 总体来讲,教科书中故事选文的比重呈现下降趋势

从各个历史时期的教科书来看,故事选文的比重整体上呈现越来越小的趋势。清末、民国时期选入的故事选文相对丰富,新中国成立后的教科书中基本上能够保证每册书中有1篇故事选文,而近几年出版的教科书中,故事选文愈加稀少。

教科书中是否必须要出现故事选文,应该出现多少故事选文,这一问题没有固定的答案。但是,故事选文具有增长知识、培养品质、陶也性情、提高审美的作用(赵丽娜2010),就我国日语教育的目的及日语课程的性质来说,日语教科书中需要这样的内容。

3.3 不同历史时期的故事选文有变化,但是寓言故事、民间故事一直占有较大比重

故事选文的种类丰富,其中人物故事、历史故事的选用情况变化较大。清末、民国时期的教科书普遍呈现出注重中日两国历史人物故事的特征。新中国成立后的教科书中受到特殊历史背景的影响,当时的英雄人物故事、领袖人物故事代替了历史人物故事。而近年出版的日语教科书中人物故事极为稀少。与此相对,寓言故事、民间故事却一直受到教科书编写者的青睐,在各时期各种日语教科书中一直占有较大的比重。特别是像曹冲称象、司马光砸缸、三把斧头、老鼠的智慧、盲人摸象等经典故事在多种日语教科书中频繁出现。

寓言故事和民间故事的情节曲折、内容丰富、篇幅更长、教育性和寓意明显,因此适合用于以少年、青年为对象的语言类教科书。笔者认为在今后的日语教科书中应该继续充分利用世界各国经典的寓言故事和民间故事。同时,历史人物故事更具真实性,对青少年的教育影响更直接。希望在今后的日语教科书中出现各国优秀历史人物的经典故事,更好地传播我国传统文化,弘扬我国优秀的道德品质。

3.4 经典"故事"不断重复出现,但是表现形式及难易度均有调整

如上所述,有些经典的故事会重复出现在不同级别、不同类型的日语教科书中。虽然故事的基本内容是固定的,但是在选用时,编写者根据教科书的使用对象的特点,对其表现形式以及篇幅长度、难易度等进行了适当调整。例如,"老鼠的智慧"这一寓言故事在清末、民国及新中国成立后的日语教科书中都曾出现过,在清末的《和文汉译读本》和《日语读本》以及民国的《东文实用读本》中是以文章的形式出现的,但是,在新中国成立后编写的《外国语学校小学课本日语》中,编者将其改写成了一个适合儿童表演的短剧的剧本。改写成短剧剧本后,语言表达变成了口语形式,简单易懂,同时还适合儿童的年龄特征和认知方式特点,可以说对原故事进行了较好的开发利用。

经典的故事是古人留给我的宝贵财富,我们在编写教科书时应该充分利用它们。但是,选用经典故事并不是说原封不动、照搬照抄。我们应该全面理解经典故事的含义及其特点(含义理解上的难度、语言表达上的难度、篇幅的长短等),然后根据所编写教科书的特点选择适当的故事作为素材,并能够根据需要对其进行适当的调整。

3.5 需要进一步深化对外语教科书中故事选文文学性的认识

外语学习是一个综合的学习过程，除了学习对象国的语言之外，体会外语文章的特点、感受其美学特征、鉴赏其文学特征也是学习者的学习内容之一。清末、民国时期的日语教科书中曾出现了《我是猫》（节选）、《蜘蛛网》（节选）等日本文学名著中的内容。但是，新中国成立后至大纲颁布前的日语教科书故事选文多注重其道德教育、性格培养功能，对于故事的文学性关注程度有所下降。大纲颁布后，有些教材中出现了国分一太郎的《思い出》、星新一的《薬のききめ》、井上靖的《ひと朝だけの朝顔》等日本作家的文学作品。从中可以看出编写者希望通过教科书对学习者进行文学美育教育的努力。希望学习者在学习了一定的日语知识，掌握了一定的日语阅读能力之后，能在故事中提高日语鉴赏能力，在学习过程中得到美的享受。

4. 结语

故事性题材选文因其内容生动、语言简洁、教育意义明显等特点而备受教科书编写者的青睐，也是我国日语教科书中常见的选文类型之一。本文对清末以来的 31 种代表性教科书中的故事选文进行了调查和分析，从数量、内容、主题等角度出发，总结了各个历史时期故事选文的特点。并在总括百年教科书故事选文变迁的基础上，探讨了其对将来教科书编写的启示。希望本文的分析和结论能够对我国的日语教科书编写提供一定的参考。

［本文系国家社科基金重大项目《中国百年教科书整理与研究》（项目批准号：10&ZD095，首席专家：徐岩）的阶段性研究成果之一。］

参考文献

陈子典. 2003.《儿童文学教程》. 广东高等教育出版社
范远波. 2011. 百年课文《狮子和鹿》的演变分析——兼论寓言故事的教材化处理. 语文建设(6). 53-56
韩若冰. 2008. 日本民间童话故事"桃太郎"的文化解读. 民俗研究(2). 231-237
江岚. 2007. 从五省市幼儿园教材文本的故事材料看我国幼儿园课程的文化倾向. 华东师范大学硕士学位论文
宋协毅. 2004.《桃太郎故事》新探. 日语学习与研究(1). 60-63
姚本先、涂元玲. 2003. 小学语文教科书中人物的心理学研究. 心理科学(26-1):74-77
伊玉霞. 2013.《开明国语课本》教材选文研究. 山东师范大学硕士学位论文
赵丽娜. 2010. 幼儿园教材故事类作品的内容分析. 河南大学硕士学位论文
周洁. 2014. 幼儿园教材中儿童故事研究. 考试周刊(9). 186-187
朱家珑. 2008. 苏教版(国标本)小学语文教科书文化价值的取向与构成. 课程与教学(11). 23-26
竹中宪一. 2002. 满洲殖民地日本语教科书集成(卷7). 绿荫书房

関連教材から見た中国の大学日本語
専攻教育における敬語教育
——教材における敬語に関する新たな記述を目指して

早稲田大学大学院日本語教育研究科　任丽洁

摘要：本文以中国的大学日语专业教学中常用的相关教材（两本教学大纲，27本教科书以及16本教师参考书）为调查对象，分析了其中关于敬语的描写和记述。分析结果发现存在以下问题。①教学大纲中关于敬语教学的指导方针缺乏一贯性，同时在指导性以及具体性上也有很大欠缺。②常用的教科书将关于敬语的内容集中在初级的最后阶段，同时存在敬语意识的记述不足，体系知识的记述混乱，运用方面的记述无实际意义，这三大问题。③针对教科书的问题点，教师参考书中也没能找到具体的补充记述，因此可以推断教师参考书在敬语教学中没能发挥应有的作用。综上所述，本文指出中国的大学日语专业教学改革的第一步应该着眼于教材，重新审视教学大纲中关于敬语教学的指导方针等，同时重新编写教科书以及教学参考书中关于敬语的记述。本文希望能为国内的日语专业教育中敬语教育建言献策。

キーワード：『教育要綱』　教科書　教師用指導書　敬語の扱われ方　敬語に関する記述

1. はじめに

　日本語の敬語は、母語話者にとっても使い方が複雑で、使いこなすことは難しいと言われている。とはいえ、平成23年に文化庁が実施した「国語に関する世論調査」において、日常生活で敬語を「いつも使っている」と「ある程度使っている」を選んだ人は76.3%であり、敬語を使うことに関して、「使いたい」人は、9割以上であることが分かった。この調査結果から、日本社会で生活し、または日本人と接触する以上、敬語は欠かせないものであると推察される。

　現代中国語には体系的な敬語が存在しないため、中国人日本語学習者にとって、敬語は最も難しい学習項目の一つであると多くの先行研究に指摘されている（佐治1992、宮岡2005など）。殊に、日本人との接触も少なく、敬語を見聞きする機会が限られている中国にいる日本語学習者の場合、「場面の中でしか習得できない」（川口1991）とされている敬語を習得するのはますます困難であると言えよう。一方、国際交流基金（2012）の調査によると、中国における日本語学習者数は、韓国を抜き世界第一位となった。合計約105万人に上り、日本で日本語を勉強している全ての外国人の7倍以上である。中でも、日本語学科の新設や既存学科の定員増などにより、大学で日本語を専攻とする学習者が急増していると報告されている。中国の日

本語人材として育成されている大学専攻生にとって、卒業後の進路として日系企業への就職や来日留学など、日本人や日本社会との関わりが深いと予想されるため、彼らを対象とする敬語教育は重要な課題である考える。

しかし、中国の大学日本語専攻教育における敬語教育について、元学習者と現場教師を対象にインタビューを行った結果、元学習者の殆どが敬語に関する様々な困難点を抱え、自分の敬語レベルには自信を持たず、また、自分の大学時代に受けた敬語教育に対し、多くの不満を抱き、改善の必要性を強く訴えていた。一方、元学習者によって語られた敬語に関する困難点や敬語教育への不満や期待は、現場教師が認識している問題点と一致しているにもかかわらず、授業時間の制約や自身の敬語知識、教師間の人間関係などが壁となり、現場教師の多くは、最終的に教材に従い、敬語教育を行っていることが判明した。ここから、中国の大学日本語専攻教育における敬語教育の実施は、関連教材からの影響が大きいことがうかがえる。そこで、中国の大学日本語専攻における敬語教育を改善する第一歩として、関連教材における「敬語に関する記述」に着目すべきだと考えた。

2. 先行研究の概観と本稿の目的

従来、日本にいる中国人留学生を対象とする敬語教育と比べ、中国国内にいる学習者向けの敬語教育への注目度はそれほど高くなかった。先行研究としては、高澤(2006)、呉(2008)、林(2009、2010、2011)、毋(2011)などが挙げられる。これらの先行研究は、研究者の敬語教育観に基づいた内省研究や、学習者を対象に行ったアンケート調査、談話完成テストなどの量的研究が主流である。それにより、学習者の敬語意識と敬語使用における問題点や、教師の指導方法における問題点と改善策などが指摘されているが、関連教材における敬語の扱い方に注目し、教科書などにおける敬語に関する記述を研究対象とするものは、管見の限りでは見当たらない。

また、日本語教科書における敬語の扱い方に注目した研究としては、熊井(1986)、川口(1987)、渡邊(1994)、金(2006)、安田(2010)などが挙げられる。しかし、これらの研究の殆どは日本にいる留学生向けの教科書を分析対象としたものであるため、中国国内にいる学習者に焦点を当てていないことが分かる。また、導入時期や分布期間、説明のしかたなど、扱い方に見られた問題点について指摘が行われているものの、改善するための具体的な記述は示されていなかった。

一方、「1. はじめに」で述べた調査の結果を見ると、中国の大学日本語専攻教育現場においては、教科書は教師にとっても、学習者にとっても、重要な拠り所となっており、敬語教育の実施に当たり、大きな影響力を持つことが分かる。また、現場教師の語りによると、使用する教科書以外に、対応して出版されている教師用指導書、更には、中国の教育部高等教育機関日本語専攻教育指導委員会によって編集された『教育要綱』も敬語教育を実施する際、参考にされることが多いことも明らかとなった。

以上を踏まえ、本稿の目的は以下の二点とした。【1】教科書・教師用指導書・『教育要綱』という三つを関連教材[1]と総称し、それぞれにおける敬語に関する記述には、どのような問題点があるのかを示す。【2】現行の関連教材における敬語に関する記述に見られた問題点を改善するために、どうすればよいか、具体的な提言を試みる。

3. 分析対象と分析方法

まず、2001年版の『高等教育機関日本語専攻教育要綱（基礎段階）』（修訂版）[2]と2000年版の『高等教育機関日本語専攻教育要綱（高学年段階）』を分析対象とした。なお、「基礎段階」は1、2年次を、「高学年段階」は3、4年次を指すが、この二冊は中国の教育部高等教育機関日本語専攻教育指導委員会によって編集され、中国の大学日本語専攻教育を実施するに当たり、指導的な役割を果たし、教育目的・教育内容・教育計画・教材編集及び教育評価などに明確な根拠を与えていると思われる。

また、中国の大学日本語専攻教育現場で使われている教科書は多種多様であるが、国際交流基金（2012）の調査[3]における調査報告に基づき、以下の教科書とそれに対応する教師用指導書を分析対象とした。なお、吉林教育出版社の『新編日語（修訂本）』と上海外語教育出版社の『日語』は、教師用指導書が出版されていないため、分析対象としない。

表1　教科書と教師用指導書の分析対象

書名	出版社	冊数
『新編日語（修訂本）』[4] 『新編（修訂本）教学指南』	上海外語教育出版社	全四冊
『新編基礎日語（修訂版）』 『新編基礎日語（修訂版）学習参考書』	上海訳文出版社	全四冊
『新編日語（修訂本）』[5]	吉林教育出版社	全三冊
『大家的日語』 『大家的日語学習輔導用書』	外語教学与研究出版社	全四冊
『基礎日語総合教程』 『基礎日語総合教程教学参考書』	高等教育出版社	全四冊
『日語』	上海外語教育出版社	第五～八冊
『総合日語（修訂版）』 『総合日語（修訂版）教師用書』	北京大学出版社	全四冊

分析方法として、関連教材における敬語に関する全ての記述を抽出し、その扱われ方について分析を行うが、具体的には、それぞれ以下のように分析観点を設けた。

表2　関連教材の分析観点

関連教材	分析観点
『教育要綱』	①基礎段階では、敬語はどのように扱われているのか。 ②高学年段階では、敬語はどのように扱われているのか。
教科書	①敬語は主にどの部分に現れ、どのぐらいのページ数で紹介されているのか。 ②敬語の種類や性質、形式など体系知識について、どのように記述されているのか。 ③具体的な場面における敬語の運用について、どのように記述されているのか。 ④②と③以外に、敬語に関する記述には、どのようなものがあるのか。
教師用指導書	①敬語はどのように扱われているのか。 ②教科書における敬語に関する記述とはどう異なるのか。

4．分析の結果と考察

4.1　『教育要綱』について
4.1.1　『基礎段階教育要綱』における敬語の扱われ方

まず、総計29万字の『基礎段階教育要綱』においては、敬語は以下の3箇所[6]に現れた。

教育内容：
（一）音声：省略[7]
（二）文字と語彙：省略

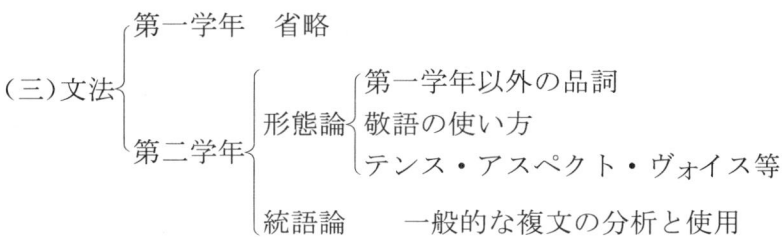

（四）文型：省略
（五）機能概念：省略
（六）社会文化：省略

教育目標：

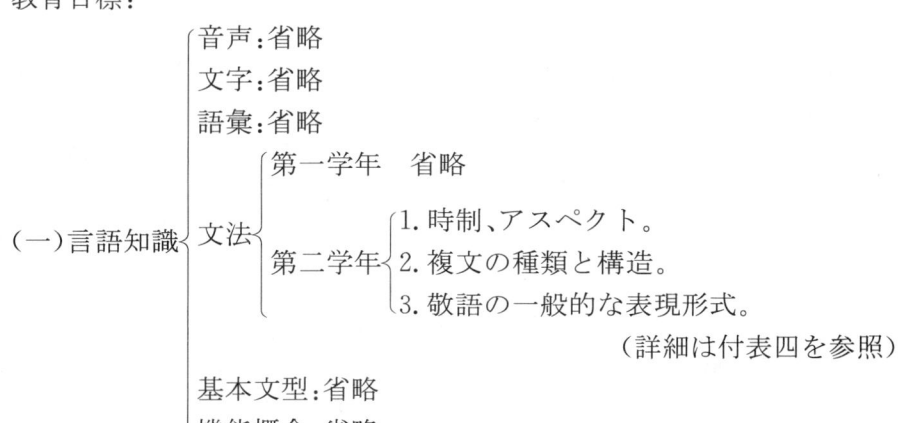

（詳細は付表四を参照）

（二）言語技能：省略

教育原則：省略

その他の問題：省略

テスト：省略

付表四　文法表[8]第三部分　敬語の表現形式

1. 尊敬語及び表現形式[9]

2. 謙譲語及び表現形式

3. 丁寧語

以上の記述を分析した結果、『基礎段階教育要綱』における敬語の扱われ方について、以下の3点に疑問を抱いた。

1点目は、敬語を形態論の中に位置付けるという点である。教育内容に関する記述を見ると、敬語は2年次の文法項目として扱われており、「文法は形態論と統語論を含む」との記述があるが、敬語は名詞、動詞といった品詞やアスペクトなどと同様に「形態論」に属していることが明らかとなった。この扱われ方から、敬語は語彙・文法レベルの学習項目として位置付けられていると推察できる。確かに、「食べる→召し上がる」、「行く→行かれる」、「帰る→お帰りになる」などを学ぶのは、語彙・文法レベルの問題に見えるかもしれない。しかし、元学習者への調査においては、「召し上がる」や「お/ご～になる」といった敬語の語彙や文法を覚えていても、どんな場面で、どういうふうに使ったらよいのかが分からないという声が多かった。現場教師への調査においても、尊敬語と謙譲語の特殊形まとめ表を暗誦させたり、一般形の書き換え・言い換え練習を繰り返したりすることで、表現形式を覚えさせたとしても、実際に話す際、敬語がうまく使えない学習者が多いという意見が共通している。以上のような語りから、敬語を語彙・文法として学ぶだけでは、実際にコミュニケーションする際、適切に敬語を使えることにつながりにくいと言えよう。すなわち、敬語は形態論、統語論、語用論など多岐にまたがる複雑な学習項目であるため、敬語を単なる語彙や文法として規定している『基礎段階教育要綱』の扱われ方には限界を感じる。

2点目は、敬語の表現形式にとどまるというところである。教育目標に関する記述を見ると、一般的な表現形式が身に付くことを主目的としていることが分かる。また、付表四「敬語の表現形式」においても、3種類の敬語のそれぞれの表現形式が詳細にまとめられていることから、『基礎段階教育要綱』における敬語の扱われ方は、表現形式に重点を置く傾向が見られる。また、元学習者への調査と現場教師への調査を通し、中国の大学日本語専攻教育における敬語教育の現状では、やはり表現形式に重点が置かれている傾向が強いということが確認されている。これは『基礎段階教育要綱』における敬語の扱われ方と深く関連していると思われる。しかし、敬語教育の現状に対し、多くの元学習者と現場教師が不満を抱き、改善を求めていることから、『基礎段階教育要綱』における敬語の扱われ方を見直す必要があると考える。無論、表現形式を学ぶ必要は全くないと主張しているわけではない。殊に、中国にいる学習者の場合、母語話者や日本にいる学習者と比べ、日常的に敬語を

見聞きする機会は少ないため、いきなりコミュニケーションの中で敬語を学ばせるのは現実的ではないと言える。したがって、まず表現形式をしっかりと教えることを敬語教育の第一歩であると位置付けたい。批判したいのは、この第一歩にとどまり、次に踏み出さないという敬語教育の現状である。繰り返しになるが、この現状は『基礎段階教育要綱』に起因している可能性が高いため、まず『基礎段階教育要綱』における敬語の教育目標に関する記述を再考すべきだと考える。

　3点目は、敬語に関する記述は極めて少ない点である。総計29万字の『基礎段階教育要綱』においては、敬語に関する記述は3箇所のみであった。1、2年次の学習項目となる語彙や文法、文型などについて、一つずつ詳しく記述されているのに対し、敬語に関する記述は極めて簡略であると言えよう。具体的には、尊敬語・謙譲語・丁寧語という従来の3分法を取り入れているが、丁寧語には「ござる・おる・参る・致す」と「です・ます体」が含まれ、美化語は全く扱っていないほか、各種類の働きも明記していないことが確認された。確かに、敬語三分法は日本の学校文法として広く知られており、簡潔ではあると思われる。しかし、元学習者への調査と現場教師への調査においては、次のような困惑点が語られている。「(駅のアナウンス)まもなく、2番線を快速電車が通過いたします。」に対し、「「いたす」を使って、電車を低くしているの？」、「(テレビのニュースキャスター)近年、交通事故が多発しております。」に対し、「なぜ謙譲語の「～ておる」を使っているのか？」、「(学会の司会者)最後に、何かご質問はございますか？」に対し、「自分に使う「ござる」は、相手にも使えるの？」、「(手紙の挨拶)秋も深まってまいりましたが、みなさんいかがお過ごしでしょうか。」に対し、「天気の挨拶に、謙譲語の「まいる」を使うのは、なぜなのか？」などである。これらの困惑点からは、「ござる・おる・参る・致す・存じる」の丁重語としての使い方に対する不理解や美化語の性質に対する誤解など、学習者のみならず教師も悩まされていることがうかがえる。これらの困惑点を解消するためには、教師と学習者の自己学習が期待されているのが現状であるが、それを引き起こした原因の一つである『基礎段階教育要綱』における記述を訂正するのが最も効果的であると考える。

4.1.2 『高学年段階教育要綱』における敬語の扱われ方

　次に、総計32万字の『高学年段階教育要綱』においては、敬語の出現は一箇所のみであった。課程の(一)日本語総合技能課の要求水準として、以下のように記述されている。

要求水準
- 聞く：省略
- 話す：
  - ①日本語を用い、自分の考えや感情を正確に表現し、日本人と自由にコミュニケーションできる。
  - ②短時間の準備で、日本語による即席スピーチや学術見解を述べ(中略)場面や相手に合わせて適切に言葉遣いを選択し、特に敬語を正確に使用することを目的とする。
- 読む：省略
- 書く：省略
- 訳す：省略

以上の『高学年段階教育要綱』における敬語の扱われ方について、以下の疑問点を抱いた。『基礎段階教育要綱』における「形態論」という扱われ方から一転し、『高学年段階教育要綱』においては、「場面や相手に合わせて、適切に敬語を使用する」能力が要求されており、敬語をコミュニケーションレベルで扱う方針となっている。このような扱われ方について、1、2年次ではコミュニケーションと離れた表現形式を中心に教育を行うのに、3・4年次になり、いきなりコミュニケーションに焦点を当てるという転換に多少唐突な印象を受ける。

　2冊の『教育要綱』における敬語の位置付けに関する記述の差異を分析すると、1、2年次では、表現形式を中心に学ばせ、3、4年次では適切に使うことを目標とするという中国教育部高等教育機関日本語専攻教育指導委員会の2段階方針がうかがえる。しかし、実際、元学習者への調査と現場教師への調査では、調査協力者が大学で受けた/行っている敬語教育は、1年次の最後または2年次の最初に集中しており、3・4年次では敬語教育をほとんど受けていない/行っていないという事実が明らかとなった。このことから、『高学年教育要綱』に記載されている2段階目の方針が教育現場で反映されず、『基礎段階教育要綱』における1段階目の方針にしたがって敬語教育が行われ、完結してしまう可能性が高いと示唆される。これは、「表現形式を覚えていても、どう使えばいいのかが分からない」と語る学習者を多く生み出してしまった主な原因ではないだろうか。

　そもそも2段階方針にする必要があるのだろうか。元学習者への調査では、「初級の最後で短い期間で、煩雑な表現形式を集中的に教わり、敬語に対する嫌悪感と抵抗感を覚えた」や「初級では表現形式を覚えても、実際の場面でどう使えばいいのかを知らなかった」などの意見が多かった。適切に使うことを教育目標とせずに、初級の最後で集中的に表現形式を中心に敬語を教えるのは、学習者の心理的負担を増やす一方、実用性への認識を低くしてしまう恐れがあると言えよう。したがって、2段階方針を見直し、初級から敬語を適切に使うことを教育目標に入れるよう『教育要綱』における敬語の扱われ方を再考すべきだと訴えたい。

4.2　教科書について
4.2.1　敬語の出現部分及びページ数

　まず、敬語に関する主な内容が、どの部分に現れ、どのぐらいのページ数で記述されているのかを調べた結果を表3に示す。分析対象である7種類の教科書のうち、大学1・2年次の教科書として使われる6種類においては、敬語は全て1年次の最後、または2年次の最初に当たる部分に集中的に現れていることが分かる。また、全課数(50～80課)のうち、敬語に関する主な内容は、1、2課しか記述されておらず、本文会話や練習問題など全部含めても、平均的には全ページ数の1％前後にとどまっていることが明らかとなった。一方、3年次の教科書である『吉林新編日語』(第三冊)と3、4年次の教科書として使われる『日語』(第5～8冊)においては、敬語に関する記述は一切現れていないことが確認された。このことから、中国の大学専攻用日

本語教科書においては、敬語は初級の後半で集中的・短期的に扱われていると言える。

表3　敬語の出現部分及びページ数

書名	出現部分	該当ページ	ページ数
『上海新編日語』（修訂本）	第二冊/全四冊（第33-35課/全80課）	266-333	A5判 68/全1807ページ
『新編基礎日語』（修訂版）	第二、三冊/全四冊（第29、31課/全60課）	第2冊:214-231 第3冊:1-19	B5判 37/全1282ページ
『吉林新編日語』（修訂本）	第一冊/全三冊（第32課/全66課）	435-445	A5判 11/全1608ページ
『大家的日語』	第二冊/全四冊（第49、50課/全74課）	194-209	B5判 16/943全ページ
『基礎日語総合教程』	第二冊/全四冊（第26課/全60課）	163-165	B5判 3/1116全ページ
『日語』	出現なし		
『総合日語』（修訂版）	第二冊/全四冊（第20課/全50課）	111-159	B5判 39/全1474ページ

　もちろん、「教科書通りに指導を行っていない教師もいる」、「日本で出版された教材や自主制作教材を使用する大学も多い」などの可能性も否定できない。しかし、元学習者と現場教師への調査で語られた「初級で終わった敬語教育が多い」や「中・上級にわたる敬語教育が必要だ」といった意見と教科書分析の結果と合わせると、中国の大学日本語専攻教育現場においては、敬語教育は初級の後半で集中的に行われている傾向が強いと推察できる。よって、教科書における敬語の出現部分及びページ数は、敬語教育の実行時期や実行期間に大きな影響を及ぼしていると言えよう。

4.2.2　敬語の体系知識に関する記述

　次に、中国の大学日本語専攻関連教材において、敬語の種類、働き、表現形式など体系知識について分析の結果、以下の問題点が見られた。

　【問題点①　敬語の分類がまちまちで統一されていない】敬語は二～四分法で紹介されており、従来の三分法が主流である。それにより、丁重語と美化語の扱い方に関しては、かなりの不統一が見られた。文化審議会が2007年に『敬語の指針』を公表し、敬語五分法が提唱されて7年が経った今でも、中国の大学日本語専攻関連教材においては、まだ取り入れられていないことが分かる。敬語五分法は敬語専門家たちが、従来の敬語に関する研究を踏まえた上で、二・三・四分法から生じる敬語の誤解や混乱を解消するために提唱された分類法であるため、これを取り入れることにより、丁重語と美化語の位置づけが明確となり、元学習と教師への調査で語られた敬語の分類による困惑の解消につながると期待される。

　【問題点②　尊敬語と謙譲語の働きに関する記述が意識に偏りすぎている】尊敬語の働きには、「尊敬」、「敬意」、「敬う」など、謙譲語には「謙遜」、「謙る」といった言葉

が多く現れている。蒲谷宏(2010)は、敬語の性質と敬語を使う時の意識とは別のものであると指摘したように、敬語は必ずしも尊敬の気持ちを表す際に使われるとは限らず、「人間関係」、「場」、「内容」とも連動していると言える。「相手と距離を置く」や「改まった場面」、「品格を保つ」などの場合にも敬語を用いることがあるため、性質の記述を行う際、これらの要素も考慮に入れるべきだと考える。

【問題点③　敬語の使用対象に関する記述が矮小化されている】尊敬語や謙譲語の使用対象者として、「目上」や「年長者」、「上位者」、「外部者」が多いことから、「人間関係」(「上下・親疎関係」と「ウチ・ソト関係」)は敬語を使うかどうかを判断する主な基準とされている傾向が観察される。しかし、「人間関係」は敬語を使う際、欠かせない要素ではあるが、唯一の要素ではないことも学習者に理解してもらう必要がある。また、「ウチ・ソト」と「第三者・話題の人物」という二つの概念の導入も、ばらつきが見られたため、改めて検討し、統一する必要があると思われる。

【問題点④　丁寧語、丁重語や美化語の位置づけが不明】丁寧語の範囲はあいまいであり、丁重語と美化語の位置づけも混乱している傾向が見られる。丁重語は謙譲語と分類されたり、丁寧語と分類されたりするなど記述が矛盾している。丁重語の概念を導入し、補足知識として名称を挙げている教材もあるが、その特徴や謙譲語及び丁寧語との区別に関しては、十分言及されていないことが分かる。美化語に関しても、丁寧語に分類されたり、全く触れられなかったりするため、敬語における位置づけが明確に記述されていない。

【問題点⑤　敬語の表現形式が明確に整理されていない】各教材における敬語の表現形式に関する記述を載せると非常に多くの紙幅を要するため、ここでは問題点のみ挙げることにする。現行の提示方法として、種類ごとに一般化された形を表でまとめるタイプと、種類ごとに使用例文とともに代表例のみを挙げるタイプが主流である。前者に関しては、分散して習った敬語の各表現形式を最後に種類ごとにまとめることにより、整理がつきやすいが、具体的な使い方がイメージしにくいという欠点がある。一方、後者に関しては、具体例が挙げられているため、一般化されたものより、具体的にどのように使われているのかを示せるが、全体像が見えないため、それぞれの表現形式の位置づけが把握しにくいという欠点がある。複雑で数多い敬語の形をより学習者に理解し、記憶してもらうために、一般化された形に例文を備えるなど、前者と後者のそれぞれの利点を生かし、欠点を避けるような統合したまとめ方を検討する必要性があると考える。

以上を踏まえつつ、中国の大学日本語専攻関連教材における敬語の体系知識に関する新たな記述を目指すために、以下の改善策を提案する。①敬語の種類に関する記述を訂正する。具体的には、『敬語の指針』の五分法を取り入れる、謙譲語と丁重語を区別する、美化語を丁寧語から独立させるなど。②敬語の働きに関する記述を再考する。具体的には、人間関係や意識などの要素を外し、客観的に働きを記述する[10]、謙譲語と丁重語の働きの違いを明記する、丁寧語と美化語の働きを区別し記述を行うなど。③敬語の形に関する記述を整理する。具体的には、5種類ごとに、

代表例のほかに、一般化された表現形式をまとめる、一般化された表現形式に、具体的な使用例も添えるなど。

　無論、分類や働き、表現形式など敬語の体系知識を整理し、記憶することが敬語教育の最終目標ではない。いくら体系的な知識が理解できても、実際の場面で敬語を使えなければ、敬語を身につけたとは言えないだろう。しかし、正しく敬語を分類し、それぞれの種類の敬語の働きと表現形式を把握することは、敬語に対する様々な誤解を防ぎ、よりスムーズに敬語が使えるようになるための前提であると考える。昨今よく耳にする「ご利用できません」や「担当者に伺ってください」などの誤用も、よく考えると敬語の体系知識を正しく整理できていないことと関係していることが分かる。

4.2.3　敬語の運用面に関する記述

　中国の大学日本語専攻教科書において、敬語の使い方など運用面に関する記述は、主に以下の三箇所に現れている。①本文の会話文や文章、②文型に関する説明、③練習問題。分析の結果、以下の問題点が見られた。

　【問題点①　表現形式の単一化】提示された例文や練習問題を見ると、「～ますか/ました」のように敬語が文末に終わる表現形式に偏っていることが明らかとなった。実際の場面においては、様々なバリエーションで敬語が使われているにもかかわらず、このように表現形式の単一化は、学習者の習得に偏りを与えてしまい、運用範囲を狭めてしまう可能性があると言えよう。

　【問題点②　語彙や文法としてしか扱われない】文型説明は変形規則が中心であり、練習問題もオーディオリンガル法に基づいた語彙レベルの言い換え・書き換えが多かった。表現形式を理解し、練習することも大切であるが、それだけでは日常生活の色々な場面で適切に敬語を運用する力が身に付きにくいという声は、多くの学習者と現場教師からもよく耳にするだろう。このような記述は学生の関心を表現形式に向けさせ、運用能力の養成について限界を感じる。

　【問題点③　人間関係設定の乏しさ】会話文や練習問題で設定された人間関係を見ると、先生と学生によるものが殆どであり、非常に乏しいことが明らかとなった。確かに大学における学習者にとって、最も身近にいる敬語の使用相手は教師かもしれない。しかし、卒業後社会に出たら、様々な場面で敬語が必要とされるため、大学の授業で予習として事前に触れる必要がある。就職活動の面接や会社での会話など、練習問題を通し、様々な場面における敬語の使用例を示す工夫が求められるだろう。

　【問題点④　コミュニケーション場面と切り離されている】文型説明の例文も練習問題も、明確な場面が設定されておらず、単文提示または簡単な問答形式が多数であった。「誰が、誰に、どこで、なぜ」この表現を用いるのかに関する情報はあまり見られず、コミュニケーション場面からは切り離されていることが分かる。このような記述は、たとえ敬語で文が作れたとしても、どこでどう使うのかが分からず、運用につながらない可能性が高いと思われる。

以上の分析結果から、中国の大学日本語専攻関連教材における敬語の運用面に関する記述は、語彙や文法に重点が置かれ、「実際のコミュニケーションにおいてどのような意識で用いられ、表現の中でどういう意味を持ち、どのような働きをするのか」といった記述がきちんと行われていないことが分かる。以上の問題点を踏まえ、今後目指す新たな記述には、コミュニケーションの観点を取り入れ、「だれが、だれに、どこで、なぜ」といった実際の場面の中で、敬語使用例や練習問題を示すべきだと考える。具体的には、語彙としての敬語化（普通の言葉を敬語に変えること）→表現における敬語化（「人間関係」や「場」に関する認識も含めて適切な敬語化を行い、表現していくこと）→コミュニケーションにおける敬語化（コミュニケーションにおいては相手とのやりとりに応じ、敬語化、敬語表現化すること）という三つの段階に分け、記述を行う方法を提示した。

　現行のようなコミュニケーションの観点が配慮されていない記述は、語彙としての敬語化を鍛えるには役に立つかもしれないが、表現における敬語化やコミュニケーションにおける敬語化、すなわち、具体的な場面における敬語の運用力の育成にはつながりにくいと考えられる。敬語の運用力を高めるには、語彙としての敬語化ができるだけでは不十分で、いくつかの選択肢から、自分が置かれている場面に最もふさわしいと思われる言い方を選ぶという表現における敬語化の力が問われる。更には、あらかじめ予測できない相手とのやりとりの中で、適切に敬語を用い、コミュニケーションを行うためのコミュニケーションにおける敬語化の力が求められる。したがって、語彙としての敬語化→表現における敬語化→コミュニケーションにおける敬語化という敬語化の三段階が全てできる力を育てることが敬語教育の目指すべき目標である。

4.2.4　敬語に関するその他の記述

　中国の大学日本語専攻教科書において、体系知識と運用面に関する記述以外に、どのような記述が行われているのかについて調べた結果、以下の問題点が見受けられる。

　【問題点①　敬語の定義と特徴があまり記述されていない】『教育要綱』も含め、敬語の定義と特徴に関する記述は殆ど見られなかった。学習者にとっては、「敬語とは何か、日本語の敬語にはどんな特徴があるのか」も分からないまま、敬語を学び始めることになる。また、『上海新編日語』と『大家的日語』における敬語の定義を見ると、「敬意を表す」というのがキーワードとなっているが、果たして「敬語＝敬意を表すことば」という考え方でよいのか、敬語には別の性質がないのかといったところにも疑問を感じる。

　【問題点②　敬語の必要性と重要性が十分に明記されていない】「日本社会では敬語は本当に必要なのか」、「なぜ日本語の敬語がなくならないのか」「敬語ができることで何か利点があるのか」、「敬語ができないとどうなるのか」といった敬語の必要性・重要性を導入する際、十分に理解してもらう必要がある。そうしないと、複雑で母語話者にとっても難解な敬語を学ぼうとする学習者のモチベーションが下が

ると予想される。記述の欠落は、「敬語ができなくても困らない」という敬語の必要性・重要性に対する認識の低さを引き起こす要因の一つであると考える。

【問題点③　敬語に関する誤解や注意点など、中国人学習者の視点を考慮していない】場面による使い分けの大切さや、日本語の敬語の難しさ、複雑さなど敬語に関する誤解や注意点は多少記述されているが、充実したものだとは言いがたい。元学習者と現場教師へのインタビュー調査で語られた敬語による困惑点・困難点は、全く扱われていない。外国人日本語学習者向けの一般的な記述より、中国人日本語学習者の立場に立ち、中国語を母語とする学習者によく見られる誤解や注意点に関する記述を加えたほうが役に立つと考えられる。

【問題点④　中国語における敬語の知識をほぼ度外視している】現代中国語には体系的な敬語が存在しないとはいえ、先生や上司、客など立場の上の人に使う言葉は、友達への言い方とは異なり、会議や学会など改まった場面での言葉遣いは普段より気を使うなど、日本語ほどではないが、敬語的な要素は残留している。日本語の敬語も古代の中国語から大きく影響を受けたと言われるように、中国語における敬語を積極的に生かし、比較しつつ記述することで、学習者に親近感とより深い印象を与える効果が期待される。

以上を踏まえつつ、中国の大学日本語専攻関連教材における「敬語の基本認識」に関する新たな記述には、以下のような改善が求められるのではないかと考える。①敬語の定義と特徴に関する記述を加える。具体的には、日本語の敬語はどういうものなのか、どんな特徴があるのか、中国語の敬語との共通点や相違点は何なのかなど。②敬語の必要性・重要性を明記する。具体的には、日本社会では、敬語はなぜ欠かせないのか、敬語を使えることのメリットと、使わないことによるデメリットは何なのかなど。③敬語に関する誤解や注意点をまとめる。具体的には、中国人日本語学習者が敬語を学ぶ際生じやすい誤解や注意したほうがよいところなど。

以上に挙げた項目は、いずれも中国人日本語学習者にとって必要でありながら、現行の記述では欠如している情報であると言える。敬語を本格的に学ぶ前に「日本語の敬語とは？その特徴は？」を概観し、「なぜ学ぶ必要があるのか」を十分理解してもらうことで、安心感を与えると同時に、学習のモチベーション向上にもつながると考える。更に、既存の母語知識との比較も親近感を与えたり、注意を引き付けたりする上で重要な役割を果たすと思われる。

4.3　教師用指導書について

4.2で分析対象となった教科書6種類（敬語が扱われている）のうち、教師用指導書付きの4種類に絞り、それぞれの教師用指導書における敬語の扱い方を分析した。その結果、教師用指導書の記述には差異が見られたものの、まとめると以下の二つの傾向が見られた。まず、教育時間や到達目標、教育内容など、教師が指導を行う際に、目安となるような記述が見られたものの、いずれも一文程度であった。また、単語の説明や例文補足、練習問題の解答例がメインであり、前節で明らかにした

教科書の記述における問題点や不足点を補うような記述は見られなかった。このことから、中国の大学日本語専攻教育における教師用指導書は教科書の問題点と不足点をほぼ補っておらず、あまり機能していないことが示唆される。

現場教師への調査で語られた「様々な制限や悩みを抱えている中、最終的には教科書に頼り、教師用指導書を参考に敬語を教えている教師が多い」という事実と照らし合わせると、中国の大学日本語専攻教育現場においては、教科書と教師用指導書に見られた敬語の扱い方に関する問題点や不足点が、そのまま学習者に教えられている可能性が高く、学習者の敬語への理解を妨げてしまうことが推察される。

5. 終わりに

本稿では、筆者の行った元学習者と現場教師への調査結果を踏まえ、中国の大学日本語専攻教育における敬語教育を改善する第一歩として、関連教材における「敬語に関する記述」に焦点を当てるべきだと主張した。そこで、中国における大学日本語専攻教育の関連教材(2冊の『教育要綱』、27冊の教科書及び16冊の教師用指導書)における敬語に関する記述を分析した。その結果、主に以下の問題点が見られた。①『教育要綱』における敬語教育の指導方針は一貫しておらず、敬語教育に対する指導性と具体性に欠けている。②現場で広く使われている教科書における敬語に関する記述は初級の最後に集中しており、大きく言えば「敬語の基本認識に関する記述の不足」、「敬語の体系知識に関する記述の混乱」、「敬語の運用面に関する記述の不機能」という三つの問題点が存在する。③教師用指導書においては、教科書の問題点を補うような記述が見られず、教師用指導書はあまり機能していない可能性が高い。以上を踏まえ、中国の大学日本語専攻教育における敬語教育を改善する第一歩として、『教育要綱』における敬語の扱われ方を再考し、教科書と教師用指導書における敬語に関する新たな記述を目指すべきだということを提案した上で、新たな記述の構想に必要な観点を示した。

本稿は、新たな記述を行うために必要な観点を提示したが、今後の課題として、中国の大学日本語専攻教育における敬語に関する新たな記述試案を作成したいと考えている。

注

[1] 本研究では、教材を教科書のみならず、「教授、学習の必要に従い用意される材料」と広く捉えるため、教師用指導書及び『教育要綱』も関連教材の範疇に入れることにする。
[2] 1990年に『高等教育機関日本語専攻教育要綱(基礎段階)』を初版し、その後修正を加え、2001年に修訂版を出版したが、本稿では、修正版を分析対象とする。
[3] 国際交流基金が203か国・地域の日本語教育についての情報を国別にまとめた調査である。随時情報の更新を行っているが、中国の情報について2012年の調査結果は最新である。比較的に規模が大きく、信憑性も高いため、本稿ではそれに基づいて分析対象を選定した。
[4] 書名同様であるため、以下『上海新編日語』と呼ぶ。
[5] 書名同様であるため、以下『吉林新編日語』と呼ぶ。

[6]『教育要綱』は中国語で書かれているため、直接引用できない部分に関しては、筆者がなるべく原文の意味を忠実に翻訳し、引用した。
[7]敬語に関する内容は記述されていないため、引用を省略する。
[8]付表四は三つの部分から構成されているが、敬語に関する第三部分のみ取り上げる。
[9]紙幅の関係で、表を省略する。
[10]4.1の(2)の問題②と③で指摘した問題点を踏まえ、本研究では、敬語の働きについて記述する際、人間関係や意識などの要素を外し、客観的に記述すべきだと主張する。具体的には、以下のような定義を考えている。

尊敬語	相手や第三者の行為・状態・物事などに用いることで、直接的にその人を高く位置付けるタイプの敬語である。
謙譲語	自分や自分側の行為・物事などに用いることで、間接的に相手や第三者を高く位置付けるタイプの敬語である。
丁重語	自分や自分側の行為・物事、または高める必要のない物事について、聞き手や読み手に対して丁重に述べるタイプの敬語である。
丁寧語	聞き手や読み手に対して丁寧に述べるタイプの敬語である。
美化語	物事や言葉をきれいに、または上品にするタイプの敬語である。

参考文献

蒲谷宏.2013.『待遇コミュニケーション論』.大修館書店
蒲谷宏・川口義一・坂本恵.1998.『敬語表現』.大修館書店
蒲谷宏・金東奎・吉川香緒子・高木美嘉・宇都宮陽子.2010.『敬語表現コミュニケーション』朝倉書店
川口義一.1987.「日本語初級教科書における敬語の扱われかた」『日本語教育』61,126-139
川口義一.1991.「敬語指導から見た日本語教育と国語教育―プロジェクトワークの可能性―」『日本語学』10,37-41
菊地康人.1997.『敬語』講談社学術文庫
金華.2006.「中国朝鮮族における新しい日本語教科書作り―敬語説明部分を中心に―」『日本語教育研究』50,43-62
熊井浩子.1986.「日本語初級教科書における敬語的要素の分析と敬語分類に関する一考察」『日本語学校論集』13,49-64
国際交流基金.2012. 日本語教育―調査研究・情報提供(最終アクセス：2014年5月1日)
<http://www.jpf.go.jp/j/japanese/survey/country/2013/china.html>
呉少華.2008.「談話分析理論による敬語・待遇表現指導の試論―中国における日本語教育への提言」『武蔵文化論叢』第8号,13-25
佐治圭三.1992.『外国人が間違いやすい日本語の表現の研究』ひつじ書房
高澤信子.2006.「中国人母語話者に対する「敬語表現」指導についての一考察―行動展開表現を中心に」『日本学研究』第16号,154-164
母育新.2011.「将礼貌策略理論引入待遇表現教学的実証研究」『日語学習与研究』2011年04期総155号
文化審議会.2007.「敬語の指針」文化審議会答申

任麗潔.2011.「中国の日本語専攻教育における「敬語教育」に関する考察―学習者へのインタビューと教科書分析を中心に」『日本学研究』第21号,171-187

任麗潔.2012.「中国高等教育の日本語専攻教育における「敬語教育」に関する調査報告―学習者・教科書・教師という三つの視点から」『待遇コミュニケーション研究』第9号,113-128

任麗潔.2013.「中国の日本語教科書における「丁重語」の扱い方に関する考察―大学の専攻用教科書を中心に」『待遇コミュニケーション研究』第10号,86-102

任麗潔.2014.「中国の大学日本語専攻教育における敬語教育に関する研究―敬語に関する新たな記述を改善の第一歩に」『日本語教育研究』60,72-96

宮岡弥生.2005.「中国語母語話者における日本語学習上の困難点―効果的な敬語教育に関する考察を中心に」『広島経済大学研究論集』27,15-23

林春.2009.「第三者敬語表現の教育における村上春樹の短編小説の利用―中国の大学における日本語学習者を対象として」『日本語教育方法研究会誌』16(2),46-47

林春.2010.「村上春樹の短編小説を用いた敬語の教材開発―中国の大学における日本語学習者を対象として」『滋賀大学大学院教育学研究科論文集』(13),103-112

林春.2011.「敬語教育における学習者の現状分析―中国の大学における日本語学習者を対象に」『滋賀大国文』(48),25-40

安田矩子.2010.「日本語教育における敬語その捉え方と教材分析による敬語教育の考察―初級日本語教科書から―」『言語コミュニケーション文化』8(1),169-189

渡邊裕子.1994.「日本語初級教科書における敬語の扱いについての一考察」『学校教育学研究』6,15-23

日语教育领域中的汉语母语学习者的日语单词认知研究

广岛大学　费晓东

要旨：言語心理学及び第二言語習得の分野では,単語認知の研究が古くから研究されている。近年,日本語教育の分野において,単語認知の研究が出始めている。本研究は,1990年代から始まっている,中国語を母語とする日本語学習者を対象とした日本語単語の認知に関する研究を概観し,視覚・聴覚呈示事態の観点から,初中級の学習者,上級の学習者を対象とした,日本語漢字単語及びカタカナ単語の認知に関する研究を紹介した。また,単語認知と語彙習得の関係について議論し,教育現場において,教師による日本語の語彙の教授及び学習者による語彙の自主学習に提言した。最後に,日本語教育分野における単語認知研究の今後の方向性を検討し,今後の課題を提示した。

关键词：日语教育　单词认知　形态类似　语音类似　词汇习得

1. 前言

汉语和日语中,存在着"汉字"这一共同的表意文字。据统计,汉语和日语的汉字单词有80%以上为同形词,约50%为同形同义词（胡 2012:93；蔡 2009:205；松见,邱,桑原 2006:170）。一般认为,在日语汉字单词以及阅读学习上,汉语母语的日语学习者比其他母语的日语学习者具有一定的优势。但是不容忽视的是,汉语和日语中同样存在着形态相同但是语音和语义不同的单词。两种语言之间的这些类似点和不同点,不但会给汉语母语的日语学习者的日语学习带来正面的影响,同样也会带来一定的负面影响。

汉语母语者在阅读以及听力练习中理解日语的汉字单词时,想要排除汉字形态的影响基本上是不可能的。相反,学习者们会利用自己已有的母语的知识来理解日语的汉字单词。从心理词典（mental lexicon；日语术语"心内辞书"）的角度分析,汉语（母语）的形态表征（orthographical representation；日语术语"形态表象"）一直处于激活（activity；日语术语"活性化"）状态的可能性非常大。但与此同时,在学习者的母语的词汇表征（lexical representation；日语术语"語彙表象"）里,形态表征和语音表征（phonological representation；日语术语"音韻表象"）有着很强的联结关系,使得学习者在看到日语汉字单词时用汉语发音进行学习。这一现象在费,蔡,松见（2012:47）中也得到了理论上的验证。汉语母语者在日语学习的初级阶段,过于依赖汉字的形态特征,用汉语发音学习日语单词,从而产生一定的负面影响。

综上所述,本文将对单词认知（word recognition；日语术语"単語認知"）的基本概

念以及所用实验课题进行讲解,并对日语教育领域中的日语汉字单词认知研究进行详细介绍。另外,本文还将对少数有关日语片假名单词认知的研究进行介绍。最后,将对单词认知与词汇习得的关系进行阐述,对今后的日语词汇教学提出几点参考意见,并就今后的单词认知研究的方向进行讨论,提出相关的研究课题。

2. 心理词典和单词认知过程

2.1 心理词典

人的心里存在着大量的单词信息,这些单词并不是孤立存在的,而是相互关联形成一个巨大的网状结构的集合体。我们在阅读文字或者听到语音时,之所以能够理解它们所表述的意思就是因为有这样的集合体存在于我们的心里。在语言心理学领域里,存在于长期记忆(long-term memory;日语术语"長期記憶")库里的这个巨大的网状结构的集合体就被定义为心理词典(松见,邱,桑原 2006:166-167)。心理词典与现实中的词典一样,里面存储着单词的形态、语音、语义等基本信息。

心理词典的基本结构是由词汇表征以及概念表征(conceptual representation;日语术语"概念表象")组成的(参考图1)。词汇表征又包括单词的形态表征和语音表征,是由单词的形态和语音信息形成的一个集合体,概念表征里存储着单词的语义信息。

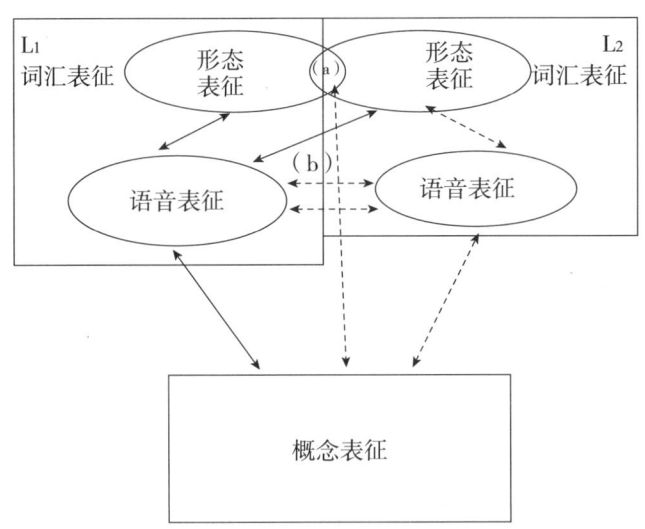

图 1 汉语母语者的心理词典模型

双语者心理词典的研究始于 1960 年代,大致经历了三个发展阶段。第一阶段,两种语言的信息是共同表征还是独立表征,即二者择一的观点(Kolers 1963)。第二阶段,独立的词汇表征、共同的概念表征,即折衷式观点(Potter, So, Von Eckardt, & Feldman 1984;Chen & Leung 1989)。第三阶段,各个语言表征间的联结强度随着第二语言熟练度的变化而发生改变(De Groot 1992),即发育假说(developmental hypothesis;日语术语"発達仮説")。图 1 所示的汉语母语者的心理词典模型,是由松见,费,蔡(2012:65)提出的现今最新的模型,它综合考虑了上述三个发展阶段的理论。该模型指出,汉语和日语形态类似的单词共享形态表征(图 1-(a)),但是语音表征却是相互分离,通过联结各自独立存在于两种语言的词汇表征(图 1-(b))。该模型被认为是现今最具代表性的模型之一,本文也将以此模型为理论依据,介绍日语单词认知研究的发展历程。

2.2 单词认知过程

日常生活中,我们利用看到的文字以及听到的语音信息彼此理解相互沟通,从而使日常的语言交流得以实现。从文字、语音到意思理解的一系列的过程便是单词认知过程。从上述的心理词典模型来看,单词认知过程是指,以看到的单词的形态信息或者听到的单词的语音信息为线索,来获取存储于概念表征里的语义信息的过程。特别是双语者,他们拥有两种语言系统,当在处理一种语言的时候,另一种语言会被带动激活从而产生影响。因此可以推测,如果单词的两种语言间的形态、语音、语义的类似度不同,那么单词的认知过程也是不同的。这是研究第二语言单词认知过程的一个前提条件。

那么,我们探究第二语言的单词认知过程究竟有什么意义呢？松见,邱,桑原(2006:167)中指出,探究单词的认知过程有助于了解心理词典的构造和机能,与解决语言信息处理的机制问题有着直接的关系。对于第二语言学习者来说,处理其中一种语言时另一种语言如何产生影响这一问题若得已解决,两种语言之间的词汇关系将会变得更加清楚。另外,探究第二语言的单词认知过程,可以从侧面推敲第二语言的词汇习得过程。单词认知过程,在一定程度上可以体现出学习者在日语学习时所使用的策略、方法,这有助于为教师的课堂教学指导以及学生的自主学习提供相应的理论依据。近年,以单词认知能力[1]的高低为衡量标准,对日语的阅读、听力、音读、影子跟读[2]等进行探讨的研究有所增加(倉田,岩下,松见,李 2009:277-278;佐藤,松见 2013:27-34)。通过探究第二语言单词认知过程,了解学习者的单词认知能力,从而进一步了解学习者的语言运用与处理机制。从这一点上看,单词认知研究的重要意义也显而易见。

3. 以汉语母语者为对象的日语单词认知研究

单词认知研究起源于表音文字,主要在语言心理学领域得到快速发展。近年来,在日语教育领域,以汉语母语者为研究对象,针对表意文字汉字进行的研究有所增加。这些研究主要探讨,学习者在理解日语(第二语言)单词时的汉语(母语)知识的影响,重点考察日语单词的认知过程。最终目标是,能都提出一个清楚完整的汉语母语学习者的心理词典模型。在本节中,将对单词认知研究常用的实验课题进行讲解,并从单词的视觉认知和听觉认知的角度对日语教育领域的研究做详细介绍。

3.1 单词认知研究常用的实验课题

单词认知研究最常用的课题为词汇判断作业(lexical decision task;日语术语"語彙判断課題")。该实验课题要求学习者(实验参加者)针对看到的或者听到的单词,在日语中是否存在做出快而准确的判断。如果认为看到或者听到的单词在日语中存在,那么就快速地按下电脑上的 Yes 键,如果认为看到或者听到的单词在日语中不存在(非单词),那么就快速地按下电脑上的 No 键。通过专门的实验软件,学习者的按键时间将由电脑自动记录。词汇判断作业反应时间的快慢,可以反映出学习者的单词理解过程,对研究存储于心理词典里的单词的形态、语音、语义三者间的关系起着至关重要的作用。通过操作双语间单词的形态、语音、语义类似度,可以探讨双语间单词的关系,有助于探讨学习者心理词典模型的构造。

词汇判断作业是测试单词的语义理解的实验课题。与此相比,命名作业(naming task;日语术语"読み上げ課題")主要是测试单词的语音处理的实验课题。该实验课题要求学习者针对看到的日语单词,快而准确的读出其日语发音。利用专门的实验软件,学习者的日语发音通过麦克风直接输入电脑,由电脑自动记录单词的命名时间。命名作业的反应时间,可以反映出该单词的语音信息在学习者心理词典里的存储状况,对研究单词的语音表征和形态表征的关系起着重要的作用。

词汇判断作业注重理解过程,命名作业注重发音过程,这两大课题经常被结合在一起来探讨单词的认知过程。近年来,语言心理学领域针对表音文字,测量眼球运动以及脑波的实验逐渐增多。在日语教育领域,还没有出现相关研究,因此,本文主要介绍使用词汇判断作业和命名作业的日语单词认知研究。

3.2 单词的视觉认知过程相关研究

不论是表音文字还是表意文字,单词的视觉认知过程一直是研究者的主要研究方向。学习者从看到单词的形态到理解其意思这一过程中,在心理词典里究竟发生了什么呢?本节主要介绍单词的视觉认知过程相关研究。

首先介绍初中级水平学习者的日语汉字单词认知过程的研究。松见,蔡,费(2012:55-62)探讨了中级水平学习者的汉字单词认知过程。实验中,操作了单词的汉语和日语之间的形态、语音类似度[3],采用了词汇判断作业和命名作业两种实验课题。结果显示,不论是词汇判断作业还是命名作业,语音类似单词比语音不类似单词的反应时间短,形态类似单词和形态不类似单词之间的反应时间差异不显著(可理解为反应时间基本等长),形态和语音之间没有相互影响。中级水平日语学习者的日语汉字单词的形态表征,与日语的语音表征联结较弱,但与汉语的语音表征联结很强。学习者在看到日语汉字理解其意思时,汉语的语音表征被激活,汉语的语音信息对日语单词的认知过程产生影响。

初级水平学习者的日语语言处理能力还处于一个比较低的阶段,那么,随着日语语言处理能力的提高,上级水平学习者有着怎样的单词认知过程呢?蔡,费,松见(2011:57-59)和长野,松见(2013:34-38)分别以中国国内的日语学习者,日本国内的

日语学习者为研究对象，探讨了上级水平学习者的日语汉字单词认知过程。与中国国内的学习者相比，日本国内的学习者每天都处在日语的环境里，有着丰富的日语使用经验。因此，两者之间有可能存在着不同的单词认知过程。这两个研究与上述中级水平学习者的研究相同，实验中，操作了单词的汉语和日语之间的形态、语音类似度，采用了词汇判断作业和命名作业两种实验课题。

首先介绍两实验的词汇判断作业的实验结果。蔡，费，松见（2011:57-58）实验结果显示，形态类似单词和语音类似单词比不类似单词的反应时间短，形态类似和语音类似对日语汉字单词的认知过程有促进性的作用。长野，松见（2013:34-36）实验结果显示，语音类似单词比语音不类似单词的反应时间短，形态类似单词和形态不类似单词之间的反应时间差异不显著，只有语音类似对日语汉字单词认知过程有促进性作用。日本国内的上级水平学习者因为有着丰富的日语使用经验，在心理词典里，形态不类似单词的形态表征与形态类似单词的形态表征有着同样的形成强度。但是与形态表征不同，即便是日语使用经验丰富的上级水平学习者，他们看到日语单词理解其语义时，汉语的语音表征也会被激活，汉语的语音信息也会对日语汉字单词的认知过程产生影响。

下面介绍两实验的命名作业的实验结果。两实验结果都显示，单词的形态信息和语音信息相互作用，共同对单词的认知过程产生影响。不论是形态类似还是不类似，语音类似单词比不类似单词的反应时间短，语音类似对单词的认知过程有促进性作用。与语音类似单词的结果不同，在蔡，费，松见（2011:58-59）的实验中，语音类似的时候，形态类似单词比不类似单词反应时间长，形态类似对单词的认知过程有着抑制性的作用。而在长野，松见（2013:36-38）的实验中，语音不类似的时候，形态类似单词比不类似单词反应时间短，形态类似对单词的认知过程有着促进性的作用。以上结果表明，日本国内的上级水平学习者的日语单词命名速度明显加快。中国国内的上级水平学习者的单词认知过程中，形态类似单词的形态表征和母语的语音表征有着很强的联结，而日本国内的上级水平学习者的单词认知过程中，单词的形态表征和第二语言日语的语音表征有着很强的联结。

综上所述，学习者的日语水平的高低（中级、上级）以及日语的使用经验的多少（中国国内、日本国内），对单词认知过程都会产生一定的影响。学习者的单词认知过程随着外界环境条件的变化而发生相应的变化。那么，单词的视觉认知过程的这些现象在听觉认知过程中也能观察得到吗？本文下一节将对这个问题进行讨论。

3.3 单词的听觉认知过程相关研究

与视觉认知过程相比，听觉的单词认知过程从语音处理开始，学习者不会直接看到单词的形态，所以两者之间存在着不同的认知过程的可能性很大。单词的听觉认知过程的研究起步较晚，本节将对听觉认知过程的少数研究做详细介绍。

费，松见（2011:273）探讨了中级水平学习者的听觉单词认知过程。与视觉实验一样，操作了单词的汉语和日语之间的形态、语音类似度，采用了词汇判断作业实验课题。实验结果显示，单词的形态信息和语音信息相互作用，共同对单词的认知过程产

生影响。语音不类似的时候,形态类似单词比不类似单词反应时间短,形态类似对单词的听觉认知过程有着促进性的作用。形态类似的时候,语音类似单词比不类似单词反应时间长,语音类似对单词的听觉认知过程有着抑制性的作用。学习者听到单词的发音后,都能迅速联想到单词的形态信息,进而进行语义的理解。同样是中级水平学习者,在单词的视觉认知过程和听觉认知过程中,语音类似显示出了完全不同的结果。那么,上级水平的学习者,又存在着怎样的听觉认知过程呢?

费,松见(2012:4-5)探讨了中国国内上级水平学习者的听觉单词认知过程。同样,试验中,操作了单词的汉语和日语之间的形态、语音类似度,采用了词汇判断作业实验课题。实验结果显示,形态和语音之间没有相互影响,形态类似对单词的听觉认知过程有着促进性的作用,语义类似,对单词的听觉认知过程有着抑制性的作用。这些结果表明,形态类似单词通过汉语的形态表征,语音类似单词通过汉语的语音表征分别进行语义的理解。上级水平学习者和中级水平学习者之间存在着不同的听觉认知过程。那么,跟视觉认知过程一样,学习者的日语使用经验会对听觉认知过程产生影响吗?

费(2013:38)探讨了日本国内上级水平学习者的听觉单词认知过程。同样,试验中,操作了单词的汉语和日语之间的形态、语音类似度,采用了词汇判断作业实验课题。实验结果显示,单词的形态信息和语音信息相互作用,共同对单词的认知过程产生影响。与中级水平学习者的认知过程不同的是,语音类似与不类似两种情况下,形态类似单词比不类似单词反应时间短,形态类似对单词的听觉认知过程有着促进性的作用。形态类似和不类似两种情况下,语音类似单词比不类似单词反应时间长,语音类似对单词的听觉认知过程有着抑制性的作用。这些结果表明,具有丰富的日语使用经验的日本国内的上级水平学习者,在他们的心理词典里,汉语和日语的语音表征有着很强的联结,即便是形态不类似的单词,汉语和日语的语音表征之间也有较强的联结。中国国内和日本国内的上级水平学习者有着不同的单词听觉认知过程这一结论得到了理论上的证明。

与单词视觉认知过程相同,单词的听觉认知过程也受日语水平高低以及日语使用经验多少的影响。不同的是,在视觉认知过程中语音类似起促进性的作用,而在听觉认知过程中,语音类似却起着抑制性的作用。

3.4 片假名单词认知过程相关研究

日语里的外来语(片假名单词)有90%是从英语演变而来,因此,日语片假名单词里存在很多与英语发音类似的单词。由此可见,汉语母语者在理解日语的片假名单词时,学习者自身的英语知识会对单词的认知过程产生一定的影响。福岛(2001:12-34)以汉语母语学习者的英语水平的高低以及片假名单词和英语单词的语音类似为基准,采用词汇判断作业课题,探讨了日语片假名单词的视觉以及听觉认知过程。

视觉实验的结果显示,英语水平高的学习者比英语水平低的学习者反应时间长,英语和日语间的语音类似单词比不类似单词反应时间短。英语水平高的学习者在看到日语片假名单词时,会去联想该单词的英语对应单词,从而导致日语片假名单词的

反应时间变长。正因为学习者看到片假名单词会去联想英语对应单词,所以,英语和日语间语音类似单词能都被快速理解语义,因此语音类似对片假名单词的视觉认知过程起促进性作用。

听觉实验结果显示,英语和日语间的语音类似单词比不类似单词反应时间短,英语和日语间的发音类似对片假名单词的听觉认知过程起促进性作用,学习者的英语水平的高低对日语片假名单词的听觉认知过程没有效果。与视觉实验不同,听觉实验中学习者直接听到日语片假名单词的发音,因此英语和日语间的语音类似单词能够被快速理解语义,而英语水平的高低不会起到相应的作用。

日语片假名单词的认知过程的研究极为少见,福岛(2001)的研究也有需要改进的地方。比如,如何来定义和区分学习者的英语水平的高低?在这一问题上,福岛的研究在视觉实验和听觉实验中分别采取了不同的测试方法。使用不同的测试方法就很有可能导致实验结果的不同。福岛的研究对日语片假名单词的认知过程的探讨有很大的参考价值,今后,可以以此研究为基础,进一步探讨汉语母语学习者的日语片假名单词的认知过程。

3.5 小结

近年,随着汉字单词认知研究的发展,探究汉语和日语间的语义的类似对汉字单词认知过程的影响的研究开始出现(费 2014:327-328;当铭 2014:323-324)。这些研究结果表明,汉语和日语间的同形异义词和同形同义词的认知过程不同,学习者在理解同形异义词的时候会有所困难。原因在于,同形异义词一个形态对应汉语和日语两个语义,当汉语母语学习者看到或者听到同形异义词的时候,汉语的语义会迅速地被激活,从而对日语的语义理解产生很强的抑制性作用。

综上所述,日语教育领域中的汉语母语学习者的日语汉字、片假名单词的视觉以及听觉认知过程总结如下。

(1)汉字单词的视觉认知过程中,形态类似和语音类似都起促进性作用。

(2)汉字单词的听觉认知过程中,形态类似起促进性作用,语音类似起抑制性作用。

(3)不论是单词的视觉认知过程还是听觉认知过程,都受日语学习者的日语水平高低以及日语使用经验多少的影响,单词认知过程是一个随环境变化而发生变化的过程。

(4)片假名单词的认知过程,受日语学习者的第三语言英语知识的影响。学习者的英语水平高的情况下可能对认知过程起抑制性的作用,而英语和日语间的语音类似对认知过程起促进性的作用。

(5)汉语和日语间的同形同义词和同形异义词的认知过程不同,学习者在理解同形异义词的时候,母语的语义会产生强烈的抑制性作用。

4. 单词认知过程与第二语言词汇习得

单词认知过程和词汇习得过程可以说是两个完全独立的事项,讨论二者之间的关

系的研究也是极为少见。那么了解单词的认知过程对第二语言的词汇习得有怎样的参考价值呢？换言之，单词认知过程和第二语言习得过程有着什么样的关系呢？本文将介绍第二语言词汇习得的相关知识，然后就二者之间的关系进行探讨。

4.1 第二语言词汇习得的特征

在第二语言习得中，词汇习得有着举足轻重的地位。我们在初学一种语言的时候，即便是没有语法知识，但凭个别的单词也能进行一定程度的交流与沟通。但是相反，如果没有一定的词汇保证，语法知识再好也无法进行顺利的交流与沟通。这便是第二语言词汇习得的一个重要特征，即词汇习得的优先性。我们要想要保证第二语言习得的顺利进行，词汇习得必须首先得以保证。

另外，在第二语言习得过程中，要记住大量的词汇并不是一件简单的事情，因此，学习者在记忆单词的时候会采取很多策略和方法，其中配对联想学习（paired associate learning；日语术语"对連合学習"）是最常用的一种学习方法。学习者在学习新的日语单词的时候，并不是只使用日语一种语言，多数情况下是和汉语并用进行学习。比如学习者在记忆日语单词"りんご"的时候，会与汉语的解释（对应词）"苹果"一起组成一对进行记忆，这便是配对联想学习。可以说配对联想学习是第二语言词汇习得的基本，也是第二语言词汇习得的一个主要特征。

那么，随着第二语言习得时间的增长，词汇习得会发生什么样的变化呢？首先词汇的数量和质量[4]都会得到加强，学习者能够逐渐正确地使用所学单词。但与此同时，一部分学过的单词随着时间的推移有可能会被忘记，这是词汇习得过程中不可避免的一种现象。也有一些词汇一旦记住，随着时间的推移很难被忘记，比如形象词[5]、汉语和日语形态类似的单词等。因此，我们在词汇习得过程中，可以采取反复练习等方法，巩固所学单词，以防其被忘记。

4.2 单词认知与词汇习得

单词认知与词汇习得有着怎样的关系呢？词汇习得过程是伴随学习者第二语言习得的一个漫长的、纵向的过程，是一个从无到有、从浅到深的过程。词汇习得贯穿于学习者的第二语言习得的整个过程。与此相比，单词认知过程则是纵向的词汇习得过程的一个切面，是一个一时性的、横向的过程。通过单词认知过程，我们可以窥视学习者在某一阶段的词汇习得情况，可以了解到学习者的词汇记忆策略等相关细节方面的情况。学过的单词，学习者不一定能够正确地使用，而单词认知过程便可以帮助我们了解，学习者所学的单词是否可以达到正确使用的地步。通过单词认知过程，了解到学习者的词汇习得情况，从而可以采取行之有效的教学指导，以达到事半功倍的教学效果。单词认知过程并不从属于词汇习得过程，二者相辅相成，对学习者的第二语言习得起着至关重要的作用。

5. 今后的研究方向

表音文字的单词认知研究发展迅速，单独提示的单词认知研究已经逐渐减少，句

子中的单词认知过程成为最近的一个热点。通过视线、脑波测试等先进设备,探讨更为详细、准确的单词认知过程的研究也逐渐增多。在日语教育领域中,句子中的单词认知过程的研究已有出现,但是还处于一个起步的阶段。句子中单词认知过程,受到句子意思的影响,可以推测该认知过程与单独提示的单词认知过程有所不同。因此,这是今后研究的一个重要课题。

另外,与表音文字相比,作为表意文字的汉字有着比较独立的形态体系和语音体系,因此,通过视线、脑波测试的设备,可以更准确地探讨日语汉字单词的认知过程。这也是今后研究的一个重要课题。而且,从与表音文字对比的角度看,这个课题具有重要的研究意义。

6. 结语

本文对日语教育领域中的日语单词认知过程相关的研究做了详细总结概括。汉语母语的学习者在学习日语时,可以有效地利用自身所有的汉语和英语知识,这对学习者来说是一种优势。但是不容忽视的是,这些知识也会对日语学习造成一定的负面影响。综上所述,教师在日语指导教学中,以下几点应特别注意。

第一,不能一味地让学习者依赖汉字的形态特征,要加强对日语和汉语形态不类似单词的学习,否则会导致学习者无意识中忽略日语单词所具有的特征。第二,不能过度地使用汉语的语音知识,必须指导学生加强汉字的形态与日语发音的结合,否则会导致"看得懂听不懂"这一问题的出现,这也是解决汉语母语者"听力难"的一个有效的方法。第三,要让学习者充分理解单词的日语语义,尤其是要加强对同形异义词的日语语义的学习,以减少在阅读以及听力练习时的母语语义的抑制性作用。第四,要加强日语听力的练习。日常教学中,单词、语法解释等视觉方面的教学仍为主流,应该相应地增加听力方面的练习。这里的听力练习不但包括日语能力考试的听力练习,也包括日语的日常会话等练习。

以上几点是通过单词认知过程的研究结果,为日语教学提出的几点意见。希望对今后的日语教学有一定的参考价值。

注

[1]这里的单词认知能力是指,学习者看到或听到一个日语单词时,能后以多快的速度理解其语义。利用专门的实验软件,可由电脑自动测出学习者的单词理解所需时间,理解时间快的为单词认知能力高,理解时间慢的则为单词认知能力低。

[2]影子跟读(shadowing;日语术语"シャドーイング"),原为同声传译的一种训练方法,现在也被运用于语言教学中。具体做法为,听录音,同步(或者迟1、2秒)模仿录音内容,尽量做到接近原录音的语音、语速、语调等。该练习方法可以提高练习者的集中力以及语言的表达能力,近年来在日语教学中也被采用作为一种课堂教学方法。

[3]实验中使用的形态、语音类似单词,比如,形态和语音都类似:椅子-椅子(yizi-isu),只有形态类似:学校-学校(xuexiao-gakkou),只有语音类似:钱包-财布(caibu-saifu),形态和语音都不类似:小偷-泥棒(xiaotou-dorobou)。以下介绍的研究都采用了此分类方法。

[4]词汇的质量是指词汇的使用情况,是指学习者不但知道这个单词的意思,而且单词的用法以及

和其它单词的关系也都熟知。在日语里面，单词的数量用"広さ"来表示，单词的质量用"深さ"来表示。

[5] 形象词比如"苹果"、"火箭"等很容易联想到具体事物的单词，日语术语为"具象語"。与形象词反义的为抽象词，比如"思想"、"范畴"等单词，我们很难联想到其具体事物，抽象词的日语术语为"抽象語"。

参考文献

蔡鳳香. 2009.「中国人上級日本語学習者の日本語漢字単語の処理過程―文の先行呈示事態における検討―」.『広島大学大学院教育学研究科紀要　第二部（文化教育開発領域）』第58号. 205-212

蔡鳳香・費暁東・松見法男. 2011.「中国語を母語とする上級日本語学習者における日本語漢字単語の処理過程―語彙判断課題と読み上げ課題を用いた検討―」.『広島大学日本語教育研究』第21号. 55-62

Chen, H.-C., & Leung, Y.-S. 1989. Patterns of lexical processing in a nonnative language. *Journal of Experimental Psychology: Learning, Memory, and Cognition*. 15. pp316-325

De Groot, A. M. B. 1992. Determinants of word translation. *Journal of Experimental Psychology: Learning, Memory, and Cognition*. 18. pp1001-1018

費暁東. 2013.「日本留学中の中国人上級日本語学習者における日本語漢字単語の聴覚的認知―中日2言語間の形態・音韻類似性を操作した実験的検討―」.『留学生教育』第18号. 35-43

費暁東. 2014.「中国語を母語とする中級日本語学習者における中日同形語の聴覚的認知―語彙表象と概念表象の活性化の観点から―」.『2014年度日本語教育学会春季大会予稿集』. 327-328

費暁東・松見法男. 2011.「中国語を母語とする中級日本語学習者における日本語漢字単語の聴覚的認知―中日2言語間の形態・音韻類似性による影響―」.『2011年度日本語教育学会秋季大会予稿集』. 273-274

費暁東・松見法男. 2012.「中国語を母語とする上級日本語学習者における日本語漢字単語の聴覚的認知―中日二言語間の形態・音韻類似性による影響―」.『教育学研究ジャーナル』第11号. 1-9

費暁東・松見法男. 2013.「中国語を母語とする上級日本語学習者の日本語文の聴解における日本語漢字単語の処理過程―文の制約性及び単語の形態・音韻類似性を操作した実験的検討―」.『第二言語としての日本語の習得研究』第16号. 107-124

費暁東・蔡鳳香・松見法男. 2012.「中国人日本語学習者における中国語の単語処理に及ぼす日本語の影響―2言語間の形態・音韻類似性を操作した読み上げ課題による検討―」.『第23回第二言語習得研究会（JASLA）全国大会予稿集』. 46-47

福島妙子. 2001.『中国語系日本語学習者の外来語の処理に及ぼす英語の語彙知識の影響―視覚呈示と聴覚呈示による語彙判断課題を用いた検討―』. 2001年度広島大学大学院教育学研究科修士論文（未公刊）

胡暁睿. 2012.「漢字の音読みの習得に及ぼす母語の影響―中国人日本語学習者の場合―」.『明海日本語』第17号. 93-102

Kolers, P. A. 1963. Interlingualword associations. *Journal of Verbal Learning and Verbal Behavior*.

2. pp291-300

倉田久美子・岩下真澄・松見法男・李翠芳. 2011.「シャドーイングを支える言語能力と認知能力―台湾人日本語学習者を対象とした重回帰分析による検討―」.『2009年度日本語教育学会秋季大会予稿集』. 277-279

松見法男・邱學瑾・桑原陽子. 2006.「語彙の習得」. 縫部義憲(監修)・迫田久美子(編著)『講座・日本語教育学 第3巻 言語学習の心理』. 第3章2節(161-183). スリーエーネットワーク

松見法男・費暁東・蔡鳳香. 2012.「日本語漢字単語の処理過程―中国語を母語とする中級日本語学習者を対象とした実験的検討―」. 畑佐一味・畑佐由紀子・百濟正和・清水崇文(編著)『第二言語習得研究と言語教育』第1部論文2(43-67). くろしお出版

長野真澄・松見法男. 2013.「中国語を母語とする上級日本語学習者の日本語漢字単語の処理過程―日本留学中の学習者を対象とした語彙判断課題, 読み上げ課題による検討―」.『広島大学日本語教育研究』第23号. 33-40

Potter, M. C., So, K.-F., Von Eckardt, B., & Feldman, L. B. 1984. Lexical and conceptual representation in beginning and proficient bilinguals. *Journal of Verbal Learning and Verbal Behavior*. 23. pp23-38

佐藤智照・松見法男. 2013.「第二言語としての日本語文の表現形態と意味内容の記憶に及ぼす音読と黙読の効果―漢字圏日本語学習者における単語の音韻符号化の高速性を操作した実験的検討―」.『日本総合学術誌』第12号. 27-34

当銘盛之. 2014.「中国語を母語とする日本語学習者における中日同形異義語の処理過程―語彙判断課題による検討―」.『2014年度日本語教育学会春季大会予稿集』. 323-324

映画を用いた日本語学習の有効性
——初級日本語学習者を対象に

哈尔滨工业大学　加藤靖代　毕春玲
京都大学　秦　怡[①]　壇辻正剛

摘要：本论文为实验论证运用视听媒体手段对日语学习的效果，课堂上将学生分为看电影学习和不看电影只读台词学习两个小组，学习电影的内容、语法和词汇，并调查比较学习之后的测试结果。其结果表明，运用视听媒体的日语学习对词汇的掌握是有效的。因此，在词汇学习过程中，积极运用视听媒体手段是有效的。

キーワード：視聴覚メディア　映画　語彙　文法　学習効果

1. はじめに

近年、映画、テレビドラマなど世界中の様々な映像コンテンツをインターネット経由で入手できるようになった。そのため、日本にいなくても、日本語学習者は、以前より非常に簡単に日本語の映像コンテンツを入手でき、視聴できる。実際、日本語の視聴覚メディアは、自主学習、教室での授業と多くの場で利用されている。学習者、教師共に、視聴覚メディアに対する関心は非常に高い。では、学習者、教師は、何のために視聴覚メディアを用いるのであろうか。視聴覚メディアの有効性についての研究では、「日本社会への理解が深まる、学習動機が高まる、現実に近い日本語会話を知ることができる、語彙が増える、聴解力が高まる」などの報告がされている(高月 2007：29-52，藤井 2008：46-58，原沢 2008：9-61，小室 2009：89-105)。しかし、どれも学習者のアンケート調査を分析したもので、あくまでも学習者の感覚から引き出された結果である。そこで、実証的な調査により、視聴覚メディアを用いた日本語学習の有効性を明らかにする必要があると考える。もし、視聴覚メディアの有効性を実証的に明確にできれば、より焦点化して効率的に日本語を学ぶことが可能となるであろう。

本研究では、映画を見て学習するグループと映画を見ずにスクリプトのみを読んで学習するグループに分かれて内容、文法、語彙について学習し、2グループ間の学習後のテスト結果を比較する調査を行う。その結果を分析することにより、視聴覚メディアを用いた日本語学習が、内容理解、文法、語彙習得に有効かどうかを明らかにする。

[①]　秦怡は元京都大学大学院人間・環境学研究科に就学していましたが、大学院人間・環境学研究科，現在は京都大学に所属していません。

2. 背景

2.1 人間の記憶システム

　人間の記憶は、感覚記憶、短期記憶、長期記憶の三つの記憶システムに区分することができる。Atkinson&Shiffrin(1971:82-90)では、この記憶の情報処理モデルを図1のように示している。

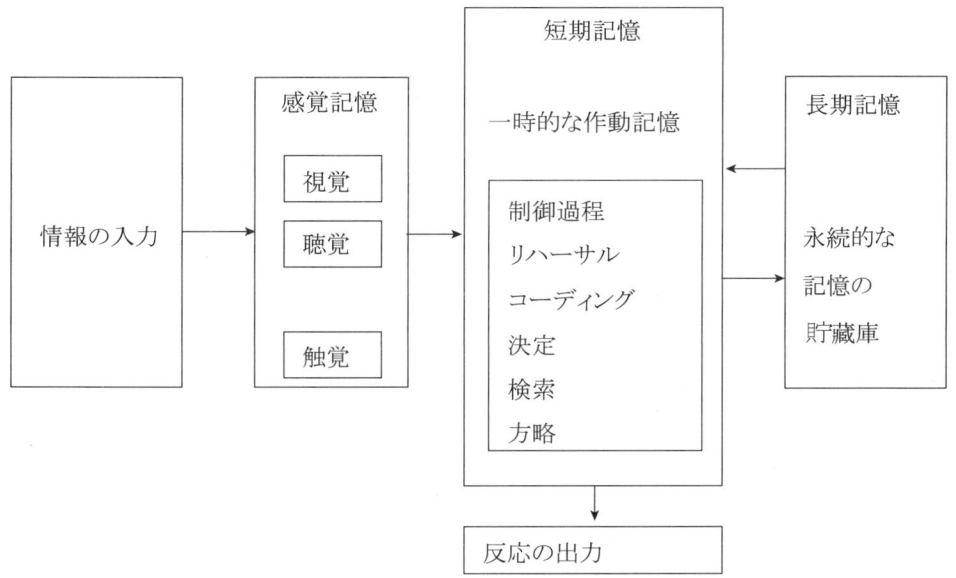

図1　記憶の情報処理モデル（井上 1999:23-24）

　感覚記憶は、外界から感覚器官を通して入力された情報が、そのままの形でごく短い時間（視覚情報は1秒以内、聴覚情報は数秒以内）保持されるところである。感覚記憶から必要な情報がパターン認知を受けた後、短期記憶に転送される。短期記憶では、情報は数秒から数分程度保持される。さらに長期の保持が必要とされる情報は、長期記憶に転送される。長期記憶に保存された情報は、半永久的に保持され、必要なときに、検索され、再び短期記憶に送られ使用される。

　人間は、視覚、聴覚、触覚、味覚、嗅覚という5種類の感覚を持っている。わたしたちの周囲にある様々な情報は、目や耳などの感覚器官を通して生体内に取り込まれる。認知心理学では、複数の感覚を通して得られた記憶の方が、一つの感覚のみを通した場合に比べて、定着率が格段に高いということが明らかにされている。

　清水(1993:38-62)によると、視覚と聴覚の両方に訴えた方が聴覚だけあるいは視覚だけより、記憶の定着に効果がある。表1は、視覚だけ、聴覚だけ、視覚と聴覚の両方による記憶効果を示したものである。視聴覚的な方法は、学習において有用な刺激を作り出すことができ、効果的学習法であることは明らかである。

表1　感覚情報とメディア（清水 1993:38-62）

	聴覚	視覚	視覚＋聴覚
認識の割合	11％	83％	94％
入力情報量	$10^4 \sim 10^5$ bps	$10^6 \sim 10^8$ bps	—
記憶量（3日後）	10％	20％	65％

2.2　視聴覚メディアを使用した日本語教育

日本語教育において、映画、テレビドラマなどの視聴覚メディアが用いられており、様々な研究が報告されている。

高月（2007:29-52）では、学習者のアンケート分析より、一定の語彙や表現に慣れるためには、ビデオ内容のスクリプトを使用して映像を見ることが効果的であると報告している。小室（2009:89-105）では、学習者に授業後アンケート調査を行い、視聴覚メディアの利点は、表現、語彙が理解しやすく記憶に残りやすい、自然な会話のやり取りが学習できる、学習意欲が高まることであると述べている。藤井（2008:46-58）によると、学習者のアンケート調査の結果より、視聴覚メディアを用いた学習には、学習者の学習意欲を喚起、既習事項の整理・復習、学習者の思考活動の促進、教室外の言語学習リソースの活用及び自立学習支援の可能性が見られたと報告している。原沢（2008:9-61）では、テレビドラマを使用して単語、文法、聴解を学ぶ授業方法は、学習者の満足度が高いことが明らかにしている。

上記の先行研究は、すべて学習者のアンケート調査を元に分析したものであるため、分析結果は、学習者の感覚から引き出されたものである。視聴覚メディアを使用した学習が、日本語学習のどの部分に効果があるかについては、実証的に示されていない。そこで、本研究では、視聴覚メディアを使用した学習が、日本語学習のどの部分に有効かを実証的に明らかにする。

3.方法

3.1　被験者

哈爾濱工業大学外国語学部日本語学科の大学1年生17名。日本語能力は日本語能力試験N3程度。日本語学習暦は9ヶ月。17名を「基礎日本語」と「聴解」の授業の中間試験、期末試験の成績に基づいて等質の2グループに分ける。9名を「映像グループ」、8名を「スクリプトグループ」とする。

3.2　授業担当者

本論文の第一著者と第二著者である哈爾濱工業大学外国語学部日本語学科の教師。

3.3　実験期間

2013年6月5日から6月20日の間の6日間。

3.4　使用教材:『耳をすませば』

本研究では、スタジオジブリのアニメーション映画『耳をすませば』(1995)を教材として使用する。田中・本間(2009：98-117)では、映画『耳をすませば』のスクリプトの分析を通して、ストーリーが現実的な場面で展開されていること、初級語彙の4割程度、初級文法の8割弱をカバーしていることを明らかにした。このことより、初級学習者に適した教材であると判断し、この映画を選択した。

3.5　教材配分

全体の映画作品から、ストーリーの区切りのいい10分前後のセグメントを5つ抽出し、5回分の単元を作成した。

3.6　授業の流れ

第一回目の授業の前に、映画『耳をすませば』のストーリーと登場人物を簡単に紹介した。授業の流れは以下の通りである。1回の授業の所要時間は、60～70分である。

3.6.1　映像グループの授業の流れ

表2　映像グループの授業の流れ

授業回数	映像グループの授業内容	時間
第1回目 6/3	事前テスト(今回学習する文法・語彙)	10分
	映画を見る(解説なし)	10分
	映画を見みながら語彙・文法解説	25分
	映画を見る(復習)	10分
	事後テスト(今回学習した内容理解)	5分
第2-5回目 6/6 6/10 6/13 6/17	事後テスト(前回学習した文型・語彙)	10分
	事前テスト(今回の学習する文法・語彙)	10分
	映画を見る(解説なし)	10分
	映画を見みながら語彙・文法解説	25分
	映画を見る(復習)	10分
	事後テスト(今回学習した内容理解)	5分
第6回目 6/20	事後テスト(前回学習した文型・語彙)	10分

映像グループの授業の流れは、表2の通りである。

(1)前回学習した部分の文法と語彙の事後テストを行う。ただし、第1回目の授業の際は事後テストはない。

(2)今回学習する部分の文法と語彙の事前テストを行う。

(3)映画『耳をすませば』の学習する場面を字幕付きで視聴する。

(4)映画を字幕付きで視聴しながら、映画の理解に必要な語彙や文法を教師が解説する。その際、語彙・文法説明のレジュメを配布する。

(5)映画を字幕付きで視聴しながら、学習者自身で文法、語彙を復習する。

(6)今回学習した部分の内容理解テストを実施する。

3.6.2 スクリプトグループの授業の流れ

スクリプトグループの授業の流れは、映像グループとほぼ同じである。異なる点は、映像グループが映画を見るのに対し、スクリプトグループは、映画を見ずにスクリプトのプリントを読むことである。

(1)前回学習した部分の文法と語彙の事後テストを行う。ただし、第1回目の授業の際は事後テストはない。

(2)今回学習する部分の文法と語彙の事前テストを行う。

(3)映画『耳をすませば』の学習場面のスクリプトと状況補足説明が書かれたプリントを読む。

(4)スクリプトを読みながら、内容理解に必要な語彙や文法を教師が解説する。その際、語彙・文法説明のレジュメを配布する。

(5)スクリプトを読みながら、文法、語彙を学習者自身で復習する。

(6)今回学習した部分の内容理解テストを行う。

3.7 テスト問題

テスト問題は、内容理解、文法、語彙の3つの部分からなる。

3.7.1 内容理解テスト

映画の内容理解に関する10問。1問1点計10点。1問につき3つの選択肢があり、正しいものを1つ選択する。問題の例は、下記の通りである。

例　お母さんはどうして雫に不満を言いましたか。（　　）

A. 雫がお茶を入れてくれなかったから。

B. 雫が買い物に時間がかかったから。

C. 雫がビニール袋をもらってきたから。

3.7.2 文法テスト

文法に関する10問。1問1点計10点。文法問題の一番下に選択肢があり、その中から正しいものを1つ選択する。問題の例は、下記の通りである。

例　A:「また遅刻?」
　　B:「だって、電車がこなかったんだ（　　）。」

もの	ものを	のに	ばいい	中
かしら	にする	まで	いいかげんに	
くせに	なきゃ	なさい		

3.7.3 語彙テスト

語彙に関する20問。1問1点計20点。1問につき4つの選択肢があり、正しいも

のを1つ選択する。問題の例は、下記の通りである。
　例1　りんごを店で買って、(　　　　)袋に入れる。
　　　　A. ビーニール　B. ビニール　C. ビニルー　D. ビーニル
　例2　私は麦茶(　　　　)が好きです。
　　　　A. まっちゃ　B. まいちゃ　C. まちゃ　D. むぎちゃ

3.8　分析方法
(1)各グループの平均値と標準偏差を求める。
(2)事前テストのグループ間および事後テストのグループ間の平均値に差が見られるかについてt検定を行う。

4. 結果

4.1　内容理解における結果
内容確認テストの結果は、表3の通りである。

t検定の結果、1、2、5回目の両グループの平均値には、有意差はなかった。また、3回目、4回目では有意差が生じたが、3回目はスクリプトグループのほうが1.6点高く、4回目は映像グループのほうが1.1点高かった。この結果からは、映像グループ、スクリプトグループ間の明確な傾向は見出すことはできなかった。

表3　内容確認テストの結果($*p<.05$)

授業回数		映像	スクリプト	
1	平均	8.3	8.6	
	(SD)	(1.2)	(0.5)	
2	平均	8.4	8.4	
	(SD)	(1.2)	(0.9)	
3	平均	7.4	9.0	*
	(SD)	(1.5)	(0.5)	
4	平均	8.4	7.3	*
	(SD)	(1.1)	(1.2)	
5	平均	9.4	8.4	
	(SD)	(0.7)	(1.3)	

4.2　文法習得における結果
文法テストの結果は、表4の通りである。

事前テストでは、1回目のみ、有意差が見られた。それ以外は、有意差が見られず、学習前には、1回目を除き両グループ間に能力の差が無いことが明らかになった。事後テストでは、すべての回において有意差が見られなかった。このことよ

り、文法については、映像で学習してもスクリプトで学習しても、差は無いことが明らかになった。また、事前テストと事後テストの平均点の差を比べると、ほとんど変化が無かった。本研究の学習方法では、文法についてほとんど向上が見られなかった。文法学習においては、本研究の学習方法では習得が困難であると言えるであろう。

表4　文法テストの結果（＊p＜.05）

授業回数		事前テスト		事後テスト	
		映像	スクリプト	映像	スクリプト
1	平均	6.4	4.4　＊	6.6	5.3
	(SD)	(1.2)	(1.9)	(1.8)	(2.4)
2	平均	5.0	4.3	7.0	5.5
	(SD)	(1.2)	(2.1)	(1.4)	(1.6)
3	平均	4.8	3.4	5.2	3.8
	(SD)	(1.9)	(2.0)	(2.3)	(1.7)
4	平均	4.1	3.5	5.2	4.4
	(SD)	(2.8)	(2.4)	(2.4)	(2.4)
5	平均	4.1	3.1	5.6	4.1
	(SD)	(1.9)	(1.3)	(3.7)	(2.5)

4.3　語彙習得における結果

語彙テストの結果は表5の通りである。

事前テストでは、両グループ間に有意差が見られなかった。このことより、学習前の両グループ間の能力には、差が無かったことが明らかである。これに対して、事後テストでは、第5回目を除いて両グループ間に有意差が見られ、映像グループのほうが平均点が高かった。このことから、映像グループのほうが、スクリプトグループよりも語彙学習について効果が高いことが示唆された。

表5　語彙テストの結果（＊p＜.05）

授業回数		事前テスト		事後テスト	
		映像	スクリプト	映像	スクリプト
1	平均	10.0	9.6	16.9	14.3　＊
	(SD)	(1.2)	(2.3)	(1.5)	(2.5)
2	平均	10.8	10.0	15.8	13.4　＊
	(SD)	(1.2)	(2.4)	(1.8)	(2.1)
3	平均	10.1	10.4	15.0	12.5　＊
	(SD)	(1.6)	(2.1)	(1.9)	(2.3)
4	平均	8.6	9.0	15.9	13.9　＊
	(SD)	(2.6)	(2.3)	(1.5)	(2.0)
5	平均	10.8	9.0	15.9	16.0
	(SD)	(2.0)	(1.4)	(2.5)	(3.8)

5. 考察

　本研究で調査した語彙、文法、内容理解の3つの点から考察を行う。
　まず、語彙については、5回中4回のテスト結果に有意差が現れたことから、映画を見ながら語彙を学ぶことは、有効であることが示唆された。その原因として、記憶のメカニズムが関連していると考えられる。長期記憶に定着させるには、聴覚だけ、視覚だけよりも聴覚と視覚両方を用いたほうが、効果が高いことが分かっている（清水 1993:38-62）。視聴覚メディアを用いた学習は、まさに、聴覚と視覚両方を用いて学習する方法であるため、語彙の記憶定着に大きな効果が見られたと思われる。
　次に、文法についての本調査の結果からは、映像グループとスクリプトグループ間で有意差が現れなかった。また、両グループ共、事前テストと比べて、事後テストでは成績が伸びなかった。視聴覚メディアを用いた本研究の文法学習は、効果がない可能性もあるが、今回の結果だけから、視聴覚メディアを使った文法学習が効果がないと結論付けることはできない。本調査では、45分の授業時間で、内容、語彙、文法のすべてを解説した。文法については、1つか2つの例文を提示したのみで、練習問題や学習者に文法を使った例文作成などはさせなかった。また、解説も内容を理解できる程度の解説にとどまり、それを実際に使用できるのに十分な練習は行なわなかった。内容を理解するという程度には文法の意味は理解したが、それを使用するレベルにはいたらなかったと思われる。文法学習には本研究の学習方法が適していない可能性が推測できる。視聴覚メディアを用いながら、文法をしっかりと身につけられるかについては、授業方法を改善して調査を行う必要がある。
　最後に、内容理解については、グループ間の差は少なく、明確な傾向を見出すことができなかった。今回の被験者は、中国在住で日本語を学習して9ヶ月の学習者である。そのため、映像グループは、映画を見ることで、内容の理解を促進できる利点もあるが、スピードが早く、十分に聞き取れないために理解できないという欠点も考えられる。スクリプトチームは、映像が無いので、状況が分かりにくいという欠点があるが、スクリプトを見ながら、自分のペースで学習できるという利点もある。本調査の結果は、それぞれの利点、欠点が作用し、様々な要素が混在したため、明確な傾向を見出せなかった可能性がある。

6. 終わりに

　本研究では、初級日本語学習者が、映画を見て学ぶグループと、映画を見ないでスクリプトを読んで学ぶグループに分かれて内容、文法、語彙を学習し、学習前と学習後にテストを行った。そして、学習後の内容理解、文法、語彙のテスト結果を比較し、分析することで、視聴覚メディアを用いた日本語学習の有効性を明らかにした。その結果、視聴覚メディアを見ながら日本語を学習することは、語彙の習得に有効であることが明らかになった。語彙の学習には、自主学習もしくは授業での使用を

問わず、積極的に視聴覚メディアを用いて学習することが有効であると言える。

　今後の課題は、2点ある。1つ目は、テスト形式をインタビュー形式で調査することである。本調査では、テスト形式を選択式の記述式とした。しかし、テスト形式をインタビュー形式した場合、さらに詳細に調べられる可能性がある。2つ目は、文法説明について、授業方法を改善することである。以上2点を今後の課題とする。

参考文献

Atkinson, R. C. & Shiffrin, R, M. 1971. The control of short-termmemory. *Scientific American*. 225. pp82-90.

藤井みゆき. 2008.「視聴覚メディアを用いた教室活動の有効性」.『同志社大学日本語・日本文化研究』4. 46-58

原沢伊都夫. 2008.「ドラマを使った上級教材への取組み：聴解力と語彙力の向上をめざして」.『静岡大学国際センター紀要』2. 9-61

井上毅. 1999.「記憶システムと知識」. 井上智義（編）.『視聴覚メディアと教育方法：認知心理学とコンピュータ科学の応用実践のために』北大路書房. 23-24

小室リー郁子. 2009.「海外の日本語教育における映像素材活用の意義とその実践報告」*Journal CAJLE*. 10. 89-105

清水康敬. 1993.『教育情報メディアの活用』. 第一法規. 38-62

髙月喜美. 2007.「マスメディアの日本語と視聴覚の授業における試み：「そうじなんか毎日やらなくたって死にゃあしない」という日本語」.『大阪外国語大学留学生日本語教育センター授業研究』5. 29-52

田中里実・本間淳子. 2009.「初級語彙・文型による『耳をすませば』スクリプトの分析—日本語学習資源としてのアニメーション映画の可能性—」.『北海道大学留学生センター紀要』13. 98-117

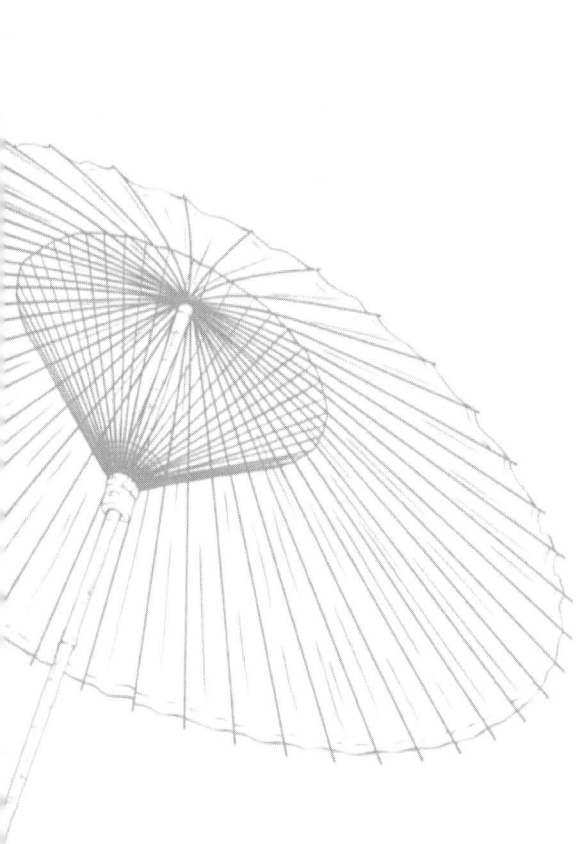

日本文学研究

论《乌宝传》作为《贫福论》出典的可能性

北京大学　岳远坤

要旨：『雨月物語』は、中国文学の大きな刺激を受けて作られた作品であることは、今更論じるまでもない。特に「貧福論」は中国文学からの影響が大きい。その出典については、多くの先賢に指摘された通りである。が、その創作に影響を与えた文献は、今まで指摘された文献だけではなく、ほかにもあるのではないかと考えられる。本論は、元代の文献「烏宝伝」を提示し、その内容と日本での伝播ルートを考察することによって、「貧福論」の出典となる可能性を提示したい。出典である決定的な証拠はないが、「烏宝伝」は「貧福論」を解読する上では、重要な資料であることは言うまでもない。「貧福論」を研究するための新しい資料を提示するのが本論の目的の一つである。

关键词：出典　雨月物语　金钱观　辍耕录　上田秋成

1. 前言

　　《贫福论》是《雨月物语》的最后一篇。这篇小说的主人公是一个叫做左内的武士。他与一般的武士不同，勤俭爱财，因此有一天晚上钱神现身与他谈起了有关金钱的话题。与《白峰》中登场人物采取辩论的形式不同，这篇《贫福论》中左内和钱神采取的是问答的形式，与很多传教类的问答书相似，即传教人与被传教人以问答的形式进行谈话，通过传教人回答被传教人的问题体现传教人的主张。而且，在这篇作品中，左内和钱神的观点基本一致，因此这一篇中所体现的思想可以说是以钱神为主导的"布道式"的思想传达，是比较好理解的。在小说的最后一段，钱神送给左内八字箴言——"尧裳日昃，百姓归家"，一般认为这里的家是指德川家康，但是这里的百姓归家除了一般认为的对德川时代的开拓者德川家康的讴歌这层意思之外，也蕴含着上田秋成对安居乐业的渴望与赞美。《贫福论》与《菊花之约》《蛇性之淫》和《梦应鲤鱼》不同，后三者的出典分别来自同一篇中国的文学作品，但是前者《贫福论》却是根据多篇作品而创作的。按照诸多先学的考证，其主要出典有日本古代文献如《翁草》《常山纪谈》《徒然草》等，中国古代文献如《货殖列传》（《史记》卷129 列传第 69），鲁褒的《钱神论》《五杂组》以及《剪灯新话》中的《富贵发迹司志》等。但是，通过阅读《贫福论》，可以知道《贫福论》虽然与这些文献有着诸多共通之处，但是仍有一些不同。那么这些不同，是上田秋成的独创，还是来自中国其它未被发现的文献，有待考察。本论文将主要对中国经济史上元代的重要文献《乌宝传》与《贫福论》在内容上的相似性以及《乌宝传》在日本近世的传播情况进行考察，证明《乌宝传》作为《贫福论》的出典的可能性，为《贫福论》的进

一步研究和读解提供一个新的资料。

2. 已证实出典与《贫福论》的关系

关于以上文献与《贫福论》的出典关系，在学界已是定论，但是为了进一步搜寻与证明其他出典，下面笔者将对《贫福论》与以上作品的出典关系做一个简单梳理，并考察其思想内容的继承关系。

《货殖列传》是《史记》中的名篇，文中记录了致富的名人、富国的名臣等，抛却儒家道德的评判，肯定人们追求财富的欲望以及这些致富之人的行为。《贫福论》中不仅明确提到《货殖列传》，而且许多语言也多为《货殖列传》中的直接翻译或节译，下面按照二者所表达思想的共同之处，列举如下：

1.1 四民各司其职，尤其肯定工商业者的作用

　　故待农而食之，虞而出之，工而成之，商而通之，此宁有政教发征期会哉？<u>人各任其能，竭其力，以得所欲。</u>故物贱之徵贵，贵之徵贱，各劝其业，乐其事，若水之趋下，日夜无休时，不召而自来，不求而民出之。岂非道之所符，而自然之验邪？
　　周书曰："农不出则乏其食，工不出则乏其事，商不出则三宝绝，虞不出则财匮少。"财匮少而山泽不辟矣。<u>此四者，民所衣食之原也。</u>

<u>恒の産なきは恒の心なし</u>。百姓は勤て穀を出し、<u>工匠等修てこれを助け、商賈務めて此を通はし</u>、おのれが産を治め家を富して、祖を祭り子孫を謀る外、<u>人たるもの何をか為ん</u>。（无恒产则无恒心。百姓勤而出谷，工匠等修而助之，商贾务而通此，各治其产富其家，祭祀祖先为子孙谋以外，为人者更有何为？）

1.2 肯定国富和富国名臣

　　故太公望封於营丘，地潟卤，人民寡，於是太公劝其女功，极技巧，通鱼盐，则人物归之，繦至而辐凑。故齐冠带衣履天下，海岱之间敛袂而往朝焉。其後齐中衰，管子修之，设轻重九府，则桓公以霸，九合诸侯，一匡天下；而管氏亦有三归，位在陪臣，富於列国之君。
　　昔者越王句践困於会稽之上，乃用范蠡、计然。（中略）修之十年，国富，厚赂战士，士赴矢石，如渴得饮，遂报疆吴，观兵中国，称号"五霸"。
　　子贡既学於仲尼，退而仕於卫，废著鬻财於曹、鲁之间，七十子之徒，赐最为饶益。原宪不厌糟糠，匿於穷巷。子贡结驷连骑，束帛之币以聘享诸侯，所至，国君无不分庭与之抗礼。夫使孔子名布扬於天下者，子贡先後之也。此所谓得势而益彰者乎？
　　白圭，周人也。当魏文侯时，李克务尽地力，而白圭乐观时变，故人弃我取，人取我与。（中略）"盖天下言治生祖白圭。

天の時をはかり、地の利を察らめて、おのづからなる富貴を得るなり。呂望斉に封ぜられて民に産業を教ふれば、海方の人利に走りてこゝに來朝ふ。管仲九たび諸侯をあはせて、身は倍臣ながら富貴は列国の君に勝れり。范蠡、子貢、白圭が徒、財を鬻ぎ利を逐て、巨万の金を畳なす。
　　（中文译文：观天时，察地利，自然得富贵也。吕望封齐，教民产业，海方之人趋利来朝。管仲九度过诸侯，身为陪臣，然富贵胜列国之君主。范蠡、子贡、白圭之徒，鬻财逐利，累金巨万。）

1.3　俭约与勤奋为致富之正道

　　夫纤啬筋力，治生之正道也，而富者必用奇胜。（中略）由是观之，富无经业，则货无常主，能者辐凑，不肖者瓦解。千金之家比一都之君，巨万者乃与王者同乐。
　　かくいへど富貴のみちは術にして、巧なるものはよく湊め、不肖のものは瓦の解るより易し。（中略）諺にもいへり。千金の子は市に死せず、富貴の人は王者とたのしみを同じうすとなん。まことに淵深ければ魚よくあそび、山長ければ獣よくそだつは天の随なることわりなり。
（话虽如此，然富贵之道有术，巧者能凑，不肖者易如瓦解……古谚有云：千金之子不死于市，富贵之人与王者同乐。渊深凭鱼跃，山长兽易生，此乃自然之理也。）

　　除以上之外，还有部分语句为《货殖列传》的直译，小学馆新全集头注已有详细标注，在此不一一列举。无论从引用的数量上来说，还是从思想的继承关系上来说，《货殖列传》作为《贫福论》的最重要的出典这一点是毋庸置疑的。除以上标题中所示的思想的共性，笔者附加解释如下：
　　第一，在第一组中，"此四者，民之衣食所原也"与"为人者更有何为？"（人たるもの何をか為ん）一句，后者不是前者的直接翻译，却解释说明了司马迁的未尽之言，而这中间或有阳明学左派学者所说的百姓日用即是人伦的思想。第二，第三组中日文引用虽未提到俭约，但是俭约一词是《贫福论》的关键词，散见于整篇，在此不再累赘引用。而《货殖列传》也列举了许多勤俭致富的故事。足见《货殖列传》对《贫福论》的影响。
　　《五杂组》与《剪灯新话》中的《富贵发迹司志》与《贫福论》的关系止于词句或者事例的引用。而《钱神论》虽为出典之一，但是在思想表达方面却与《贫福论》迥异。前者叙述金钱的无所不能，目的在于讽刺当时社会的拜金风潮。
　　综观以上出典，有关钱财不喜欢读书人以及喜欢俭约之人（《货殖列传》中虽有俭约之人可以致富，但并未以拟人化的手法写出金钱喜欢俭约之人）或喜欢跟随"喜欢钱的人"之类的观点，在上述文献中都没有出现。

3.《乌宝传》与《贫福论》在内容上的相似性

　　那么，这个观点出自哪里呢？笔者在考察时发现，在中国经济思想史上，除了鲁褒

的《钱神论》之外,还有一篇有关货币的重要文献,那就是高则诚[1]的《乌宝传》,收录于明代文人陶宗仪编纂的笔记《南村辍耕录》(下称辍耕录)卷十三中。《乌宝传》以拟人的手法为元代的纸币作传,通过讲述纸币"乌宝"的性格(此处为拟人用法,以下同)与经历,讽刺了元政府滥发纸币,"使中国历史上对货币拜物教的崇拜,达到了一个新阶段"[2]。《乌宝传》主旨上与《钱神论》相似。而在《贫福论》中,钱神也向左内述怀钱族的性格。对于金钱的性格的描写,《乌宝传》与《贫福论》有几点相似如下。

①宝之所在,人争迎取邀致,苟得至其家,则老稚婢隶无不忻悦,且重扃邃宇,敬事保爱,唯恐其他适也。然素趋势利,其富室势人每屈辄往,虽终身服役,弗厌。其屡人贫氓,有倾心愿见,终不肯一往。②尤不喜儒,虽有暂相与往来者,亦终不能久留也。盖儒墨之素不相合若此。

③此宝好逸恶劳,爱俭素,疾华侈,常客於弘农田氏,田氏朴且啬,宝竭诚与交。田氏没,其子好奢靡,日以声色宴游为事,宝甚厌之。邻有商氏者,亦若田氏父之为也,遂挈其族往依焉。盖墨之道贵清净故也。然其为人也多诈,凡达官势人无不愿交,而率皆不利败事,④故其廉介自持者,率不与宝交。

《乌宝传》[3]

A 只「貧しうしてたのしむ」てふことばありて、(中略)文字てふものに繋がれて、金の徳を薄んじては、みづから清潔と唱へ、鋤を揮て棄たる人を賢しといふ。(中略)土にうもれては冷泉を湛へ、不浄を除き、妙なる音を蔵せり。かく清よきものの、いかなれば愚昧貪酷の人にのみ集ふべきやうなし。今夜此の憤りを吐て年来のこころやりをなし侍る事のうれしさよ。
(中文译文:有句话称"贫而乐",被文字所束缚,轻视金之德,自倡清廉,以扔掉锄头之人为贤。……深埋土中,湛灵泉,除不净,藏妙音。如此清洁之物,何故聚集在愚昧贪婪的人手中?今夜在此一吐心中积愤为快。)

B 我今仮に化をあらはして語るといへども、神にあらず仏にあらず、もと非情の物なれば人と異なる慮あり。(中略)又卑吝貪酷の人は金銀を見ては父母のごとくしたしみ、食ふべきをも喫はず、穿べきをも着ず、得難きいのちさへ惜と思はで、起ても臥てわすれねば、ここにあつまる事まのあたりなることわりなり。
(中文译文:我今假化人形与尔谈论,然非神佛,原为无情之物,与人有不同之思虑。……又,卑吝贪婪之人见金银如待父母一样亲,该吃亦不吃,该穿亦不穿,连自己宝贵的生命亦不觉得可惜,起卧不忘,因此金银聚集在这些人手中,道理是很明显的。)

C かくいへど富貴のみちは術にして巧なるものはよく湊め、不肖のものは瓦の解るより易し。且我がともがらは、人の生産につきめぐりて、たのみとする主もさだまらず、ここにあつまるかとすれば、その主のおこなひによりてたちまちかしこに走る。(中略)ときを得たらん人の倹約を守りつひえを省きてよく務めんにはおのづから家富み人服すべし。

（中文译文：话虽如此，然富贵之道有术，巧者易凑，不肖者易如瓦解。且我辈之人，附随人之生产，所附之主亦不固定。今日聚于此处，明日便因其主人之行为转走他处。……生而逢时之人恪守俭约，省吃俭用，勤务生产，自然家富，人亦心服。）

诚然，《乌宝传》和《贫福论》因为创作背景与意图的不同，在表现形式和思想上也有很大不同。比如《乌宝传》采用第三人称的形式，对纸币乌宝的描述也多使用贬义词，如"势力""好逸恶劳"等，而《贫福论》中对金钱的议论则是采用钱神与左内问答的形式，对于金钱性质的描述多出自钱神本人之口，对金钱的性质本身没有褒贬。如钱神本人所说，金钱与人不同，是一种"非情"之物，亦无所谓道德。不管对方是善是恶，只要谁肯珍惜它，它便会到谁那里去，即便对方是个十恶不赦之人。钱神自己也常常对自己总是聚集在那些"贪婪卑吝"的人家而感到郁愤不已，但是他又会平静地接受这个事实，因为他认为这是金钱之性所致。

《乌宝传》和《贫福论》因为创作的时代背景和写作形式不同，有以上这些不同之处。但是同时相似之处也是显而易见的，总结如下：

其一是金钱无情无德。两篇虽然在叙述上有褒贬之分，但是在无情和无德这一点上却是相似的。金钱只跟随那些重视它们的人，因此以清贫为乐的儒生（在江户时代的日本则是武士、儒者）常空谈道德——当然在上田秋成的语境中，也包含诸如本居宣长和松尾芭蕉等空谈风雅的"习字探韵"之人——他们以谈论金钱为耻，因此金钱亦不喜欢这类人。

其二是金钱居无定所，喜欢勤俭（有的甚至是卑吝）之人。《乌宝传》中提到乌宝的性格，指出乌宝"爱俭素，疾华侈"。起初乌宝聚集在一位朴素而吝啬的农民家中，后来因为这位农民的儿子生活侈靡，乌宝便离开了这位农民家，到了另外一位同样俭朴而吝啬的商人家中。在《贫福论》中，主人公左内勤俭持家，虽然他不同于一般的卑吝的恶人，但是在外人眼中他也是一个吝啬的守财奴。正因他的爱财之心，才感动了钱神，决定现身与他一叙。而关于金钱一族的性质，钱神也做出了如上文引用中 B 与 C 的描述。引文 C 中，钱神指出金钱一族多居无定所，只是随着人家的生产变动而流转，今天到东家明天便到西家。俭约之人自然能够得到财富。而引文 B 部分则提到，那些贪婪卑吝之人因为总是省吃俭用，所以金钱才自然而然地聚集到这些人的家中。因此，从两篇文章对金钱的性质的设定上来看，这两篇文章如出一辙。

其三说到金钱这个东西是清净的。《乌宝传》中的乌宝是纸币，由墨印刷而成，因此乌宝性贵清净，也因此不喜欢华丽，只喜欢简素。在《贫福论》中，如以上引文 A 之划线部分，钱神指出金钱（黄金）"深埋土中，湛灵泉，除不净，藏妙音"，提到金钱是一个清洁的东西（清よきもの）。关于钱与泉的关联，作为出典之一的《钱神论》中也有出现，是这样说的："钱之为言泉也！百姓日用，其源不匮。无远不往，无深不至"。按照《初学记》第二十六卷"钱第五"的解释，钱，"周官曰泉"，钱与泉古音相同，因此又将钱称为泉。这里只是指出钱之所以称为泉的原因，而并没有提到金钱的"清净"或者"清洁"。

以上主要从内容上分析了《贫福论》与《乌宝传》的相似性,而这些相似性在前辈学者指出的出典文献诸如《货殖列传》、《五杂组》和《剪灯新话》等作品中均不存在。

3.《乌宝传》在日本江户时代的传播——以上田秋成的视野为中心

那么,《乌宝传》在日本江户时代的传播情况又是怎样的呢?下面将从《乌宝传》的传播路径上考察《乌宝传》作为《贫福论》的出典的可能性。

元末明初的文人学者陶宗仪编纂的笔记《说郛》传入日本,对日本近世怪异小说和随笔的创作产生了很大的影响。而他编纂的《辍耕录》亦早早传入日本并被刊刻。据长泽规矩也的整理书目[4],现存《辍耕录》的和刻本刊刻时间最早的是承应元年(1652)刻本,由中野是谁刊刻[5]。而据其在《和刻本汉籍随笔集》中的"解题"中的介绍,《辍耕录》的明刊本——万历年间的云间王氏玉兰亭草堂刊本传入日本很多。除以上明刊本、和刻本之外,现存的还有江户末期的海保元备写本[6]。关于《辍耕录》在日本江户时代的传播和影响,目前还没有系统的研究,仅散见于一些论文和著作中。

日本近代作家冈本绮堂在其翻案小说《中国怪奇小说集 辍耕录》中也曾借小说中的人物之口,称陶宗仪的《辍耕录》很早便传入日本,对于日本人来说耳熟能详,其中的《飞云渡》和《阴德延寿》等故事成为落语的材料,其它故事也翻案到江户时代的小说中[7]。

江户中期的百科事典《类聚名物考》第 337 条中有对《辍耕录》的引用[8]。《类聚名物考》具体成立时间不详,但是其编者山冈浚明(1727—1780)是一个略比上田秋成年长、生活在同一个时代且有着相仿的生活环境与学习环境的国学者,曾师从贺茂真渊学习国学。前章已经重复说到,《雨月物语》出版于 1776 年,从时间上来说上田秋成有可能接触山冈浚明编撰的这个百科事典,且即便未曾接触,也充分可以推定山冈浚明引用的这本《辍耕录》是上田秋成视野内的读物。

铃木满曾经在考察两则落语的故事来源时,指出根岸镇卫(1737—1815)的奇异杂谈集《耳囊》中的《借阴德遁危难之事》(陰德危難を遁れし事)和青木鹭水(1658—1733)的浮世草子作品《古今堪忍记》卷一(1708)中的《买寿命之忍耐 堺之道顺看人相之事》(寿命を買堪忍堺の道顺人相を見し事,以下称《买寿命》)分别翻案于《辍耕录》第八卷的《飞云渡》和第十二卷的《阴德延寿》[9]。铃木满在其论文中仅指出以上两组小说在主题上的相似性,而其在内容和语言上的翻案痕迹也是非常明显的[10]。

据《日本庶民生活史料集成》所收《耳囊》的"解题"介绍,根岸镇卫在其任佐渡奉行期间(1784—1787)开始写作《耳囊》,而据其跋文介绍,整书收录了作者本人在天明四年(1784)到文化二年(1805)间所见所闻之事[11],而实际上正如本论中所述,书中所述奇异之事多有对中国笔记小说的翻案。《借阴德遁危难之事》所在的卷六中所记的故事以文化元年(1804)为下限。这一年,上田秋成写作《藤篓册子》,距《雨月物语》出版已有 30 年,虽然不能成为影响上田秋成创作《贫福论》的因素,但是从青木鹭水的《古今堪忍记》到《耳囊》这些与上田秋成同时代的文人学者的作品对《辍耕录》的翻案情况,亦可以推测出上田秋成的阅读环境。

《国史馆日录》[12]宽文八年二月十五日(1667)条中有对《辍耕录》的如下记载:"出

六义堂,入文库巡视而归寝,今日读渊明集四十叶,薄暮,春常谈曰,顷间见辍耕录,有邵玄同忍、默、恕、退四卦。"[13]

在《古义堂文库目录》[14]中亦有收录此书的书名,其上有伊藤仁斋之子伊藤东涯的题字。也可以说明此书在上田秋成创作《雨月物语》前后的儒者和文人当中有一定的阅读。

以上通过对上田秋成周边的文人学者的阅读环境的分析,说明上田秋成有充分可能接触到《辍耕录》。

4. 结语

《贫福论》是集中体现上田秋成的经济思想和义利观的一篇小说,其思想源于中国的诸多文献。在此当中,《货殖列传》是最重要的文献。但是,对上田秋成的创作产生影响的文献绝不止这些,尚有许多文献有待发掘。以明代文人编撰的各种文集为载体,中国的历代文献对上田秋成的创作产生了重要影响。本论文主要通过《乌宝传》与《贫福论》在内容上的相似性,以及以明初笔记《辍耕录》为载体进行传播的《乌宝传》在近世日本的传播和阅读情况进行了考察,发现无论从内容上来说,还是从上田秋成周边的知识环境以及《辍耕录》的传播方面来说,《乌宝传》作为《贫福论》的出典的可能性都是很大的。由于时间和资料所限,笔者并未找到《乌宝传》作为《贫福论》出典的决定性证据。但是,不管得证与否,《乌宝传》都将成为研究和解读《贫福论》的一个重要资料,并为学界进一步研究二者的影响关系打下一个基础。

注

[1]与瞿佑(1347—1433)生活在同一时代的元末著名文人,生于1305,卒于明初,代表作为《琵琶记》。传世诗文作品不多,散见于明清文人编撰的诗集、文集和笔记中。

[2]赵靖主编.《中国经济思想通史》.北京大学出版社,2002:1560-1564

[3]用字标点基本参照历代史料笔记丛刊《南村辍耕录》.中华书局,2004

[4]長澤規矩也.『和刻本漢籍分類目録』.汲古書院,1976:145

[5]早稻田大学附属图书馆藏古籍资料。第十三卷内封有藏书者书写的"王充论衡,命禄篇,故夫富贵若有神,助贫贱若有鬼祸"。第章曾经提到王充的命禄思想对上田秋成产生过很大的影响。在此因无法推定此文书写者为何人,仅在注中提出,仅供参考。虽无法证明二者的关系,亦可以说明王充的命禄思想在上田秋成的同时代的影响。

[6]东京大学综合图书馆藏古籍资料。

[7]『中国怪奇小説集』.光文社,1994

[8]参考南方熊楠『十二支考』所收「鼠に関する民俗と信念」(『南方熊楠全集』第一卷.平凡社,1971:596)

[9]鈴木満.「『輟耕録』から落語まで」『武蔵大学人文学会雑誌』第34卷第3号.2003:95-112

[10]关于内容的相似性和翻案痕迹,因与本论无关,仅作说明如下:《飞云渡》收录于《辍耕录》第八卷中,讲述了一个放荡不羁的少年被告知余寿不过三年。因自己将不久于人世,便不娶妻,不从事生产作业,仅仗义轻财。一日,他在船渡边看到一个因为丢失主人的珠子耳环而欲轻生的丫鬟,少年便说自己刚好捡到一个,并归还其主人。后来,少年又来到渡船处时,又遇见这个丫鬟。这个丫鬟被主人遣嫁给这附近的"梳剃者"。妇人(丫鬟)挽留其吃午饭,少年便没有坐船。

结果坐上船的人都葬身鱼腹。后来少年寿终正寝。《遁阴德危难之事》将少年改成武士,虽然没有的算命的情节,但是女子轻生的原因与后来武士得救的原委均与《飞云渡》如出一辙。《买寿命之忍耐 堺之道顺看人相之事》(其中道顺为人名)也基本敷衍《阴德延寿》的情节,有些语句亦近乎直译,如"君奇代の人なり。何として此秋死給はざりけるや"(公中秋胡不死)。

[11]『日本庶民生活史料集成』第十六巻. 奇談・紀聞. 三一書房. 1970
[12]《国史馆日录》为江户初期儒学者林鵞峰(林罗山之子)的日记,因奉幕府之命编撰本朝通鉴(日本历史),工作地点设置在其邸内,因此当时林邸又被称为国史馆,
[13]日本国立国会图书馆藏古籍资料影印电子版:『国史館日録』10(寛文八年正月至三月)。翻刻与标点符号为笔者加。
[14]天理図書館編集.『古義堂文庫目録』復刻版. 八木書店. 2005

参考文献
陶宗仪. 2004.《南村辍耕录》. 中华书局
赵靖主编. 2002.《中国经济思想通史》. 北京大学出版社
岡本綺堂. 1994.『中国怪奇小説集』. 光文社
鈴木満. . 2003.「『輟耕録』から落語まで」.『武蔵大学人文学会雑誌』第 34 卷第 3 号
谷川健一ほか. 1970.『日本庶民生活史料集成』. 第十六卷. 三一書房
南方熊楠. 1971.『南方熊楠全集』第一卷. 平凡社
天理図書館編集. 2005『古義堂文庫目録』復刻版. 八木書店
長澤規矩也. 1976.『和刻本漢籍分類目録』. 汲古書院
日本国立国会图书馆藏古籍资料影印电子版:『国史館日録』10(寛文八年正月至三月)

国木田独歩の初期散文小品「たき火」小論
──ワーズワースの詩「幼時を回想して不死を知る頌」との関連において

北京外国語大学　曲　莉

摘要：日本明治时期的作家国木田独步深受英国浪漫主义诗人威廉・华兹华斯（William Wordsworth, 1770—1850）的影响。晚年，虽被奉为日本自然主义文学的先驱，独步在接受《早稻田文学》的采访时，却毫不忌讳地坦言对自然主义的"无知"，并将触发自身文学创作灵感的源头一揽子地归溯于华兹华斯。

　　事实上，从文学思想到创作素材，华兹华斯对独步的影响是渗透于多方面的，值得深入研究和认真辨析。先行研究中，基于比较文学视野下的文本研究也是不乏珠玑之作，为我们继续开展相关研究夯实了基础。然而，我们也要注意到一个事实，那就是长期以来，相关研究对象过于拘囿于《春之鸟》等几篇中期作品，不仅大大局限了有关独步的华兹华斯受容的整体脉络的梳理与廓清，导致了不少重复性研究的出现，给人以"说完道尽"的滞塞感，而另一方面，一些初期的、同时也是与华兹华斯受容密切相关的重要作品却尚未得到发掘与考察。初期习作《焚火》就是其中的一篇。

　　本论文以《焚火》为考察对象，通过文本中的细节分析，探析其与华兹华斯的诗歌《不朽颂》的内在关联。并尝试从中对青年独步在从事文学创作活动伊始所抱怀的问题意识之雏形进行初步勾勒。

キーワード：ワーズワース　「幼時を回想して不死を知る頌」「源おぢ」

一

　　独歩文学においてワーズワース（William Wordsworth，1770—1850）は極めて重要な位置を占めており、晩年、「不可思議なる大自然（ワーヅワースの自然主義と余）」（『早稲田文学』1908年2月）において、独歩はこれまで辿ってきた行程を振り返りつつ、「徳川文学の感化も受けず、紅露二氏の影響も受けず、従来の我文壇とは殆ど全く没関係の着想、取扱、作風を以て余が製作も初めた事に就ては必ず其本源がなくてはならぬ。其本源は何であるかと自問して、余はワーヅワースに想到したのである」（『定本国木田独歩全集』（1978年、学習研究社）第1巻、539-540頁。以下、『全集』と略す）と語り、自らの文学の源流をワーズワースに求めているのである。

　　それゆえ、従来、比較文学・比較文化の視座から様々なアプローチが試みられ、多くの優れた成果が生み出されてきた。だがしかし、その一方で、考察の対象となるものがほとんど「春の鳥」（『女学世界』1904年3月）をはじめとするいくつかの中期

作品に集中している面もあり、独歩文学におけるワーズワース受容に関してはなおも考察が加えられてしかるべき作品が残されているように思われる。それらの作品を析出し、照明をあてることは、その後の展開の様相を含め、独歩におけるワーズワース受容の特質を把捉するには、重要な意味を持っているはずである。

本稿では、従来の研究で見落とされてきた、初期の習作「たき火」を対象に、その中にワーズワースの詩「幼時を回想して不死を知る頌」がどのように投影されているのかを浮き彫りにすることを目的とする。そのうえでさらに、その直後に書かれ、独歩の出発を飾る文壇処女作として知られている「源おぢ」(『文芸倶楽部』1897年8月)も同じく少年と老人のコンビに材をとる作品であることを念頭に置き、相似する人物の構図を持つ小品「たき火」に描かれている「童」と老翁の素材の配合がどのような意味を担っているのかを考えてみたい。そのような作業を通して、文学者への道を歩み出して行った時に、青年独歩が抱懐する問題関心の一端を窺い知れるのではないかと思うからである。

二

散文小品「たき火」は1896年11月21日の『国民之友』に発表されている。悲話の「源おぢ」とは異なり、こちらは逗子の海辺で童等がつけすてたたき火が、旅人の老翁をあたため、慰藉を与える物語である。

「たき火」と同一の題材を韻文に書き換えた[1]同名の叙事詩に「たき火」(『反省雑誌』1897年8月)がある。着眼点こそ違え[2]、滝藤満義と森本隆子はきめ細かな比較検討を通して、散文から韻文への改作が独歩に詩(厳密に言うと、新体詩)の限界を意識させたとし、「詩との訣別」[3]というラインで「源おぢ」の制作が行われたという興味深い見解を示している。

なお、小品「たき火」と小説「源おぢ」との関連について、「散文「たき火」の持っていた物語的要素」が「源おぢ」の「作品の母体となった」[4]とか、あるいは、「物言はぬ、笑はざる、歌はざる」老翁像には「源叔父像の萌芽すら窺えるだろう」[5]などといった指摘も見られるが、しかし、その一方で、小品「たき火」自体に関しては、習作という認識もあってか、その構成や手法を含め、文中の叙述に即した細部の検討はいまなお十分に行われているとはいえない。むろん、そのため、ワーズワースの詩からの影響も看過されたままなのである。

周知のように、独歩には、子供を主人公とする、いわゆる「少年もの」と言われる一連の作品があり、多種多様な子供の生態が活写されている。「たき火」に描かれている「童等」の遊戯の様子については、すでに指摘があるように、おそらく独歩が信子と逗子で新婚生活を過ごした頃に実際に目にしたものが題材になっているのであろう[6]が、しかし、独歩において、海辺で無心に遊ぶ子供像が取りあげられたのが、後にも先にも、散文「たき火」と同名の韻文「たき火」を含めた二作のみである事実は注意されなくてはならない。その形象には、あるいは、初期の習作だからこそ託しえた何か特別な作意があったのではないだろうか。

作品の主題について、北野昭彦に次のような指摘がある。

「たき火」は逗子海岸の永久の波に消されてゆくたき火の前に、人生苦を知らぬ「童等」と、人生の悲愁を背負った「旅の翁」とを対照させ、個々の人生の短命と、その短命の人生が世々代々流続してゆく人生悠久の流れとを、同時に象徴させたものと思われる[7]。

なるほど、たしかに人物造型や行動のいずれにおいても、「童等」と「旅の翁」とはあきらかな対照をなしている。だが、両者の関係が対照のみに尽きるかというと、少し疑問が残る。亀井雅司が指摘したように、韻文とは異なり、散文のほうでは翁の心が童の昔にかえり、「気力を取り戻す」[8]景状が描かれているからである。このことをふまえて、亀井はことさら「作品における童のもつ役割」に着目し、「童に託された意味とは、唄うことを抜きにしては考えがたい」[9]という見解を示した。「旅の翁」の再生のプロセスにおいて、「童」が重要な役割を果したという指摘には全く同感するが、しかし、「童に託された意味」は、果して「唄うこと」だけを前景化して説明してよいのだろうか。

「童等」が「節面白く唄ひ」出した前後の場面描写を改めて見てみたい。

此時、一人の童忽ち叫びていひけるは、見よや、見よや、伊豆の山の火早や見えそめたり、如何なればわれらが火は燃えざるぞと。童等は斉しく立あがりて沖の方を打まもりぬ。げに相模湾を隔てゝ、一点二点の火、鬼火かと怪しまるゝばかり、明滅し、動揺せり。これ正しく伊豆の山人、野火を放ちしなり。冬の旅人の日暮れて途遠きを思ふ時、遥かに望みて泣くは実に此火なり。

伊豆の山燃ゆ、伊豆の山燃ゆと、童等節面白く唄ひ、沖の方のみ見やりて手を拍ち、躍り狂へり。あはれ此罪なき声、かはたれ時の淋びしき浜に響きわたりぬ。私語く如き波音、入江の南の端より白き線立て、走り来り、これに和したり。潮は満ちそめぬ。
(『全集』第2巻、11頁)

「童等」が戯れて海浜で拾い集めた木片の類に火をつけたが、容易に燃えようとはしなかった。そのとき、「一人の童」が伊豆の山に野火が燃えているのを見かけ、他の「童等」に注意を促がした。「冬の旅人」を「泣」かせるまでの伊豆の野火だが、「唄」い、「手を拍」ち、「躍り狂へ」る、といった一連の身体表現に示されているように、「童等」は狂喜・雀躍の心情をもって眺めている。こうして「童等」の喜びが目ざましく写されているだけに、「旅人」との位相の差異が一層引き立つのである。「あはれ此罪なき声」という語り手のコメントが差し挟まれるのはその直後である。注意が必要なのは、「私語く如き波音、入江の南の端より白き線立て、走り来り、これに和したり」という叙景描写が続いて書かれていることである。波音が「童等」の歌声に感応し、両者の間に自然の意志疎通が成り立つさまが示唆されている。「童等」はここで究極的に、無垢の〈自然児〉として表象されていることが明白なのである。

このような「童等」の一日の遊びの終わりは、「此寒き日暮に何時までか浜に遊ぶ

ぞ」という母の呼ぶ声によって告げられている。境界の時間の「日暮」に「童等」が退場することは、無垢の世界の幕切れ、換言すれば、そこから別の世界への移り変わりが予感される。

三

「童等」が立ち去った後に、場面は大きく転換し、旅の風霜に染められた老翁がたき火を目がけて登場する。本来、全く相反する世界に属するはずの「童等」と旅人の老翁は、たき火をかすがいにして連絡を持つようになるのである[10]。

「火の奥を見つむる」旅人の老翁は想いを遠き昔に馳せ[11]、過去の炉辺の温暖との対比のなかで、「昔の火は楽しく、今の火は悲し」という感慨を漏らし、さすらう身の辛酸を嘆いた。ところが、その直後に、「あらず、あらず」という否定の連続によってその気持ちを打ち消し、「昔は昔、今は今、心地よき此火や」と、心機一転し、「今の火」を「心地よ」いものとして惜愛する意を示すようになるのである。

注意に値するのは、このような心情の変転に伴い、老翁の心底から感謝の気持ちが生起し、それをバネに、彼が「あゝ此火、誰が燃やしつる火ぞ、誰が為にとて、誰が燃しつるぞ」と、火のあるじについて思いをめぐらしたことである。「翁が心、今一たび童の昔にかへ」りといった叙述がその後に書かれていることから、おそらく、火のあるじのことを詮索するなかで、同じようなたき火遊びをしていた過去の幼年時代が思い起こされていたであろうことが察せられる。回想の装置を介して、「童の昔」と漂泊する「今」が、老翁の中で結びつけられていたのである。

その間に、「風なく波なく、さし来る潮の、しみじみと砂を浸す音を翁は眼閉ぢて聴きぬ」という描写が挟まれているのは興味深い。静謐のなかで目を閉じて内面の世界に向かう老人の姿が浮び上る。潮が砂を浸す音の聴取を通じて、前章で見た「罪なき」「童等」の歌声に「波音」が和するのと同じように、自然（海）との内的なコミュニケーションの成立、ないしはそれを経由した、見失われた無垢の世界への回帰が隠喩されている。「翁が心、今一たび童の昔にかへりぬ」という一文が現われているのもその直後のことなのである。

かくして、旅人の老翁が「童等」がつけ捨てたたき火を媒介にして過去の自分を回想し、そのことによって、心労を忘れ去り、再生を遂げていた。それが、無垢の表象として機能する「童等」の存在を究極の前提とするものであったことを見逃してはならない。「罪なき」歌声や、歓喜の挙動への言及が悉くその表象を際立たせるための装置である。旅人の老翁は、同領域にあった過去の幼年時代への回想を通して、無垢の霊的な世界と接点を持ち、再生の契機を手に入れたわけである。

生の気力を取り戻した老翁は再び旅の途についた。その後の海浜は「夜更け、潮み」ち、「童等が焼し火」も「旅の翁が足跡」もいつか「永久の波に消され」てしまったのである。「永久の波」を現前化しつつ、一篇を締めくくる余韻のある結び方である。

四

　「たき火」の素材について、滝藤満義に「無心な子供といい、人生に破れた旅の孤老といい、まさにワーズワス的、そして独歩的な素材の配合ではあった」[12]という指摘があるが、事実、この作品は人物形象のみならず、構想までもワーズワースに負うところが大きい。

　歓喜・無垢の表象とされる海辺で戯れる「童等」や、潮の音を聞き入ることによって隠喩される再生、そしてさらに「永久の波」。これらの趣向は、ワーズワースの「幼時を回想して不死を知る頌」(Ode: Intimations of Immortality from Recollections of Early Childhood)の次の一節を想起させる。

> Which neither listlessness, nor mad endeavour,
> 　Nor Man nor Boy,
> Nor all that is at enmity with joy,
> 　Can utterly abolish or destroy !
> 　　Hence, in a season of calm weather
> 　　Though inland far we be,
> Our Souls have sight of that immortal sea
> 　　Which brought us hither,
> Can in a moment travel thither,
> 　And see the Children sport upon the shore,
> 　And hear the mighty waters rolling evermore.　　（『全集』第8巻、571〜570頁）

　後年、独歩が編集・選訳したワーズワース詩集『自然の心』(1902年6月、小川尚栄堂)に、この詩が全文収録され、抜書きの上の個所について独歩はつぎのように意訳している。

> 余の感謝する処は少年の時の心事、自然の懐に向て歓呼したる狂喜のそれを回想する事足る也、吾人は今や陸地深く分け入りて不死の大海を遠くへだたりと雖も、此回想に依りて時々、彼の海浜に至り、曾て吾人がのこせし足跡を見る時を保て、而して永遠絶えざる大海の霊音を聞くことある也。

（『全集』第8巻、552頁。傍線、波線は引用者）

　この詩については、日記『欺かざるの記』にそれを高吟し、感慨に耽る叙述が何箇所にも記され、小説「牛肉と馬鈴薯」(『小天地』1901年11月)にもそこからの引用が見られるなど、独歩にとって特に感銘の深い一作であることがうかがわれる。

　傍線部を辿ると、「歓呼したる狂喜」に満ちた「少年の時」や、「不死の大海」への憧憬、さらには「永遠絶えざる大海の霊音を聞くこと」に象徴される再生のイメージなど、散文「たき火」と内容的に重なる部分が多いのである。

　それにくわえて、'And see the Children sport upon the shore'という一句の訳文

にあわせて留意しておく必要がある。波線に示されるように、独歩によって「曾て吾人がのこせし足跡[13]を見る」という訳があてられているのだが、字面通りにとれば、〈海辺で遊び戯れていた子供の頃〉と訳すべきである。河村民部が指摘したように、「ワーズワスが想像力を駆って回帰する世界は、不滅の海に遊び戯れている幼児の世界」[14]なのである。その世界はワーズワスにとって無垢の霊的なイメージの究極の表象にほかならない。

　回想によって〈海辺で遊び戯れていた子供頃〉を想起する設定、そして、「大海の霊音を聞くこと」に表象される不滅の海への回帰といった趣向においても、そのまま「たき火」の旅人の老翁の再生のプロセスに適用されている。「たき火」創出に、ワーズワスの「幼時を回想して不死を知る頌」への強い意識を見出してよいと思われる[15]。

　ところが、その一方で、「幼時を回想して不死を知る頌」は、詩人の想像力に働きかけ、「無垢の霊的な世界」に回帰させる契機が「牧童の歓呼」[16]に触発された結果としてあるのに対して、独歩が「たき火」において、回想の通路を火に設定している点は留意しておいてよいだろう。

五

　旅の孤老が火の奥を見つめる視線の向こう側に最初に映し出されているのが、漂泊の対立項である定住、つまり炉辺の幸福であったことを忘れてはならない。執拗なまでに繰り返される、皺を刻む旅人の風貌描写もさることながら、火の連想によって老翁の心底をも開示するなど、漂泊者としての境遇の辛酸が背後に色濃く揺曳しているのである。

　それに対応して、「翁が心」が「童の昔」に帰った瞬間、刹那にして「さすらふ旅の憂」すら忘れ去られていた、とあるように、旅人の老翁の再生には、精神の活気はもちろんのこと、漂泊の苦辛の洗滌・軽減の意思も含蓄されているのである。

　如上のごとく、この作品は、「幼時を回想して不死を知る頌」の世界をふまえつつも、再生の主体を旅人の老翁に設定しなおすなど、独歩が文学者として世に立つことを決意して以来、想定していた文学の表現対象である〈小民〉に視線を差し向け、人生の姿相を描出せんとする意欲が窺がわれる点において、その完成度とは別に、小品であるにもかかわらず、独歩の出発を考えるうえで看過できない重要な一作であると言わざるをえない。

　母の「帰らずや、帰らずや」の呼び声に催促されて、「童等」はたき火を打ち捨て、「一斉に砂山の麓なる家路の方へ馳せ下」った。自然児としての相貌をどこまでも際立たせる一方、「童等」の背後にある〈家〉の存在をもさりげなく示唆する語りの操作は興味を引く。「旅の翁」の眼底に一瞬浮び上る炉辺の幸福の映像とあわせ、若き独歩の問題意識の一端をのぞかせる。抽象化された相貌しか与えられていない〈家〉、〈炉辺の幸福〉だが、その後の「源おぢ」においては、それらにまつわる葛藤が具体的に紡ぎ出されて行ったのである。

注

[1] ジャンルを異にするこの二つの作品の製作順については、従来、詩のほうが先に出来た(たとえば、笹淵友一『「文学界」とその時代 下』(1960年3月、明治書院)、北野昭彦「「源おぢ」―作家主体の形成と処女作の定着化―」(同氏著『国木田独歩「忘れえぬ人々」論他』(1981年1月、桜楓社))という意見があるが、それに対して、滝藤満義(「二つの『たき火』」(初出は『国語と国文学』(1975年8月)、のち同氏著『国木田独歩論』(1986年5月、塙書房)所収。その際に「二つの「たき火」―詩から散文へ―」と改題)は作品内の言説に即してきめ細かい比較検討を通して、詩が散文からの書き換えであり、散文のほうが先に制作されていたという見解を打ち出している。本稿は滝藤の見解に賛同する。

[2] 滝藤満義「二つの「たき火」―詩から散文へ―」(前掲)は、韻文「たき火」が「伝統的な詩美、詩語意識から自由でなくなった」(94頁)という見地から、「独歩の自らの「詩」への意欲を、彼の新体詩は決して満足させなかったと言わねばならない。要するに、彼の「詩」が真のオリジナリティーを持つには、新体詩という形式を離れて散文によるしかなかった」(同前)と指摘した。いっぽう、森本隆子「『源おぢ』論―独歩をめぐる風景論の端緒として―」(『叙説』1986年10月)は、「美的風物のもつ欺瞞性」(67頁)を問題にし、「〈物語詩〉では捉えきれぬ小民の他者性が、漸く作家独歩の視野に浮上してきた」(69頁)という観点に立ち、「源おぢ」冒頭に現われる、最後の一節を欠く教師の詩を、「詩は小説の一部に置かれ、美的風物の限界性が容赦なく暴き出される」(同前)ものとして解している。

[3] 森本隆子「『源おぢ』論―独歩をめぐる風景論の端緒として―」(前掲)、67頁。

[4] 滝藤満義「二つの「たき火」―詩から散文へ―」(前掲)、95頁。

[5] 森本隆子「『源おぢ』論―独歩をめぐる風景論の端緒として―」(前掲)、68頁。

[6] 滝藤満義「二つの「たき火」―詩から散文へ―」(前掲)、83頁。

[7] 北野昭彦「「源おぢ」―作家主体の形成と処女作の定着化―」(前掲)、38頁。

[8] 亀井雅司「国木田独歩の出発―その「方法」を中心に―」(『光華女子大学研究紀要』1985年12月)、12頁。

[9] 同上、14頁。

[10] この点に関連して、子供達のたき火遊びを「彼らが一団となって演ずる儀式」(88頁)と捉える滝藤満義「二つの「たき火」―詩から散文へ―」(前掲)は、「火は人と人とを結びつける。子供らの火遊びは、彼らの意識すると否とにかかわらず、彼らの仲間意識を確認し強めるための儀式の側面を持っていた」(97頁)と解したうえで、「さらにこの火の力が、作者の想像力に働きかけ、子供らを、もう一人の人物、即ち、炉辺の幸福を、おそらくは近代化の波によって奪い去られた一人の孤独な老翁に結びつけるのである」(同前)という意見を示した。

[11] 火が人間を遠き昔の思いに誘う設定について、持田叙子「明治三十年における"翁"の意義―「源おぢ」を一つの軸として―」(『国学院大学大学院紀要』1993年3月)は、それをツルゲーネフの影響であるとし、「たとえば、柳田国男が推賞し、独歩の詩・小説「たき火」(明29)にもおそらく一つの影響を与えているツルゲーネフ「ベージンの野」(『猟人日記』)は、火に、人間を原初の世界へと回帰させる力を感受するものとして印象深い」(注(16)、309頁)と指摘した。

[12] 滝藤満義「二つの「たき火」―詩から散文へ―」(前掲)、89頁。

[13] 実際に、独歩によって与えられた「曾て吾人がのこせし足跡を見る」という訳文も、「たき火」結末に現われる「永久の波に消され」てしまう「旅の翁が足跡」の叙述と相通じるものがあ

り、「たき火」の構想の源流がどこにあるのかをよく示している。

[14] 河村民部『詩から小説へ：ワーズワスとロマン派の末裔』(2008 年 10 月、英宝社)、37 頁。

[15]「たき火」の材源について、岩崎文人「「源叔父」成立考─〈老翁〉の物語─」(『近代文学試論』1992 年 12 月)に、「ついでに記せば、「国民之友」第百五号付録(明 24・1)に載った無名氏「九十九の嫗」は、「乞食と落ちぶれた」「嫗」が夕刻「千鳥の声さびしき浦をさまよい、「子供」の姿をさがしつつ往時をしのぶ、といった内容の叙事詩であるが、「たき火」との類縁性が指摘できる。「たき火」創出に、あるいはひろく独歩の〈老翁老嫗〉への関心に関わりがあるのかもしれない」(注 20、13 頁)という指摘がある。

[16]「今は鳥なき山羊踊ると雖も我独座して一片の憂愁なき能はず、然るに実然牧童の歓呼を聞き心頓に一変し歓胸に満ちぬといふ意味なり。(即ち詩人自ら幼時を廻想せし也)」(『自然の心』、『全集』第 8 巻、553 頁)。

参考文献

河村民部. 2008.『詩から小説へ：ワーズワスとロマン派の末裔』. 英宝社

笹淵友一. 1960.『「文学界」とその時代 下』. 明治書院

岩崎文人. 1992.「「源叔父」成立考─〈老翁〉の物語─」.『近代文学試論』(30). 1-13

亀井雅司. 1985.「国木田独歩の出発─その「方法」を中心に─」.『光華女子大学研究紀要』(23). 1-25

北野昭彦. 1981.「「源おぢ」─作家主体の形成と処女作の定着化─」. 同氏著『国木田独歩「忘れえぬ人々」論他』. 桜楓社

持田叙子. 1993.「明治三十年における"翁"の意義─「源おぢ」を一つの軸として─」『国学院大学大学院紀要』(24). 291-309

滝藤満義. 1975.「二つの『たき火』」(初出は『国語と国文学』52(8). 44-58、のち同氏著『国木田独歩論』(1986 年 5 月、塙書房)所収。その際に「二つの「たき火」─詩から散文へ─」と改題)

森本隆子. 1986.「『源おぢ』論─独歩をめぐる風景論の端緒として─」.『叙説』(13). 62-82

「前世夢告夢」の変遷
——『日本霊異記』から『今昔物語集』へ

北京日本学研究中心　趙季玉

摘要："梦"在日本佛教"说话"文学里最早见之于平安时代初期成立的《日本灵异记》。该书中共收录了116则故事，其中梦故事共11例。除此之外，中・41、下・25、下・29这三处仅仅是出现了"梦"这个词，故事中并没有记述做梦的内容，而是将梦作为一种比喻的修辞方式。笔者通过分析该作品中的11例梦故事，将其分为三类，即："前世梦告梦""表相梦""感应梦"。所谓"前世梦告梦"，顾名思义即梦中被告知前世的梦。众所周知，《今昔物语集》在编撰的过程中，受到了《日本灵异记》的很大影响。观察"前世梦告梦"，不难发现，其中的绝大部分故事几乎都被《今昔物语集》继承改编了。因此，本文试以《日本灵异记》中的"前世梦告梦"为对象，主要是将其与同为佛教"说话"的《今昔物语集》本朝佛法部中的相关故事中的梦记述做对比，揭示两者在记述此类梦时的异同，探讨这些故事中的梦在被继承的过程中发生了怎样的变化。

キーワード：前世夢告夢　日本霊異記　今昔物語集　仏教説话

1. はじめに

「前世夢告夢」[1]とは、前世のことを知るきっかけとなる夢である。『日本霊異記』（以下『霊異記』と略称する）でこのような夢が、上・18、中・15、中・32、下・16、下・24、下・26と十一例の中で六例を占める。その夢の内容を引用すると、以下の如くである。

①汝昔先身、生在伊予国別郡日下部猿之子。時汝成誦法華経、而灯焼一文不得誦。今往見之」　　　　　　　　　　　　　　　　　　　　　　　上・18
②牸来至、告言、「我、此家長公母也…先世盗用子物。所以今受牛身、以償其債」
　　　　　　　　　　　　　　　　　　　　　　　　　　　　　　　　　中・15
③吾先是、寺薬分之酒貸用二斗、未償以死。所以今受牛身、而償酒債故、役使耳」
　　　　　　　　　　　　　　　　　　　　　　　　　　　　　　　　　中・32
④先由幼子餓乳之罪、今受乳張病之報。　　　　　　　　　　　　　　　下・16
⑤人語言、「為我読経」。……後生受此獼猿身。　　　　　　　　　　　下・24
⑥羅王闕所召…応得現報今示汝耳　　　　　　　　　　　　　　　　　下・26

「先」や「先世」は前世のことである。これらの説話はいずれも過去・現在・未来の三世にわたって因果の法則に支配されたものである。このうち、下・16と下・24は『今昔物語集』（以下、『今昔』と略称す）に受け継がれていないので、検討

範囲に入れないことにする。そして、巻一二・25は中・15を、巻二　・22は中・32を出典としている。両話を見ると、その内容は原典と全く同じで、構造や言葉の表現などには脚色が無いといっても過言ではない。奇譚としてそのまま取り上げるだけで、十分に読ませる話なので、脚色の要がそれほどなかったからであろうか。これに反して、類話——『今昔』巻一四・12と『霊異記』上・18——のほうが、記述に変化が生じており、両作品の編者の夢に対する認識と記述のしかたの相違が歴然としてみえる。従って、本稿において、『霊異記』中・15と中・32を省略し、まず、具体的に『霊異記』上・18と『今昔』巻一四・12とを比較し、『霊異記』上・18と『今昔』巻一四・12における二つの夢の相違を見出すことを試みる。そして、下・26は田中真人広虫女の臨終の夢に、現世の罪が地獄で示される話である。「現報」は現世の業の報いを現世で受けることである上に『霊異記』で数多く語られる冥土から甦る「蘇生説話」と類似するところが多いので、別に「蘇生夢」として第二節で考察する。

2.『霊異記』上・18から『今昔』巻一四・12へ

2.1　夢見の場と儀式

　上・18「法花経を憶持し、現報もて奇しき表を示しし縁」の内容は以下のようなものである。丹治比の氏の持経者が法華経を誦ずるにただ一字のみ暗唱することができず、そのために観音悔過を行った。夢の中である人に「汝、昔、先の身は、生れて伊予国別郡の日下部の猿の子に在りき。時に汝、法華経を誦ずることを成せども、而も灯に一文焼かれ誦ずること得ざりき。今往きて之を見よ」と教えられることによって前世の父母と実際に邂逅し、一字だけ憶えられなかった原因も明らかとなった、という話である。

　この説話について、『冥報記』巻中・崔彦武説話も法華経の一部を焼失すること、生まれ変わってその部分が覚えられないという点で、この説話と類似するが、話の経緯がだいぶ異なるので、比較する範囲に入れない。これ以外、上・18と類似するとされる説話は、『弘賛法華伝』巻九[2]、『今昔』巻一四・12と『法華験記』上・31[3]、三話である。四話ともに、『法華経』の一部分を暗誦できなかった僧が、夢告に従って字を覚えられない原因が明かされ、前世の父母に再会した話である。『法華験記』と『今昔』の説話の記しかたは、大体『霊異記』と類似するので、全話の引用は省略し[4]、ここで『弘賛法華伝』の話だけを引用する。

> 新羅国。有金果毅。生一男子。従小出家。樂読法華経。至第二巻。誤焼一字。年十八。忽従夭喪。還生別處金果毅家。又得出家。即偏愛讀法華経。至第二巻。毎於一字。随問随忘。夢有人告小師前生。向某卿某金果毅家生。亦得出家。在彼生時読誦法華経。誤焼一字。是以。今生随得忘。彼舊經現存。往彼自看。此小師。依夢向彼尋覓。果得其家。（後略）[5]

『弘賛法華伝』では過去から現在へと時間の流れに随って話が進んでいるのに対

し、『霊異記』と『法華験記』『今昔』の三話は現在から過去へと話が遡及している点が異なる。しかし、『弘賛法華伝』と『霊異記』『法華験記』『今昔』の三話には共通するところが多くみられることは否めない。「誤って文字を焼いてしまう点」「夢に現れた人により前生との因縁を知る点」「前生の父母と再会する点」などである。上述した内容から、この系列の説話は普通以下の要素からなっている。つまり、①法華経を熱心に誦経する人がいた→②法華経の中の文字をどうしても覚えることが出来ず、観音に祈る（弘賛法華伝にはない）→③夢の中のお告げで、前生からの因縁を知る→④前生からの因縁を確認するため、前生で過ごしていたところへ訪れる→⑤前生と現世の四人の父母に孝養した→⑥教訓部、である。この中で本稿に関連する夢部分の記述を見てみよう。

表1　夢を見る前の観音悔過

『弘賛法華伝』巻第九	『霊異記』上・18	『法華験記』上・31	『今昔物語集』巻一四・12
即偏愛讀法華経。至第二巻。毎於一字。随閒随忘。	竟唯一字不得存。至于廿有余歳猶難得持。因観音以悔過	唯於方便品比丘偈。二字廃忘不被通利。数年之間雖加練習。於此二字摠不憶持。永亡已失。向経文時即明了知。離経誦時更不憶持。毎至于此処歎罪根重。願得憶念。遂廻思願。参長谷寺。七日籠居祈願此事。大悲観音令我憶念経二字。	方便品ノ比丘偈ニ二字ヲ忘レテ不思エ。年来、心ヲ尽クシテ思エズ、其ノ二字忘レテ遂ニ不思エズ。経ニ向ヒ奉ル時ニハ思ユ、経ヲ離レテハ忘レヌ。然レバ、誦スル度毎ニ、此ノ所ニ成テ、我ガ身ノ罪性ノ深キ事ヲ歎テ思ハク、「忘レ給ハバ、他ノ所々モ可忘給キニ、此ノ二字ニ限テ忘レ給フハ必ズ様有ラム」ト思テ、長谷寺ニ参テ七日籠テ、観音ニ申ス様、「願ハク、大悲観世音、我ニ此ノ二字ノ文思エさせ給ヘ」ト祈請スルニ

　この表から二つの相違があげられる。一つは、太字で示している「長谷寺」の部分である。もう一つは下線部で示している夢をみる前の夢見手の行為である。

2.1.1　霊場参詣勧進

　まず、長谷寺の部分についてみてみよう。

　『霊異記』では特定の寺院の観音ではなかったのに対し、『法華験記』と『今昔』では「長谷寺」の観音と特定される。即ち、『霊異記』上・18と『今昔』巻一四・12の場合、寺院の明記されない「因観音以悔過」から「長谷寺ニ参テ七日籠テ、観音ニ申ス様」へと変わる。この「長谷寺」は、『法華験記』でこの話以外、上・26、中・60、中・80の三話に登場する。『今昔』でその数が更に増す。

　『法華験記』と『今昔』で「長谷寺」のように具体的な寺院の名前が明記されることの背後に、当時流行した「霊場参詣勧進」のことが想起される。霊場参詣とは、「特定の寺院や特定の仏像などの特別の霊験があると信じて、その霊験利益にあずかろうと人々が参詣する」[6]ことである。「参詣」について、『国史大辞典』で、「社寺参詣の風習は平安時代初期に、入唐僧が大陸で各地の名山霊蹟を巡拝し、紀行文を残した影響で生じたものであろう。また平安遷都後も、奈良仏教は依然として盛んであっ

たので、都の人々が南都七大寺詣でに赴く風習を生じた」[7]とあるように、奈良時代から平安初期に至る間の仏教界の主流は、いわゆる鎮護国家に代表される現世利益の希求にあった。そこで造像・写経・読経などを行うのが一般的で、特定の寺院、特定の仏像に特殊な霊験があるとして参詣した例は、ほとんど求めることができない。護国経典の読誦も、中央の諸大寺、地方の国分寺などに一律に課されるのが普通であるから、『霊異記』では特定の寺院の名前が出現することもあるが、強調してそこへの参詣を勧める例が見られない。

ところが、九世紀の中ごろから、従来の寺院体制や寺の格式とは別に、建立の由来や本尊や立地条件などから特に霊験ありとされる寺院、即ち「霊験寺院」とか「霊場」と呼ばれる寺院の比重が、国家仏教の中でも大きなものになる。こうした霊験寺院の代表が、後に観音霊場として知られる長谷寺などである。即ち、『霊異記』以前の観音の霊験は経典などが説く観音の霊験一般に対する信仰であるのに対し、平安時代の観音霊場信仰とは、特定の寺院の本尊が有する霊験に対する信仰である。例えば、『今昔』は、『霊異記』の「孤の嬢女、観音の銅像に憑り敬ひ、奇しき表を示して、現報を得る縁」（中・34）を、「殖槻寺ノ観音、貧シキ女ヲ助ケ給ヘル語」（巻一六・8）と改題している。話の筋は大差ないが、『霊異記』では文中に出てくる殖槻寺を、『今昔』は表題に出す[8]ことによって、一編の要旨を観音銅像の霊験説話から、殖槻寺本尊の霊験説話に転換しているのである。しかも『今昔』は説話の最後に、「亦、其ノ観音、今ニ其ノ寺ニ在マス。人必ズ参テ可礼奉観音也トナム語リ伝ヘタルトヤ」と、『霊異記』にはない殖槻寺参詣を進める一文を加えて結びとしている。

片寄正義は、早くから『今昔』の説話が唱導に利用されている事実を指摘している。ここで長谷寺がはっきりと記され、夢の霊異性と合わせて、編者のこの寺への参詣を勧める姿は見られる。つまり、夢譚は特定の寺院との関係がいっそう強化され、仏教唱導の中に浸透していった。

2.1.2　参籠の定型化

次に下線部を見ると、夢を見る前の主人公の行為、即ち夢見の儀式についての描写が明らかに異なっている。それが、夢見の儀式なし→「因観音以悔過」→「参長谷寺。七日籠居祈願此事。大悲観音令我憶念経二字」→「長谷寺ニ参テ七日籠テ、観音ニ申ス様、『願ハク、大悲観世音、我ニ此ノ二字ノ文思エサせ給ヘ』ト祈請」へと発展していく。

『霊異記』上・18における悔過とは「仏等の前に於て自ら身口意業の罪過を懺悔し、以て福利を得んことを求む行事」[9]である。説話上の展開からすれば、この夢が観音悔過を因として結果した夢であることは間違いないであろう。そして、『法華験記』上・31と『今昔』巻一四・12では僧が夢を見る前に、長谷寺に七日籠って観音に祈願し、七日目の夜に夢を得る。しかし、その行動はやかり違っていた。

『霊異記』で夢見の儀式のある話は、この説話以外、中・13と下・38が挙げられる。その行動を引用すると、次の如くである。

ア、睨之天女像而生愛欲……毎六時願云……優婆塞夢見婚天女像、(後略)
　　之の天女の像に睨ちて愛欲を生じ…六時毎に願ひて云ひしく…優婆塞、夢に天女の像に婚ふと見て(後略)
　　　　　　　　　　　　　　　　　　　　　　　　　　　　　　　　　　中・13
　　イ、僧景戒、発慚愧心、憂愁嗟言、「嗚呼恥哉希哉。…(中略)…鄙哉我心。微哉我行」。然而寝之子時夢見。乞食者来於景戒家、(後略)
　　僧景戒、慚愧の心を発し、憂愁へ嗟キテ言はく、「嗚呼恥しきかな、希しきかな…(中略)…鄙なるかな我が心。微しきかな我が行」といふ。然して寝テアル子の時に、夢に見る。乞食者、景戒が家に来りて(後略)下・38

「六時毎に願」うとか、「慚愧の心を発し、憂愁へ嗟」くとかは夢見の儀式であるが、夢を見る前にただ願ったり慚愧の心を発したりするだけで、夢を見るための苦行が見られない。そして、夢を見るための儀式が発願や「懺悔」、「悔過」など各々で定型化されていない。ここで、丹治比の持経者の悔過や優婆塞の観音祈願、景戒の慚愧などの行為において、仏教の正統的儀礼体系の中に位置を占める悔過の行が夢と結びついていく過程を反映したところに積極的な意義をもっているが、『霊異記』での「夢見の儀式が仏教的に定式化されてゆく萌芽の現れ」[10]の状態にある。

そして、『今昔』では、巻一四・12から第18話まで、いずれも『法華経』の一部を暗唱できなかった持経者が、夢告によって前世の因縁を知るという類話である。この七話における夢を見るための儀式は以下のようである。

　　覚念此ヲ歎テ悲ムデ、三宝ニ祈リ申シテ、此ノ三行ノ文誦セム事ヲ願フニ、覚念夢ニ、気高ク貴キ老僧来テ……　　　　　　　　　　　　　巻一四・13
　　此ノ事ヲ三宝ニ祈請ジテ思エム事ヲ願フニ、行範、夢ニ、貴キ僧来テ告テ云ク……　　　　　　　　　　　　　　　　　　　　　　　　　巻一四・14
　　立山、白山ニ参テ祈請ズ。亦、国々ノ霊験所ニ参テ祈リ申スニ、尚不思エズ。而ル間ニ、海蓮夢ニ、菩薩ノ形ナル人来テ、海蓮ニ告テ云ク……　　巻一四・15
　　一夏九旬ノ間、普賢ノ御前ニシテ難行苦行シテ、此ノ事ヲ祈請フ。一夏過ヌル間ニ、蓮尊夢ニ天童来テ、蓮尊ニ告テ云ク……　　　　　　　巻一四・16
　　転乗蔵王ノ御前ニ参テ、一夏九十日ノ間籠テ、六時ニ閼伽、香炉、灯ヲ供シテ、毎夜ニ三千反ノ礼拝ヲ奉リテ、此ノ二巻ノ経ヲ思エム事ヲ祈請フ。安居ノ畢ノ比ニ成テ、転乗夢ニ竜ノ冠シタル夜叉行人…転乗ニ告テ云ク……　　　巻一四・17
　　(第一の夢)稲荷ニ参テ、百日籠テ祈請ズルニ、其ノ験無シ。長谷寺、金峰山ニ、各一夏ノ間籠テ祈請ズルニ、亦其験無シ。熊野ニ参テ百日籠テ此ノ事ヲ祈請ズルニ、夢ニ示シテ宣ハク……
　　(第二の夢)住吉ニ参テ百日籠テ此ノ事ヲ祈請ズルニ、夢ニ明神告テ宣ハク…
　　(第三の夢)一夏ノ間、心ヲ至シテ此ノ事ヲ祈請ズルニ、夢ニ、大口菩薩告テ宣ハク……　　　　　　　　　　　　　　　　　　　　　　　　　巻一四・18

この類の夢以外にも、「其ノ由ヲ夢ニ示シ給ヘ」と長谷観音に祈願した貧しき青侍(巻一六・28)や、地蔵菩薩像を前に「今夜必ズ夢ノ中ニ示シ給ヘ」と祈った郎等藤二

(巻一七・5)の言葉にみるごとく、夢を積極的に求める行為は『今昔』でしばしば見られる。そして夢を得るために、「七日七夜祈リ申スニ、夢ニ」(巻一一・13)、「心ヲ至シテ三七日ノ間、三時ニ懺法ヲ行フニ、夢ニ」(巻一二・33)、「葛川ト云フ所ニ籠テ修行スル僧有ケリ。穀ヲ断テ菜ヲ食テ、慇ニ行テ月来ヲ経ル間ニ、夢ニ」(巻一三・2)などのように、ある一定の日時(七日、百日)にわたって霊験のある長谷寺などの社寺に宿泊し不浄をさけて神仏と同居し、身を清めて祈願生活をする儀式が必要であった。いわゆる参籠である。

　参籠は日常的生活から離れた特別な宗教的時間を持つことに意味がある。その期間として、前掲した七話に示したように、七日、三七日、或いは百日またそれ以上の時間を要する場合もある。場所として選ばれるのは多数の人々から霊験あらたかな所である。中では長谷寺・清水寺・石山寺は特に参籠者が多かった。参籠した結果、夢告は常に深夜或いは夜明け前のまどろみの時に得られる。夜中の激しい祈りは宗教的空間の中で極限に達し、うつ臥してのまどろみの中で、最終的な祈願の応えが得られるのである。更に、巻一四・18のように、若し参籠の願いに応じない証果(夢告・しるし)が得られない場合はさらにこの期間の延長がなされる場合もあれば、参籠の場を退去して後、夢告や「しるし」を手にする場合もある。例えば、巻一六・18「石山観音為利人付和歌末語」は近江国の郡司が国司から封印した文箱の中に和歌の上の句を入れ、下の句をつけるよう難題を出された。郡司は石山寺に詣で「一夜籠レルニ、夢ヲダニ不見ズ」となり、家に還る途中、通りがかった女に下の句を教えてもらう話である。中には特別な存在として、巻一六・28のわらしべ長者の話のように、始め青侍は長谷観音に詣でて、「若シ、自然ラ少シノ便リヲモ可与給クハ、其ノ由ヲ夢ニ示シ給ヘ。不然ラム限リハ更ニ不ニ罷出ジ」と祈る。少しでも何かいただけるならばそのことを夢で示して下さい。それまではここから出て行かない、と夢を得るために観音を脅迫する話があったのである。

　以上の内容を整理してみると、次のようになる。『今昔』本朝仏法部で夢を求める場合、必ず参籠する行為が見られる。この「単に個人の偶発的な行為、体験としてではなく、当時の宗教界全体の合意、或いは制度・組織の中で仕組まれ装置された行為、行動」[11]が『法華験記』などの説話集を経て、『今昔』本朝仏法部に至って、霊験あらたかな場所に七日、三七日籠って夢見を求める、と定型化されるようになる。

2.2　夢中見仏

　先「1 夢見の場と儀式」で指摘したこの系列の説話を構成する要素の③、即ち「夢の中のお告げで、前生からの因縁を知る」という部分で、表2の二重下線で示しているように、夢告者の身分が違っている。つまり、「有人」→「有人」→「老僧」→「老僧」へと変わる。同じ老僧といっても、『法華験記』では「比丘我以方便令汝憶持経中二字。当為汝説。亡失二字宿世因縁也」とあるのに対し、『今昔』では「我レ汝ガ願フ所ノ経ニ二字ヲ暗ニ令思メム。亦、此ノ二字ヲ汝ガ忘ルル故ヲ説テ令聞メム」と書き換える。即ち、比丘の代わりに出現する『法華験記』の老僧は老僧そのもので、『今

昔』のその老僧が比丘の化身であると考えられる。この「有人」(『霊異記』)→「老僧」(『法華験記』)→「仏・菩薩」(『今昔』)の変遷は夢見の儀式「参籠の定型化」を論じるところで引用した七話(波線で示したところ)にも見られる。

表2　夢見における夢告者

『弘賛法華伝』巻第九	『霊異記』上・18	『法華験記』上・31	『今昔物語集』巻一四・12
夢有人告小師前生。向某卿某金果毅家生。亦得出家。在彼生時読誦法華経。誤焼一字。是以。今生随得忘。彼舊經現存。往彼自看。此小師。依夢向彼尋覓。果得其家。	于時夢見、有人曰「汝昔先身、生在伊予国別郡日下部猿之子。時汝成誦法華経、而燈焼一文不得誦、今往見之」。従夢醒驚而思怪之、白其親曰、「忽縁事欲往伊予」。	又過七日已夢。従御前帳裏老僧出来言。比丘我以方便令汝憶持経中二字。当為汝説。亡失二字宿世因縁也。前生播磨国賀茂郡人也。汝父母皆今在彼国。前生汝読誦法華時。向火読経。逆火星到焼経二字。汝不書補彼二字。故今生読経亡失二字。其経現在。汝行播磨。拝本持経。書付二字。可懺宿業。夢覚已後二字明了。更不廃忘。為知虚実。往播磨郡賀茂郡。	七日卜云フ夜ノ暁ニ、恵増夢ニ、御帳ノ内ヨリ老僧出来テ、恵増ニ告テ宣ハク。「我レ汝ガ願フ所ノ経ニ二字ヲ暗ニ令思メム。亦、此ノ二字ヲ汝ガ忘ルル故ヲ説テ令聞メム。汝ハ此レニ世ノ人也。前生ニハ、……汝ヂ、前生ニ、其ノ所ニシテ僧ト有シニ、火ニヨリテ法花経第一巻ヲ読誦セシニ、其ノ火走テ経ノ二字ニ当テ、其ノ二字焼ニキ。汝ヂ其ノ二字ヲ不書綴ズシテ死ニキ。其ノ故ニ、今生ニ経ヲ誦スト云ヘドモ、其ノ二字忘レテ不思ザル也。其ノ経ヲ今彼ノ所ニ御ス。汝ヂ速ニ彼ノ国ニ行テ、其ノ経ヲ礼テ二字ヲ書綴テ、宿業ヲ可懺悔シ」ト宣フ、ト見テ夢覚ヌ。其ノ後、経ヲ誦スルニ、其ノ二字暗ニ思エテ不忘ズ、恵増喜テ、観音ヲ礼拝シテ醍醐ニ返ヌ。而ルニ、前世ノ事知マホシク思エテ、夢ノ告ニ随テ、忽ニ播磨ノ国、賀古ノ郡ノ□ノ郷ニ行ヌ。

つまり、『霊異記』から『今昔』へ夢告者が俗人から仏・菩薩などへと変わっていく。この類の話以外でも、『霊異記』の夢告者は身分不明の三例を除いて、普通の人間(女・人など)もしくは動物正確に言えば牛である。これに反し、「夢ノ中ニ観音来給テ」(巻一二・32)、(三宝ニ祈リ申シテ、此三行ノ文誦セム事ヲ願メフニ)、「気高ク貴キ老僧」(巻一四・13)、(立山、白山ニ参テ祈請ズ。亦、国々ノ霊験所ニ参テ祈リ申スニ)「菩薩ノ形ナル人」(巻一四・15)などのように、『今昔』本朝仏法部において夢告者の81%が観音菩薩、地蔵菩薩など菩薩・仏である。これは仏教の発展に伴って仏教者も記紀の神のような超能力を持つようになり、夢の発信者となりえたのであろうと推測できる。が、もっと重要なのは浄土思想の一つである「夢中見仏」の影響が考えられる。

「夢中見仏」とは三昧定において一心に集中した状態の余勢が睡眠中に継続し、その結果、夢の中での見仏を成立させるというものである。これは『般舟三昧経』にある経論である。『般舟三昧経』は大乗仏教の初期に成立した経典の一つであり、阿弥陀仏を説いた天台をはじめ、中国や日本の浄土教で重視された現存最古の仏典である。それが中国に入っては、一定期間の間昼夜を問わず阿弥陀仏の名号を称えつづけ、心にその形姿を観じながら、阿弥陀像のまわりを周行するという「常行三昧」の体系が作られた。それが成就すると、三昧定に入った修行者の目の当たりに仏や菩

薩の姿が現前してくる。いわゆる「定中見仏」である。『般舟三昧経』は更に三昧行を終えた後の睡眠中に仏や菩薩の形姿が見えた場合も重視する。即ち「夢中見仏」である。夢中で仏を見るのも、自分の修行が成就することを意味する。日本では円仁が八五一年常行三昧堂を建ててこの行を修する。『三宝絵詞』に「念仏は慈覚大師（円仁）のもろこしより伝て、貞観七（八六五）年より始め行へるなり。四種三昧の中には常行三昧と名づく」[12]とあるように、普通これが比叡山における浄土思想の始まりとされる。そして、『浄居天子会』は夢見を修行の一環として積極的に位置づけようとした[13]。

こういう浄土思想の流行に伴い、夢の中で仏を見るのは吉祥事であり、修行の一環であるから、『今昔』本朝仏法部ではまだ明恵の『夢記』のように夢見の内容によって修行の程度を判断する夢譚が出現していないが、自分の修行が成就する証拠を見つけるために、仏教者が寺に一定期間参籠して、夢の中で仏を見ようとするようになったことが十分考えられる。従って『霊異記』では夢の中で仏を見る夢譚は一つも見られないのに対し、『今昔』では一七二例の中で夢中で仏を見るのは81％を占めるようになるのであろう。『今昔』時代、「夢中見仏」が修行の程度を表す標であるから、夢告者が『霊異記』での動物や俗人から『今昔』本朝仏法部での仏・菩薩などに移ったのも当然だと言えよう。

このような話を読者は読んで、夢の神秘性よりも「夢中見仏」という仏教的な修行が印象的であろう。説話の中で夢信仰と仏教信仰が融合するうちに、むしろ夢が補助的手段となり、法華経宣伝という信仰唱導に助力した。

3. 遊離魂による蘇生夢

他人の夢を通してではなく、自分の夢中で罪が告げられる話が下・26「非理を強ヒテ以て債ヲ懲り、多の倍を取りて、現に悪死の報を得し縁」である。

讃岐の国の大領の妻田中真人広虫女は、富貴であったが道心なく慳貪で、慳者を苦しめて財を蓄えた。みずからの悪業のゆえに死する前に、地獄に堕ちて閻羅王に「現報を得べきことを、今汝に示さくのみ」と罪を示された夢を見、蘇生後夫と息子たちに語る。夢自体は、夢告夢として問題ないが、夢の中で地獄を訪問することが特異であると言わざるを得ない。原文を以下に示す。

> 広虫女、以宝亀七年六月一日、臥病床、而歴数日故、至七月廿日、呼集其夫並八男子、語夢見状而言、「閻羅王闕所召、而示三種之罪。（中略）『依此罪召汝。応得現報、今示汝耳』」。伝語夢状、即日死亡。經于七日、不焼而置、請集禅師優婆塞三十二人、九日之頃、発願修福。其七日夕、更甦還之、棺蓋自開。

『霊異記』下・36

周知のように、現世と冥界との心理的断絶を解消したものが、仏教の輪廻転生思想である。仏教の悠久の時間観念の中では、現在の生の世界は「変幻無常」であり、その裏側では死の世界を孕んでいて、かえって永遠の死の世界（＝現世を超えた世

界)の影のようなものでさえあった。つまり、「仏教は、夢を媒介することによって、従来たんに嫌悪と忌避の対象にすぎなかった死の世界を、了解可能な次元内に再構成」[14]した。広虫女は自分の魂の遊離している間の行為や見聞を眼が醒めて後、即ち魂が肉体に戻ってきてからも記憶している。そして、記憶にあるものが魂の遊離している間の夢を通してであることを自明のこととして撰者の景戒にも読者にもいささかも疑われなかったのである。というのは、古代人の認識において、死は肉体から魂が完全に抜け出してしまった状態で、夢は魂が肉体から暫く離脱した状態だからである。本話において、広虫女の罪条が地獄の「閻羅王の闕」で告示され、彼女が現世と地獄とを自由に行き来できたのも夢を通してである。

そして、同じく蘇生譚で地獄での様子を現世の人たちに伝える話は『霊異記』下・36話がある。引用すると、以下のようである。

> 時、病者託言、「我永手也。我令仆乎法花寺幢、後西大寺八角塔成四角、七層減五層也。由此罪、召我於閻羅王闕、令抱火柱、以挫釘打立我手於、而問打拍。今閻羅王宮内煙満。王問、『何煙』。答曰、『永手之子家依、受病而痛、呪之禅師、手於焼香。彼煙也』。即閻羅王、免我擯返覩。然我体滅、無所寄宿故、道中漂」。
> 『霊異記』下・36

息子の家長が「父の為に悪しき夢を見て」、父永手に「知らぬ兵士三十余人来りて、父の尊を召しつ。此は悪しき表相なるが故に、謝み除したまふべし」と述べたが、父がそれを聞き流し、「塔の階を減じ、寺の幢を仆」したという罪によって死後地獄に堕ちたという話である。ここで、死んだのち、道中に漂ふのは体が滅び、魂が宿る場所を失って、地獄での待遇を現世の人々に伝えに来た永手が夢を通してではなく、「託宣」であった。これは、広虫女の場合と鮮明な対比をなす。

そして、『今昔』に蘇生夢といえる夢譚は巻一五・42話で、一例しかない。この夢を見てみよう。

> 兄ノ少将ハ只三日重ク成テ失ニケレバ、枕ナド賛ヘテ、例ノ失タル人ノ如ク葬シテケリ。(中略)其ノ後、三日ヲ経テ、母ノ御夢ニ、兄ノ少将中門ノ方ニ立テ極ク泣ク。母台ノ角ニシテ此レヲ見テ、「何ド不入給ズシテ、此クハ泣キ給フゾ」ト問ヒ給ヒケレバ、少将、「参ラムトハ思ヘドモ、不参得ヌ也。我レ、閻魔王ノ御前ニシテ罪ニ被勘ツルニ、『此レハ未ダ命遠カリケリ。速ニ可免シ』トテ被免ツレバ、返来タルニ、忩テ、枕ヲ被賛ニケレバ、魂ノ入ル方ノ違テ、活ル事ヲ不得ズシテ惑ヒ行ク也。心疎キ態セサセ給ヘル」トテ恨タル気色ニテ泣ク、ト見ル程ニ、夢覚ヌ。
> 『今昔』一五・42

本話は少将の弟、藤原義孝の道心を伝える日常の所行と往生を記した話である。ここで、少将の蘇生に関する話は挿話として語られる。少将が放免されて帰ってきたが、死ぬや枕を北向きに変えられたので、魂の入る所がなくなって、生き返ることができなくなり、迷い歩いた。この夢告の内容は下・26と比べ、だいぶ違っている。

いうならば、下・26は本人の地獄からの蘇生夢であり、巻一五・42は自分の息子である少将の蘇生のことを夢見ただけである。類似性からみれば、むしろ下・36の内容と似ている。巻一五・42で少将が母の夢に告げる内容は、「病者託ヒテ言」うことと表現の違いがあるだけで、中身が大体同じである。「病者託ヒテ言」う行為はシャーマニズムでいうと、憑依しての託宣である。憑依はいうまでもなく、一時の魂の乗り移りである。お告げとしての夢も実は託宣の一変形である。換言すれば、夢は憑依と等価であるともいえる。が、『今昔』は託宣ではなく、夢の形式を取り入れた。つまり、何かを告げる場合、託宣と夢がいずれも可である中で、『霊異記』で両者が無差別に取り入れられたのに対し、『今昔』時代で不可思議な現象は夢によってその因縁を解明され、夢告によって示されるのが原則で、託宣が放棄され、夢が採用されたのであったということである。こういう変容の背後に『霊異記』では説話中のわずか一部でしかない夢が『今昔』に至って独立した要素として説話形成の中核となって普遍的に用いられるようになったということが伺える。

4.終わりに

　以上、『霊異記』における「前世夢告夢」の中の上・18とその類話である『今昔』巻一四・12を夢見の場所、夢見の儀式、夢告者と三つに分けて、一々具体的に比較し、それから、その中で特異な存在である「蘇生夢」を『今昔』のそれと比較するのをも試みた。

　そこで、結論として以下のようにまとめられる。つまり、『霊異記』で神秘性に満ちた「前世夢告夢」が『今昔』へと至るに、夢見手、夢告者や夢見の儀式などが変容し、仏教唱導の中に浸透していき、仏教信仰とのかかわりがいっそう強くなり、仏教唱導に用いられるようになった。更に同じく自分の生前のことが告げられる「蘇生夢」において、『今昔』は託宣ではなく、夢の形式を取り入れた裏に、夢が説話の中核をなすようになったことがわかる。

注
[1]菊地良一「説話における夢について」(『中世説話の研究』桜楓社1972.4)では、『今昔』におけるこの類の夢を「前世夢告夢」と言うが、ここでその語を借りて『霊異記』のこれらの夢をも「前世夢告夢」と称する。
[2]渥美かをるは「『日本霊異記』説話の発想と趣向——主として『冥報記』との関係において」『話林』一八号で、上田設夫は「日本霊異記説話と仏典」『国語国文』五四巻八号で、『日本霊異記』上巻十八の『弘賛法華伝』からの影響を指摘している。
[3]『霊異記』と『法華験記』の間に『三宝絵』が介在していて、直接の書承関係は認められていないというものの、『霊異記』上・18と『法華験記』上・31とがごく類似しているのはしばしば指摘される。原田行造「霊異記説話の成立をめぐる諸問題—類話の発生と伝承・伝播についての研究—」『日本霊異記の新研究』1984.6　桜楓社　初出『金沢大学教育学部紀要』・第19号1970年12月、小泉道『日本霊異記』解説　新潮日本古典文学集成　1984.12　343。
[4]本文を付録で、別途資料として載せる。

[5]大正蔵・第51巻『弘賛法華伝』巻第九。
[6]速水侑「『今昔物語集』における霊場参詣勧進説話の形成」日本古代の祭祀と仏教27　1995.3　371。
[7]『国史大辞典』国史大辞典編集委員会編　吉川弘文館　1979.3～1997.4。
[8]この現象は、ほかに『今昔』巻一六・5、巻一一・1などにも見られる。例えば、『霊異記』中・42の「極めて窮しき女、千手観音の像に憑り敬ひ、福分を願ひて、大富を得る縁」という、千手観音のりやぅの偉大さを説く『霊異記』の標題を、『今昔』は、「女人、穂積寺の観音の利益を蒙れること」と、穂積寺本尊観音の霊験利益説話としての標題に改めている。
[9]『望月仏教辞典』第二巻　望月信亨著　世界聖典刊行協会　1955.2。
[10]中村生雄「『日本霊異記』の夢」宗教研究　1980.6　42。
[11]龍口恭子「参籠の宗教的考察—定型表現を中心に—」仏教文学　1998.3.31　57。
[12]『三宝絵』注好選　今野達校注　岩波書店　1997.9　206。
[13]河東仁『日本の夢信仰　宗教学から見た日本精神史』玉川大学出版社　2001.9.15　244。
[14]中村生雄「『日本霊異記』の夢」宗教研究　1980.6　39。

参考文献

中田祝夫校注・訳.1995.『日本霊異記』.小学館
馬淵和夫校注・訳.1999～2002『今昔物語集』.小学館
中村生雄.1980.「『日本霊異記』の夢」.宗教研究
益田勝実.1960.『説話文学と絵巻』.三一書房

付録

『法華験記』上・31原文

　沙門恵増は、醍醐の僧なり。剃頭の当初より法華の縁深かりき。ただ法華を誦して、他の経を読まず、俗典を習わず、真言を持たず、顕教を学ばず、ただ一心に法華経を読みて、乃至暗誦通利して明了なれり。ただ方便品の比丘偈において、二字廃忘して通利せられず。数年の間、練習を加ふといへども、この二字においては摠べて憶持せず、永くもて忘失せり。経文に向ふ時は、即ち明了に知り、経を離れて誦する時は、更に憶持せず。この処に至る、罪根の重きことを歎きて、憶念を得むことを願へり。遂に思願を廻らして、長谷寺に参り、七日籠居してこのことを祈願すらく、大悲観音、我をして経の二字を憶念せしめたまへといへり。また、七日を過ぎ已へて夢見らく、御前の帳の裏より老僧出で来りて言はく、比丘、我方便をもて、汝をして経の中の二字を憶念せしめ、当に汝のために二字を忘失せる宿世の因縁を説くべし。汝は二生の人なり。前生は播磨国賀茂郡の人なり。汝が父母皆今かの国にあり。前生に汝法華を読誦せし時、火に向ひて経を読みき。火の星迸り到りて、経の二字を焼きけり。汝かの二字を書き補はざりき。故に今生に経を読めども、二字を亡失す。その経現にあり。汝播磨に往きて本持せし経を拝し、二字を書き付けて、宿業を懺すべしといへり。夢覚めて已後、二字明了にして更に廃忘せざりき。虚実を知らむがために、播磨の郡賀茂郡に往きけり。宅の主出で来りてこの比丘を見、并にその声を聞きて、夫妻共に言はく、我が子還り来れり。面貌全く似たり。音声異ならずといへり。比丘これを聞きて、尋ね来れる縁を述ぶ。父母これを聞きて、涙を流して喜悦す。その持せし経を見るに、二字焼失せり。二字を書き補ひて、永くもて奉持せり。現身に四人の父母を具足して、報恩孝養せり。乃至修行して行業を退かざりき。

岩崎本『日本書紀』の形容詞和訓について

北海道大学　劉　琳

摘要：《日本书纪》是日本最古的编年体史书，全书除歌谣部分用万叶假名书写外，其他部分皆用纯汉文书写而成。在日本，从平安时代到近代对于《日本书纪》的汉文原文，有众多版本的注释和训读。因此，对《日本书纪》的研究无论是从中日两国语言对比的角度，还是从研究日语语言发展史的角度都具有极其重要的价值和意义。现存《日本书纪》的古写本众多，本稿利用的是《日本书纪》最古的训点本，即平安时代的岩崎本。笔者从岩崎本《日本书纪》中搜集了形容词训读的数据，通过对这些数据的对比和考察来探究《日本书纪》古训点本中形容词训读的真实状态。并以此为出发点，作为分析《日本书纪》古训的一个初探。

キーワード：岩崎本日本書紀、日本書記古訓、形容詞、合符、語構成

1. はじめに

　『日本書紀』は純粋かつ正統的な漢文で書かれ、現存する諸本の本文では古い和風の訓読みがなされ、その読み方について文中にそのまま仮名が織り込まれる。通常このような『日本書紀』の諸本に見られる訓読のことを「日本書紀古訓」と言う。「日本書紀古訓」は『日本書紀』の漢文本文を解釈する際に、重要な根拠となる。時代や学派によって差があり、共時的にも通時的にも複雑な構造を持っているとされる。したがって、日本語の語史研究における重要な資料の一つでもある。そして一般訓点資料の訓読と比べ『日本書紀』の訓読には、上代語が残存することや一般の訓点資料には用いられない特殊語彙が存するなどの特異性により、古くから注目されてきた。

　本稿では、『日本書紀』最古の訓点本である岩崎本を対象資料とし、形容詞和訓を中心に検討する。岩崎本『日本書紀』における形容詞和訓による付訓状況を整理し、形容詞和訓の実態、その性格についての検討を試みる。そして岩崎本『日本書紀』において異なる時期に加点した訓点の比較を通して、加点時期による形容詞和訓の共通面と相違面、更に歴史的変遷の有無などについて調査する。

2. 先行研究及び調査方法

2.1　先行研究

　岩崎本は現存する『日本書紀』の最古の訓点本であるため、従来注目を集めてきた。その訓点の点法、訓点の系統・岩崎本平安中期末点と院政期点との相違・岩崎

本平安中期末点と図書寮本永治二年頃点との相違についての徹底的な調査、岩崎本室町時代点の性格の究明[1]などについて、築島・石塚(1978)の研究が挙げられる。また、ほかの『日本書紀』の古写本や漢籍仏典と比較し、岩崎本訓点の音韻・語法上の特徴についての検討、岩崎本における再読字、助字類の訓読についての調査などには、林勉(1970,1971,1972,1973)の一連の研究がある。すなわち、今まで岩崎本日本書紀の訓点について数多くの研究成果が蓄積されてきた。

　しかし管見の限り、岩崎本における形容詞和訓を取り上げた研究はまだしていないため、本稿では岩崎本『日本書紀』の平安中期末、院政期、室町時代という三種の加点に見える形容詞和訓の全体を整理し、検討しようとする。

2.2　調査方法

　本稿では、岩崎本『日本書紀』から抽出した形容詞和訓を整理し、形容詞和訓の付訓状況、語数、語彙などの様相を調査する。そして、岩崎本の三つの時期の加点における同一漢文と対応する和訓を比較して、その共通面と相違面を考察する。最後、形容詞和訓と対応する漢文との関係も見ていく。形容詞和訓で付訓する漢文箇所が原文において形容詞と認められるかどうかを検討し、原文の形容詞はどのように日本語に受容され、その関連性を見つける。

3.『日本書紀』の諸本及び本稿で利用する岩崎本について

3.1　諸本について

　『日本書紀』は全三十巻あり、巻一、二が神話という内容の神代巻、巻三～三十が神武天皇から持統天皇までの歴史を記述する人皇巻である。その内容は、万葉仮名による和訓の注や歌謡を除き、純粋な漢文によって書かれている。現存する諸伝本は数十種あり、通常古写本系統、卜部家系統、近世刊本の三種類に大別できる。古写本系統の四天王寺本(巻一)、佐々木本(巻一)、田中本(巻十)、猪熊本(巻一)の四種は『日本書紀』の現存する諸本の中に最古のものであり、奈良時代末期また平安時代初期の書写とされ、いずれも漢文の本文のみで、訓点はないのである。

3.2　対象資料

　岩崎本『日本書紀』：築島裕・石塚晴通(1978)『東洋文庫蔵岩崎本日本書紀本文と索引』日本古典文学会

　岩崎本は巻二二、二四の二巻のみ現存し、『日本書紀』の古写本の中で最古の訓点を持っている。『日本書紀』の各種の訓点本のみならず、他の漢籍・仏典の訓読法とも異なるので、比較研究上貴重な資料とされる。岩崎本の訓点は複雑な様相を呈し、その中の同じ漢文箇所でも学統や時代によって異なる読み方が見られる。その訓点は次の三種類に分けられる[2]。

　Ⓐ平安中期末の古い博士家点
　Ⓑ院政期の博士家点(1086年～1185年)

Ⓒ室町時代宝徳3年(1451年)点及び文明6年(1474年)点、ともに一条兼良加点。

4. 調査結果

4.1 岩崎本における形容詞和訓の実態

　岩崎本『日本書紀』二巻の訓点には時代が異なる三つの時期の加点があり、同じ古写本系統の図書寮本に比べ、本文に加点する箇所が多いという様相を呈するが、全ての語句に省略がなく、訓読を示しているのではなく、漢文箇所によって全付訓と部分付訓、各時期の付訓は確定した一訓のみが示される場合が多く、再出語への付訓が省略されるなどの状況が見られる。形容詞和訓を収集し、全付訓か部分付訓か、異なり語数と用例数の統計、対応する漢文との関係などについて見ていく。そして、形容詞和訓の全付訓と部分付訓について、次の例を参照されたい。

　(1) 遂雨五日溥潤天下。「アマネク」　　　　　　　　　　　　　（巻二四69行）
　(2) 其臨大事而不遂矣甚悲乎。「(カナ)シ」　　　　　　　　　　（巻二二85行）

　例(1)の「溥」に充てられた和訓は形容詞「アマネク」、補読がないため、全付訓と見なす。例(2)の「悲」に充てられた和訓は「カナシ」という形容詞であるが、その語尾のみ示して、築島・石塚(1978)の移点本には補読があるため、部分付訓とする。

　次の表では岩崎本各時期加点における形容詞和訓の異なり語数、用例数、全付訓と部分付訓の数を示している。

表

岩崎本	訓点	全付訓	部分付訓	異なり語数	用例数
巻二二	Ⓐ平安中期末	24	19	34	43
	Ⓑ院政期	18	10	25	28
	Ⓒ室町時代	41	23	44	64
巻二四	Ⓐ平安中期末	23	5	24	28
	Ⓑ院政期	24	4	24	28
	Ⓒ室町時代	8	9	17	17

　表に示したように、付訓の状況、異なり語数・用例数において各時期の加点は出入りがあることが知られる。形容詞和訓の付訓状況からみると、巻二二のⒶ平安中期末点の全付訓箇所は用例数全体の55.81％、Ⓑ院政期点は64.29％、Ⓒ室町時代点は64.06％を占め、どちらも用例数の半分以上を占める。巻二四のⒶ平安中期末点の全付訓箇所は用例数全体の82.14％、Ⓑ院政期点は85.71％、Ⓒ室町時代点は47.06％を占める。巻二四は巻二二に比べ、Ⓐ平安中期末点とⒷ院政期点は形容詞和訓の全付訓箇所が多く、用例数全体を占める比率も高いが、Ⓒ室町時代点の比率は低いことが知られる。形容詞和訓の付訓状況のみを見れば、岩崎本の巻二二と巻二四の付訓方法にはやや相違があると思われる。

異なり語数と用例数から見れば、巻二二はⒸ室町時代点の語数が最も多く、44語である。それに対し、巻二四はⒶ平安中期末点とⒷ院政期点の語数が多く、28語である。語彙の実際の使用状況を見ると、巻二二と二四の二巻、三つの時期に加点するものはどちらも七割以上の形容詞和訓は一度しか使われてない面に共通する。使用度数が多い語はアシ（悪、非、毒）、アマネシ（周、浹、溥）、イササケシ（少、小）、サカシ（賢、哲）、フカシ（深幽）、ヨシ（良、是、好）等が挙げられ、いずれも原文漢文の意味において共通な面があり、同じ和訓が充てられたため、使用度数はほかの形容詞和訓よりやや多くなると考えられる。

　また、形容詞和訓の内訳を確認し、巻二二はⒶ平安中期末点の付訓があり、同じ漢文箇所にⒷ院政期点の付訓がないため、Ⓑ院政期点の語数はⒶ平安中期末点のそれより少ない。しかし、使用する語彙の25語はⒶ平安中期末点のものと完全に一致する。巻二四はⒶ平安中期末点とＢ院政期点の語数、使用語彙は完全に一致する。石塚（1978）が指摘しているように「Ⓑ院政期点の仮名表記がⒶ平安中期末点を模したためにⒷ院政期の加点当時としては異常に古い字体となっており、形態の近い他の字に誤読した箇所が相当量存するが、点図の相違にも関わらず訓の系統としては極めて近い同系統のものと見なし得る。Ⓑ院政期点の依拠したものはⒶ平安中期末点自身である。」[3]形容詞和訓のみを見ても、岩崎本Ⓐ平安中期末点とⒷ院政期点とは相当一致する所が多い。

　Ⓒ室町時代点のを見ると、語彙にかなりな相違が認められる。それは、Ⓐ平安中期末とⒷ院政期に加点した箇所に再度付訓する箇所が少なく、付訓があっても読み方が違う場合が多いことである。Ⓐ平安中期末点とⒷ院政期点に付訓がない漢文箇所に訓を付けるという姿勢によると思われる。三つの時期に加点するものの相違については後節に詳しく検討する。

　形容詞和訓のみを調査対象としたため、他の和訓の状況は不明であるが、形容詞和訓については前述のように、岩崎本Ⓐ平安中期末点Ⓑ院政期点の語彙と加点の態度は一致すると考えられる。Ⓒ室町時代の加点は基本的にはⒶ平安中期末点Ⓑ院政期点には付訓のない漢文箇所に訓を付するという付訓の態度の一端が窺える。そして、使用語彙の面では、Ⓐ平安中期末点Ⓑ院政期点のものは古い語が多いのに対し、Ⓒ室町時代に加点したものは「アツシ（厚）、オモシ（重）、シロシ（白）」など現代には多用される形容詞が見られ、更に「Ⓐ平安中期末点Ⓑ院政期点「少」イササケシ、「赤」キヨシ」のようなものに対しⒸ室町時代「少」スクナシ、「赤」アカシ」のほうが現代の語彙に近い一面が見られる。

4.2　岩崎本における形容詞和訓の相違

　この節では「①付訓の状況、②仮名と漢字の表記、③使用語彙および語の古さと新しさ、④読み方の変遷、⑤合符」の五つの方面より形容詞和訓を対象に調査し、その異同、特に同一漢文に対し和訓の相違を検討する。

4.2.1　付訓状況

　岩崎本から収集した形容詞和訓の付訓状況について前節でも述べたが、岩崎本全体の加点は二訓以上併記した箇所はわずかであり、各時期の付訓は確定した一訓のみが示される場合が多い。巻二二の三種の訓点はいずれも全付訓の箇所が多く、巻二四はⒸ室町時代の訓点は全付訓の箇所が部分付訓の箇所より少ない。Ⓒ室町時代の付訓はⒶ平安中期末点Ⓑ院政期点に比し、相当な相違が見える。Ⓒ室町時代の加点は基本的にはⒶ平安中期末点Ⓑ院政期点には付訓のない漢文箇所に訓を付するという付訓の態度の一端が窺える。Ⓐ平安中期末点の付訓をⒷ院政期点のそれと比べ、巻二二はⒷ院政期点の付訓はⒶ平安中期末点の付訓より数が少なく、お互いに付訓の方法にも相違が見える。巻二四Ⓐ平安中期末点とⒷ院政期点の付訓する箇所は完全に一致し、和訓の表記はやや相違のあるものは四つあり、それ以外は完全に一致する。したがって、巻二二と巻二四の付訓方法はやや相違があることが知られる。

　語数は、Ⓒ室町時代に加点したものが多いが、語の使用度数は三種の訓点は一致し、いずれも一度しか使わない語がほとんどである。

4.2.2　仮名と漢字の表記

　岩崎本には同一伝本に対する異なる時期の加点があり、形容詞で読む箇所の漢字表記には相違が見られない。仮名表記では「トオシ、トヲシ」の区別のみ見られ、Ⓐ平安中期末点とⒷ院政期点は「オ」を用い、Ⓒ室町時代点は「ヲ」を用いた。踊り字の使用にも相違があり、普通二字以上の仮名、あるいは漢字と仮名を繰り返す場合は「　」を用いるが、Ⓐ平安中期末点Ⓑ院政期点は「ヽ」を用いた。例えば、次の例(3)の「辨才」はⒶ平安中期末点Ⓑ院政期点「ワイヽヽシコト」、Ⓒ室町時代点「ワイ　シキカト」、ⒶとⒷ点は一致し、Ⓒ点はⒶⒷとは一致しない。例(4)の「反復」はⒷ点とⒸ点の踊り字は一致するが、Ⓐ点は違う表記を用いた。それぞれの和訓はⒶ点「カヘヽヽシキ」Ⓑ点「カヘ　シキ」Ⓒ点「カヘ　シ」である。

　　(3) 有武略亦有辨才　　　　　　　　　　　　　　　　　　　　(巻二二 475行)
　　(4) 百濟是多反―覆之國　　　　　　　　　　　　　　　　　　(巻二二 405行)

4.2.3　使用語彙および語の古さと新しさ

　Ⓐ平安中期末点から収集した形容詞和訓はⒷ院政期点のそれより異なり語数が多いが、お互いに異なる語が見られない。「ハヤシ(早)」の一語を除き、他の語は現代語では使われないか、対応する原文の漢字が慣用の漢字表記ではないかのどちらかである。Ⓒ室町時代点に用いた和訓は、ⒶⒷ点に見えず、独自の語が32語ある。そのうち「アカシ(赤)、アツシ(厚)、オモシ(重)、カタシ(難)、クヤシ(悔)、シロシ(白)、スクナシ(少)、タカシ(達、高)、チカシ(近)、フカシ(深)」の10語が現代語ではよく使われるものである。

　Ⓐ平安中期末点とⒷ院政期点の訓読はⒸ室町時代点の訓読より古い語が多い。例(5)の如く、「曲」字の和訓としてⒶ平安中期末点とⒷ院政期点の「(ツ)バビラ」が見える一方、Ⓒ室町時代点では「ツマビラケニ」が用いられている。

(5)中大兄聞而大悅曲從所議　　　　　　　　　　　　　　　　（巻二四 227 行）

この語は平安時代においては「ツバビラケシ」であるが、「ツマビラケシ」に変化するのは鎌倉時代中期からとされているところの語である[4]。すなわちⒶ平安中期末点とⒷ院政期点の和訓は鎌倉時代以前の古形であり、Ⓒ室町時代点の和訓は鎌倉時代以降の新しい読み方である。

築島（1963）は日本書紀古訓のみに見出される上代語が相当に多く存していると指摘し、形容詞「メグシ」がその例として挙げられた。この語は万葉集には例があるが、平安時代には書記古訓のみのようであるとされる。そして日本書紀古訓だけに存する特異な表現として、形容詞の場合、「ウツムナシ、ニヒシ」の二語が挙げられた[5]。この3語を岩崎本で確認し、「メグシ、ウツムナシ」で読むのはそれぞれ1箇所があり、「ニヒシ」で読むのは4箇所がある。次の例の如く、Ⓒ点の訓はとⒶⒷ点のそれとは一致しないことが分かった。

メグシ：(6)如失愛_兒而鹽酢之味在口不嘗。　　　　　　　　　（巻二二 373 行）
　　　　　「ⒶメクキⒷメクキⒸ（メク）ミノ」

ニヒシ：(7)爲唐客更造新_館於難波…　　　　　　　　　　　　（巻二二 203 行）
　　　　　「ⒶニヒシキⒷニヒシキ」

ニヒシ：(8)迎客等于江口安置新館　　　　　　　　　　　　　（巻二二 206 行）
　　　　　「Ⓒニハシキ」

ウツムナシ：(9)吾起兵伐入鹿者其勝定之　　　　　　　　　（巻二四 189 行）
　　　　　「ⒶウツムナシⒷウツムナシⒸウツムナ／タシ」

例(6)はⒸ点の和訓とⒶⒷ点のと品詞が異なる。「ニヒシ」で読む例は他の2箇所があり、例(7)はⒶ点とⒷ点と同じ、Ⓒ点の和訓は見えない。例(8)のⒸ点の和訓のみであり、読み方は他の箇所とは不一致である。例(9)の「ウツムナシ」はⒸ点には2つの読み方が見える。

4.2.4　読み方の変遷

岩崎本において同一漢文に三つの時期に付訓があるのは巻二二には12箇所があり、巻二四には15箇所がある。この27箇所に付した異なる時期の和訓を比較すると、読み方が変遷したものは、巻二二には9箇所があり、巻二四には10箇所がある。七割以上は変遷したのである。読み方が変遷のあるものには語法が異なるもの、品詞が変わるもの、異なる形容詞を用いたものなどが見られる。次は例を用い、見ておく。

(10)奸_者有官禍亂則繁「ⒶカタマキⒷカタマシⒸ（カタマ）キヒト」
　　　　　　　　　　　　　　　　　　　　　　　　　　　　（巻二二 125 行）
(11)是非之理詎能可定「ⒶアシキⒷアシキⒸアシサノ」　　　（巻二二 135 行）
(12)我雖異國心在斷―金…「ⒶウルハシキⒷウルハシキⒸムツマシキ」
　　　　　　　　　　　　　　　　　　　　　　　　　　　　（巻二二 383 行）

例(10)はⒶ平安中期末点の和訓は形容詞の連体形であり、Ⓒ室町時代点の和訓も連体形かつ部分付訓である。Ⓑ院政期点の訓は語幹が名詞を修飾する古い語法で

ある。例(11)は品詞が変わった例の一つであり、Ⓐ Ⓑ点の訓は形容詞の連体形であるが、Ⓒ室町時代点の和訓は名詞になったことである。例(12)はⒶ Ⓑ点の訓は同じ形容詞を用い、Ⓒ室町時代点の和訓はそれと違う形容詞を用いた。ただし、この2語は意味上において共通する語と認められる。

4.2.5 合符

合符というのは、漢文訓読における符号の一種であり、漢字二字又は三字以上連結が一纏まりであることを示す働きを持っているものである。二字の纏まりの場合には熟語であることが多い[6]。

石塚(1985)は岩崎本の平安中期末点の合符のある全用例を整理し、二つの形が見えると指摘している。すなわち、一つは「天―上　アメ二)」(岩崎本巻二二 450 行)のように、漢字二字間の中央の線を和語一語または一まとまりにして訓読することであり、もう一つは、「奏_上　マ(ウシ)アク」(岩崎本巻二二 469 行)のように、漢字二字間の左側の線を和語二語または一字ずつ訓読することである。そして、合符は加点当時の単語意識が窺えると指摘している[7]。

本稿では院政期と室町時代につけた合符を含め、形容詞で読み合符のある用例を整理し、考察した結果を下記のように纏めた。

形容詞で読む漢文箇所の合符についてⒶ平安中期末Ⓑ院政期に合符の付いた和訓は18語があり、Ⓒ室町時代に合符をつけた和訓は29語ある。数量的にはⒸ室町時代の用例は最も多く、Ⓑ院政期の用例は最も少ない。そして、Ⓐ平安中期末とⒷ院政期のすべての和訓は漢字二字間の中央につけた合符の用例であるが、Ⓒ室町時代の和訓は漢字二字間の中央につけた合符と漢字二字間の横側につけた合符の用例と、両方がある。

Ⓐ平安中期末とⒷ院政期の用例では漢字二字間の中央につけた合符であるが、深―氣「フカキ」、伎―楽「オモシロキヲト」、行―無―礼「キヤナキワサⒶⒷ」、作―悪「アシキワサ」の如く、和語二語で読む用例が見られる。このような用例を見ると、漢文のほうが「作―悪」の語構成は「動詞＋名詞」、この語を除き他の用例は全部「形容詞＋名詞」の語構成である。和訓を見ると、すべての用例は「形容詞連体形＋名詞」の構造である。それに対し、和語一語で読む用例は、語構成は異なり、「形容詞＋名詞」ではない。同じ漢字二字間の中央につけた合符であるが、読み方が一致しない理由は漢文の語構成が異なるためのではないかと思われる。

Ⓒ室町時代の用例には少_事「イササケキ」、新_館「ニヒシキ」の場合は和訓がⒶ平安中期末とⒷ院政期のもののみ見えず、合符がⒸ室町時代に付けられたのである。それは、その読み方により、すなわち和語二語で読むため、漢字二字間の横側に合符を付けたわけであると考えられる。そして、大_少「イササケキ」、急_緩「トキヲソキ」、我_非「ⒶⒷアシムⒸアシ」、陳_酒陳_菜「フルサケフルナ」などの例の如く、漢字二字間の横側に付けた合符であるが、和語一語で読む用例も見える。それと対応する漢文の語構成は和語二語で読む用例のと異なり、「形容詞＋名詞」の構成ではなく、「形容詞＋形容詞」か「代名詞＋形容詞」などである。

上記の例についての検討を通して、合符の付く位置及び和訓の読み方(和語一語で読むか、和語二語で読むか)は漢文の語構成とは緊密な関係があると考えられる。この点について、更に検討する必要がある。

5. 形容詞和訓と漢文との対応

5.1 形容詞の判定

　形容詞について検討するには、その判定基準を明確しなければならない。中国語は日本語のような語彙の形態的特徴や語形変化はないため、品詞の判断は難しい。中国語の品詞分類標準に関して、意味・形態・構文・意味と構文を総合的考えるなどいくつかの観点が挙げられる。中国文法学の定礎の著作である『馬氏文通』には意味によって語彙を分類すると主張し、形容詞を「象静字」と言い、「象静字」は「静字の一つで、物事の形態を描写するものである」と言う[8]。そして、近代以降欧米の文法理論の影響によって、陸・俞(1954)は中国語の語彙にも形態的特徴が多く存在し、中国語の品詞分類は語彙の形態的特徴を標準とすると主張している[9]。しかし、中国語は英語などの言語のような明確な形態的特徴がなく、普遍性もないので、形態的標準によって品詞を判断するのは認可されてない。朱(1982)は中国語は欧米の言語のような豊富な形態的特徴を持ってないため、中国語の品詞判定は語彙の意味及び構文的機能によって判定するとされる[10]。王(1985)は中国語の品詞について判定する際に、語義、形態と文法機能を総合的に考えて判断するべきだと主張する[11]。呂(1990)は語彙の意味と機能の二つの角度から品詞を判断すると言う[12]。

　以上は主に中国語の品詞分類に関する理論を見てきたが、古代中国語の形容詞はどのような文法的機能があるのか、それについての確認も必要である。次は古代語形容詞の文法的機能について見ていく。

　聶他(1997)は形容詞とは人や物の状態、性質を表す語彙であると言う。古代語において形容詞の文法的機能は現代語とはほぼ一致するとされる[13]。形容詞は連体修飾語、連用修飾語、述語、補語として用いられる。ただし、現代語の形容詞と異なり、古代語の形容詞は文中において主語と目的語(名詞化)として用い、目的語をとる(動詞化)場合もあり、いわゆる形容詞の活用である。それ以外、形容詞の使役化と「意動用法」も古文によく見られる。形容詞の使役化について、太田(1958)は、古代中国語において、語彙体系がまだ豊富ではなかったため、現代中国語と異なり単音節述語が多く、言葉の形態を変えることなく使役化がしばしば起こったとする[14]。形容詞の意動用法も同じ理由によって起こったと考えられる。

　李(2004)は古代語の形容詞には以下のような特徴を持っている。それは、形容詞の認定基準として有効であると言う[15]。

　①使役化及び意動用法
　②「於」を用いる比較文に使う

③程度副詞と共起する
④よく連体修飾語として名詞を修飾する

5.2　具体的な用例に関する検討

　本節では、前節で紹介した形容詞の判定に関する先行研究を参考し、『日本書紀』原文の文脈に基づいて語義・語彙間の関係・文中における文法的機能という三つの方面から考えて、形容詞であるかどうかを判断する。今回収集した形容詞で読む用例を確認し、漢文も形容詞である用例がほとんどである。次は原文が形容詞ではない例を取り上げ、和訓と漢文の関連性を検討しようと思う。

　(13)公事靡盬、終日難盡。　　　　　　　　　　　　　　　　　　　(巻二二 129 行)
「公務はゆるがせにできず、終日やってもやり尽くせない。」[16]

　上記例(13)は十七条憲法憲法の内容、その和訓は岩崎本では平安中期末「イトナシ」、室町時代「イトマナシ」であり、そして二字の中央に合符があるため、和語一語で読む。

　漢文には「王事靡盬」の例は多く見られるが、王事に勤めて暇のないことを言う。この意味から「イトナシ、イトマナシ」の形容詞和訓を付すると考えられる。

　(14)我雖異國心在断金、其獨生之何益矣。　　　　　　　　　　　　(巻二二 383 行)
「私は異国の地にあっても、こころは太子とかたく結ばれている。」

　上記例(14)の「断金」、岩崎本には二字の間の中央に合符あるので、和語一語と読む。付けられた和訓は岩崎本では平安中期末及び院政期の訓は「ウルハシキ」、室町時代になって読み方が変わり、「ムツマシキ」が充てられた。「断金」とは金を断つほど、友情の強いことのたとえであり、『周易』と『漢書』にはその用例が見られる。日本語形容詞の「うるわしい、むつまじい」は両方とも「人と人の間柄がよいさま。仲がよい」と言う意味を持っているため、「断金」にこの二つの形容詞和訓が充てられたわけである。

　(15)吾起兵伐入鹿者、其勝定之。　　　　　　　　　　　　　　　　(巻二四 189 行)
「私が兵を起こして入鹿を討伐すれば、勝つことは必定である。」

　中国の古漢文において上記の例(15)の「定」は下記の史記にある例(16)のように動詞として使い、その次の「之」は目的語である。

　(16)武王遷之，成王定之。　　　　　　　　　　　　　　　　　　(史記巻四十楚世家第十)

　その和訓について、岩崎本では平安中期末と院政期の訓は「ウツムナシ」、室町時代は「ウツムタシ」である。日本語形容詞「ウツムナシ(ウツナシ)」は「確かである」の意味で、その語源について幾つかの説がある[17]。

　①「ウツ」は「顕、全」と関係ある語か、「ナシ」は形容詞を作る接尾語。
　②「ウタナシ(疑無)」或いは「ウチナシ(決甚)」の転か
　③「ウツナシ(嘘無)」の義

　そして、『古語大鑑』では「ウツナシ、ウツムナシ」は「はっきりしている、明らかである、疑いない」の意味で、多『日本書紀』の訓読に用いた、「ウツ(全)もナシ(甚)の

意からとする。例(15)は原文の文意に沿って「定」に形容詞和訓をつけると思われる。

　上記の例以外は他の例も見えるが、ここでは一一検討しないことにする。築島(1953)が指摘したように、一般の訓読は概して逐次的で直訳であるのに対して、日本書紀の古訓は意訳的な訓法をするのである。上記の例を通して日本書紀古訓の形容詞は文意に沿ってつける読み方であると考えられる。

6.終わりに

　本稿では岩崎本『日本書紀』を調査資料として、現存する巻二二、二四から収集した形容詞和訓のデータに基づき考察、分析を行った。形容詞和訓と漢文の関連性についてさらに詳しく考察及び『日本書紀』における古訓形容詞の性格の究明などは今後の課題とする。

注
[1]築島裕・石塚晴通.1978.『東洋文庫蔵岩崎本日本書紀本文と索引』(解説)日本古典文学会.463-533。
[2]築島裕・石塚晴通.1978.『東洋文庫蔵岩崎本日本書紀本文と索引』日本古典文学会.7。
[3]築島裕・石塚晴通.1978.『東洋文庫蔵岩崎本日本書紀本文と索引』日本古典文学会.507。
[4]西崎亨「天理図書館蔵正安本『古文孝経』の訓点」.340。
[5]築島裕.1963.『平安時代の漢文訓読語につきての研究』東京大学出版会.164、178-179。
[6]小林芳規.1979.「訓点における合符の変遷」126頁『訓点語と訓点資料』62訓点語学会。
[7]石塚晴通「岩崎本日本書紀初点の合符」『東洋学報』66。
[8]馬建忠.1983.『馬氏文通』北京:商務印書館
[9]陸宗達・俞敏.1954.『現代中国語語法』北京:群衆書店。
[10]朱徳熙.1982.『語法講義』北京:商務印書館。
[11]王力.1985.『中国現代語法』北京:商務印書館。
[12]呂叔湘.1990.『中国文法要略』北京:商務印書館。
[13]聶代順・簡志勤・張華渝.1997.『古代漢語文法解析』.34-44。
[14]太田辰夫.2013.『中国語歴史文法』京都:朋友書店.204-209。
[15]李佐豊.2004.『古代漢語語法学』北京:商務印書館.136-137。
[16]本稿に示す用例の訳文は小島憲之ほか(校注/訳).1996,1998.『新編日本古典文学全集2,3日本書紀』小学館による。
[17]日本大辞典刊行会.2001.『日本国語大辞典(第二版)』小学館。

参考文献
石塚晴通.1983.「日本書紀の古訓について其の一、二」.『天理図書館善本叢書月報』55、56
石塚晴通.1985.「岩崎本日本書紀初點の合符」.『東洋学報』66.東洋文庫
上野務.1952.「日本書紀古訓に関する一考察―岩崎本を中心として―」.『芸林』3.芸林会
太田辰夫.2013.『中国語歴史文法』.朋友書店
神田喜一郎.1949.『日本書紀古訓攷証』.養徳社

小島憲之. 1962.『上代日本文学と中国文学：出典論を中心とする比較文学的考察』. 塙書房

小島憲之ほか(校注/訳). 1996.『新編日本古典文学全集2 日本書紀』. 小学館

小島憲之ほか(校注/訳). 1998.『新編日本古典文学全集3 日本書紀』. 小学館

小林芳規. 1979.「訓点における合符の変遷」.『訓点語と訓点資料』62. 訓点語学会

築島裕. 1963.『平安時代の漢文訓読語につきての研究』. 東京大学出版会

築島裕. 2011.『古語大鑑』. 東京大学出版会

築島裕・石塚晴通. 1978.『東洋文庫蔵岩崎本日本書紀本文と索引』. 日本古典文学会

西崎亨. 1999.『訓点資料の基礎的研究』. 思文閣出版社

林勉. 1968.「岩崎本日本書紀の訓点」.『上代文学論叢：五味智英先生還暦記念』. 桜楓社

林勉. 1970.「日本書紀古写本における日付・時刻の訓読」.『論集上代文学第一冊』. 笠間書院

林勉. 1971.「岩崎本日本書紀訓点にみられる音便」.『論集上代文学第二冊』. 笠間書院

林勉. 1972.「岩崎本日本書紀における所謂再読字の訓読について」.『論集上代文学第三冊』. 笠間書院

林勉. 1973.「岩崎本日本書紀訓点にみられる副詞・接続詞・助詞・助動詞の類の訓読について」.『論集上代文学第四冊』. 笠間書院

上代語辞典編修委員会. 1967.『時代別国語大辞典上代編』. 三省堂

日本大辞典刊行会. 2001.『日本国語大辞典(第二版)』. 小学館

馬建忠. 1983.『馬氏文通』. 商務印書館

陸宗達・俞敏. 1954.『現代中国語語法』. 群衆書店

朱徳熙. 1982.『語法講義』. 商務印書館

王力. 1985.『中国現代語法』. 商務印書館

呂叔湘. 1990.『中国文法要略』. 商務印書館

聶代順・簡志勤・張華渝. 1997.『古代漢語文法解析』. 重慶出版社

李佐豊. 2004.『古代漢語語法学』. 商務印書館.

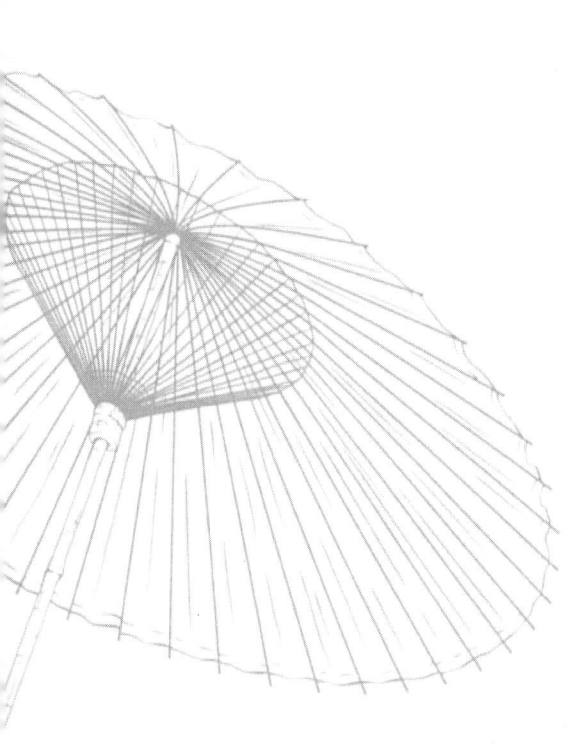

日本文化研究

文化面向西方世界的自我形象构筑
——新渡户稻造与辜鸿铭的人文理想的比较研究

北京外国语大学 李斌瑛

要旨：近代東西思想文化交流史において、東洋の伝統的精神を積極的に西洋に発信していた知識人たちがいた。本論は多大な国際的影響を持っていた代表的な知識人であった新渡戸稲造と辜鴻銘の東西文明観を対照しながら、文明の融合を目指す人文的理想、さらに本国のイメージを構築する際の問題点の異同について考察する。「文明—非文明」という図式は両者の東西文明観の中核となっていたが、新渡戸稲造は西洋キリスト教文明の「被告人」の立場に立って、日本にも武士道精神のようなキリスト教文明と匹敵できる道徳体系があるということを証明しようとしたのに対して、辜鴻銘は反近代化の立場で西洋の近代化文明に疑問を投げかけ、中国の伝統的儒教に未来の道を求めようとした。

关键词：新渡户稻造 辜鸿铭 《武士道》《中国人的精神》 东西方文明

在近代东西方思想文化交流史上，西学东渐可谓构成了东方民族的思想主流。尤其是在19世纪中期以后到20世纪初期，西方各种思想观念、学术文化以迅雷不及掩耳之势席卷了古老的东方大地。当中日两国的文化精英在西化浪潮的剧烈冲击下，渴望以西方各种主义、学说来解决国家内部社会问题与国际问题之际，还有一些知识分子却用西方人的语言向西方世界倡扬古老的东方民族精神，并对国际社会造成了巨大的影响。新渡户稻造1899年出版的《Bushido: The Soul of Japan》(武士道)与辜鸿铭1915年出版的《Spirit of Chinese People》(中国人的精神，又译作春秋大义)便是其中的典型代表作品。目前中日学术界对两者的思想文化研究积累了丰硕的成果，但是鲜有论者将两者相提并论。笔者认为，新渡户稻造与辜鸿铭两人均以沟通东西方文化的开阔视野积极地向西方世界输出本国文化，其观念意识与思维方式存在着一定的类似性。本论文旨在比较研究两人对东西方文明理解的异同以及其折射出的人文理想，并进一步探讨其推崇本国文化时出现的问题点。

1. 两者的代表作品及其国内外影响

在比较新渡户稻造与辜鸿铭的东西方文化观与人文思想之前，首先我们需要对两者的代表作品及其国内外影响稍作简述。

1899年，新渡户稻造的代表性著作《武士道》问世。该书一出版即以优美而富有文采的词藻、详实的文学历史典故与贴近西方传统文化的论述而广获西方世界的瞩目。新渡户稻造在增订第十版序当中曾提到，在1905年以前，该书已被译成马地拉

语、德语、波希米亚语、波兰语等多种语言。当时的美国总统西奥多·罗斯福不光亲自阅读了该书,而且将书分赠给了友人。从1900到1905年,其日本版重印了十版,在极短的时间内获得了轰动性的影响。[1]

而辜鸿铭的成名作《中国人的精神》出版于1915年第一次世纪大战期间,这本书集结了他在1914年发表于英文报纸《中国评论》的一系列论文,曾被译为德、法、日等多国文字。《莱茵——威斯特华伦报》就该作品评论道:"辜鸿铭对欧洲和欧洲人的熟悉程度,几乎没有第二个中国人可以比肩。"[2]并且肯定辜鸿铭就东方与西方"自由主义"的思想斗争进行论述时,涉及的都是深刻的、高境界的问题。由于一战给欧洲文明带来了毁灭性打击,不少西方人对物质文明无限制地扩张、精神文明的匮乏感觉到一种沉重的幻灭感与逆反感,因此辜鸿铭所建立的"中国文化拯救世界"的思想体系得到了许多西方人的共鸣。德国与日本都一度掀起过"辜鸿铭热",如德国莱比锡大学、哥廷根大学等成立了"辜鸿铭研究会",专门研究辜鸿铭的著作与思想,他的一些著作甚至成为欧洲著名大学哲学课程的必读书目。

可以说,这两位名声显赫的文化大家所塑造的东方形象构成了20世纪初期西方世界认识中日两国文明的重要模板。但与在西方世界的崇高声誉相比,两人在国内的反响却大相径庭。辜鸿铭在中国因为其怪异的行为与荒诞的言论,一直被人视为与时代潮流相背而行的"满清遗老",这与新渡户稻造的作品在日本国内所获得的热烈推崇形成了鲜明的对比。究其原因,我们不妨从当时中日两国面临的时代课题着手进行探讨。

新渡户稻造的《武士道》成书于甲午战争后的19世纪末期,当时日本通过明治维新的一系列富国强兵政策,成功地对西方确立起军事上的优越性。从明治七年(1874年)出兵台湾到甲午战争,日本国家的军事力量得到了飞跃性的发展,资本主义不断地向外膨胀,俨然有跻身于世界文明强国的势头。然而比起日益强盛的军事力量,日本的文化声誉在国际社会一直不高。尤其是在甲午战争期间,日军攻占旅顺时屠杀了包括妇女儿童在内的近两万名平民,这一惨无人道的暴行被欧美媒体报导后,引起了西方世界的巨大震惊与谴责,国际社会亦有将日本视为蒙昧的、未受开化的野蛮国度的倾向。因此,如何面向国际社会树立正面的日本形象、提高日本的国际性地位成为了当时日本的一大重要课题。新渡户稻造用英文撰写《武士道》一书便是对该课题的积极回应。矢内原忠雄在《武士道》1938年日译本的序言中称誉新渡户稻造向西方世界宣扬日本道德的功绩"可同三军的将帅相匹敌"[3],这可谓代表了当时日本舆论界对《武士道》一书的普遍性评价。

而在《中国人的精神》成书的1915年,中国一方面由于袁世凯接受日本帝国主义的二十一条而面临着被殖民地化的危险,另一方面国内由于军阀纷争、称雄割据而陷入极其混乱的内乱当中,当时中国所面临的最大课题是如何解决这一内忧外患的危机。20世纪初期的中国先进知识分子普遍不再像传统士人一样服膺尊儒尊孔的中国传统伦理文化,再加之提倡读经祭孔的是清一色的军阀,这让儒学的教条理论在一般人心中形象更加恶劣。在这一政治、社会背景下,辜鸿铭将儒教的道德教条视为万能良药,认为包括军事与战争在内的任何复杂的内治外交问题都能纳入道德框架进行讨

论,甚至高声呼吁以儒教的道德文明拯救西方世界。其塑造的富含浓厚理想化色彩的中国传统精神显然无法挽救近代中国积弱不振、亡国危机迫在眉睫的现实,在中国国内不受重视甚至遭到鄙弃也是顺理成章的。

2. 文明与非文明的论式——两者理解东西方文明的着眼点

新渡户稻造与辜鸿铭在面向西方世界陈述东方文明的价值时,文明与非文明的论式始终占据着两者论述的核心。但是两人理解东西方文明的出发点却存在着很大的差异,一个是向西方证明东方也有与之相媲美的道德文明,一个是想以东方的道德文明拯救物质主义与个人主义日益扩张的西方现代文明。

新渡户稻造执笔《武士道》的动机正如其所自述的一般,源自他与比利时著名法学家德·拉维莱的一次交谈。当提到宗教问题时,拉维莱对日本学校没有宗教教育而深感惊讶,并询问新渡户稻造没有宗教的日本人如何进行道德教育。在基督教文化主导的西方世界,道德教育即意味着宗教教育,因此西方人普遍认为没有宗教的国家是没有资格成为文明国家的。面对这一审问,新渡户稻造坦言自己只能以"被告的姿态"来进行辩救性的陈述,这一比喻颇具深意。明治维新后的日本为了跻身于文明国家的行列而积极投入殖产兴业、富国强兵与文明开化的国家政策,但这些大多止于对西方技术与文化的吸收与接纳,而缺乏向西方世界进行自我告白。尽管赫恩、张伯伦等所谓的西方"知日家"对日本文化进行过一定的研究与介绍,但是新渡户稻造认为他们是站在"律师或检察官"的立场上,以文明国的角度对非文明国或是半文明国进行审查与解释,他们不可能从日本文化中发掘出能与西方基督教文明相抗衡的道德传统。因此,新渡户稻造深深感受到作为"被告"的自己有责任来回答这一文明与非文明的质问,其方法便是构筑出让西方世界认可的、与以基督教为代表的西方价值观拥有一定共同特点的道德伦理体系。他在经过认真思考后,提出自己少年时代所接受的道德教训并非学校所教授,而是源于武士道精神的浸透。"武士道"正是新渡户稻造对西方世界文明论式的质问所交出的一份答卷。

这份答卷显然是非常成功的。尽管井上哲次郎等日本学者指摘其论说过于强调中国儒学的作用,英国的著名日本学专家张伯伦也在其论著《新宗教的发明》当中强烈批判道"各种与武士道相关的论说,尤其是面向外国的言论都是完全没有事实根据的捏造"[4],但是这些异议丝毫没有影响到《武士道》在日本国内外所获得的巨大反响。威廉·伊利奥特·格里菲斯在1905年评价《武士道》一书对"本世纪的最大问题,即解决东方与西方的和谐与一致的问题"[5]做出了显著贡献。他认为东西方将在未来合作建立起更美好的文明,而日本"作为亚洲的智慧和集体主义同欧美的精力和个人主义之间的强有力的中间人"[6]将会对东西方文明的融合产生积极的促进作用。

而辜鸿铭写作《中国人的精神》则是其针对表面看上去欣欣向荣、实则弊端丛生的西方文明提出的一帖药方。辜鸿铭自幼生长于西方,游学欧洲十余年,将近而立之年回国后又接受了中国传统文化的熏陶,对中西方文明都有着独到而深刻的理解。他洞察到西方资本主义的无节制扩张、自由主义与无政府主义的泛滥、人际关系的商品化导致人们丧失了传统的伦理道德观,基督教信仰已经接近崩溃。尤其是一战的爆发,

象征着西方文明已经走到了尽头。在辜鸿铭看来,为了弥补欧战所带来的巨大文明灾难,必须要重建一种"新文明"。这种新文明的奥秘便蕴藏在"真正的中国人"两千多年来一直遵循的"良民宗教(the religion of good-citizenship)"——重视忠孝之道的儒教当中。

在这里必须强调一下辜鸿铭对"文明"的特殊判断标准。辜鸿铭在《中国人的精神》序言中即提出,要估价一个文明的价值,并不在于"它是否修建了和能够修建巨大的城市、宏伟壮丽的建筑和宽广平坦的马路"、"是否制造了和能够造出漂亮舒适的家具、精致实用的工具、器具和仪器"以及"学院的建立、艺术的创造和科学的发明"这些物质层面的因素,而是在于"它能够生产什么样子的人(What type of humanity),什么样的男人和女人"[7]。中国文明之所以伟大,正是因为其孕育出了中国人"深沉、博大和纯朴(deep,broad and simple)"的精神特质。相较之下,欧洲现代文明过于重视征服自然的物质力量,却忽视了"一种较自然力更可怕的力量"——"人心的情欲"[8]。在辜鸿铭看来,一战的爆发意味着西方世界曾经有效地征服与控制人们情欲的基督教已经失去了其道德效用,于是欧洲人只能依靠物质力量来维持社会秩序。然而这种缺乏道德限制的物质主义扩张是非常致命的——以物质统治秩序迫使西方国家不得不走上军国主义的道路,"如果他们要摆脱军国主义,混乱就将破坏他们的文明,假如他们要持续军国主义,那么他们的文明又将经由战争的浪费和毁灭而走向崩溃。"[9]辜鸿铭认为一战中的西方文明正处于这种两难的境地,只有重新发掘一种可以"取代军国主义的新的有效的道德力量"[10],才有可能解决西方世界战乱不息的恶性循环。中国人的"良民宗教"正是辜鸿铭对西欧社会的混乱现状所开出的一帖特殊药方。

由上可见,尽管文明与非文明的论式构成了两人理解东西方文化的核心,但两者对文明的判断标准却是截然不同的。新渡户稻造从内心深处认同西方世界=文明国的等式,他所考虑的是如何将日本置于文明论式的左侧,即让日本文明获得与西方文明平等的地位,并且得到其他文明国家的认可。因此,他主动提出自己是接受西方基督教文明质问的"被告",希望通过构建前近代封建社会当中武士的伦理体系,向西方世界证明日本社会也存在与基督教相媲美的道德感,所以拥有加入文明国家行列的资格。而辜鸿铭却站在反现代化的角度,指责西方文明中已经失去了具有普遍约束性的道德力量,已经濒临文明破产的关头。作为主动向西方世界提出质疑的"原告",辜鸿铭认为未来的希望与出路在东方社会,只有汲取中国的传统文明才能挽救业已沦丧的西方文明。他所建立的"中国文化拯救世界"之思想体系的出发点便在于此。

3. 文明的融合与升华——两者对东西方文明未来发展的展望

尽管新渡户稻造与辜鸿铭对东西方文明的判断标准有所不同,但两者均有意地强调文明——尤其是道德文明的普遍性,并认为东西方文明在未来应该融合为一体。

首先,新渡户稻造与辜鸿铭都承认道德精神的普遍性、绝对性与超越性,这是两者提出东西文明融合论的一大前提。无论是新渡户稻造塑造的拥有义、勇、仁、礼、诚、名誉、忠义、克己等特点的"武士道"也好,还是辜鸿铭提出的"心灵与理解完美结合"[11]的"中国人的精神"也好,他们的参照体系均是传统的基督教文化或是希腊文化等西方

古典文明体系。他们在文章当中大量引用了东西方各种格言典故，尤其是对以《圣经》为代表的西方经典的援引可谓是信手拈来。这不仅由于两者的论述是面向西方世界，需要贴近西方受众的感知与理解，而且因为两者都肯定东西方文明在本质上拥有一定的共通性。

新渡户稻造在塑造日本武士道精神的形象时，屡次将其与西方骑士道相提并论。在《武士道》一书的开篇，新渡户稻造便指摘出乔治·米勒博士认为东方不存在"骑士道或类似它的制度"[12]是无知之谈。在描述武士道的起源及渊源、特性及训条、对民众的影响以及该影响的持续性时，新渡户稻造有意识地将其与骑士道的历史及思想内涵进行比较探讨。他认为尽管两者在对待妇女的态度等少数方面有一定的分歧[13]，但其类似性占据了更多的部分。尤其是在考察武士道与骑士道对普通民众的熏陶时，新渡户稻造指出尽管在武士道或骑士道最为盛行之时，武士与骑士也只占了人口的一小部分，但是他们却为民众"树立了道义的标准，并用自己的榜样来加以指导"[14]。这种道德指导作用反映在日欧民间文学、民众娱乐与民众教育等诸多方面，甚至升华成了"全民族的崇高的理想"[15]。在思索武士道的未来时，新渡户稻造甚至断言道"像欧洲的骑士道和日本的武士道之间这样能够确切地进行历史比较的东西是少有的。如果认为历史能够重演的话，那么后者的命运必定会是前者的遭遇的重演。"[16]骑士道与武士道都是封建时代的一种阶级精神，然而在标榜平等、统一的现代社会，这种道德精神"有着同'将军们和国王们的逝去'一道消失去的命运"[17]。新渡户稻造在对此颇为感伤的同时，却也坚定不移地认为武士道精神就像古希腊斯多葛主义[18]一样，"作为体系已经灭亡了，但是作为美德却还活着"[19]，永远不会完全灭绝。

与之相较，辜鸿铭尽管毫不留情地批判西方现代文明，但他对西方的古典文明却是颇为留恋的，这与他在西方求学时所受到的浪漫主义流派的影响息息相关。辜鸿铭师从英国浪漫主义大家卡莱尔，其后的保守主义倾向也是深受其师的影响。这种浪漫主义文化思潮起源于18世纪后期，在19世纪初风行一时，其一大主要特点便是否定和批判发展中的资本主义文明，并且强调以道德为中心的真善美生活，反对物质主义与功利主义。浪漫主义思潮与保守主义有着精神上的天然联系，蒂里希曾经说过："在欧洲，保守主义总是与浪漫主义地肯定过去的事情相联系的，它意味着保持传统，发现在宗教与文化中的过去的传统，渴望回到中世纪，渴望回到原始基督教或希腊文化。"[20]原始基督教或希腊文化与儒家传统文化有着一种天然的亲近感，辜鸿铭在论述中国儒家传统文化的优越性时，始终不忘其与西方中世纪文明的类似性。比如说，辜鸿铭在论述人们对道德规范的服从时，屡次将孔子所言的"君子之道费而隐"与基督教中所说的"上帝就在你的心中"、歌德所言的"公开的秘密"相提并论。[21]在谈及中国文学时，他甚至照搬了马太·阿诺德对《荷马史诗》的评价——作品中"具有一种能够深深打动人类自然心灵的力量"、用"令人钦佩的质朴和理性来表述思想"[22]。

换言之，两者所描述的日本人或是中国人的精神脱离了真正的东方语境，更多的是以西方文明论的尺度来审视东方传统，因此东西方文明的共通性实际上构成了两人的立论基础。然而在这一基础之上，由于两者的立场与中日两国国情差异，其文明融合论也呈现出各自的特点。

先让我们来看看新渡户稻造。新渡户稻造对东西方文明"融合"的强调,主要是为了日本的基督教化,或是基督教的日本化而努力。前者意味着需要证明在日本传统文化当中拥有与基督教教义相通的道德原理,这即是新渡户稻造撰写《武士道》的重要原因之一,他花费了大量笔墨论证日本并非是在野蛮、蒙昧的状态下来接受基督教的,来源于佛教、神道以及儒教的武士道精神为近代日本的宗教教育打下了良好的基础。而后者则意味着基督教走进日本需要建立在以武士道为象征的日本精神传统之上。新渡户稻造认为基督教在日本的传教事业失败的原因之一即是大多数传教士对日本历史过于无知,主张基督教是一个新的宗教。他在《武士道》的序文中提到自己相信"上帝在一切民族和国民中——不论是异邦人或犹太人,基督教徒或异教徒——都造成了被称为'旧约'的圣经"[23],而日本国民所拥有的《旧约》教义正是存在于武士道这一日本传统道德精神当中。因此,正如其解说道"同样一个道德观念,在用新的翻译名词来表达时,和在用旧的武士道的用语来表达时,其效力有着莫大的差异"[24],传入日本的基督教需要深深扎根于日本的"旧约"——武士道当中。

事实上,这并非新渡户稻造的独特见解。植村正久、内村鉴三等明治时期信仰基督教的代表性知识分子均抱有类似的观点。如内村鉴三在《圣书之研究》中尤其强调武士道与基督教的融合,他说:"武士道是日本国最善的产物……在武士道的基础上嫁接基督教,便是世界最好的产物。它不光能拯救日本国,甚至还能拯救世界。"[25]对此大内三郎曾经有过一段精辟的分析:"日本的基督教徒都是爱国主义者,他们加入基督教并不是为了自己一个人安身立命,而是为了将日本建设成文明开化的新日本。换言之,他们把基督教理解为构建西欧近代文明的启蒙精神或是一种严格纯粹的伦理,同时将其视为自己的精神支柱,并进一步希望其成为新日本的精神基础。"[26]可以说,在新渡户稻造等日本基督教徒的眼中,东西方文明的融合在很大程度上即意味着武士道与基督教的价值观的结合,其目的一方面是为了让日本的传统道德得到世界的承认,另一方面是为了使基督教传入日本后更加适应日本的发展。

那么辜鸿铭的东西文明融合论又有着怎样的特点呢?与身为基督教徒的新渡户稻造重点希望以东西融合的价值观来改造日本相比,辜鸿铭的理想或许更为高远。

在此我们可以关注一下兆文钧在回忆辜鸿铭时提到过的一段饶有深意的往事。辜鸿铭的义父布朗曾告诫他,送他学习中外的文化知识是为了让他"将中国学术思想与欧洲学术思想,融会贯通,得出正确的结论,给人类指出一条光明的大道,让人能过人的生活"。如今"欧洲各国和美国都已经变成野兽国家",因此布朗对辜鸿铭说"希望你学通中西,就是为了教你担起强化中国,教化欧洲和美洲的重任。"[27]布朗的这段话几乎昭示了辜鸿铭一生的奋斗轨迹。辜鸿铭的人文理想始终是以中国儒学的道德资源在世界范围内重建反物质主义的道德秩序,他的问题关怀并不仅仅局限于儒学的复兴。许多学者从保守主义或是爱国主义角度分析了辜鸿铭对满清王朝的愚忠,对儒家文明的眷恋,但事实上他提倡代表中国正统文化的孔孟之道并不仅仅是为了复古或是爱国的需要,而是他立足于东西方沟通的人文理想的伸张。辜鸿铭曾经明确表达过自己对民族主义的厌弃,他引用约翰逊博士所说的"爱国主义常常是恶棍的最后逃避所"[28],提出一战的主要根源即是狂热的爱国主义。辜鸿铭回忆过这样一则小轶事。

一些欧洲朋友曾经对他说中国人没有民族主义,他回答道:"感谢上帝,我们没有这种东西。"他认为"新学"把民族主义带到中国国土之后,人们不再安分地做好自己的本分工作,"他们产生了赞美纯洁的中华帝国的需要","由此造成了使许多人头落地和房屋被烧的革命"[29]。从这些言论中可以看出辜鸿铭的保守表现出一种远不同于狭隘民族主义的宽容性与开阔性。正是出自这一原因,辜鸿铭晚年在日本演讲时说自己并不是"攘夷论者",也不是"排外思想家"。他希望将"东西方的长处结合在一起,从而消除东西界限",并且深信"东西方的差别必定会消失并走向融合的,而且这个时刻即将来临"[30]。可以说辜鸿铭从始至终都将东西方文明融合的理想寄托在作为"良民宗教"的儒学身上,并为这一文化理想付诸了终生。

4. 在东方语境中的审视——两者的自我形象构筑的问题点

以上简要分析了新渡户稻造与辜鸿铭在面向西方世界陈述东方文明时的出发点及其文明融合的理想的异同之处,然而我们知道,两者主要是面向西方文化语境中的读者,使用西方语言来传播东方的道德文明。这种跨语境的解释尽管受到了西方世界的理解与欢迎,在一定程度上达到了为"东方形象"正名的目的,但是放在东方语境当中来审视时,两者均暴露出了类似的问题点。

就新渡户稻造而言,一直以来令日本历史学者诟病的一点是他并非研究日本史的专家,其塑造的"武士道"形象并没有严格的史学依据。甚至可以说,新渡户稻造对日本文化的常识都不甚了解。他在晚年的回忆录中屡次坦言自己对"和汉之事不甚了解"[31]"并不精通日本文学"[32],并提及自己的读书时代正是日本文学与中国文学极不受重视的时代,青年时代的他连日本古典名著《徒然草》都未曾听说过。[33]最为令人惊诧的是,新渡户稻造在执笔《武士道》的当时以及之后很长一段时间都并不清楚日本早已有武士道的说法,他甚至以为"武士道"是自己创造的词语。他后来回忆道:"我曾经查寻过这一词语的出处,但实际上我在使用时并没有参照任何先例。"[34]"因为最多的是在武士阶层实行的,所以我将其取名为武士道。"[35]直到《武士道》问世三十余年后,《日日新闻》一个名叫中安的人在古书中找到了"武士道"一词告诉他,他才知道"武士道"原来并非自己的造词。[36]

事实上,"武士道"一词最早出现于战国时代的《甲阳军鉴》当中,之后在德川时代的文献中也屡屡可见。尽管明治初期涉及到武士道的著述不多,但在新渡户稻造执笔《武士道》的1899年前后的日本思想界,武士道已经逐渐发展为一个炙手可热的话题。众所周知,1895年日本在甲午战争中战胜了清朝,尝到胜利甜果的日本人在寻找胜战的原因时,将目光投向了"尚武"的国民性与武士道精神。从甲午战争到日俄战争的这段时间,日本可谓掀起了一股武士道热潮。1898年2月大日本武术讲习会创建了《武士道》杂志,到同年5月为止,共出版4期。执笔阵容包括福地源一郎、江原素六、尾崎行雄、加纳治五郎、片冈健吉、中江兆民、植村正久、大井宪太郎等诸多在日本言论界有着举足轻重地位的人士,其内容也不光是对武士道的一味褒扬,还包括对其的反思与批判。此外,在当时《太阳》《中央公论》等杂志中,"武士道"也屡屡被提及,其最大的特点是将"武士道"视为日本民族的国民道德。很显然,身居美国疗养的新渡户稻造对于

日本思想界的这一动向并不了解,他所塑造的武士道形象也是脱离了这一日本语境的。后来井上哲次郎批判新渡户稻造的一大重要原因便是其历史知识的匮乏,在论述武士道时连德川时代的重要的士道论者山鹿素行都未曾提及。[37]现代的历史学研究者对其评价更为严厉,如菅野觉明、佐伯真一等学者均指出新渡户稻造创造了一种与日本封建武士的思想没有任何实质性联系的新型"武士道",其本质是为了巩固明治国家体制的近代思想。[38]这种观点基本上成为了日本研究界的定论。

辜鸿铭在向西方传播中国精神时,其国学功底也受到了类似的质疑。罗家伦曾经在回忆录中提到自己在上辜鸿铭的课时,觉得辜氏英文虽好,但译文却不高明,因为他的中国文学是回国后才研究的,虽有相当的造诣却不自然。他在黑板上写中国字也常会缺一笔多一笔而不自觉。[39]有人甚至不屑一顾地说道:"其人英文果佳,然太不知中国文,太不知中国理,又太不知教学生法,是直外国文人而已矣,何用哉!"[40]这一评价颇为苛刻,却也如实反映出了辜鸿铭在民国文化圈内的尴尬处境。辜鸿铭晚年在日本讲学时几次提到自己长期不得志,得不到国人的理解,他说:"在中国我是不为我的同胞重视的,至于我是什么样的人,由于他们持有错误的看法,都很轻视我。"[41]"他们不仅认为我是非常保守的,而且是非常反动的。说我辜鸿铭是旧中国的人物。其实新中国的这些人对我的评价是完全错误的,我并非如他们所说带有旧中国的风气。"[42]当时中国确实很少有人能够理解辜鸿铭的人文理想,这自然是由于辜鸿铭的保守顽固与国内高涌的西化浪潮背道而驰,但我们仍然不能忽视一点,那就是辜鸿铭对东西方语境的混淆导致了其论说处于不切实际的乌托邦状态。

在辜鸿铭看来,西方文明(特指文艺复兴以后的西方近现代文明)只重视物质,实利主义与强权主义的精神贯穿了社会的方方面面,信仰的缺失与精神的贫瘠使得社会走向一片混乱,这导致了战争并最终摧毁了欧洲文明本身。站在反现代化的西方语境来反观中国文明时,辜鸿铭发现这个国家尽管物质贫困但是精神富足,人们普遍信奉"爱和正义"的良民宗教,重视心灵生活与道德责任,社会并没有陷入物欲横流的泥潭当中。因此他从中国儒家文明中发现了"解决当今世界所面临的困难,从而把欧洲文明从毁灭中拯救出来"[43]的救世价值,希望用儒家的道德内涵疗救西方物质文明的弊病。然而辜鸿铭忽视了当时的中国社会正处于从积贫积弱的封建时代脱胎换骨的时期,尚未走入现代化的中国社会自然不会出现现代化、工业化过程当中发生的种种弊端,这与儒家的道德文化并没有实质上的关联。不仅如此,在辜鸿铭高呼儒家崇高的道德法则之际,清朝帝国的辉煌在西方列强的欺压下已如风雨飘摇中的一叶破舟,所谓的儒家的道德内涵也呈现出处处落后于时代的凋敝之状。尽管辜鸿铭一再为其辩护,但儒家文化在中国的衰败已是不争的事实。因此,他一厢情愿地构建的以儒学拯救中国与西方世界的乌托邦理想不堪一击地瓦解于近代中国的现实环境当中。

5. 结语

在理解新渡户稻造与辜鸿铭所构筑的东方形象时,我们很容易感受到一种东西方文化冲突下的全球性视野和人类关怀,这种融汇东西的视野是当时中日两国绝大多数政治家与思想家所无法具有的,它对相对封闭的东方文化结构也起到了强烈的震撼作

用。两者努力追求以一种平等甚至是超然的身份与西方世界进行对话,为西方世界理解——或是想象东方文明提供了跨语境的解释。尽管在东西方语境的错位当中,两者所构筑的自我形象均表现出了一定的问题点,但我们绝不能因此否认其文化观念的开阔性与人文理想的积极性。可以说,面对近代西方世界对东方的歪曲化、歧视化,新渡户稻造与辜鸿铭从普遍性、超越性的道德伦理的角度,为端正日本形象与中国形象做出了不可忽视的贡献。

注

[1]（日）新渡户稻造著;张俊彦译.1993.《武士道》.商务印书馆.3。
[2]辜鸿铭.1996.《辜鸿铭文集 下》.海南出版社.154。
[3]（日）新渡户稻造著;张俊彦译.1993.《武士道》.商务印书馆.1。
[4]Basil Hall Chamberlain. 1912. The Invention of a New Religion. Watts&Co. 13-14。
[5]（日）新渡户稻造著;张俊彦译.1993.《武士道》.商务印书馆.11。
[6]同上。
[7]辜鸿铭.1996.《辜鸿铭文集》下.海南出版社.5。
[8]同上.20。
[9]同上。
[10]同上.21。
[11]同上.66。
[12]（日）新渡户稻造著;张俊彦译.1993.《武士道》.商务印书馆.13。
[13]同上.84。
[14]同上.89-90。
[15]同上.90。
[16]同上.101。
[17]同上.102。
[18]斯多葛主义是古希腊四大哲学学派之一,从公元3世纪一直流行至公元2世纪的罗马时代,它推崇顺应自然或是理性的美德,并依据"宇宙精神"的原则形成最高权力下的世界国家的观念。
[19]（日）新渡户稻造著;张俊彦译.1993.《武士道》.商务印书馆.102。
[20]蒂里希著;尹大贻译.2008.《基督教思想史》.东方出版社.337。
[21]辜鸿铭.1996.《辜鸿铭文集》下.海南出版社.55-56。
[22]同上.66。
[23]（日）新渡户稻造著;张俊彦译.1993.《武士道》.商务印书馆.4。
[24]同上.99。
[25]内村鑑三「聖書之研究」.内村鑑三.2001.『内村鑑三全集』第15卷.岩波書店.393。
[26]大内三郎「キリスト教と道徳教育」.古川哲史編.1973.『日本道徳教育史』.有信堂.231。
[27]兆文钧《辜鸿铭先生对我讲述的往事》.中国人民政治协商会议全国委员会文史资料研究委员会《文史资料选辑》编辑部编.《文史资料选辑》第37卷 第108辑.中国文史出版社.176-177。
[28]辜鸿铭.1996.《辜鸿铭文集》上.海南出版社.327。
[29]同上.517。
[30]辜鸿铭.1996.《辜鸿铭文集》下.海南出版社.302。
[31]新渡户稻造.「読書と人生」.新渡户稻造全集编集委员会编.1969.『新渡户稻造全集』第十一

[32]同上.423。
[33]同上.423-424。
[34]新渡戶稻造.「平民道」.新渡戶稻造全集編集委員會編.1969.『新渡戶稻造全集』第四卷.教文館.539。
[35]新渡戶稻造.「歸雁の蘆」.新渡戶稻造全集編集委員會編.1969.『新渡戶稻造全集』第六卷.教文館.33。
[36]新渡戶稻造.「內觀外望」.新渡戶稻造全集編集委員會編.1969.『新渡戶稻造全集』第六卷.教文館.330。
[37]井上哲次郎.1915.『日本古学派の哲学』.富山房.124。
[38]佐伯真一.2004.『戦場の精神史 武士道という幻影』.日本放送出版協会.261;菅野覚明.2004.『武士道の逆襲』.講談社現代新書.234。
[39]罗家伦.＜回忆辜鸿铭先生＞.黄兴涛编.1998.《旷世怪杰 名人笔下的辜鸿铭 辜鸿铭笔下的名人》.东方出版中心.33。
[40]钱恂.＜附：致信汪康年谈辜鸿铭＞.黄兴涛编.1998.《旷世怪杰 名人笔下的辜鸿铭 辜鸿铭笔下的名人》.东方出版中心.15。
[41]辜鸿铭.1996.《辜鸿铭文集》下.海南出版社.283。
[42]同上.284。
[43]同上.8。

参考文献

新渡户稻造著;张俊彦译.1993.《武士道》.商务印书馆
Basil Hall Chamberlain.1912.The Invention of a New Religion.Watts&Co
辜鸿铭.1996.《辜鸿铭文集》上下.海南出版社
新渡戶稻造.1969.『新渡戶稻造全集』第四、六、十一卷.教文館
蒂里希著;尹大贻译.2008.《基督教思想史》.东方出版社
内村鑑三.2001.『内村鑑三全集』第15卷.岩波書店
古川哲史編.1973.『日本道徳教育史』.有信堂
中国人民政治协商会议全国委员会文史资料研究委员会《文史资料选辑》编辑部编.《文史资料选辑 第37卷 第108辑》.中国文史出版社.
井上哲次郎.1915.『日本古学派の哲学』.富山房
佐伯真一.2004.『戦場の精神史 武士道という幻影』.日本放送出版協会
菅野覚明.2004.『武士道の逆襲』.講談社現代新書
黄兴涛编.1998.《旷世怪杰 名人笔下的辜鸿铭 辜鸿铭笔下的名人》.东方出版中心
黄兴涛.1995.《文化怪杰辜鸿铭》.中华书局
孔庆茂.1996.《辜鸿铭评传》.百花洲文艺出版社
太田雄三.2000.『「太平洋の橋」としての新渡戸稲造』.みすず書房
佐藤全弘.1985.『新渡戸稲造の信仰と理想』.教文館

梁启超与新渡户稻造忠义思想的重叠与再构
——从"程婴、公孙杵臼"到"菅原道真的故事"

北京外国语大学　张晓明

要旨：近代、自国文化の「自者」と西洋文明の「他者」との摩擦において、中国と日本の知識人は違う思想を形成した。梁啓超の『中国之武士道』(1904)と新渡戸稲造の『武士道』(1899)の中では、それぞれに「程嬰・公孫杵臼」と「菅原道真」の典故が挙げられた。この二つの典故にはプロットが極めて似ており、忠義思想も表してきた。本論は「程嬰・公孫杵臼」と「菅原道真」の典故を通して、梁啓超と新渡戸稲造の忠義思想の共通点と相違点を研究し、近代中日の知識人の思想における「自他関係」を明らかにしたい。

关键词：忠义思想　重叠　再构　程婴、公孙杵臼　菅原道真的故事

关于中国近代史，许倬云先生有下面一段评价："十九世纪以来，先是汉人怪罪满清，反满的口号，形成了一次胡汉分野的'他'与'我'。（中略）另一方面，坚持中华民族主义的文化精英，一代甚于一代，已几乎完全西化，（中略）他们坚持的是强烈的民族意识，却没注意到这一民族认同，既未依托于文化的基础，而'多民族'的复杂性也不再能编造血统与基因的关系"[1]。虽然许先生没有提及日本近代史过程中"我者与他者"的关系，但从近代中国与西方的"我他关系"来看，日本也是如出一辙。

在中国和日本近代化过程中，梁启超著有《中国之武士道》(1904)，新渡户稻造则创作了《武士道》(1899)。关于武士道，新渡户稻造解释为"要求武士遵守的，或指示其遵守的道德原则的规章"[2]；武士道虽是日语名词，但梁启超"以其名雅驯，且含义甚渊浩"[3]借来阐述中国春秋战国时期的尚武精神的。在两部作品中都列举了凸显忠义思想且情节相似的典故——"程婴、公孙杵臼"和"菅原道真(845—903)的故事"。梁启超赞美"程婴、杵臼之义，古今称之[4]"，新渡户稻造评价"菅原道真的故事"说"为了忠义她们会毅然决然，毫不踌躇地舍弃她们的儿子"[5]，忠义在梁氏、新氏思想中的地位可见一斑。中日两国的近代是西方文明与传统文化相互纠葛、"他者"与"我者"碰撞的时代，通过这两个典故，可以清楚地认识梁启超和新渡户稻造忠义思想的构成。目前国内外对梁启超与新渡户稻造的研究众多，成果也很丰富，京都大学人文研究所的狭间直树教授把明治日本、西方对梁启超思想的影响作为研究重点，并出版《梁启超・明治日本・西方》(1999，于2012年出版汉译本)。国内不少学者[6]重点对梁启超的政治和学术思想、梁启超启蒙思想的东学背景、梁启超在日本期间的思想变化、梁启超思想中国家概念的演变进行了研究；北京日本学研究中心的郭连友教授[7]在"21世纪日本研究的前景与课题"研讨会中作了《梁启超与日本幕末思想》的报告，深层次地探讨了梁

启超与日本幕末学者吉田松阴的关系。但是,学界对于《中国之武士道》的研究却是寥寥无几。与此同时,近年来也有学者[8]开始从甲午中日战争的背景下把握《武士道》与军国主义的关系,非常值得关注。

因此,本文拟通过对《中国之武士道》"程婴、公孙杵臼"和《武士道》"菅原道真的故事"的分析,研究梁启超与新渡户稻造忠义思想的重叠与再构,以把握近代知识分子思想构成中的"我者与他者"关系。

1.《中国之武士道》与《武士道》

"通过东学引进西学,进而建立新学,是近代中国人在以观念和知识转型为中心的精神世界变化进程中所走过的一段重要路径"[9]。梁启超自幼受中国传统儒学思想的熏陶,少年入广州学海堂,后礼事康有为,在万木草堂接触到日本学者吉田松阴(1830—1859)的《幽室文稿》,康师亦鼓励"苟志气稍偶衰落,辄读此书"[10]。1898年6月到9月康有为、梁启超主导戊戌变法,但短短百日变法失败,梁启超于同年9月26日搭乘日本军舰大岛号流亡日本。这一系列经历使得梁启超"君恩友仇两未报"[11],从而加深了对日本幕末志士的仰慕之情。东渡日本后,1899年5月28日,梁启超在神户中华会馆讲演,据当地知事所言:"梁启超涉猎日本近世史,特别敬慕佐久间象山、渡边华山、高杉晋作、吉田松阴,并专以松阴、晋作自任"[12]。但是,武士道真正刺激到梁启超的神经是在一次信步出游中:"冬腊月,日本兵营士卒,休憩瓜代之时,余偶信步上野。(中略)余于就中见二三标,乃送入营者,题曰'祈战死'三字"[13]。于是,梁启超"矍然肃然,流连而不能去"[14]而武士道的"祈战死"引发了他对"中国魂"的思考。1901年《中国积弱溯源论》中梁启超对中国人的国民性进行了批判:"中国世俗,有传为佳话者一二语,曰百忍成金,曰唾面自干,此误尽天下之言也"[15]。明治维新之后,西方思想涌入日本,各种政治学说也纷至沓来,1902年梁启超自称"稍能读东文,思想为之一变"[16]。这一期间的梁启超先是受卢梭思想影响,后又接受了波伦哈克与伯伦知理的国家学说,还一度接受革命,主张共和,尝试跟孙中山的革命党联合。但1903年赴美考察后,梁启超"言论大变,放弃'破坏主义'和'革命排满'主张。宣布与共和长别"[17]。转变之后,1904年"百事闲置"[18]的梁启超着手编纂《国史稿》(《中国民族外竞史》),并别著《中国之武士道》。

新渡户稻造(1862—1933)生于日本岩手县盛冈市南部藩士新渡户十次郎家,自幼受祖父和父亲影响学习儒学等传统思想,并学习英语。明治十年(1877)考入札幌农学校,第二年成为基督教徒。明治十四年(1881)毕业后任职开拓使、农商务省。明治十七年(1884)赴美约翰·霍布金斯大学留学,明治二十年(1887)又赴德留学,明治二十四年(1891)获得博士学位,回到日本于札幌农学校任教。1894年甲午中日战争,一直被中国称为"倭国"的日本凭借弹丸之地击败了满清政府。矢内原忠雄在《武士道》日译者序中说"明治三十二年(1899),是中日甲午战争之后4年、日俄战争之前5年,世界对日本的认识还极其幼稚的时代"[19]。新渡户稻造作为近代先进知识分子既接受了传统教育又吸收了大量西学知识,于是,1899年他在美国出版了英文版的《武士道》。从新渡户稻造的写作意图来看,他是"试图给予德·拉维莱先生和我的妻子以满

意的回答"[20],也是为了"帮助外国读者便于理解这些问题(日本人的宗教信仰)"[21]。如学者戴宇所言"归根结底《武士道》是一部表达了明治日本人对西方世界之诉求的书"[22]。

尽管思想多变,梁启超却在传统儒学与日本、西方的思想,"我者"与"他者"的纠葛中寻找解决中国时代问题的答案。新渡户稻造毋宁说成是在日本传统道德的"我者"中寻找与近代西方思想的"他者"的契合点。尽管经历不同,但"梁启超与新渡户稻造一样,面临着如何将先民的武德转化为现实力量的同时代课题"[23]。

2. "程婴、公孙杵臼"和"菅原道真的故事"

如前文所述,梁启超和新渡户稻造的思想都是建立在"我者"与"他者"的关系中,因此,《中国之武士道》与《武士道》就在忠义思想上产生了交集——"程婴、公孙杵臼"和"菅原道真的故事"。提到"程婴、公孙杵臼"立刻让人联想到元杂剧《赵氏孤儿》,这部被王国维称为"即列于世界大悲剧中,亦无愧色也"[24]的剧出自元曲大家纪君祥之手,源自《左传》《史记》等史籍。"菅原道真的故事"被日本人演绎为人形净琉璃的剧目《菅原传授手习鉴》,后又改编以歌舞伎的形式展现给世人,与《义经千本樱》《假名手本忠臣藏》并称"三大净琉璃歌舞伎"。两则典故如下:

晋灵公时,屠岸贾想残害赵朔一家。在赵家罹难之际,赵朔妻子成公姊身怀六甲,有孕在身,并产下遗腹子。被友人程婴、门客公孙杵臼救出宫外。屠岸贾欲斩草除根,程婴与公孙杵臼商议,为救孤儿,公孙杵臼献命,程婴献子(关于所献之子,《史记》记载:"乃二人谋取他人婴儿负之,衣以文葆,匿山中",是别人家的孩子,而元曲《赵氏孤儿》中却是程婴之子)。于是,假孤儿被屠岸贾处死,真孤儿作为程婴的孩子被抚养长大。最后,赵氏孤儿赵武手刃仇人屠岸贾,程婴完成使命,自杀尽忠。

"菅原道真的故事"发生在日本平安时期,菅原道真为他人嫉妒和谗诬,被逐出京城,但他的敌人却计划消灭菅原道真全族。菅原道真的幼子被旧臣源藏藏匿在寺院的私塾中。查明此事后,敌人给源藏下达了限期交出幼子的命令。源藏将自己的儿子献出,把主君的幼子藏于密室。儿子代替主君幼子被杀后,源藏告诉自己的妻子儿子已经效忠了!

"'忠义'在中国传统文化中的崇高地位自不必说,在日本传统文化中,强调武士对主君的绝对忠诚和彻底的奉献精神比及中国有过之而无不及"[25],梁启超在《中国之武士道》中赞扬"程婴、杵臼之义,古今称之"[26],新渡户稻造在《武士道》中说"在武士的名誉训条中,忠诚才获得至高无上的重要性"[27]。两部作品都以武士道为题,又都以救幼主的典故渲染忠义,可见梁启超与新渡户稻造在思想上的重叠部分。

3. 忠义思想的重叠

在典故的情节上,首先都是围绕救幼主以尽忠义展开的。赵朔、菅原道真这两位忠臣受奸佞陷害,祸及家人,家中唯一血脉得到保留,即赵武和幼主。家臣护主,以幼子换幼主,为主君尽忠。其次,家臣尽忠义、报君恩。例如程婴、公孙杵臼、源藏等。再次,赵武在最高统治者晋景公的帮助下诛杀屠岸贾,尽管在《武士道》中没有叙述故事

187

的结尾,但根据《菅原传授手习鉴》的演绎,也是经过醍醐天皇才达成圆满结局。最后,家臣的忠义来自于传统封建道德的要求。通过"程婴、公孙杵臼"和"菅原道真的故事"两个典故情节上的重叠不难看出,梁启超与新渡户稻造的忠义思想都是来源于本国、民族文化的"我者"。

梁启超的忠义思想一方面来自于他自幼所受的儒家思想的教育,另一方面是他从历史的长河中为中国的国家精神挖掘出的证据。1905 年梁启超重印郑所南《心史》并作序,写道"今之少年,发愤于国之积弱,诟龟呼天,或且迁怒以及孔子。然日本四十年前维新之业,彼中人士,推论自出,皆曰食儒教之赐无异词"[28]。在梁启超看来,日本明治维新的成功得益于儒家思想,近代中国国家的建立也不能抛弃儒家思想。因此,梁启超的忠义仍属于"我者"的范畴,并未完全冲破封建儒学的桎梏。当然,不能忽视的一点是梁启超在日期间所受的卢梭契约论、波伦哈克与伯伦知理国家主义学说的影响。他没有把"他者"与"我者"对立起来,而是把儒家思想中的忠义上升到国家主义的高度,如"程婴、公孙杵臼"的忠义就属于爱国之义。"春秋战国之五霸七雄与现代民族国家之间,关于'国'的内涵其实相差甚远,梁启超却创造性的建立了类比关系"[29],换言之,梁启超的忠义思想是与国家利益紧紧联系在一起的。

新渡户稻造的《武士道》成书于 1899 年,虽与明治维新(1868)时隔 31 年,但他生于武士之家,从小受祖父和父亲影响,学习儒学等传统思想,加深了他对武士道的理解。按照儒家思想的解释,"义的道德专指臣下的的忠义,这才是大义,是忠义的特称"[30]。虽然儒家的"忠"是同"孝"一起进入日本传统道德系统的,但在日本当武士在面对国家、君主的"忠"时,"孝"就显得微不足道。所以,在新渡户稻造看来,"在像上面那种冲突的情况下,武士道会毫不迟疑地选择忠"[31]。另一方面,新渡户稻造的《武士道》保持了与当时西方公认的美德的一致。他写作的意图是"试图给予德·拉维莱先生和我的妻子以满意的回答"[32],恐怕如何能让外国人理解日本人的武士道是当时新渡户稻造思考的首要问题吧。"新渡户的《武士道》虽然想解说武士道,但逐渐地偏离了武士道,列举了普通日本人的美德,并将此解释给外国人。这可以说是新渡户的时代已经消失的理想的日本人论"[33]。所以,新渡户稻造说"武士道和亚里士多德以及近代的几位社会学家一样,认为由于国家是先于个人而存在的,个人是作为国家的一部分及其中的一分子而诞生出来的,因而个人就应该为国家,或者为它的合法的掌权者,去生去死。(中略)同样的话很久以前就挂在武士道的嘴上了,而其差别只不过是,国法和国家在我国则是通过具体的人来表现罢了。忠就是从这个政治原理产生的伦理"[34]。通过这段阐述不难发现新渡户稻造要塑造的是受西方思想挟制的忠义。

4. 忠义思想的再构

近代的中国陷入一种尴尬的局面:"一方面是西方列强的侵略导致中国陷入深重的民族、国家危机;一方面是西方列强的近代文明对中国人构成极大的吸引力"[35]。因此,初到日本的梁启超无限制地吸收当时的西方学说,从卢梭的契约论到波伦哈克、伯伦知理国家主义学说。梁启超希望通过学习"他者"的西方思想,以期解决中国近代的"我者"问题。《中国之武士道》就是他探索过程的产物。对当时的梁启超而言,首选

的是伯伦知理的国家主义思想,特别是他访美归来后,与伯伦知理中驳斥共和思想之处产生共鸣。之后又进一步利用波伦哈克的国家理论,指出共和主义政治制度的弊端——共和体制中很难维护政治的稳定。波伦哈克、伯伦知理的国家学说作为"他者"构建了梁启超创建强有力国家的政治框架。

但是,对梁启超国家思想的理解也不能忽视来自日本方面的影响。在他看来,近代中国人需要铸造中国魂,所以,幕末维新志士的武士道精神就成了最好的范例。梁启超曾夸赞"日本举国不论老弱妇孺,都是维新志士"[36],"日本荆、聂肩比,朱、郭斗量,攘夷之刀,纵横于腰间,脱藩之绔,络绎于足下。呜呼,何其盛欤!"[37]。对日本明治维新的民族豪侠气概他评价为"日本自劫盟事起,一二侠者,激于国耻,倡大义以号天下,机捩一动,万弩齐鸣,转圜之间,遂有今日"[38]。他又说"日本人恒言有所谓日本魂者,有所谓武士道者,又曰日本魂者何,武士道是也。日本之所以能立国维新,果以是也。吾因之以求我所谓中国魂者,皇皇然大索四百余州,而杳不可得,吁嗟乎伤哉,天下岂有无魂之国哉,吾为此惧"[39]。梁启超认为明治维新的实现归功于武士道,但望尽巍巍中华却无国魂。因此,梁启超要铸造中国之国魂,并且是爱国之国魂"夫所谓爱国心与自爱心,则兵之魂也,而将欲制造之,则不可无其药料与其机器,人民以国家为己之国家,则制造国魂之药料也。但使国家成为人民之国家,则制造国魂之机器也"[40]。爱国之国魂就要忠于自己的国家,"一个人只有对自己的国家尽忠才能充分体现'忠'字的含义"[41]。值得注意的是,梁启超的忠义与传统的儒家思想又存在差别,比起君,"一个公民最高的忠显然是国家或国民这一共同体"[42]。从上述中可以看出,梁启超忠义思想的构成一方面来自西方和日本的"他者",另一方面是对中国传统思想的修正。

明治维新之后,日本富国强兵,逐步进入列强的行列,成为与西方在中国角逐瓜分的对手。但甲午中日战争期间"旅顺大屠杀事件使西方世界对明治日本的文明形象怀疑起来,以至有舆论认为日本史'披着文明外衣有着野蛮筋骨的怪兽'"[43]。新渡户稻造在撰写《武士道》首先被认为是"自觉地选择了向欧美世界为日本辩护、宣传的立场"[44]。在新渡户稻造看来,日本武士的忠义与亚里士多德、苏格拉底、斯宾塞的言论是一致的,在《武士道》中他甚至还将武士的复仇与莎士比亚的《李尔王》进行类比。新渡户稻造利用西方人耳熟能详的亚里士多德、苏格拉底、斯宾塞以及莎士比亚的言论与武士道忠义思想的共同点构建了"他者"与"我者"之间的一座桥梁。正如有学者指出的那样:"新渡户稻造《武士道》的立场就是向西洋人介绍日本,以西洋的视角凝视日本文化并为其辩护。《武士道》一书基本上是以从日本及东洋文化中找出一些同西方类似的例子,进行对比的方式写成的"[45],"新渡户稻造的《武士道》是一本诉说日本的固有道德能够成为培养基督教信仰之土壤的书。新渡户稻造的本意同当时很多信奉基督教的日本人一样,是欲主张在武士道之上嫁接基督教"[46]。从这一点也可判断,"菅原道真的故事"中的忠义思想是"我者"对"他者"的妥协,是"我他"关系的调和,故事里充满了受到西方思想改造的痕迹。如船津生明所言,"新渡户是对武士道更普遍的人类伦理、美意识的再筑,是告诉世界日本独创性的世界道德的思想家"[47]。

5. 结语

梁启超作为近代中国的知识分子一方面希望通过积极地学习西方思想以建立强大的国家；另一方面，在"他者"的先进文明面前，落后的"我者"使得精英们逐渐丧失对中国传统文化的信心，但又顽强地坚持着强烈的民族意识。明治维新之后，日本成为世界列强，但甲午战争之后西方对日本的态度，使得新渡户稻造等知识分子意识到有必要向"他者"推销日本的文化。所以，梁启超与新渡户稻造忠义思想的重叠在于来自本国文化的"我者"，却又受到"他者"的影响。可是，梁启超面对的是要拯救中的近代中国，是被动地接受"他者"、改造"我者"，是由"他"到"我"的输入关系。新渡户稻造则是在日本与西方国家同为列强的天秤上，利用"我者"与"他者"的共同点建立起向西方宣传的通道，是由"我"到"他"的输出关系。在这种不同的"我者"与"他者"的关系中产生的《中国之武士道》与《武士道》以及其忠义思想深刻地反映了近代中日两国知识分子的思想构成。

注

[1]许倬云.2010.我者与他者——中国历史上的内外分际[M].三联书店.125.

[2]新渡户稻造著,张俊彦译.1993.武士道[M].商务印书馆.15.

[3]梁启超.1989.中国之武士道·饮冰室合集卷7[M].中华书局.1.

[4]同上.16.

[5]新渡户稻造著,张俊彦译.1993.武士道[M].商务印书馆.54.

[6]夏晓红.2014.梁启超:在政治与学术之间[M].东方出版社；郑匡民.2003.梁启超启蒙思想的东学背景[M].上海书店出版社；石云艳.2005.梁启超与日本[M].天津人民出版社；刘珊珊.2012.清末梁启超"国家"概念的演变[J].历史档案.2012年第三期.107-113.2013.《新民丛报》创办动机与梁启超的近代国家思想[J].聊城大学学报.2013年第一期.72-78.

[7]郭连友.2014.梁启超与日本幕末思想.21世纪日本研究的前景与课题研讨会论文集，郭教授指出梁启超的整个思想过程都与日本存在千丝万缕的联系，特别强调受到吉田松阴思想的影响。

[8]娄贵书.2010.日本武士道和军国主义的辩护词——评新渡户稻造的《武士道》[J].贵州大学学报.2010年第六期.120-128；戴宇.2013.面向西方世界的诉求与告白——新渡户稻造的《武士道》与明治日本[J].东北亚论坛.2013年第四期.65-72；唐利国.2009.论武士道与日本军国主义——传统的再编与抵抗的失败[J].贵州大学学报.2009年第一期.83-90.

[9]狭间直树编.2012.梁启超·明治日本·西方[G].社会科学文献出版社.1.

[10]丁文江,赵丰田编.1983.梁启超年谱长编[M].上海人民出版社.162.

[11]梁启超.1936.去国行·饮冰室合集文集之四十四(下)[M].中华书局.2.

[12]吉田熏.2008.梁启超对日本近代志士精神的探究与消化[J].中国现代文学研究丛刊.80.

[13]夏晓红编.1992.饮冰室自由书祈战死·梁启超文选上集[M].中国广播电视出版社.220.

[14]同上.

[15]夏晓红编.1992.中国积弱溯源论·梁启超文选上集[M].中国广播电视出版社.79.

[16]夏晓红编.1992.三十自述·梁启超文选上集[M].中国广播电视出版社.367.

[17]同上.52.

[18]张朋园.1982.梁启超与清季革命[M].中央研究院近代史研究所.177-181

[19]新渡户稻造著,张俊彦译.1993.武士道[M].商务印书馆.1.
[20]同上.3.
[21]同上.4.
[22]戴宇.2013.面向西方世界的诉求与告白——新渡户稻造的《武士道》与明治日本[J].东北亚论坛.70.
[23]张丽华.2008.梁启超与中国之武士道[J].云梦学刊.38.
[24]王国维.1984.宋元戏曲考[A].王国维戏剧论文集[C].中国戏剧出版社.85.
[25]周萍萍,李刚.2008.试论中日传统复仇文化——以《赵氏孤儿》与《忠臣藏》的比较分析为例[J].日语学习与研究.46.
[26]梁启超.1989.中国之武士道·饮冰室合集卷7[M].中华书局.16.
[27]新渡户稻造著,张俊彦译.1993.武士道[M].商务印书馆.51.
[28]梁启超.1989.心史·饮冰室合集卷17[M].中华书局.12-13.
[29]张丽华.2008.梁启超与中国之武士道[J].云梦学刊.40.
[30]廖睿莎.2014.论武士道精神中"忠"——以新渡户稻造和井上哲次郎的武士道论为中心[D]华中师范大学.43.
[31]新渡户稻造著,张俊彦译.1993.武士道[M].商务印书馆.54.
[32]同上.3.
[33]山本博文.2013.武士道の名著—日本人の精神史[M].中央公論新社.203.
[34]新渡户稻造著,张俊彦译.1993.武士道[M].商务印书馆.54-55.
[35]段江波.2008.危机·革命·重建——梁启超论"过渡时代"的中国道德[M].广西师范大学出版社.222.
[36]郑匡民.2003.梁启超启蒙思想的东学背景[M].上海书店出版社.16.
[37]梁启超.1989.记东侠·饮冰室文集卷2[M].中华书局.29.
[38]同上.29-38.
[39]梁启超.1989.祈战死·饮冰室专集卷2[M].中华书局.2.
[40]梁启超.1989.中国魂安在乎·饮冰室专集卷2[M].中华书局.3.
[41]隗瀛涛.1995.梁启超传——新民之梦[M].四川人民出版社.128.
[42]张灏.2006.梁启超与中国思想的过渡·烈士精神与批判意识[M].新星出版社.147.
[43]戴宇.2013.面向西方世界的诉求与告白——新渡户稻造的《武士道》与明治日本[J].东北亚论坛.68.
[44]宇野田尚哉.1997.武士道論の成立.西洋と東洋のあいだ[A].子安宣邦.江戸の思想(第7号):思想史の19世紀[M].ぺりかん社.32-36.
[45]戴宇.2013.面向西方世界的诉求与告白——新渡户稻造的《武士道》与明治日本[J].东北亚论坛.70.
[46]菅野觉明.2006.武士道の逆襲[M].講談社.275.
[47]船津明生.2003.明治期の武士道についての一考察—新渡户稻造『武士道』を中心に[J].言葉と文化.28.

参考文献

梁启超著,程华远编.1999.《饮冰室主人自说》.江苏人民出版社
葛懋春,蒋俊编选.1984.《梁启超哲学思想论文选》.北京大学出版社
梁启超.2005.《饮冰室合集·集外文上册》.北京大学出版社
夏晓红.2014.《梁启超:在政治与学术之间》.东方出版社
李茂民.2006.《在激进与保守之间—梁启超五四时期的新文化思想》.社会科学文献出版社

中江兆民对康德哲学的译介与儒学思想
——以"良智"与"良心"为视角

北京外国语大学 李 亚

要旨：近代中国最大の啓蒙思想家梁啓超は、日本亡命後の1903年に『新民叢報』に連載したカント哲学を翻訳・紹介した文章で、「良心」や「良知」といった儒教的な概念を以って、カント哲学を解釈するとともに、「良知」や「良知」を以って陽明学とカント哲学との共通点としようと試みた。この文章が中江兆民によるカント哲学の日本語訳を抄訳したものであるため、梁啓超の以上の発想の軌跡を追及するために、兆民の原文における「良知」と「良心」の意味及びそれらの概念と陽明学とのつながりをまず究明すべきであろう。本稿では兆民によるカント哲学の日本語訳を考察対象にし、兆民が「良智」(即ち「良知」)を以って、主にカント哲学の「理性」(たまに「内感」)を翻訳しながら、「良心」を以って、主にカント哲学の「良心」(たまに「善良な意志」)を翻訳したことを明らかにした。また、兆民がこのように翻訳したのは、陽明学における「良知」や「良心」の特質から示唆を得た可能性が高いと考えられる。梁啓超が兆民のこういう翻訳し方を如何に「変容」したかについては、今後の課題とする。

关键词：梁启超 中江兆民 康德哲学 阳明学 良知 良心

众所周知，1903 年，梁启超在《新民丛报》上连载了《近世第一哲学家康德之学说》[1]。在该文中，梁启超利用"良知"或"良心"概念诠释了康德哲学，并称："阳明之良知即康德之真我"[2]。众所周知，梁启超对西方哲学的译介大多直接来自日译西学。《近世第一哲学家康德之学说》即参照了中江兆民的"《理学沿革史》第四编《近代理学》第八章《第十八世纪日耳曼之理学康德》"[3]。

那么，梁启超以"良知"（或"良心"）为媒介，沟通阳明学与康德哲学的思维方式，是来自于其本人的解读，还是受中江兆民译介康德哲学的文章，尤其是《理学沿革史》的启示呢？对此，黄克武指出，梁启超将兆民原文中的"意欲ノ自由"（意为"意欲之自由"）译为"良知之自由"，并指出，这种翻译处理"与任公阳明学的背景有关"[4]。

然而，经笔者考察，尽管兆民在梁启超所依据的原文及其他译介康德哲学的文章中，并没有直接主张阳明学与康德哲学的共性，但却多次利用"良知"与"良心"译介康德哲学。由此可见，尽管梁启超的译文中的"良知之自由"翻译的是原文的"意欲ノ自由"（意为"意欲之自由"），但他之所以将"意欲"翻译为"良知"，较之于其自身的阳明学背景，还不如说来自兆民原文的译介的影响更为直接。

因此，要阐明梁启超沟通利用"良知"与"良心"沟通阳明学与康德哲学的思想轨

迹,必须先理清兆民原文中的"良智"与"良心"的涵义。尽管中日两国学者对儒学(尤其是孟子的学说)在兆民接受西方哲学思想(以卢梭思想为主)时所发挥的积极媒介作用上,已取得了可观的学术成果[5]。但目前研究界尚未注意到兆民的康德哲学译介中出现的"良智"与"良心",对它们的研究尚处于空白状态。

本文将结合兆民译介康德哲学的其他文章,探讨《理学沿革史》中"良智"与"良心"的涵义,梳理兆民利用"良智"与"良心"诠释康德哲学的思想轨迹,以及思考阳明学对兆民的这些译介是否发挥了作用,从而为思考梁启超沟通阳明学与康德哲学的思想渊源提供启示。

1. 中江兆民的阳明学背景

1847年,兆民出生于土佐藩(今高知县)的一户下级武士家庭,本名笃介。15岁(1862年),进入藩校文武馆学习汉学[6]。18岁(1865年),兆民作为土佐藩的留学生,赴长崎游学,学习英语、法语等。24岁(1871年),兆民作为政府留学生赴法国留学,主攻哲学、历史、文学。即便是留学归来后,兆民仍然坚持学习汉学,分别于31岁(1878年)与33岁(1880年),入高谷龙树的济美黉与冈松瓮谷的绍成书院、三岛中州的二松学舍,学习汉学[7]。

那么,在兆民的汉学学习过程中,阳明学又占有怎样的地位呢?在分析兆民学习阳明学的经历之前,有必要先大体了解下其家乡的学问,即土佐南学(又称海南学派、海南朱子学派)的学问特征。战国末期的天文年间(1532—1555年),南学始祖南村梅轩来到土佐,成为海南朱子学派的滥觞。南村虽属朱子学系统,但其思想中具有鲜明的阳明学和禅学的因素[8]。尽管如此,土佐藩的学者们坚守南村梅轩的南学道统,藩学亦以朱子学为宗。直到天保(1830—1844年)、弘化(1844—1848年)年间,阳明学才开始被导入藩校的教学活动中,许多学生被阳明学的良知学说,以及重视实学的学风所吸引。随着阳明学知名度的提高,创建于文久二年(1862年)的藩校文武馆(于庆应元年,即1865年,改名为"致道馆")正式认可了阳明学在其教学体系中的地位。文武馆的《教场规则大意》规定"欲知古本之大旨,则余姚王氏之大学问极为痛快,当以此为学徒从入之门,又依次讲授《论语》、《孟子》、《中庸》"[9]。可见,在兆民幼年时期,土佐藩开始形成了一定的阳明学风气。在兆民的少年时代,王阳明所提倡的《古本大学》被定位成藩校的启蒙教材。

在文武馆时代,兆民师从土佐阳明学的开山鼻祖奥宫慥斋[10]学习了阳明学。兆民曾在1896年的访谈中追忆自己曾跟随奥宫先生学习阳明学,听讲了《传习录》,阅读了《王阳明全书》《靖乱录》等,得以闻阳明学之道[11]。

另外,在探讨兆民的阳明学修养时,还有一段为学经历值得关注。1878年,兆民31岁,进入二松学舍(二松学舍大学的前身)学习汉文。众所周知,该学舍的创始人正是明治日本的阳明学信奉者三岛中洲。因此,兆民极有可能在该学舍中加深了对阳明学的理解。

兆民于1896年接受访谈时,专门论及阳明学,大致而言,兆民强调了五点内容:一、自己并非专门研习阳明学,但对阳明学"感服至深";二、阳明学是"良知之学,尊知

行合一,尤以事功为重,所谓活用之学";三、阳明学阳为儒学,实为禅学;四、阳明学为彻底的主观之学问,但不影响其精髓思想。五、阳明学具有"专重事功,富有生气"的特征,适合青年人学习[12]。

兆民深厚的汉学背景成为其日后接受西方哲学思想的学问基底。留学欧洲期间,兆民在阅读西方哲学著作时,便发出过"诚知斯道无论古今远近,确乎不可易"的感慨[13]。无论是汉学学习,还是这种思维方式,都为兆民在日后沟通东西方哲学奠定了扎实的思想基础。同时,兆民的阳明学背景,也为其日后用"良智""良心"的概念去译介康德哲学奠定了学问基础。

2.中江兆民的康德译介中的"良智"

兆民在译介康德哲学时,时常使用儒学概念"良智"与"良心"进行译介。大体而言,兆民对康德的译介主要集中于《理学沿革史》(1886年文部省编辑局)、《理学钩玄》(1886年集成社)及《道德学大原论》(1894年一二三馆)[14]。

众所周知,"良知"与"良心"这两个概念均由孟子提出,《孟子·告子上》称:"虽存乎人者,岂无仁义之心哉?其所以放其良心者,亦犹斧斤之于木也,旦旦而伐之,可以为美乎?"[15],《孟子·尽心上》称:"人之不学而能者,其良能也;所不虑而知者,其良知也。孩提之童无不知爱其亲者,及其长也,无不知敬其兄也。亲亲,仁也;敬长,义也"[16]。由此可见,根据孟子的说法,"良心"是人先天具有的"仁义之心","良知"则是人先天具有的知"仁"知"义"的道德意识,二者之间并没有清晰的界线。

王阳明也将"良知"视为人先天拥有的以"仁义礼智信"为内容的道德意识。当然,阳明学以"良知"为其哲学体系的基础,赋予了"良知"更多的哲学意义。王阳明将"良知"提高到了本体的层面,他认为"吾心之良知,即所谓天理也"[17],这种"天理"在形而上学的层面上,是世界万物的本体,即世界万物得以存在的根据[18]。当然,这里所强调的并不是外部对象作为本然的存在依赖于"良知",而是作为"意义世界"的存在,依赖于人的良知[19]。

除了形而上学的层面,阳明学中的"良知"的本体义还体现在伦理学的层面上。在伦理学的层面上,阳明认为"良知"是人心之"本体"[20]。这种"本体"是先天的内在于人的道德原则,也可以说是道德本原[21]。由此可见,孟子所说的"良知"仅仅是一种先天的道德"意识",而阳明学中的"良知"则是"天理"本身,是提供道德"准则"的道德"本原"。而且,阳明学提倡"致良知",其中具有实践自我"良知"的涵义,因此,较之于孟子的"良知",阳明学更强调对道德意识的实践[22]。与孟子一样,王阳明并没有界定"良知"与"良心"之间的分界线。相反,王阳明明确指出:"良知只是个是非之心"[23]。毋需赘言,这里"是非之心"指的便是"良心"。

在译介康德哲学等西方哲学之前,中江兆民对"良心"与"良知"的理解,并未脱离儒学框架。他曾在《自由新闻》上发表了题为"良心之论"的论说,将"良心"诠释为人做出不合道义之事后,内心产生的内疚心理。他还主张,这里所说的"良心"即为孟子所称的"良智"[24]。无论是解释本身,还是对"良心"与"良知"的内涵不加以严格区分的思维方式,都未脱离儒学框架。

然而，兆民在用这两个概念译介西方哲学时，"良智"与"良心"的涵义开始出现分化。兆民在《理学钩玄》的第一卷中介绍西方哲学的基本概念时，使用了"良智"与"良心"这两个译词，并分别标注了它们所对应的法语原词的日语表记——"レーゾン"与"コンシャンス・モラール"[25]。二者所对应的法语原词分别是"raison"与"conscience、morale"[26]。根据《新世纪法汉大词典》，"raison"的第一个解释便是"理性、理智；清醒的头脑"，"conscience"的第三个解释正是"～(morale)道德心，良心"[27]。众所周知，这里的"理性"与"良心"正是西方哲学的基本概念。显然，兆民在《理学钩玄》中分别利用"良智"与"良心"译介了西方哲学中"理性"与"良心"这两个哲学概念。

兆民在同书中译介康德哲学时，便沿用了这种将"理性"翻译为"良智"的译介方式。他在该文中开门见山地指出，康德哲学提出的认识能力的三个基本概念，即"感觉之能""推理之能""良智"，并在三个词旁边"サンシビリテー""アンタンドマン""レーゾン"[28]。这些日文表记所对应的法语词汇分别为"sensibilité""entendement""raison"[29]。根据《新世纪法汉大词典》，这三个词的意思分别为："感觉；感受性，感觉能力"、"(哲)知性[康德用语]"、"理性、理智；清醒的头脑"[30]。不难发现，兆民在此利用"感觉之能"、"推理之能"、"良智"，分别译介了康德哲学中的"感性"、"知性"、"理性"的概念。

在此基础上，兆民提出了"良智"的两大"检点工夫"，兆民称之为"观察之智慧之检点"与"实行之智慧之检点"[31]。根据上下文可知，这两大"检点工夫"分别对应于康德提出的"纯粹理性批判"与"实践理性批判"。兆民分别将这两大"检点"归为"原理学"与"道学"。

兆民的译介文章指出，"良智"是"原理学"与"道学"的核心概念。在"原理学"领域，"良智"可追究"物之根本"——"精神"、"世界"、"神"这三大理念[32]。众所周知，康德哲学认为，理性要求认识世界、灵魂和上帝这三个最完整、最高的统一体，即所谓的"理性的理念"。可见，兆民利用"良智"可追究"物之根本"的说法，译介了康德哲学中的上述理论。

在"道学"领域，兆民的康德译介文章主张："良智之能，令我知有道德之责任"，而且，这种"良智"不依赖于"教育"和"制度"，是人"生而知之"的存在[33]。康德在《实践理性批判》中主张："纯粹理性只是自为地实践的，并且给予(人)一条我们称为道德法则的普遍法则。"[34]对照二者可知，兆民在这里利用"良智之能，令我知有道德之责任"的表达，译介了康德哲学的上述理论。

梁启超所依据的蓝本，即《理学沿革史》的康德译介文章中也使用了两处"良智"，其中一处称："吾人于静处省察时，见吾人良智之中存有所谓道德之责任之旨"[35]。根据上述逻辑可知，这里的"良智"翻译的正是康德哲学的"理性"概念。

《理学沿革史》的康德译介文章中出现"良智"的另一处为："吾人感觉力之外部作用，整顿此等复杂零碎之物，将其列于宇宙之中，然后森然有秩序焉。而其内部作用，即良智之力，将其列于永劫之中。"[36]毋庸赘言，这里的"感觉力"译介了康德哲学中的"感性"的概念。相应地，"外部作用"与"内部作用"分别译介了康德哲学中的"外感"与"内感"，"宇宙"与"永劫"则分别译介了"空间"与"时间"。这种逻辑推导是符合康德哲

学的。康德哲学认为:"吾人由外感(心之一种性质),表现对象为在吾人以外之事物,且一切对象绝无例外,皆在空间中表现。(中略)但内感中尚有一种一定的方式(即时间),而心之内部状态之直观,则唯在此方式中始可能,故凡属于心之内部规定之一切事物,皆在时间关系中表现。"[37] 由于兆民将"内部作用"称为"良智之力",因此,这里的"良智"译介的康德哲学是"内感"概念,而非"理性"概念。

总体而言,兆民基本用"良智"译介康德哲学中的"理性"概念,偶尔译介"内感"的概念。那么,兆民为何利用传统儒学中的"良智"译介"理性"呢？众所周知,康德哲学将"理性"分为"理论理性"和"实践理性"。"理论理性"是指理性的认知功能和活动,其学说属于认识论,其主旨在于考察具有普遍性和必然性的知识如何构成及其能达到什么范围的问题。"实践理性"是指理性的意志功能和活动,其学说属于伦理学,其主旨就在于考察人的伦理道德何以可能的问题。而且,康德强调"实践理性""优先"于"理论理性",以突出道德主体的地位,从而保证了人作为道德主体遵循着以"意志自律"为唯一内容的道德律而活动,实现自由[38]。

显然,无论是孟子的"良知"还是王阳明继承并发展的"良知",与"理论理性"的内涵相距甚远,而与"实践理性"相接近。"良知"与"实践理性"都强调人先天具备的道德意识,从而突出了人的道德主体地位。

在这点上,较之于孟子的学说,阳明学的"良知"与康德哲学的"实践理性"更为相近。如上所述,孟子的"良知"学说仅仅是一种先天的道德"意识",阳明学中的"良知"则是"天理"本身,是提供道德"准则"的道德"本原",并且突出了道德主体性。因此,在道德主体为自己提供道德准则,从而保障道德主体(人)的"自律"的层面上,阳明学的"良知"与康德哲学的"实践理性"无疑是殊途同归的。阳明学在兆民的学习生涯中占有一席之地,不难想象,阳明学中的"良知"概念的性质,对兆民将"理性"翻译为"良知"发挥了不可小觑的启迪作用。

毋庸赘言,阳明学与康德哲学有着不一样的哲学体系,因此"良知"与"实践理性"之间并非可以实现"无缝对接"。从这层意义上说,兆民的译介不免过于牵强。一方面,"良知"学说兼具道德理性原则与道德感情功能,倾向于认为道德感情不但能参与评价行为,而且简直就是普遍道德法则自身的基础。而康德哲学则认为道德法则只是理性的自律,感性是道德法则的最大障碍[39]。另一方面,尽管阳明学的"良知"学说突出了道德的"自律",但"良知"的内容依然是以三纲五常为核心的封建伦理,其最终目的是培养实践封建伦理的"圣人"。相比较而言,康德哲学的"实践理性"则将"人"本身作为目的,以实现人的"自由"为终极目标。总之,兆民将康德哲学中的"理性"与"内感"概念翻译为"良知",忽略了西方哲学与东方哲学的差异性。

3. 中江兆民的康德译介中的"良心"

《理学钩玄》第一卷的《第十三章 道德[学]》的第二节专门介绍了西方哲学中的"良心"概念。如上所述,兆民在标题"良心"旁边,标注了法语"conscience、morale"的日语表记"コンシャンス、モラール"。根据《新世纪法汉大词典》,"conscience"的第三个解释即为:"~(morale)道德心,良心"[41]。在该文中,兆民将"良心"定义为"辨别行为之

善不善"的"自知之能",并主张"其不学而知"[42]。根据兆民的译介,"良心"兼具"智的机能"与"感的机能",即道德判断功能与道德情感功能。由此可见,这里的"良心"是指先天的道德意识,与孟子、阳明学所称的"良心"具有相同的涵义。

同样地,兆民在译介康德哲学时,也做出了同样的翻译处理。比如,《理学沿革史》中关于康德哲学的译介文章称:"即便吾人在过去犯错,则吾人之良心常言:'本不当为恶也'"[43]。《道德学大原论》中翻译叔本华对康德哲学的"良心"说的批判时,称:"良心对我的谴责,犹如法官对罪人"等[44]。这些表述都是上述"良心"的道德判断功能与道德情感功能的具体表现,因此也是符合孟子与阳明学所称的"良心"的涵义的。

事实上,现代中国康德研究界也将"Gewissen"("conscience"的德语表达)翻译为"良心",比如,"我们心中那个我们称为良心的奇妙能力的判决与这一点完全符合一致"[45]。总之,兆民将康德哲学中的"conscience"概念,翻译为"良心",是无可厚非的,而且这时的"良心"与孟子、王阳明所称的作为先天的道德意识的"良心"是相近的。

然而,《理学沿革史》中的另一处"良心"却与"conscience"表现出不一样的内涵。兆民的译介文为:"苟事关道德,则吾人之良心自然知自身有自由之性也,不能自禁,无他,吾人之真我有自由之性之故也。康德又曰,若人心无自由,则无道德之责任。"[46]根据上下文语境,这里的"良心"与"人心"中的"心"指的是同一事物。兆民在《理学沿革史》卷之一解释了"心之自由"这一西方哲学概念,并在旁边标注了"リーブル、アルビートル"的日语表记[47]。"リーブル、アルビートル"所对应的法语单词为"librearbitre"[48]。《新世纪法汉大词典》对"librearbitre"的解释是"自由意志"[49]。而"自由意志"正是康德哲学的概念之一。由此可见,这里的"心"所译介的康德哲学原词为"意志"。因此,兆民此处在用"若人心无自由,则无道德之责任"的表达,译介了康德哲学的自由意志是道德法则产生的根据的思想[50]。根据这一逻辑,这里的"良心"所对应的康德哲学中的原词便是"善良意志"(德语为"GuterWille"),而非"良心"(德语为"Gewissen")。

康德认为"意志"是"一种按照对一定规律的表象(Vorstel-lung)自身规定行为的能力,只有在理性的东西中,才能够找到这种能力"[51]。一个存在者的"意志",就其属于感性世界而言,他属于现象,他可能经常不得不服从自然的因果法则;就其属于理性世界而言,他是本体,具有本体的属性——自由,即能不再被感性世界所奴役和支配[52]。后者即为"纯粹理性实践运用的必然产物",即"善良意志"。康德指出,理性作为实践能力,也就是作为一种能够给予意志以影响的力量,它的真正使命是产生在其自身就是善良的意志。"善良意志"的作用在于"使自己的准则自身成为普遍规律,也就是每个有理性的东西加于自身的、唯一的规律,不以任何动机和爱好为基础"[53]。

笔者认为,兆民将"善良意志"翻译为"良心"的思维逻辑,是与将"实践理性"翻译为"良知"的逻辑是相似的。康德哲学认为,"善良意志"的作用在于"使自己的准则自身成为普遍规律"。这种思维方式,容易让人联想到阳明学中将"良知"视为道德"准则"的说法。而阳明学认为,"良知"即为"良心"。

那么,兆民此处将"善良意志"翻译为"良心"是否准确呢?如上所述,根据孟子的说法,"良心"是人先天具有的"仁义之心"。在王阳明看来,在伦理学意义上,"良心"即

为"良知"[54]。而且,王阳明指出了二者的本体意义,称:"身之主宰便是心,心之所发便是意,意之本体便是知,意之所在便是物"[55]、"意与良知当分别明白。凡应物起念处,皆谓之意。意则有是有非,能知得意之是与非者,则谓之良知"[56]。对照二者思想,不难发现,阳明学中的"良心"概念,更接近"实践理性",而"意"则接近康德哲学中的"意志"概念。

阳明学将"意"区分为"私意"与"诚意",所谓"私意"是指"趋避利害的意",所谓"诚意"是指"实用意去好善恶恶"、"只是循天理。虽是循天理,亦着不得一分意"[57]。结合康德哲学中的两种"意志",不难发现,这里的"私意"与"受着因果律的支配"的"意志"接近,而"诚意"则与另一种仅仅受"实践理性"规定的"意志"(即"自由意志"、"善良意志")相近。因此,相较而言,康德哲学中的"善良意志"与阳明学的"诚意"更为接近,而非"良心"[58]。

4. 结语

无论在孟子的思想中还是在阳明学中,"良知"与"良心"的涵义基本没有大的差异。然而,在兆民对康德哲学的译介文章中,"良智"(即"良知")与"良心"却出现了分化,它们被用来译介了康德哲学中的不同概念。具体而言,兆民利用"良智"的概念,主要翻译了康德哲学中的"理性"(德语为"Vernunft"),偶尔翻译了"内感"(德语为"InnereSinn")。此外,在兆民的康德译介文章中,"良心"基本译介康德哲学的"良心"(德语为"Gewissen"),但偶尔翻译康德哲学中的"善良意志"(德语为"GuterWille")。除了将"Gewissen"译介为"良心"这一翻译方式较准确之外,其余翻译方式都无视了传统儒学的这些概念与其所对应的康德哲学的概念之间的隔阂。

兆民的康德译介中出现的"良智""良心"等概念,相较而言,更接近阳明学的这些概念。这是因为"理性""善良意志"都是制定道德法则的道德主体("善良意志"制定能成为道德法则的准则)。在孟子的思想中,"良智""良心"是一种先天的道德意识与道德能力,尚未成为制定道德法则的道德"本原"。而阳明学的"良知"及"良心"概念则被规定为先天地提供道德"准则"的道德"本原"。

兆民不仅利用"良智"或"良心"分别翻译康德哲学的不同概念,还利用不同的译词翻译康德哲学的同一概念。比如兆民在《理学钩玄》中将"理性"翻译为"良智",在同年出版的《理学沿革史》中则将"理性"译介为"推理力"[59]。可见,兆民在翻译康德哲学时,在译词的选择方面,还处于困惑、游离不定的状态。

关于导致这一结果的原因,笔者认为可从主客观两方面加以把握。客观方面,当时的日本哲学界无论在语言体系还是思想层次上都尚未具备介绍康德哲学的条件。根据船山信一的说法,明治时代真正意义上的康德哲学研究始于三宅雄二郎的《哲学涓滴》(明治22年1889年)与清泽满之的《西洋哲学史讲义》(明治23—26年 1890—1893年)[60]。因此,兆民的康德译介应该说尚处于明治日本引进康德哲学的摸索阶段。主观而言,不排除兆民故意利用东洋概念,翻译西方哲学,从而说明"斯道无论古今远近,确乎不可易"的可能性。兆民在明治学界普遍将"Philosophy"翻译为"哲学"的形势下,仍在1886年出版的《理学钩玄》《理学沿革史》中将"Philosophy"翻译为"理

学"翻译。"理学"一词来自《易经·说卦》的"穷理、尽性,以至于命"。西周为区别传统儒学的穷理观念与西欧的"Philosophy"概念,特意使用了"哲学"这一译词。兆民则相反,试图利用源于东洋哲学的"理学"来作译语[61]。姑且不论兆民利用儒学词汇"良智"与"良知"译介康德哲学的局限性,这种沟通东西方儒学的姿态和尝试仍然具有现实意义。

因此,梁启超利用"良知""良心"沟通阳明学与康德哲学的作法,并非是纯粹源自其自身的阳明学背景,更大的程度上,是源自兆民原文的启发。尽管兆民没有直接指出阳明学与康德哲学的共通性,但兆民原文中的"良智"、"良心"的内涵与阳明学的同名概念具有相似的特征,服膺阳明学的梁启超在阅读兆民原文中的这些词汇时,自然会联想到阳明学。然而,让人饶有兴趣的是,兆民原文中的"良智"与"良心"译介的是康德哲学的不同概念,具有不一样的内涵。然而,梁启超在接受这种译介时,并没有对二词加以区别使用,这无疑是传统儒学留下的烙印。关于梁启超依据兆民原文,利用"良知"、"良心"沟通阳明学与康德哲学的具体思想轨迹,将作为今后的课题加以研究。

注

[1]《近世第一哲学家康德之学说》发表于1903年2-3月的《新民丛报》25号、26号、28号,以及1903年12月的《新民丛报》46、47、48合并号。(参照李国俊.1986:80)。

[2]梁启超.1999a:1062。

[3]宫村治雄.1996:231-233。兆民的日文文章原名为:《第四編　近代ノ理学　第八章　第十八紀日耳曼ノ理学　〇カント》,收录于中江兆民.1984a:152-208。

[4]同上:250。

[5]综合目前研究界的成果可知,兆民不仅使用"本末体用"、"天人之辨"、"性善论"、"理气"、"天命"与"人义"等儒家的一般概念去阐释自由思想,还以孟子的"存养论"、"性善论"为媒介,阐释卢梭的"道德的自由",并利用孟子的"理义"观来诠释卢梭的"民权"自由平等"思想,以及援用朱子学的"性"="天命"概念,强调自由权利的先天性。(具体内容可参:①藤野雅己 1974:104-113;②王家骅 1994:39-44;③松本三之介 1996:134-164;④刘岳兵 2003:11-93;⑤井上厚史 2008:117-140;⑥岛田虔次 1966:177-246。)

[6]中江兆民 1985:205。笔者译。

[7]刘岳兵简单归纳了三处的思想氛围,以及兆民与它们的关系,具体可参照刘岳兵 2003:33-39。

[8]刘岳兵.2003:24。

[9]笠井助谷.1970:1494。笔者译。

[10]奥宫慥斋曾跟随土佐藩儒冈本宁浦学习阳明学,后来于文政(1818—1830年)末年赴江户入佐藤一斋门下学习阳明学,学成归来后,在家乡土佐教授阳明学,宣传"良知"学说,被井上哲次郎誉为"土佐阳明学始祖"。(参见井上哲次郎.1900:559。笔者译。)奥宫慥斋最喜欢泰州学派王龙溪的学说,并将其导入禅理,自成一家,但晚年时主张打破标榜程朱、陆王的门户之见,甚至主张融合和汉古今的神道、儒教、佛教、基督教。(参见笠井助谷.1970:1519页。)

[11]中江兆民.1986:204。笔者译。

[12]中江兆民.1986:204-205。《兆民居士王学谈》发表于明治29年(1896年)10月20日的《阳明学》杂志7号。

[13]中江兆民 1983a:26。笔者译。

[14] 笔者译，上述三部书的原名分别为『理学沿革史』、『理学鉤玄』、『道德学大原論』。
[15] 孟子著、杨伯峻译1988：263。引文将繁体原文改为简体。
[16] 同上：307。引文将繁体原文改为简体，并省略了注释符号。
[17] 王守仁撰，吴光、钱明等编校.2011：51。引文将繁体改为简体，下同。
[18] 阳明学认为："人的良知，就是草、木、瓦、石的良知。若草、木、瓦、石无人的良知，不可以为草、木、瓦、石矣。岂惟草、木、瓦、石为然，天地无人的良知，亦不可以为天地矣"、"良知是造化的精灵，这些精灵生天生地，成鬼成帝"（同上：122、199）。
[19] 杨国荣.2012：121。
[20] "良知者，心之本体"（王守仁撰，吴光、钱明等编校.2011：69）。
[21] "尔那一点良知，是尔自家的准则。尔意念著处，他是便知是，非便知非，更瞒他一些不得。"（同上：105）。
[22] 上述关于阳明学的"良知"概念如何超越于孟子的同名概念的论述，参照了"杨国荣.2012：120-125"中的分析。
[23] 王守仁撰，吴光、钱明等编校.2011：126。
[24] 中江兆民1985：93-95。
[25] 中江兆民1984b：45、108。
[26] 参照中江兆民1985：16、12。（位于本书末尾）
[27] 陈振尧主编、薛建成副主编2005：2220、597。
[28] 同上：166。
[29] 参照中江兆民1985：4、9、16。（位于本书末尾）
[30] 陈振尧主编、薛建成副主编2005：2458、945、2220。
[31] 中江兆民1984b：169。笔者译。兆民在这里不仅将法语的"raison"（即康德哲学的"理性"概念）翻译为"良智（レーゾン）"，还译介为"智慧（＜レーゾン＞）"（或"智慧"）与"智识"。这说明兆民在译介康德哲学时，所使用的译词并没有固定下来。
[32] 中江兆民1984b：176-177。笔者译。
[33] 同上：182。笔者译。
[34] 康德著、韩水法译2000：32-33。
[35] 中江兆民1984a：184。笔者译。
[36] 同上：153。笔者译。
[37] 康德著、蓝公武译2011：5。
[38] 参照徐瑞康、周立胜1990：49、53。
[39] 参照陈来.2013：175-176。
[40] 同上：173。
[41] 陈振尧主编、薛建成副主编2005：597。
[42] 中江兆民1984b：108。笔者译。
[43] 中江兆民1984a：184。笔者译。
[44] 中江兆民1984c：143-147。笔者译。
[45] 康德著、韩水法译2000：107。
[46] 中江兆民1984a：186。笔者译。
[47] 同上：58。
[48] 参照中江兆民1985：6。（位于本书末尾）
[49] 陈振尧主编、薛建成副主编2005：1591。

[50] 康德在《道德形而上学原理》中主张："意志并不去简单地服从规律或法律，他之所以服从，由于他自身也是个立法者，正由于这规律，法律是他自己制订的，所以他才必须服从。"（参照康德著、苗力田译 1986：83-84）。

[51] 参照康德. 2002：45。

[52] 参照陈来. 2013：172

[53] 苗力田. 2002：33-34。

[54] "良知只是个是非之心"（王守仁撰，吴光、钱明等编校. 2011：126）。

[55] 同上：122。

[56] 同上：242。

[57] 参照钱明. 2005：17。

[58] 需要说明的是，"善良意志"与"诚意"的内涵并非完全一致。由于哲学体系的不同，"善良意志"与"诚意"也存在着一些差异。这些差异正是上述的"实践理性"与"良知"的区别，在此从略。

[59] 同上：153。笔者译。

[60] 参照船山信一 1999：52

[61] 参照松本三之介. 1984：282-283。

参考文献

孟子. 1988.《孟子译注》下册. 杨伯峻译. 中华书局

岛田虔次. 1966.「『民約訳解』原文、よみくだし文、ならびに注解」.『中江兆民の研究』桑原武夫编. 177-246. 岩波书店

藤野雅己. 1974.「中江兆民の思想形成と儒教的要素」.『上智史学』(19). 104-113

李国俊. 1986.《梁启超著述系年》. 上海. 复旦大学出版社

笠井助谷. 1970.『近世藩校に於ける学統学派の研究下』. 吉川弘文馆.

刘岳兵. 2003.《日本近代儒学研究》. 商务印书馆

梁启超. 1999a.《梁启超全集》第 4 卷. 北京出版社

梁启超. 1999b.《梁启超全集》第 17 卷. 北京出版社

苗力田. 2002.《代序德性就是力量——从自主到自律》. 康德.《道德形而上学原理》. 苗力田译. 上海人民出版社

宫村治雄. 1996.《開国経験の思想史 兆民と時代精神》. 东京大学出版会

康德. 2002.《道德形而上学原理》. 苗力田译. 上海人民出版社

康德著. 2000.《实践理性批判》. 韩水法译. 商务印书馆

康德著. 2011.《纯粹理性批判》. 蓝公武译. 上海三联书店

黄克武. 2012.《近代中国的思潮与人物》. 九州出版社

井田进也. 1984.「解题」.『中江兆民全集』第 6 卷. 409-432. 岩波书店

井上厚史. 2008.「中江兆民と儒教思想――「自由権」の解釈をめぐって――」.『北東アジア研究』(14、15 合并号). 117-140

井上哲次郎. 1900.《日本阳明学派之哲学》. 富山房

钱明. 2005.《儒学"意"范畴与阳明学的"主意"话语》.《中国哲学史》(2). 11-18

徐瑞康、周立胜. 1990.《康德实践理性"优先"于理论理性思想的提出及其意义》.《武汉大学学报（社会科学版）》. 49-55

幸德秋水. 1994.『幸德秋水全集』第 8 卷. 日本图书中心

中江兆民. 1983a.『中江兆民全集』第 1 卷. 岩波书店
中江兆民. 1984a.『中江兆民全集』第 6 卷. 岩波书店
中江兆民. 1984b.『中江兆民全集』第 7 卷. 岩波书店
中江兆民. 1984c.『中江兆民全集』第 9 卷. 岩波书店
中江兆民. 1983b.『中江兆民全集』第 10 卷. 岩波书店
中江兆民. 1985.『中江兆民全集』第 14 卷. 岩波书店
中江兆民. 1986.『中江兆民全集』第 17 卷. 岩波书店
叔本华. 1996.《伦理学的两个基本问题》. 任立/孟庆时译. 商务印书馆
陈振尧主编、薛建成副主编. 2005.《新世纪法汉大词典》. 外语教学与研究出版社
船山信一. 1999.『船山信一著作集第六卷明治哲学史研究』. こぶし書房
陈来. 2013.《有无之境——王阳明哲学的精神》. 北京大学出版社
松本三之介. 1984.「解題」.『中江兆民全集』第 6 卷. 281-293. 岩波书店
松本三之介. 1996.「第六章中江兆民における伝統と近代——その思想構築と儒学の役割——」.『明治思想における伝統と近代』. 134-164. 东京大学出版会
杨国荣. 2012.《心学之思——王阳明哲学的阐释》. 中国人民大学出版社
王家骅. 1994.《兆民的自由民权思想和儒学》.《世界历史》(1). 39-44
王守仁撰, 吴光、钱明等编校. 2011.《传习录》.《王阳明全集(上)》. 上海古籍出版社

试论《琉球八景》中葛饰北斋的创作手法和意图

北京外国语大学　程　茜

要旨:『琉球八景』は1832年(天保三年)に出版され、琉球の名所を描いた八枚揃の浮世絵版画であり、絵師の葛飾北斎(1760—1849)全盛期の作品である。北斎は、『琉球国志略』という中国清朝の冊封副使周煌が書いた本の挿絵「球陽八景図」を元絵に、いくつかのアレンジを加えたといわれている。したがって本論では、なぜ琉球に一度も訪れたことのない北斎が、異国のイメージが強い琉球を描いたのかという『琉球八景』の創作背景について考えてみたい。さらに北斎の『琉球八景』と元絵の『球陽八景図』を比較しながら、北斎が施した加筆、削除、変更のようなアレンジはどこにあるのかについても明らかにする。最後に北斎がどのような創作意図と手法によってアレンジしたか、『琉球八景』の特殊性がどこにあるかを分析し、江戸時代の八景画題における位置づけを試みたい。

关键词: 异国琉球　八景　见立

　　《琉球八景》是1832年(天保三年)由葛饰北斋绘制的、描绘琉球名胜"中山八景"的八枚一套的浮世绘版画。葛饰北斋(1760—1849)是活跃在江户时代后期的浮世绘师,作品涉及风景画、美人画、役者绘、读本插图等多种题材。北斋在1831年(天保二年)推出其绘画生涯中最富盛名的《富岳三十六景》,描绘了从不同角度观望富士山的景色,风靡一时。《琉球八景》也算是同一时期的作品。上世纪60年代岸秋正在研究中已经明确指出并证明,北斋是依据中国派出出使琉球的册封副使周煌的《琉球国志略》中的插图《球阳八景图》,再加上丰富的想象而创作的[1]。北斋为什么想到创作一个他根本没有涉足的"异国"琉球的八景呢？北斋对《球阳八景图》进行增删改动的依据是什么,其意图何在？这组作品在众多的八景绘画作品中有何特点和价值？本文将通过对北斋创作《琉球八景》时代背景和来源的考察、对每一个景题的分析评价,来重点说明北斋的创作手法和意图。

1.《琉球八景》产生的时代背景和来源

1.1 "琉球热"及琉球认识

　　北斋为什么在这一时期推出《琉球八景》的浮世绘版画呢？这一点可以从德川幕府锁国体制下日本与琉球的关系谈起。15世纪初成立的琉球王国,在保持与中国的册封关系的同时发展了自己独特的文化。1609年(庆长十四年,万历三十七年)萨摩藩得到德川家康的同意入侵琉球,结果作为"异国"的琉球被日本编入幕藩体制。琉球国一边与中国保持朝贡关系,一边也向萨摩藩、江户幕府朝贡。每当德川将军或琉球

国王更替时,琉球国王即在萨摩藩主的陪同下去江户(今东京)朝拜庆贺,史上称之为"江户朝见(江户上り)"。

在限制与外国人接触的锁国体制下,琉球在江户人心目中是以一种"异国"形象存在的。与朝鲜、荷兰等外国使节来日时一样,每当琉球国王"江户朝见"时就会激发百姓们的莫大兴趣。从1634年"江户朝见"制度确立到幕藩体制解体的1850年(嘉永三年),一共有十八次琉球使节团到江户朝见[2]。每次琉球使节团经过驿站和城下町的时候,他们穿着中国风的衣服、演奏着叫"路次乐"的中国风音乐一路前行。为了尽可能的激发百姓淳朴的好奇心,格外强调队列的异国风俗要素。在琉球使节到达江户前,就有"琉球人行列图"之类的绘卷、瓦版、入门书等统称"琉球物"的出版物集中出版,非常畅销,引起一股全民关注异国琉球的"琉球热(琉球ブーム)"。

葛饰北斋推出《琉球八景》时正值1832年(天保三年),琉球使节团第十六次来"江户朝见"。在这一年出版了整个江户时代琉球物(关于琉球情报的出版物)的四分之一,有二十三种之多,是整个江户时代出版琉球物最多的时期[3]。可见人们对琉球的兴趣达到了一个高峰。天保年间(1830—1844)出版文化兴隆、市民生活成熟,人们开始到处旅行和玩乐。对地方的关心已经不仅仅满足于奇闻异事,而是要求更详细具体的情报。浮世绘的受众主要是庶民,这里主要考察庶民阶层对琉球的认识情况,可以从与葛饰北斋关系密切的曲亭马琴(1767—1848)创作的畅销读本《椿说弓张月》入手。《椿说弓张月》从1807年(文化四年)到1811年(文化八年)刊出,内容上后篇主人公镇西八郎为朝(源为朝)的活动舞台就转移到了琉球,生子尊敦后来成为琉球的国王。从时代上看《椿说弓张月》出版年代略早于天保时期,引起了庶民阶层的强烈反响,"甚至把为朝渡琉说广泛渗透到没有读过《重刻中山传信录》《琉球谈》的妇孺阶层。这种固定化、常识化的琉球像成为联系天保期琉球像的底色"[4]。即百姓普遍认为源为朝渡琉后形成了该地的日本式习俗,只不过后来一段时期受封于中国而导致两国风俗参半,这就是作为"夷地"的琉球在天保期的基本认识。特别值得一提的是,给这部读本绘制插图的就是葛饰北斋。

1.2 《琉球八景》的来源

岸秋正指出,北斋不太有可能看到乾隆年间出版的中国原本的《琉球国志略》,看到的应该是德川幕府出版的官本[5]。日本确实在1831年(天保二年)由幕府的官学昌平坂学问所重新刻版、官方发行了周煌的《琉球国志略》。那么周煌的《琉球国志略》究竟是什么内容呢?1756年(清乾隆二十一年)五月,周煌(1714—1785)受命前往琉球,册封尚穆为琉球国中山王。周煌回国的1757年(乾隆二十二年)《琉球国志略》在中国编辑出版。《琉球国志略》主要记载琉球国(含台湾)的历史和地理概况,描绘琉球风景的《球阳八景图》即出现在首卷的图绘中。可以说《球阳八景图》是记录琉球风貌的纪实性插图。

关于球阳[6]八景的来历和怎么演变成了琉球八景,还不得不提到另一位来自中国的册封使徐葆光。1713年(康熙五十二年)正值琉球国王承继王位,徐葆光(?—1723)任敕封琉球国王的副使被派往琉球。1719年他感于天使馆(即天使院,册封使

的居所,院旁指天使院附近)周围的景胜而创作了八首汉诗,合在一起称为《院旁八景》。后来院旁八景成为名所"中山八景"在琉球扎根下来[7]。《院旁八景》由八个题目组成,具体内容如下[8]:

1.《泉崎夜月》

　　　　明月送潮来　　桥上不知暮
　　　　遥见桥头人　　纷纷廠西去

泉崎桥,是连着久茂地川河口附近的泉崎和久米两地之间的一座石桥。诗云:站在桥上看着随着明月一起升起的潮水,连天变黑了也没有觉察。遥望对岸渡头,人们纷纷向窑场西侧的村子归去。

2.《临海潮声》

　　　　晨钟应潮生　　夕呗应潮止
　　　　老僧无我闻　　常定潮声里

为了守卫那霸港,在伸向海里的长堤上建造了三重城,长提中间建有一处真言宗的寺庙——临海寺。诗云:清晨随着涨潮寺内的钟声响起,傍晚随着退潮僧人们念经的声音而止。老僧不为外界的声音所动,常常入定其中。

3.《粂村竹篱》

　　　　村村编竹墙　　筠绿满秋径
　　　　客伴迷东西　　隔篱忽相应

粂村,即久米村,是14世纪后半从福建地区渡来的三十六姓的中国人聚居的村落,现在在那霸市的久米东町。诗云:久米村家家户户屋外种满了竹子,村中一片竹绿色。与同行的人一起迷路,隔着茂密的竹子向屋内人询问,马上听到乡音的应答。

4.《龙洞松涛》

　　　　中山松最奇　　临水更增胜
　　　　虚涛应暮潮　　飒然满秋听

奥武山,在现在的那霸市奥武山町的奥武山公园附近,是浮在漫湖上的几座岛屿,1713年(正德三年,康熙五十二年)真言宗僧侣心海上人在岛上创建了龙洞寺。诗云:龙洞寺的景色以松树最为奇特,临水照影,更增雄奇。一阵秋风吹过,波涛潮水与松涛的声音交相呼应。

5.《笋崖夕照》

　　　　日日晚来游　　浅霞水外浮
　　　　乡心随日下　　不觉海东流

石笋崖,是那霸港附近的一个海湾入海处的断崖,上面建有用石头围墙、用木材建造的波上宫。诗云:每天夕阳西下时来此地游玩,看到晚霞映在水面上。思念家乡的情绪也随着日头落下而淡薄,不觉身在何方。

6.《长虹秋霁》

　　　　跨海卧长堤　　秋来宜晓望
　　　　脚底彩云生　　身在虹霓上

1451年(宝德三年,景泰二年)尚金福王下令建造了被称为海中道路的长虹堤。诗云:

长堤跨海而卧,秋天时节适合在早晨观景。彩云宛若从脚底生出,身子仿佛处在彩虹之上。

7.《城岳灵泉》

　　　　瑞泉托王居　　巨榜标金阙
　　　　玉乳泻岩溜　　冷冷自幽绝

此处的"灵泉"指现在那霸高校南边的城岳(城嶽)附近叫"王樋川"的泉水。城岳曾经树木繁盛,泉水甘甜清澈,人们在这儿祈愿航海安全。诗云:中山的第一名泉"瑞泉"的称号封给了首里城的泉水,而城岳的灵泉在远离人群的幽静处独自喷出玉乳般的泉水。

8.《中岛蕉园》

　　　　蕉影墙头合　　人家住绿云
　　　　机声织明月　　幅幅冰绡纹

中岛蕉园在泉崎的仲岛,在现在的泉崎一丁目附近。诗云:芭蕉的影子在墙头影影幢幢,从芭蕉叶的缝隙看到人家,仿佛住在了绿色的云里。伴着月影听到织布的机器声,织出了薄而洁白的丝绸。

从以上的八首诗的意思可以看出,徐葆光身在异乡,在诗中借景抒情,言词间不时流露出思乡之情。这里选中的八处景观,对照中国的潇湘八景,从名字上就可以看出已经脱离了典型的八景景观,仅有"夜月"、"夕照"两处。

同时天保年间(1830—1844)可以称为浮世绘风景版画完成的时期。八景题材的名所绘也经历了漫长的积累和发展,北斋在此之前已经创作过八景题材的多个系列的作品。从整个"琉球热"的社会氛围和消费者的需求,以及北斋本人对琉球题材、八景题材的驾轻就熟,北斋趁1832年的琉球使节"江户朝见"创作并推出《琉球八景》是天时地利人和的选择。北斋不用"院旁""球阳"的字眼,而用"琉球"来概括,或许是考虑到更便于江户百姓理解吧。

2.《琉球八景》和《球阳八景图》的对比分析

这一部分将对北斋创作的《琉球八景》和作为原型《琉球国志略》中的《球阳八景图》做逐一的对比,弄清楚北斋在每一景中到底做了何种增删处理。

2.1　泉崎月夜

图 1-a　《球阳八景图之泉崎月夜》

图 1-b　《琉球八景之泉崎月夜》

图 1-a 在画面的下三分之一处,与左下方的陆地(泉崎)相连延伸到右边村落(久米),跨过水面斜横着一座三孔拱形石桥——泉崎桥。水面波纹荡漾,这是久茂地川,画面右下方泊着两艘带蓬的船。桥的另一头连接的是中国移民的村落久米村。水面的另一头连着连绵的远山,近处的山体褶皱平缓,远处的山头则用画在其附近流动的云来表现山的高度。

图 1-b 相比于图 1-a 有以下的不同点:1. 人物数量增加。渔船上多了几个人,泉崎桥上多了一个向对岸走去的人,村落外多了三个归家的行人。人物的交代更加清晰,富有故事性 2. 完全去掉了水面的波纹,把久茂地川的水面处理成了镜面的水,再配合使用颜料的浓淡,营造出平静安稳的气氛 3. 山体褶皱简化、多座连绵的山变成一座起伏平缓的山,跟整幅画面的静、稳的气氛相得益彰 4. 去掉了左上角空中云,加了一轮似乎被薄云遮住一角的圆月,正好起到了点题"月夜"的效果 5. 建筑和树木细节更加丰富清晰。

2.2 临海湖声 vs. 临湖潮声

图 2-a 《球阳八景图之临海潮声》

图 2-b 《琉球八景之临湖潮声》

《临海潮声》(图 2-a)画面整体呈现单条对角线构图,从画面右下角的陆地向左上方的海面上延伸出一条蜿蜒的长堤。画面的右下三分之一处伸出一座拱形石桥,石桥接上了被称为"海中道路"的长堤。长堤呈 S 形蜿蜒状,在较宽处建有真言宗寺庙临海寺。寺庙附近的堤岸上还有一处直接通向海面的石阶,寺中的僧人不必通过与俗世相连的石桥也能乘船出行,这也是中国山水画里一个传统的表达方式,桥是连接圣地和俗世的手段。堤的最前端是被围成十字型的石墙三重城,海面波纹密集,长堤附近和稍远处露出水面的岩石也仿佛随时能被海浪吞没。

《临海湖声》(图 2-b)在细节处有以下的不同:1. 首先最明显的是把题目的第三个字"潮"字变成了"湖"字;2. 石拱桥上添加了一名行人,临海寺的石墙外添加了两名寒暄的人。画面左下方的水中增加了一艘敞篷的船,船头船尾各有一名执篙撑船的人,船篷下三人对坐欢谈;3. 去掉了海面的波浪的描摹,用颜色的浓淡变化来表现水面的平静和广阔;4. 岩石、树木的细节表现更加凝炼、细致。特别是三重城所在的岩石画的更高,但岩石上的褶皱减少,植被增加,减缓了险峻的感觉。

2.3 粂村竹篱

 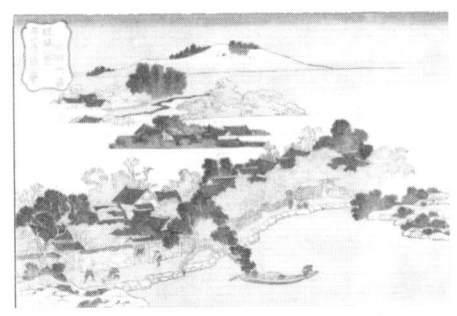

图 3-a 《球阳八景图之粂村竹篱》　　图 3-b 《琉球八景之粂村竹篱》

图 3-a 大致采用三分构图法：近景是水面和久米村的村落，中景是被树林包围的村落，远景为连绵的群山。画面的右下方是水面，水纹用稀疏的直线线条表现，比曲线显得风平浪静。左边衔接着陆地，靠近水面的陆地用石块垒砌整齐。岸边不远处就是村里的人家。高墙和篱笆把村子围得紧密，院内和院外繁茂的树木遥相呼应。中景和近景之间有一些空白，应该是表现的山间雾霭，给画面营造出一种纵深的空间感。同样的，在竹林树丛中也只能隐隐看到露出的屋顶。远景的山连绵横贯了整幅画面，山体繁复的褶皱给人一种不易攀登的感觉。

图 3-b 在细节处有以下不同：1. 在多处添加人物，沿着村落外的河岸，一户人家门口一人拿扫帚一人拿簸箕合作扫地；一户人家有人登门拜访，主人开门相迎；另一处有站着有蹲着的三个人同时望向水中，似乎在看水里的鱼 2. 水面上添加一艘有蓬的船，船头船尾船中各有一人，或在撑船，或在休憩 3. 中景处弥漫着大片的黄色烟霞，遮掉了原作右边大部分景物、最左边的所有关于树木丛林的细节刻画，却格外强调了中景中部的细节：把原来在左边隐约出现的一条河流挪到了中部靠左，河流按照地理学的角度应该是从山上流下，流向地势偏低的入海口，但在这幅画中并没有交代河流的最终流向，反而给人一种由近及远的纵深感错觉。北斋还在在河流附近安排了近、中、远三处地理位置有层次感的房子，来强化画面的纵深感 4. 多处连绵的群上简化为一个山头，去掉山体上的褶皱，山势变得缓和。

2.3 龙洞松涛

图 4-a 《球阳八景图之龙洞松涛》　　图 4-b 《琉球八景龙之洞松涛》

图 4-a 奥武山是浮在漫湖上的几座岛屿,整幅画面以水中的一块陆地为主。画题为"松涛",所以画中以大篇幅的笔墨来摹写各种形态的松树,或挺拔高耸,或盘根错节。松树四季常青,不能以此来判断季节。但值得注意的是,画中不光有松树,还有其他种类的树木,可以确认的有竹子、柳树、还有一些圆叶的阔叶树木,画面整体给人以春夏之际生机勃发的感觉。在画面的中心有两三处建筑,应该就是龙洞寺。

图 4-b 有以下几处不同:1.最大变化应该是北斋把画面整体设定成雪景。把原作中多种树木全部换成耐寒的松树,让松树上覆盖着厚厚的积雪。画面整体用白色来营造冬天的氛围,近处的湖水、岛中心的水池、以及画面最上部的深蓝色,都让人想到了大雪停下后第二天的晴天,衬托出极寒极冷的效果;2.多处增添人物。湖面上多了两艘敞篷的小船,船头船尾各有乘船的人;画面的右下方,在连接近处小岛的长堤上多了三个穿着斗笠披着蓑衣的行人;3.近处小岛上原来是园叶树的地方改成了一座房子,暗示了三个行人的去处;4.用白色的浓厚的雾笼罩画面中部的细节;5.远处连绵的群山简化成了一座缓和的山头。

2.5 笋崖夕照

图 5-a 《球阳八景图之笋崖夕照》

图 5-b 《琉球八景之笋崖夕照》

图 5-a 整幅画面是把景物压在单条对角线上的构图法,伸到海内的一块陆地从画面的右下方一直延伸到左上方。石笋崖,因其形状像破壳而出的笋而得名。画面右下方没有植物的陆地上,建有一座鸟居,遥对着建在悬崖峭壁之上波上宫。离鸟居不远处,有几处建筑,建筑外有围墙。围墙之外就是越来越陡峭的悬崖,因为受到了海水的侵袭,悬崖壁上的裸岩石块呈现出凹凸错落、坚硬陡峭的质感。波上宫用高大的石墙围了起来,只能看到三角形的屋顶。石笋崖的附近布满了曲线表达的波浪,左上角的天空中流动着几朵浮云。

图 5-b 有以下的不同处:1.去掉了波浪和天空中的云,使画面更加干净,主题更加突出。同时水面和天空的颜色以浅黄色为主,辅以浅蓝色的渐变,照应了夕阳照射在海面上的时间特点;2.水中添加了两艘挂帆的船,每艘船上都有两个人在劳作;3.悬崖上岩石用浅绿色来渲染,用深绿色表现植被,减弱了峭壁的险峻的感觉。

2.6 长虹秋霁

图 6-a 《球阳八景图之长虹秋霁》

图 6-b 《琉球八景之长虹秋霁》

图 6-a 画面整体近似于单条对角线构图。被称为海中道路的长虹堤从画面的右下方起,向画面的左上方延伸,横卧在广阔的水域上。顺着长堤延伸的方向望去,到画面的左上方仍有较大块陆地。但这块较大的陆地与长堤之前的空间却被流动的云彩遮蔽起来,搞不清是否与陆地相连。同样的,画面左中部的陆地与远方的山峦之间也被云彩遮住,看不清山和水的走向。注意,在远处群山当中偏左部出现了一座像火山口一样的山。画面的上三分之一处留白给了天空,水面上布满了瓦块般曲线波纹,可以看出此时风平浪静。画题"秋霁",不仅点明了季节是秋天,也也点明了天气,"霁"的意思即为雨后天晴的样子。

图 6-b 做出了以下几处改动:1. 左下方的水面上添加了两艘挂帆的船,每艘船上各有两个人;2. 桥上增添了两个人物,似乎是一男一女在相视交谈;3. 去掉了画面左上部分形态繁复的流云,取而代之的是用白色和淡青色的烟霞模糊了地平线和各处的交界线,营造一种仙境的氛围;4. 把原图中右下角没有叶子的树木画成高大的褐色树叶阔叶树,而原来矮小的树木也画的高大繁茂,这样更符合秋天这个季节;5. 远处褶皱的山体被简化成岛屿状的山体,把原来的"火山"改造成带有山尖的褐色山体。

2.7 城岳灵泉

图 7-a 《球阳八景图之城岳灵泉》

图 7-b 《琉球八景之城岳灵泉》

图 7-a 画面内容多，构图比较饱满。景题虽然是灵泉，但图中的泉水实在算不上突出。泉水从小山丘上涌出，泻进山丘下的水池里。画面的下三分之一处是被田埂隔成很多小块的水田，水田里有一排排长出嫩芽的植物。画面右下方有些交代不清，与水田接壤的土地渐渐变成了隆起的山地。山间长满了高大挺拔的松树，遮天蔽日的松林间隐约露出半间小屋。中景与远景的交界处用烟霞或者雾霭遮住，模糊了界限。远处仍有多处山体连绵，注意有两处带有火山口的"火山"。

图 7-b 的不同之处有：1. 泉水所占面积变大，突出了景题"灵泉"；2. 添加了两个观望泉水的休息的人；3. 水田在整幅画面中的面积缩小，水田被田埂隔出的格子变少变大，水田里还没有长出植物，使得画面更加简洁；4. 遮蔽在松树林的建筑细节表达更加细致。在原作中交代不清的路的走向在图图 7-b 中也清晰起来，"之"字形的黄土路通向林中建筑。建筑有宏伟的大门，还有一段用蓝色瓦块装饰的围墙；5. 松林间北斋用了不同于其他各处的烟霞云雾形状来表现，画了大范围的轮廓清晰的祥云，此处的神秘吉祥的寓意不言而喻；6. 远处褶皱的山体被简化成一座，把原来两处"火山"保留一处，改造成带有山尖的红色山体。

2.8　中岛蕉园

图 8-a　《球阳八景图之中岛蕉园》　　图 8-b　《琉球八景之中岛蕉园》

图 8-a 采用上下二分法构图，上部和下部用一处空白隔开。下部是近景，即在泉崎仲岛的香蕉园。村落里家家户户都种植着茂密的香蕉树，这是一种典型的热带、亚热带植物。除了香蕉，还有竹子等其他多种树木。每处院落外是用石头砌成的整齐的围墙。村落和远处连绵的群山之间是一片空白，省略掉了对中景的描摹。远处依然是褶皱众多的山体地貌。

图 8-b 做了以下几处的修改：1. 在水面上添加了一艘小船，船上有一人在躬身劳作。岸上增添了几组人物，有人登门拜访，有人坐在门口休憩，有人驻足寒暄，有人结伴闲聊，有人探头观望，把村子里的人情世故展现的淋漓尽致；2. 细致刻画了岸边和院落的围墙上用石头堆砌的细节，非常能体现琉球建筑的特点；3. 把远处褶皱众多的山体简化成几座连在一起的山的轮廓。同时添加了一座山顶覆盖白雪、山体蔚蓝的山峰。

3.《琉球八景》的创作意图

通过对《球阳八景图》和北斋创作的《琉球八景》两组作品的逐一对比,确实可以看出北斋在整体构图和大部分的细节方面参照了《球阳八景图》。整体上北斋把原来的纪实画转变成了更具有观赏性的浮世绘风景画,把原来的黑白线描图变成了彩色木版画。颜色的使用极大增强了画面的可观赏性,相对于单一的墨色版画,这更多依赖于技术层面上的提高。而北斋对画面内容增删细节的处理则更能体现他的创作意图,这是本文关注的重点。把《琉球八景》对《球阳八景图》的增删细节总结成下表(表1)。北斋做这些增删、改动细节的意图是什么,他的创作图又是靠什么手段实现的?大致可以分成以下三种类型,下文将通过举例来一一说明。

表 1

景题	增加细节	删除细节	改动细节
泉崎夜月	人物、月亮	水纹	山、建筑、树木、云
临海潮声	舟、人物、	水纹	景题(潮海)、树木、云
粢村竹篱	舟、人物	水纹	山的褶皱、河流、云
龙洞松涛	雪、舟、人物、建筑	水纹	群山、云
筍崖夕照	舟、人物	水纹	岩石、建筑、树木、云
长虹秋霁	舟、人物	水纹	山、植物、云
城岳灵泉	人物、	水纹	山、泉水—瀑布、水田、建筑、云
中岛蕉园	舟、人物	水纹	山、建筑、云

3.1 第一种类型:对潇湘八景的见立[9]

潇湘八景这一画题在日本全国范围内传播过程中,特别是在早期成立的各地八景,对八景的吸收还是有一个基本的共识,即保留了八景的关键要素。把这些关键要素表达出来也是成功的对经典八景见立的一个重要指标。《琉球八景》中北斋的细微改动,就是使原图《球阳八景图》的景色特点更符合潇湘八景中各景的设定。例如:

《泉崎月夜》中加入一轮被薄云遮住一角的圆月,会让观者立刻联想到《洞庭秋月》。

把《临海潮声》的景题改成了《临海湖声》。这是北斋的笔误,还是有意为之,无法明确的断定。但能断言的是,经过北斋的"改题",整幅画面与原作呈现出大为不同的印象,《临海湖声》去掉了海面上的惊涛骇浪,显得安静祥和。众所周知北斋是画"水"的高手,有同时期的作品《千绘的海》《北斋漫画》里各种水纹的表现为证,这里北斋故意不用自己拿手的水纹表达技巧,而是扣住题眼——"湖",仅用颜色浓淡变化表现了湖水的平静。这样一来更接近传统的潇湘八景中的湖光山色(洞庭湖)的表现。颇值得玩味的一点,八景中的人物在同一幅作品里通常都是穿着同一种颜色的衣服(多为

绿色,《中岛蕉园》中区别于芭蕉的绿色把人物都画成了白色)。唯独此画题中的人物有着蓝色衣服和绿色衣服的两种人,笔者推断蓝色衣着的可能是临海寺的僧人,绿色衣着的为俗世当中的人。临海寺是琉球八景中唯一一幅同时描述寺庙和声音的,很容易让熟悉潇湘八景的观者联想到《烟寺晚钟》。

《粂村竹篱》中北斋在原作的基础上多处添加人物,这些富有故事性的人物的出现,构成了一幅饶有生气的乡间生活图。大片黄色烟霞的使用,似乎在暗示了夕阳西下的时间。尽管只添加了一艘渔船,此情此景也容易让人联想到《远浦归帆》中傍晚时分在水上劳作一天的渔民急切归家的情景。

《龙洞松涛》中北斋把原作整个覆盖上一层厚厚的积雪,水、天、雪、舟等场景设定跟潇湘八景《江天暮雪》的相似度不言而喻。把一个难以想象雪景的地方描绘成大雪覆盖的景致,这不得不说是北斋的大胆尝试。但在八景画中有一幅冬季雪景图,绝不是北斋的原创,潇湘八景中也有且仅有《江天暮雪》这一幅明确的冬景。反观《龙洞松涛》的画题"松涛",原作中松树和其它树木随风摆动的动态感可以通过画面感知,而北斋的画中覆盖着皑皑白雪的松树又何来悦耳的松涛?可以说北斋为了达到与潇湘八景中八景意境的统一,甚至舍弃掉了一些琉球八景独有特色,可视为北斋对《江天暮雪》见立的执着表达。

《笋崖夕照》中水面和天空的颜色以浅黄色为主,照应了夕阳照射在海面上的时间特点。挂帆的渔船、劳作的渔民,都是《渔村落照》中反复出现的要素。

《长虹秋霁》的景题在于"霁"这一气象景观。马致远的元曲《山市晴岚》中有一句:"花村外,草店西,晚霞明雨收天霁",就很符合这幅画的意境。"晴岚"和"秋霁"都描绘了一幅雨后天晴的景致,也可以看做是一种广义上的对应。

剩下《城岳灵泉》《中岛蕉园》这样看似没有关系的景题,应该说《琉球八景》属于"部分变化型"八景,不能与潇湘八景一一对应也是理所当然。能做到绝大部分景题唤起观者对八景的记忆印象,可以看出北斋"见立"手法之高明。(对应关系如表2)

表2

琉球八景	潇湘八景	相似点(见立的关键因素)
泉崎夜月	洞庭秋月	月夜
临海湖声	烟寺晚钟	寺庙、钟声(声音)
粂村竹篱	远浦归帆	村落、傍晚、归帆
龙洞松涛	江天暮雪	雪景
笋崖夕照	渔村落照	夕照、渔船
长虹秋霁	山市晴岚	雨后晴天

3.2 第二种类型:对风景画(名所绘)经典场景的见立

《琉球八景》创作时期,浮世绘的风景画(名所绘)已经到了一个成熟期,形成了一

些经典的造型或表达。大久保纯一氏在研究广重的名所绘时提出,"人们对名所绘的第一追求,不是像国芳式的崭新的构图和洋风表现,而是各处的名所固定下来的景观印象能在画中实现,广重就在他的名所绘中实现了这一点"[10]。这个结论同样适用于北斋,在名所绘中一直反复使用固定的构图和要素,并不是绘师懒于创新,而是有其积极的意图和效果。例如:

3.2.1 富士山

在《长虹秋霁》《城岳灵泉》《中岛蕉园》三幅图中,远景中主体的山(或群山)之后都有一个较小的像悬空倒挂的扇形山尖,颜色区别于其它的山。真荣平房昭氏指出这是富士山,并断言"在考虑到江户时代的对外认识时,这种'添笔'有着象征意味,是把从属于日本国的'御威光'之下的异国琉球的形象在作品中象征性的表达出来"[11]。冲绳县立艺术大学的学生千田爱子在她的毕业论文里提出了不同意见,她认为在《长虹秋霁》《城岳灵泉》中不算是添笔,因为在《球阳八景图》的原作中相同位置已经出现了同样的山,而《中岛蕉园》中才是北斋的添笔。同时也指出因为没有资料记载,不能断言北斋是否加入了政治意味[12]。

图 9 《富岳三十六景凯风快晴》

北斋作为一个町绘师,创作浮世绘的出发点不是为政府代言,而首先要考虑到消费者的需求,即怎样博得购买浮世绘的主力——庶民阶层喜欢。北斋在 1831 年(天保二年)推出的《富岳三十六景》给百姓心中树立了一个富士山的典型形象,或山顶白雪皑皑、或山间隐约有雪线、或通体发红的悬空倒挂的扇形的山(图 9),这种视觉记忆一直延续到了现在。其后为了响应消费者的期待,北斋又陆续推出了十幅续作。至此北斋还没有尽兴,从 1834 年(天保六年)起,北斋又陆续推出了由上中下三册组成的《富岳百景》,共收录了 102 幅以富士山为主题的画作。所以在北斋格外钟爱富士山题材的创作期间内推出的《琉球八景》,不管是添笔也好、改笔也罢,在此处富士山的运用应该没有太大的争论。北斋借鉴自己作品中形成的富士山的经典形象,也是一种"见立"的手法,会增加消费者的亲近感。与其说他有政治意图、想通过作品显示日本对琉球的权威,还不如说他是一个精明又执着的町绘师更有说服力。他既懂得运用消费者盼望畅销品续作的心理,又不断追求创造出更新的富士山表达。

3.2.2 泉水变瀑布

在《城岳灵泉》中北斋笔下的泉水更像是一个瀑布。在"瀑布"脚下的岩石边上添加了两个观望"瀑布"的休息的人。一人托腮而卧,一人席地而坐。从倾斜的水帘和人的大小比例来看,再加上山体的增大、祥云的衬托,显然不是人们常识中从地面涌出泉水,而更像是从天而降的一袭瀑布。北斋在1833年(天保四年)通过同一出版商永寿堂出版的《诸国瀑布巡礼(諸国滝巡り)》中描绘的瀑布(图10)。这组作品描绘了日本全国八处有名的瀑布,旨在表现瀑布落下时各种水的形态。瀑布下有两个或多个人驻足观看,既有把酒当歌的文人雅士,也有稍事小憩的劳动人民,这种"人与瀑布"的表达几乎出现在这个系列的每一幅画中。从时间上可以推断,在画《琉球八景》的同一时期,北斋或许已经着手构思或者完成了《诸国瀑布巡礼》,他熟练的把创作名所绘的手法"移植"到了《琉球八景》中。

图 10 《诸国瀑布巡礼東都葵ケ岡の滝》

3.3 第三种类型:突出琉球风格的改动

上文中提到百姓对琉球的狂热是出于对外来事物一种天然的好奇心。北斋为了使这组《琉球八景》能更好的满足百姓对琉球的好奇心,与其它的介绍琉球风土人情的琉球物一样,必不可少的添加或强调琉球的特点。比如画中添加的人物都身着具有中国风格的衣服,这更接近日本人当时对琉球的印象。《长虹秋霁》里添加的两艘船,其

中靠近观者的一艘船有两层船舱,船体还加有护栏,船头插着的两面近似于四角形的旗子,这种旗子在琉球使节去江户朝见的仪仗队中也有出现,北斋有意识的加入一艘江户人心目中的琉球船。原作《球阳八景图》本身已经是对琉球风物的纪录画,所画的景物是外来者对琉球的直接观感,如大片的香蕉园、村子里成片的竹林、冲绳独特的驼背桥、大块石头组成的围墙,以及中日合璧的琉球建筑。北斋在对这些细节上的刻画也更加细致,不但充分的尊重原作,也参考了在当时出版的琉球物,博取众家之长。

综上所述,北斋通过对潇湘八景的关键要素的见立、对名所绘形成的经典形象的运用、以及吸收同时代琉球物的情报来丰富细节,带有极强的意图对原作《球阳八景图》的细节做了增删、改动。他的目的就是利用消费者期待画中出现固定的景观印象的心理,不断地通过见立手段来实现,从而达到吸引消费者、实现商业价值的目的。

4. 结语

本文通过对北斋创作《琉球八景》的时代背景的考察,可以看出《琉球八景》是在八景文化地方化过程中一个比较特殊的存在。首先它不是八景在日本扎根融合过程中由日本人根据自己的审美意识和理解选定的八景。其原型院旁八景是中国官员选定的八景,与江户时代八景从中央渗透到地方的过程中体现出来的创作动机、成立过程并不相同。其次,北斋创作的《琉球八景》处在浮世绘风景画的成熟期,有许多浮世绘风景画的表达程式已经固定下来,深入人心。这种时代背景的特殊性必然会体现在作品中。

通过与原作《球阳八景图》的逐一对比,可以看到处处显示北斋的匠心独运。北斋带有极强的意图对原作《球阳八景图》的细节做了增删、改动。他在江户时代大的文化背景下、巧妙的运用了大众所熟知的见立的创作手段,从而确保作品能够受到消费者的青睐,取得商业成功。八景的风景版画在浮世绘版画成立起就经历着一个长远的发展,《琉球八景》的创作过程和表现手法的独特、呈现作品的精良程度,都让这系列作品在日本整个八景美术受容史、乃至浮世绘版画作品繁多的江户美术史上都占有一席之地。

(本文部分内容曾在 2015 年 3 月 14 日日本冈山大学召开的"日中若手研究者学术交流セミナー"上发表,感谢在场各位老师同学的宝贵意见。同时感谢国际日本文化研究中心(简称日文研)的早川闻多教授的指导,冲绳县立艺术大学的小林纯子教授、松井贵子女士、浦添市美术馆学艺员冈本亚纪女士、日文研在读博士王菀晗同学在我实地考察时提供的帮助)

注

[1] 岸秋正.1966.「北斎の「琉球八景」に就いて」.『浮世絵芸術』.第 13 号.日本浮世絵協会編.36.
[2] 真栄平房昭.2000.「琉球人行列」.『江戸の真実』.宝島社.16.
[3] 横山学.1987.『琉球国使節渡来の研究』.吉川弘文館.147.
[4] 同 3.282.
[5] 同[1].

[6] 根据《日本大百科全书》(小学馆 1994 年)高良仓吉对"球阳"的解释,球阳是对琉球的美称、与长崎称为"崎阳"的用法相同。
[7] 参照高橋康夫.2004.「琉球八景について」.『建築史学』第 42 巻.2～39 关于"院旁八景"变成"中山八景"的过程,高桥氏在本文中推断在琉球接待徐葆光的久米村诗人程顺则、蔡温等人可能是先提出了八景的题目,由徐葆光创作诗歌并命名为"院旁八景",其后由久米村擅长汉诗的人再评价为能代表中山名胜的八景定名为"中山八景"。
[8] 参照鄔揚華.2010.「「徐葆光奉使琉球使舶中集」詳解」.出版舎 Mugen.160-176.《院旁八景》八首诗根据本书日语注释笔者自译。
[9] 见立(見立て),来源于日本古典的术语,用于古典文学、古典艺术、浮世绘等多个领域,一般解释为"用他物来表示此物",但在不同的领域、在古代和近代其用法又有着微妙的差别。与中国绘画中的用典手法有些相似,但又不尽然。关于见立手法在浮世绘中的意义以及用法请参考拙作《日本文化中的見立て》(《日语学习与研究》2015.1)
[10] 大久保純一.1998.「広重に見る江戸名所絵の定型」.『美術史』第 145 号.29.
[11] 真栄平房昭.2001 年.「描かれた異国の風景——琉球の画像資料を読む」.『描かれた「異国」「異域」:朝鮮、琉球、アイネモシリの人々』.大阪人権博物館編.105.
[12] 千田愛子.平成 18 年度卒業論文.『琉球八景』—北斎による加筆の考察と近世日本の八景式風景版画における位置づけ—.沖縄県立芸術大学美術工芸学部美術学科.24.

参考文献

岸秋正.1966.「北斎の「琉球八景」に就いて」.『浮世絵芸術』第 13 号.日本浮世絵協会編

『北斎の描いた琉球——琉球八景』.2007.浦添市美術館編

大久保純一.1998.「広重に見る江戸名所絵の定型」.『美術史』第 145 号

高橋康夫.2004.「琉球八景について」.『建築史学』第 42 巻

高橋康夫.2004.「同楽苑とその八景」.『建築史学』第 42 巻

横山学.1987.『琉球国使節渡来の研究』.吉川弘文館.

堀川貴.2002.『瀟湘八景—詩歌と絵画に見る日本化の様相—』.臨川書店

千田愛子.平成 18 年度卒業論文.『琉球八景』—北斎による加筆の考察と近世日本の八景式風景版画における位置づけ—.沖縄県立芸術大学美術工芸学部美術学科

鄔揚華.2010 年.「「徐葆光奉使琉球使舶中集」詳解」.出版舎 Mugen

真栄平房昭.2000.「琉球人行列」.『江戸の真実』.宝島社

真栄平房昭.2001.「描かれた異国の風景——琉球の画像資料を読む」.『描かれた「異国」「異域」:朝鮮、琉球、アイネモシリの人々』.大阪人権博物館編

藤懸静也.1943.『浮世絵の研究』.雄山閣

浅野秀剛.2010.『太陽別冊北斎決定版』.平凡社

林美一.1968.『艶本研究北斎』.有光書房

桂木寛子.1981.『世界の伝記 8 葛飾北斎』.ぎょうせい

神谷浩.2006.『太陽別冊浮世絵師列伝』.平凡社

潘力.2007.《浮世绘》.河北教育出版社

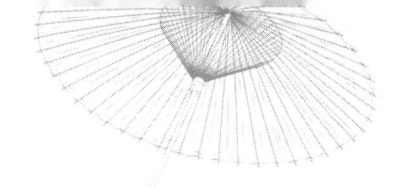
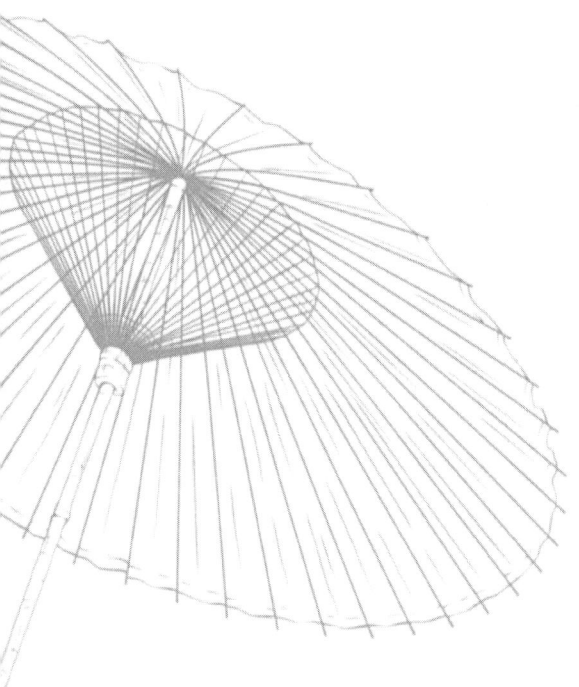

日本社会研究

日本农村治理的变迁及启示

陕西师范大学　乐燕子[①]

战后日本农村治理的变迁

要旨:20世纪90年代以来、ガバナンス(governance)という語は昔の意味と違って、新しい意味に賦与され、西方の政治学や管理学領域の学界でよく使われている。我が国の農村研究においては、ガバナンスという言葉もよく引用されているが、多くの研究はただその言葉を使っただけで、その理論視点を使って研究するものが少ない。本論文はガバナンスの理論視点から、戦後日本農村ガバナンスの変遷を分析し研究したものである。主に戦後農村ガバナンスの主な主体である市町村自治体の組織構造、人事制度及びほかの組織との関係など三つの面をめぐって、戦前と比較しながら、戦後のそれらの変遷を考察し、そして、その三つの面はもっと専門化、科学化や民主化になったということを究明した。更にわが国の農村政治問題の解決にもヒントを提示した。

关键词:治理　农村　变迁

1. 前言

20世纪90年代以来,治理一词被广泛用于政治学、管理学的研究当中。英语治理(governance)一词源于拉丁文和古希腊语,原意是控制、引导和操纵。长期以来它与统治(government)一词交叉使用,并且主要用于与国家的公共事务相关的管理活动和政治活动中。但20世纪90年代以来,治理被赋予新的含义,其含义与government已相去甚远。

西方学者对治理做了很多新的界定,其中最具代表性和权威性的是全球治理委员会给出的定义,"治理是各种公共的或私人的个人和机构管理其共同事务的诸多方式的总和。它是使相互冲突的或不同的利益得以调和并且采取联合行动的持续的过程。这既包括有权迫使人们服从的正式制度和规则,也包括各种人们同意或以为符合其利益的非正式的制度安排"。

从上面的定义可看出,治理强调管理主体的多元性,认为政府不是合法权力的唯一源泉,公民社会也同样是合法权力的来源。治理的主体既可以是官方机构,也可以

[①] 乐燕子,北京外国语大学日研中心在读博士,陕西师范大学外国语学院讲师。

是民间机构,还可以是官方机构和民间机构的合作。治理主要通过合作、协商、确立认同等方式实施对公共事务的管理。(俞可平 2004:13-26)治理为我们提供了一种新的政治学、管理学分析框架。

我国学术界关于治理的很多研究都是以乡村治理为主题的。乡村治理之所以能成为我国学术界的一门显学,是因为我国农村推行的政治体制在现实中遇到了很多问题,比如:乡镇体制权力冲突,人员臃肿,乡镇财政负债严重,权力寻租现象严重等,这些问题导致乡政效率低下,干群关系紧张,村民自治绩效和发展空间有限,"三农问题"难以得到顺利解决。学者们试图引入治理这一新的理论分析框架来分析农村政治问题,以期探索出一条切实可行的农村治理模式。

但纵观我国学术界的研究,可以发现,大多数研究只是借用了治理一词,真正使用治理理论的分析框架进行分析的研究却很少,少数研究虽使用其理论框架进行了分析研究,但研究不够深入、细致,需要进一步完善、补充。本研究着眼于农村现实问题,将目光转向与我国有着相同历史文化的邻国日本,试图运用治理理论的分析框架分析日本乡村治理的变迁,以期为我国农村治理研究提供一些启示。

鉴于关于农村地区经济、教育、社会保障等方面的研究成果已经很多,本研究仅对迄今为止研究成果较少的政治方面的治理变迁进行研究。由于都市化的不断进行,日本农村的基本单位村落日益解体,功能不断衰退,日本农村的治理机构主要是地方公共团体,所以本研究的研究对象主要是治理农村的基层自治体。

关于农村的定义,各大词典几乎均将农村定义为从事农业的居民住的村落或地域。从产业规模及人口构成等来看,在日本,町和村地方自治体可以说是主管农村的行政单位,但由于近年随着平成大合并的进行,很多农村地区被划入市之内,接受市的管理。研究今日日本的农村,对市管理下的农村地区也必须关注。因此,本研究要研究的基层自治体包括市、町、村三个类型,并主要从组织机构、人事制度及市町村自治体与参与农村治理的其他组织的合作关系等三个方面来考察战后日本农村地区的治理变迁。

2. 战后市町村组织机构的治理变迁

政府是否能够快速、准确、效率地处理行政事务,与政府自身的组织机构设置有很大的关系,那么,日本市町村自治体是以怎样的组织结构在运行呢?本节将比较分析战前战后日本市町村自治体组织机构的治理变迁。

2.1 战前市町村组织机构治理
2.1.1 战前日本市制、町村制的施行

明治政府建立后,府县以下的行政机构,先后于1872年引进"大区小区制",1878年出台了《郡区町村编制法》《府县会规则》《地方税规则》等所谓的"地方三新法"。1880年制定了《区町村会法》,区町村会,废除了"大区小区制"。直至1888年,政府出台了"市制町村制",日本的近代地方自治制度才终于形成。政府在施行市制町村制前,实行了"明治大合并",以300—500户为单位合并自然村形成町村。至次年1889

年,约 7 万 1 千多町村,合并后减少了近五分之一,日本全国被编成了 39 个市和 15589 个町村。

2.1.2 市制町村制下的市町村组织机构

根据"市制町村制",市町村设市町村会,市町村会由市町村会议员组成,议员定员依据人口而定。市会议员定员 30 人～60 人,町村会议员定员 8～30 人。市町村会的权限主要有议决、选举市町村官员、监查行政事务等,议决权是市町村会最重要的权限。市町村会议决的事项包括制定、修改市町村条例及规则,制定岁入岁出预算,认定预算外支出及预算超过支出,认定决算报告等 11 项。

市的执行机构是合议制的参事会。参事会设市长 1 名,副市长 1 名,还设名誉职参事会员 6 名。副市长和参事会员根据市条例可增减其定数。町村的执行机构是町村长及副町村长,各 1 名,根据条例,可增加副町村长的人数。町村长和副町村长为名誉职,任期 4 年。市町村长的主要权限有准备和执行议会议决事项、管理町村财务预算,监督其他官员及掌管地方警察事务等。此外,市町村还设会计 1 名,主管财务。

除以上主要官员外,市町村还设有书记及其他附属员、使丁(勤杂工、听差)等,书记隶属于市町村长,分管庶务。市町村还可根据需要,分为数区,设区长及区长代理各 1 名,为名誉职,辅助执行该区内的行政事务。再有,市町村根据市町村会之议决,可设临时委员或常设委员,为名誉职。常设委员的组织一般与当时主要从事的业务,劝业、土木、教育、消防、卫生等有关。

市制町村制之后又经过了几次部分修改,直至 1911 年,全文被改动。关于组织机构部分,除将市的执行机构改为独任制的市长,市参事会为副议决机构外,其他部分均未改动,直到市制町村制被废除。

2.2 战后市町村组织机构的治理

2.2.1 《地方自治法》的制定

第二次世界大战后,在 GHQ 的命令指导下,日本制定了《日本国宪法》和《地方自治法》,地方自治得到了制度上的保障。明治宪法中没有关于地方自治的相关规定,只有府县制、市制町村制对地方自治制度进行了规定。但《日本国宪法》中置入了地方自治的相关章节(第 8 章 92—95 条),从宪法层面保障了地方自治。府县制、市制町村制等法律全被统一到《地方自治法》当中,《地方自治法》之后又进行了多次修改,不断完善。

2.2.2 战后市町村自治体的组织机构

战后日本市町村组织实行的是二元代表制,拥有议会和首长两个代表机构。日本国宪法 93 条第 1 项规定,"根据法律规定,地方公共团体设置作为议事机构的议会"。议会由选举出来的议员组成。议员的定员依据人口规模等级而定,市区议会 26～96 人,町村议会 12～26 人。议会要设事务局,事务局要设局长、书记及其他公务员,掌管负责议会的总务工作。

《地方自治法》中规定的议会的主要决议事项有制定、修改和废除条例,决算预算等15项之多。总体来看,议会的作用和功能主要体现为居民代表、行政监督、自治立法。议会按政策领域,设置常任委员会、特别委员会、各委员会按专业领域研讨提案。

《地方自治法》规定市町村的执行机构是市町村长。市町村长是地方行政的统括者,拥有广泛的权力,主要有向议会提出条例案和预算案的权限、规则制定权、自治体职员的人事权、组织编制权等。市町村长的辅助机构设有副市町村长,还设有会计长,町村可以不设会计长,由副市町村长兼任。市町村长、副市町村长、会计长被称为"地方三首"。除了上述三要职外,根据法律,还可以在市町村地方公共团体设置其他官员和公务员,协助完成自治体事务。如图1所示,目前,市町村自治体设置的各部门主要与工商农林、地区规划、产业振兴、财政税收、民生福祉、资源环境等相关。不过,受各地经济社会发展的不同,往往存在很大差距。此外,依据条例,为了分管属于其权限范围内的事务,市町村长还可以在必要的地方设置支所或办事处。

首长虽然是自治体的代表性执行机构,但不是唯一的执行机构。《地方自治法》中规定"普通地方公共团体中,其执行机构除了普通地方公共团体的首长外,还可以根据法律规定设置委员会或委员(138条第4部分第1项)",体现了"执行机构多元主义"的理念。如表1所示,市町村设置的委员会主要有:教育委员会、选举管理委员会、人事委员会、农业委员会、固定资产评价审查委员会等。

3.战前战后市町村组织机构治理比较分析

上文分别论述了战前战后市町村自治体的组织机构,从中可以看出,首先,战后的议事机构-市町村议会与战前的议事机构-市町村会相比,其设置更加细致化、专业化,管理更加制度化、科学化。《地方自治法中》明确规定了市町村议会要按政策领域设置常设委员会、专业委员会等,按专业讨论议案。另外,市町村议会还要设置事务局、事务局长、书记及其他公务员专门掌管负责议会总务工作。其次,战后的执行机构与战前相比,如前所述,体现了执行机构多元主义、分权化的理念,除了市町村长,还设有各种委员会。而各种委员会均是针对不同领域设置的专门性机构,由专业性很强的委员组成,更加体现了决策的科学化。再次,战后市町村长辅助机构的设置与战前相比,更加渗透到基层,扩大了行政影响力。战前划分区,设置区长和区长助理,战后虽然法律没有明文规定设置区长和区长助理,但现实中是存在的。另外,市町村还可在必要的地方设置直属的支所或办事处。

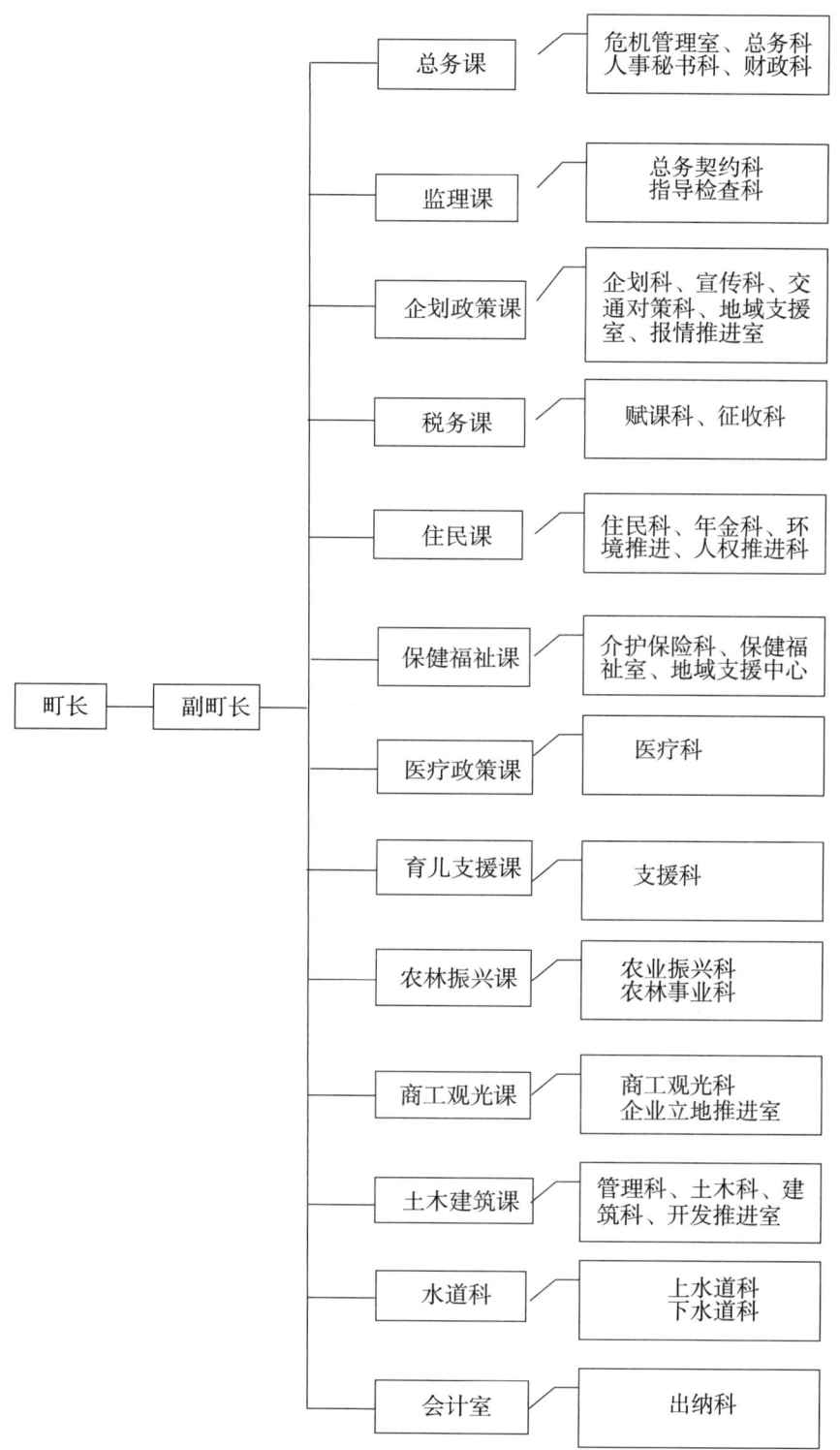

图 1 日本京都府京丹波町组织图
资料来源：据日本京都府京丹波町政府网站资料绘制

表 1　市町村自治体设置的委员会

委员会	依据法律	任务目的	规定人数	任期
选举管理委员会	地方自治法	国家、自治体的选举管理	四人	四年
教育委员会	关于地方教育行政的组织和运营的法律	学校等的管理、学校的组织编制、教育课程、教科书、职员任用等	町村三人，政令制定都市可六人	四年
人事委员会、公平委员会（人口15以下的市町村）	地方公务员法	人事行政的调查、研究、企划、劝告、职员考试及选拔等	三人	四年
监察委员	地方自治法	财务相关事务的执行、与经营相关事业的检查管理	25万人以上的市四人，其他市町村二人	三年
农业委员会	关于农业委员会的法律	自耕农的创设与维持、农地等使用关系的调整等	选举产生的委员40人以内	三年
固定资产评估审查委员会	地方税法	对于不接受固定资产课税台账所登记的价格等进行审查	三人以上	三年

3. 战后市町村自治体的人事制度治理变迁

前节论述战前战后市町村的组织机构设置，那么，这些机构里的官员和职员是怎么产生的？代表着什么阶层的利益？本节将对战前战后市町村自治体的人事制度进行比较分析。

3.1　战前市町村自治体的人事制度治理

上文已谈到，战前市町村的设有议事机构是市町村会，市町村会由市町村会议员组成。依据"市制町村制"规定，市町村会议员由选举人于有被选举权者之中选举。议员任期六年，为名誉职，每三年改选半数。（后于1911年改为每四年全员改选。）但当时选举权带有很强的等级性和局限性，具有选举权和被选举权的只有居住在本地两年以上，交纳国税或地租2日元以上的成年男子，即公民。而这些公民依据交纳税额的不同，分为一级公民和二级公民，一级公民比二级公民的选举权要大得多，更容易被选为市町村会议员。市会采取的是三级选举制，町村会采取的是二级选举制，被选上来的议员基本都是地主、有资产者。

市的执行机构最初是市参事会，后改为独任制的市长，市长有薪酬，任期六年，由内务大臣从市会推荐的三名人员中选任。副市长及其他名誉职参事会员由市会从满三十岁以上，有选举权的公民中选任。町村的执行机构是町村长。町村长的辅助机关设有副市町村长和收入役。依据市制町村制规定，町村长和副町村长，由町村会议员从满三十岁以上，有选举权的公民中选任，但必须获得府县知事的认可，为名誉职。市町村长同时为议会议长。市町村收入役，由市会（后为市长）、町村长推荐，市町村会选任之，为有酬官员，任期四年。

此外，书记及其他附属职员由町村长推荐，市町村会选任，使丁由市町村长任用，均有薪酬。各区设置的区长、区长代理、临时委员、常设委员等由市町村会从市町村会议员或市町村公民中有选举权者中选任，这些官职名义上也采取名誉职制度。

从以上执行机构的官员任命可以看出，市町村会是任用官员的主要机构，有被选举权的人与议员相似，必须是符合条件的公民。在选举者和被选举者均带有等级性、阶级性的情况下，政府执行机构的官员无疑也具有阶级性和等级性，代表地主、有资产者的利益。其实，明治政府最初的意图就是要通过这种由地主、有资产者等强有力者支配的方式来稳定和强化官治性中央支配体制。

大正到时期，市制町村制经过几次修改，扩大了住民权利、市町村的自治性格。1921 年，政府扩充了公民权，缴纳市町村税的纳税人均可为公民，并废除了町村会议员的等级选举制，将市会议员的选举改为二级选举制。1926 年，市町村会议员选举引入了普通选举制，取消了纳税条件，有日本国籍，居住在日本，满 25 岁的成年男子均有选举权，市长由市会选举选任，取消了町村长选任时的府县知事的认可权。虽然随着这些民主政策的施行，町村议阶层也扩展到自小耕农，但在半封建的地主制没有根本改变的近代日本，町村自治的本质并没有改变，而且只是昙花一现，战时被完全纳入法西斯统治之下，市长的内务大臣选任制、町村长选任的府县知事认可权又恢复了。

3.2 战后市町村自治体的人事制度治理

如前所述，战后民主改革后，市町村组织机构实行的是二元代表制，即，议事机构-议会和执行机构-首长，市町村会议员和市町村长均实行直接公选制。1950 年制定的《公职选举法》对众议院议员、参议院议员、地方公共团体议会议员和行政首长的选举做了明确规定。该法第 9 条第 2 项规定，"日本国民年满 20 岁且在市町村的区域内连续居住三个月以上者，具有所属地方公共团体的议会议员及行政首长的选举权"，第 10 条第 1 项规定，"市町村议会须具有选举权且满 25 周岁"，"市町村行政首长必须年满 25 周岁"。

《日本国宪法》制定了选举必须遵守的原则，①普通选举制，即无论财产多少、有无纳税、男女等，均有相同的选举权。②平等选举，即平等对待选举人的投票。③秘密投票，即确保选举人向谁投了票不被外界知道。④直接选举，即选举人直接选出能够就任公职的人。

议员候选人产生后，再经直接选举产生正式议员，议员任期四年，有薪酬。作为市町村民代表，议员要反映选民的意见，维护选民的利益，对政府行政机构起监督作用。议会设议长和副议长，由议员经选举在议员中产生，任期 2 年。议长和副议长是市町村议会的代表，由他主持议会会议的召开和议案审议。议会事务局局长、书记长、书记及其他人员由议长任免，人员法定人数依条例而定，有薪酬。

市町村长与议员相同，通过直接公选产生，任期四年，有薪酬。副市町村长和收入役由市町村长提名，经议会同意，再由市町村长任命的方式产生。收入役辅助市町村长，总管会计事务，有一定的独立权限。首长辅助机关的其他官员及其他公务员均由首长任免，其任用、职位分类、薪酬、工作时间及其他工作条件、离职退休、工作成绩考

核、福利及利益保护等具体事项在《地方公务员法》中有详细规定。此外,市町村还可以设正式或专门性委员,专门委员从具有专门学识经验的人当中选出,由市町村长任命。

如前节表1所示,市町村设的其他执行机构委员的选任、任务目的、定员及任期等均有相应法律做了明确规定。教育委员会委员由市町村长从具有一定学识、品德、有被选举权者当中,经议会同意选任。选举管理委员会委员由议会从有被选举权、品德高尚、政治和选举持公平意见的人当中选任。人事委员会委员由市町村长从人品高尚、对地方自治和行政理解、对人事行政有见识的人中,经议会同意选任。监察委员也同样由市町村长从人品高尚、对财务管理、事业经营管理及其他行政管理有见识的人员或议员中任命。农业委员会委员由选举产生。固定资产评估审查委员会委员由市町村长从该市町村住民,有义务缴纳市町村税或对固定资产评价有一定见识的人中,经议会同意任命。各委员会分别从委员中选任委员长,主持委员会会议,代表委员会。

3.3 战前战后市町村自治体人事制度治理的比较分析

纵观战前战后市町村自治体的人事制度,可以发现,战后的人事制度与战前相比,首先,市町村议会与市町村长均通过普通选举直接产生,不需要府县等上级部门认可。这更加体现了民主的精神,使得市町村自治体更加能代表当地居民的利益。不过,由于议员和首长通过不同的渠道选举产生,首长和议会多数党派属性并一定相同,这容易导致首长与议会的矛盾增大,政治角力激烈,从而对自治体行政产生影响。(礒崎初仁等 2010:62)

其次,副町村长、收入役,甚至包括部分委员会委员,虽需经过议会同意,但均由首长任命,其他政府部门的官员、职员、专门及临时性委员均直接由市町村首长任命。首长较战前拥有强大的人事统治权,这无疑使得自治体的组织机构体现出首长优位的局势。这也是日本地方自治体组织结构二元代表制的重要特征。

再次,战前的人事任免几乎由市町村议会议决,讨论,依据条例规则决定,没有明确的法律保障。战后,日本政府通过不断制定修改法律,使人事制度更加规范化、标准化、专业化、科学化。《日本国宪法》和《地方自治法》从法律上保障了议员和首长的直接公选制度,《公职选举法》则详细规定了选举的区域、程序、规则、日期、投票开票、公职候选人及争讼、罚则等具体事项。此外,《地方公务员法》则规定了一般职公务员的任用、职位等具体事项。教育委员会等各委员会也都有相关法律依据,各个法律都明确规定了各委员会委员必须从人品高尚,并对相关专业熟悉,并有一定见识的人当中选拔任命。

4. 战后市町村自治体与其它组织的合作关系治理变迁

前两节论述了町村自治体的组织机构和人事制度,那么,这样的市町村自治体是以怎样的治理模式运营呢?本节将通过比较分析战前战后市町村自治体与其他组织的关系,对不同时期,农村治理运营机制略做探讨。

4.1 战前市町村自治体与部落组织的合作关系

1888年公布的市制町村制从法律上明确了市町村作为自治团体的公法人性格，赋予市町村制定条例、规则的权利，市町村政府作为合法的自治法人具有管理农村的权力。但是，如前所述，这种自治是代表地主、有资产者等地方权威者的政治统治，是通过维护他们的利益，而达到稳固官僚性支配的目的。（大石嘉一郎 1990：30）这种支配体制留存了并利用旧有部落的村落共同体秩序来统治，因而町村合并后，很多旧有的部落被设定为区，设区长和区长代理，由町村会选任，但基本都是地主、有资产者等地方权威者。当然区不具有公法人性格，只是町村政府的辅助机关。

由于町村与部落这种相互补充关系的存在，尽管为了强化新的町村政府的财政能力，法律形式上规定旧有部落有财产应归于新的町村政府所有和管理，但实际上却承认旧有部落的利用形式，如部落有林野、水利设施等。部落共同体的自治依然起着举足轻重的作用。而这又造成新成立的町村财政来源更加有限，加上国家拨款不足，町村财政极为匮乏。处于官僚支配末端的町村承担着国家的繁重行政事务，如：教育、土木建设等，根本无力进行自治体固有业务，如：关系到农业生产的农道及农业用水的建设修理等，这些只能依靠部落住民的财力和人力。

因而，新町村在成立后的很长时间里，并没有真正稳定下来，将权力渗透进村落之内，町村只是部落利益争斗的场所而已。日俄战争以后，政府推行地方改良运动，强化町村财政和行政能力，作为行政村的町村也终于固定下来。多个官制性质的产业组合及其他团体，如：消防团、妇女会、卫生组合等都以町村为区域成立，但由于町村财政的匮乏，町村与部落相互补充的关系并未改变。新成立的各团体也都以部落为单位，设立下位组织，进行管理运营。当时的农村治理可以说是町村自治和部落自治的二重治理结构。

那么，部落又以怎样的组织机构运营呢？下面，结合部落与町村的关系，对战前部落组织运营稍做论述。部落作为町村的区除了设有区长和区长代理之外，还有协议员、评议员、会计、山林委员、水利委员、土木委员等干部（各部落根据需要，有的设，有的没设。），这些职位一般也都是区长选任的有势力的人担任。部落干部以外，部落还有其他相关团体、事业干部，如：町村各团体下部组织的干部，包括实行组合长、消防团长、妇女会长等，町村行政相关的卫生委员、学务委员等干部，也被认为是部落干部。

部落总会是部落的最高立法、司法、行政机关，定期开会，议决部落干部、部落财务管理、制裁违反部落规定的住民等。部落总会形式上采取的是投票方式，实际上是部落干部等有势力层商议决定，部落总会一致通过。部落组织机构按照各部落传统的或新制定的村规民约进行管理，向部落住民征收部落费，无偿雇佣劳力，维护部落的运营管理。

4.2 战后市町村自治体与其他组织的合作关系

战后日本政治经济等各方面发生了巨大变化，经济经历了复兴期、高速发展期、稳定发展期、90年代后低迷期，政治则经历了1953年的昭和大合并、80年代后的行政改

革、90 年代后地方分权改革和平成大合并等诸多变化,一方面,农村与战前相比已经面目全非,构成农村的基本单位村落不断解体、衰退,农业人口和农家数减少,兼职农家、非农家庭不断增多,农业从业者高龄化现象严重,同时又出现了过疏过密两种极端现象。另一方面,随着村落自治功能的不断衰退,市町村自治体的功能和作用不断增大,市町村自治体已经成为农村公共服务的最大提供者。

然而,行政的广域化、效率化、财政赤字的不但增加,使得市町村自治体难以独自应付不断增加的多样化公共服务需求。为了建立更高的能力和民主化,日本地方政府在政策和管理领域开始转型,采取了一些源自西方的管理经验,如新公共管理、与非营利法人组织合作等,越来越注重治理主体的多元化,治理方式的合作性、协调性。结合地方政府这种新型管理模式及农村地区的特殊性,下面本文将论述市町村政府与农协、部落会、NPO 法人等参与农村治理的各个组织的合作伙伴关系。

4.2.1 农协的功能和作用

战后的农协是在农业会的基础上,依据《农业协同组合法》成立的法人,基本以市町村为行政区划设立,并成立了县级联合会和全国中央联合会等多层网络,将全国农民结合为一个整体,从事经济、商业及保险业等多项事业,为农民谋福利。农协成员分为正会员和准会员,事业经营由正会员决定进行。市町村政府在贯彻和推行国家和地方农业政策,发展农村经济等方面,经常与农协合作、协商。

4.2.2 部落会的功能和作用

战后,村落的共同体性质虽已逐渐消失,但村落作为住民日常生活的基本场所,依然发挥着重要作用。部落的区长和区长代理等也不再是市町村议会任命的有势力者,而是通过部落会选举产生,部落的诸多事项也都通过居民投票表决,部落的运营方式也不断向合理化方向转变。部落内其他团体的下位组织也随着农村人口的减少,而失去了往日的活力,很多团体不再以村落而是以更大的市町村地域为范围开展活动。

部落会的功能虽然也不向战前那样,具有绝对权威,但作为行政补充机关,依然发挥着作用。现今部落会主要有两大功能,一是综合行政补充功能。执行自治体委托的事务,如广告宣传资料的配送,清扫活动等,还开展地域固有的事务,如联谊、节日活动等。二是媒介功能。(礒崎初仁等 2010:254)部落会能将本地域居民的意见和请求等反映给自治体,不过随着村落居民的异质化,部落会成员正逐渐减少。

4.2.3 NPO 法人

随着日本公民意识的不断增加,尤其是阪神地震后,志愿者团体、市民活动团体、NPO 等居民团体不断增加。1998 年制定的《非营利组织法》极大推动 NPO 法人的发展。该法规定了申请成为 NPO 法人所必须参与到的 17 个领域中的一个,如健康、福利、社区教育和国际合作。被引入到公共领域的 NPO 法人主要是健康、福利、社区发展和社区教育。目前,几乎所有的地方政府都拥有 NPO 支持和拥护的项目,NPO 正成为地方社区中不可替代的实体。市民对行政的积极参与,也促使地方自治体不断摸索与市民的伙伴合作关系,很多地方政府都设有 NPO 活动支援中心,积极促成和支援 NPO 法人的成立。

4.3 战前战后市町村自治体与其他组织关系的比较分析

战前战后市町村自治体与其他组织合作关系的变化是显而易见的,战前町村自治与部落自治是相互补充的关系,很大程度上农村治理主要依靠部落自治。而部落自治又被地主、有资产者阶层所左右,部落实际也是国家支配体系中的一环,这体现了战前日本政治的中央集权性质。而战后,民主政策的推行,村落功能的衰退,致使市町村自治体成为农村地区的主要治理主体,但由于行政的广域化,财政的不断萎缩,自治体无法独自承担和满足地区的多元化要求,不得不改革行政管理方式,谋求与其他组织的伙伴合作关系。这正体现了政治的民主化、治理主体的多元化。

5. 结论及对我国的启示

本文从治理的视点,通过与战前相比较,从组织结构、人事制度、与其他组织的关系等三方面,分析了战后市町村治理的变迁。可以得出以下结论:①从组织结构看,战后的议事机构设置更加细致,管理更加规范,执行机构多元化,更加体现了分权化、民主化的精神,而且决策也更注重专业性和科学性。②从人事制度看,战后的人事制度也更加体现了民主精神,并通过立法,使人事制度更加标准化、规范化、科学化。③从与其他组织的合作关系看,战后自治体的统治方式毋庸置疑发生了翻天覆地的变化,正从统治、管制(government)转向治理(governance),治理主体不断多元化,治理方式不断走向合作、协商。从日本农村治理的发展历程可以看出,我国农村治理也应该不断改革创新,使组织机构更加规范化、科学化,通过立法,使人事制度具有法律保障,选拔人才更加标准化、规范化,并积极与农村地区其他组织合作,促使农村治理主体多元化,完善农村公共服务提供体系。

参考文献

冯兴元、柯瑞思、李人庆.2009.《中国的村级组织和村庄治理》.中国社会科学出版社
焦必方、孙彬彬.2009.《日本现代农村建设研究》.复旦大学出版社
菊池端夫.2009."日本地方治理面临的新挑战:权利下放、"聪明卖家问题"和日益复杂的问责过程".《复旦公共行政评论》.刘新萍译.171-187.复旦大学国际关系与公共事务学院主办
南洋公学译书院译、韩君玲点校.2008.《新譯日本法规大全》.商务印书馆
礒崎初仁、金井利之、伊藤正次.2010.《日本地方自治》.张青松译.社会科学文献出版社
万鹏飞、白智立编.2009.《日本地方政府法选编》.北京大学出版社
俞可平.2004."中国农村治理的历史与现状:以定县、邹平和江宁为例".载《经济体制月刊》.2004年第2期(总第112期).13-26.中央编译局主办
俞可平.2004."中国农村治理的历史与现状:以定县、邹平和江宁为例".载《经济体制月刊》.2004年第2期(总第113期).22-42.中央编译局主办
俞可平.1999."治理和善治引论".《马克思主义与现实》.1999年第5期.37-41.中央编译局主办
周维宏.2014."现代日本乡村治理及其借鉴".《国家治理周刊》.2014年第4期.人民论坛主办
大石嘉一郎.1990.『近代日本の地方自治』.東京大学出版社
地方行政研究会.1983.『地方自治』.行政

世古一穂. 2009.『参加と協働のデザイン』. 学芸出版社
福武直. 1982.『日本の農村』. 東京大学出版社
地方公務員法　http://law.e-gov.go.jp/htmldata/S25/S25HO261.html
地方自治法　http://law.e-gov.go.jp/htmldata/S22/S22HO067.html
地方税法　http://law.e-gov.go.jp/htmldata/S25/S25HO226.html
地方教育行政の組織と運営に関する法律
http://law.e-gov.go.jp/htmldata/S31/S31HO162.html
日本国憲法　http://law.e-gov.go.jp/htmldata/S21/S21KE000.html
日本京都府京丹波町　http://www.town.kyotamba.kyoto.jp/soshiki_list.php
農業委員会等に関する法律
http://law.e-gov.go.jp/htmldata/S26/S26HO088.html

"良妻贤母"论的预设行动结构研究

李书琴

要旨:「良妻賢母」という概念が最初に誕生したのは日本近代の初期なのであった。それが誕生以降、日本女性に大きの思想上のインパクトをもたらした。中日両国でも、多くの学者はその封建性を指摘し、男女平等の思想に違反することを批判した。が、そのような指摘は「良妻賢母」論背後に潜んでいる行動主体を無視したといっても過言ではない。「良妻賢母」論の性質を解明する前に、その背後に潜んでいる行動主体のことを明らかにしなければならない。一見すると、それが近代全体女性のことを指すのだと思われるが、実は、近代前期の上級階層の女性のことしか仮設されていなかったであり、中間ないし下級階層の女性のことを相手にしていなかった。具体的に言えば、それは近代初期、上級階層女性に対する階層なりのイデオロギー創造である。

关键词:"良妻贤母" 行动主体 行动结构 预设 上级阶层

1. 引言

日语中"良妻"和"贤母"作为一种固定搭配出现在日语中是在日本明治维新以后,以"贤母"论的出现而形成[1]。日本江户时期着重强调的对女性的一种规范是女性作为妻子的本分,如以《女四书》《女子训》《女训抄》等为代表的女训书强调的都是对女性妻子角色的期待而非母亲角色[2]。到了明治维新时期,日本为了实现近代国家的目标,开始强调教育的重要意义,包括对女性的教育。而女子教育的最终目的在于女性作为母亲,在家庭中对子女教育所承担的作用。这就是"贤母"论的落脚点。能够成为"贤母",其前提当然是首先成为一个妻子,于是"良妻"与"贤母"就自然地结合到了一起,变成"良妻贤母"。

有学者指出,"良妻贤母"的出现是一种历史的退步,或者封建思想的在日本近代的翻版[3]。中日学界的研究者还从以下几个视角进行过研究:女子教育视角;女权主义视角;比较社会学视角。有些学者认为,这是一种天皇制下的日本国家意识形态对女性的特殊教育;是家族国家观念下的女子教育[4]。由于"良妻贤母"是作为近代女子教育规范提出来的,所以有的研究者认为这在教育意义上是进步的,并且女性教育是对近代教育体制的完善[5]。而站在比较社会学分析角度的学者则将这一概念分为了日本式和欧美式,儒教型和市民型,并称日本战前"良妻贤母"观属于日本式和儒教型[6]。

无论是哪一种视角,学界研究都是以女性被压迫和束缚为预设前提。从近代前期

女子教育内容来看，主要是对女子家务劳动、手工劳动等技能性，如刺绣、织布、缝纫等的培养；或者艺术性素养的强调，如插花等。如果就此给"良妻贤母"印上封建的标签是不恰当的。传统的和封建的之间并不能直接划等号。此外，仅从女权主义的立场出发，来阐明这一思想的反动或倒退意义未免有失偏颇。其一，正如上文所述，它的出现是在日本近代以后，而并非是对儒家思想的直接继承。或良或贤在词义上就带有一种抽象性，它可以是道德性的，也可以是社会性的。并且，道德性与封建性之间并不能直接画等号。其二，尽管明治时期工业开始发展，出现了一些提供给女性的职业，但是，由于劳动条件恶劣，并非所有日本女性都愿意从事这些脏累差的工作。只有下级阶层的妇女才会不得已去从事这些工作。因此，能够做"良妻贤母"的妇女不是普通民众阶层妇女，尤其不是下级阶层妇女。女权主义的批判基于一般性假设：即社会中存在着众多可以使女性发挥自身功能的职业，且女性希望能够参与到社会中去，承担更多的社会职能，但是却不被允许。显然，这一基本前提与日本近代前期社会现实是有很大出入的。更重要的是，以上研究的立场都存在明显的社会学唯心主义倾向。诸研究都把焦点放在女性的意志论方面，忽视了作为行动个体的自由，和行动的外在条件。

日本学者小山静子提出了"良妻贤母"规范的说法。小山的研究立足于日本近代化时期国家和社会变革这一大的视角下，探讨近代日本是如何将女性这一群体作为国民成员纳入国家体系中。小山在研究的过程中又将规范转移到思想上去，梳理了"良妻贤母"思想的成立，与家庭教育、公教育体制的关联，以及这一思想在一战和二战期间的变迁等内容。其研究着重强调了近代国家在对这一思想塑造中所起到的作用。但是，小山的研究是直接从思想层面对"良妻贤母"进行的研究。小山的研究也未能避免社会学唯心主义的流弊。

如何避免社会学唯心主义的形而上学，同时又不陷于社会学唯物主义的实证主义，这是在进行社会学研究之前必须予以明确的前提。而要综合这两种研究理论逻辑，又能使物质论和意志论各自保持相对自主性，就必须回答由亚历山大在其理论逻辑中所提出的关于"预设"的问题。"预设"是科学研究的最一般元素，是社会科学家研究人的行动的性质及其如何组合成模式化安排时所使用的假设[7]。即行动和秩序的假设是社会学研究的理论前提和基础。个体行动不仅依赖于外在条件的准备，也涉及行动的规范性，即行动的秩序问题。必须指出，秩序是外在强制要求和内在规范的结合[8]。只有秩序的内在性一面得到强调，个体自由才不会取消，才能避免决定论的流弊。行动的条件和秩序共同构成行动的结构。小山的研究侧重了行动规范方面的研究，但是忽视了行动的主体和条件。且其研究预设了以下前提："良妻贤母"所针对的是明治时期提出来的针对所有女性的规范，不管女性个体的自由意志如何，也不管女性个体的行动如何，所有女性都必须统一接受的外在强制规范。小山所强调的规范性更侧重于外在的强制性，无视作为秩序另一面的内在规范。如果这样，就会取消对行动主体的分析和个体行动的自由意志，最终形成决定论的结论。鉴于此，本论文将展开对"良妻贤母"论预设的行动结构进行探讨。

2. "良妻贤母"论中外在秩序的强化和内在秩序的缺失

1872年,日本《学制》写道,"开人子学问之端绪,使其明辨事理,多在于母亲教育之力,故一般说来,其子之才不才多在其母之贤不贤。"1887年,作为明治政府文部大臣的森有礼在考察日本岐阜县的教育情况时,再一次从与国家关系的角度强调了女子教育的重要性:"女子教育的重点在于培养女子为人之良妻,为人之贤母,管理家庭、熏陶子女所必须的气质才能。国家富强的根本在教育,教育的根本在女子教育,女子教育的发达与否与国家的安危有着直接的关系[9]"。

从目的来看,"良妻贤母"论的提出,旨在培养大众成为日本近代国家的国民,塑造国民意识。一方面,作为国家公共教育的一部分,女性同样是国家的国民,也需要接受教育,以扫过去的"愚昧"之风,与男性一样,形成国民意识。另一方面,女性还要在家庭内承担着对下一代国民,即子女的教育的重任,因为必须自身要具备良好的素质,做个"良妻贤母",才能教育出优秀的下一代国民。

从公共教育接受者的角度来说,女性是近代国家中的"国民"教育的客体;从家庭教育的实施者的角度来说,女性又成为了对下一代"国民"进行教育的主体。

但是,从教育内容来看,对女性的教育内容仅涉及缝纫、插花、刺绣等手工艺劳动。教育内容并不涉及形而上的或者意志论的内在规范,而只是纯粹的技术性的劳动。明治时期,大量的女性杂志甚至还补充了学校教育对女性教育内容的不足,增加了更多技艺性的家务劳动。代表性的杂志,如1904年发行的由日本女学会编纂的《妇人宝典》全面地介绍了"良妻贤母"所应具备的技能。全书共五卷,除了第一卷部分介绍了女性修身修德以外,另外四卷集中介绍了家庭卫生、家务管理、烹饪、缝纫、插花、刺绣、编织、儿童教育等各种生活技能。尽管"良妻贤母"论遭到过女权主义的批评,但是,这并没有阻挡女性杂志对"良妻贤母"所应具备的各项生活技能的大量介绍。

无论是教育目的,还是教育内容,"良妻贤母"论都重在强化作为强制性要求的外在秩序,而非意志论和形而上的内在秩序。女性行动的手段或者方法就是通过与生活紧密相关的技能的培养,以期达到塑造健康的国民的目的。女性工具理性成为"良妻贤母"论的核心。所谓的女性工具理性,指的是女性本身沦为一种达到目的的工具或者手段,其价值只体现在被应用的过程中,如果不被应用,也就不具有使用价值,在这一过程中,女性的内在价值是缺失的。女性个人意志和自身内在价值并没有得到重视和体现。生活技能培训的后果是形成统一的生活模式。一旦模式形成,对个体本身所存在的自由意志便采取了忽略不计的态度。"良妻贤母"也化约成了采取一致的生活行动的女性集体群像,女性个体被完全抹煞,而非掩盖。最终形成一种决定论的"女性='良妻贤母'"的定式。这一定式也就成为塑造女性行动的外在秩序最终表达。与外在秩序的强化形成鲜明对照的是,在"良妻贤母"论的内在秩序是缺失的。它的提出本身就并不是为了女性自身,而是带有明显的功利性的。内在秩序是由内部主观意志所驱动的。这种内部秩序的非实在性承认个体自由的存在。什么样的女性是"良妻贤母"?"良妻贤母"存在的价值理性是什么?"良妻贤母"的原则和核心精神是什么?这些问题是作为内在规范的秩序所必须回答的问题。但是,这些都没有得到相应回答。

也正因为如此,"良妻贤母"论最后片面地与作为职业的家庭主妇之间直接画上等号。总的来看,"良妻贤母"论的诞生和传播都重在形成对女性的外在强制性要求,这种要求最后将女性引向了作为"贤内助"的家庭主妇这一特殊妇女职业。由于它缺乏内在规范的价值理性和原则作为指导,其结果单方面强化了家庭场合和家庭关系的外在秩序性,却忽视了家庭以外场合和家庭关系以外的社会关系的精神指导原则。

3."良妻贤母"论中预设的行动条件和行动主体

"良妻贤母"论预设的行动秩序使其最终目的落在女性的"妻"职和"母"职上。这一目的直接导致了"良妻贤母"论的工具理性导向,即女性作为实现目的的条件和手段。妻对应的是夫,母对应的是子,二者都以家庭关系为中心。如此一来,"妻"职和"母"职自然就落在了家庭内部劳动的行动上,以家务和育儿为中心的模式化生活方式就成为"良妻贤母"固定的生活模式。但是,能够将全部的时间花在丈夫和孩子身上的并非近代所有阶层的女性,而只是部分阶层女性。所有的社会行动,必须考虑到条件因素。那么,到底是哪些客观条件,影响了所有阶层女性做"良妻贤母"的可能?"良妻贤母"又是以哪一阶层的女性为主体?

江户时期,日本下级阶层女性的第一要求就是对于家务的经营能力和协助丈夫的能力。对比武士阶层的妻子能够得到更高的评价[10]。也就是说,家务劳动能力并非所有女性必须具备的技能,它仅限于日本下级阶层女性。作为统治阶层的武士阶层,女性不需掌握所有的家务技能,所有家务都可以交给女中等佣人去做。然而,到了近代前期,由于以纺织业为中心的近代工业的展开,更多中下级阶层的劳动力都投入到了工业生产中,去大户人家做佣工的人员就急剧减少。日本的产业革命是以纤维生产部门为中心展开的。当时的棉纺织业引进了资本主义世界最先进的生产技术,所以最早开始了近代工厂制的生产[11]。由于技术的先进,棉纺织工业对工人的技能培训能够在短时间内完成,并且即便是力量很小的女性也能够胜任,因此,棉纺织工业发展时期能够接收大量的女性工人。据统计,1899年,纺织业的劳动员工达25万人,占全国所有行业职工总数35.7万人的70%。其中,职工总数的70%为女性,而纺织业的女工人数就高达86%(其中,制丝业为93%,棉纺织业为77%)[12]。雇佣的却主要是农村的仆人、会织布的女子、务农人员、捕鱼助手等所谓的生活水平很低,职业"低级"甚至"下贱"的人员,尤其是一贫如洗的下级阶层人员更是雇佣的重点对象。

以前协助"IE"内部家务和育儿的人员退出以后,原来的家务劳动和育儿的任务自然而然就落到了管理佣工的"太太"们的身上。她们就需要开始学习做家务和自己照顾孩子。在近代前期的女性杂志上,出现了将孩子背在背上,一边参考杂志上关于家务的做法一边做家务的女性画面。对于家务的学习慢慢成为女性的必修科目。在很多上级阶层的家庭房间结构的设计中,还有一个独立的房间是留给女中的。之所以需要女中的协助,一方面,由于近代化的发展使物品开始多样丰富,一些新的家务内容开始增加,比如,仅仅服装上,家庭妇女就需要同时学会缝制西式洋装和日式和服两种服饰;另一方面,正如前文所说,拥有很强的家务能力的女性并非所有阶层的女性,上级阶层的女性更多的时候是管理家中的佣人,而不直接从事家务劳动。对于突然接手

家务劳动和育儿工作的"太太们"来说,她们需要有一个缓冲过程,而熟悉家务和育儿工作的女中正好可以解决这一问题。

由此,上级阶层女性以家务劳动和育儿为中心的生活开始呈现模式化特征,它既是上级阶层女性生活的目的,也是她们排除其他无法达到此目的的非功效性手段以后,形成的最有功效性的生活手段。这种生活方式并没有一个内在的秩序做依托,换言之,作为一种工具理性的外在秩序,它并不对上级阶层女性的意志论做任何要求,不做任何价值理性的指涉。为什么家务和育儿会成为行动的目标,而不包括其他的生产性劳动?

一方面,正如上文所述,上级阶层女性需要从以前的佣工手里接过她们之前并不熟练的家务劳动和育儿劳动;另一方面,近代前期生产性劳动的就业条件和状况的恶劣使她们更倾向于家庭这个小的生活圈子内,不进入劳动市场。首先,恶劣条件表现在工资水平低下。以1883年大阪纺织为例。该工厂规定,男工的工资为12钱,女工工资为7钱。这一工资标准远低于同时期的英国和印度[13]。其次,工作时间超长,并且经常是连夜工作。每天工作14个小时以上是常态。最后,工厂卫生环境恶劣,甚至比农村还差。据1893年《国民新闻》一篇探访钟渊纺织公司的文章介绍,房间大小大概二十张榻榻米[14],里面共有20多个人,平均每个人一张榻榻米都享受不到的面积。房间里面通气条件差,还散发着阵阵恶臭[15]。

除了纺织业女工以外,作为日本近代产业能源之源的筑丰炭坑[16]。女工同样引人注目。大正时期,女坑夫占全体坑夫总人数的三分之一[17]。事女坑夫工作的女性80%以上是日本部落女性。女坑夫的工作条件与男性一样。由于地热的原因,女性工作时经常是上半身裸露。工作时犹如牛马一般,四肢趴在坑道中。劳动时间从早上4点左右,连续工作12到14个小时。有时甚至工作17个小时,一直到晚上9点。工作结束后,洗澡却是与牛马净身在同一处,里面还经常混杂着马粪之后的排泄物。工资待遇却只有男性的65%左右[18]。

近代前期,还有诸如产婆、女教师、护士、电话接线员等适合女性的职业,但是这些女性就业人数明显比纺织女工和矿业工人少。此外,还存在着大量娼妓流民等生活条件差的女性。劳动条件虽然比上述女工良好,但是也由于某些工作时间长,要求苛刻而遭到女性的抱怨。如,电话接线员就被要求24小时在岗。劳动条件恶劣,工作待遇差等因素的影响,再加上当时农业和小工商业对妇女依然有强大的吸收能力这一因素的作用,近代前期,成为职业女性并不是成为女性愿意选择的生活方式,更没有成为女性身份地位的象征。相反,女工是中下级阶层女性的身份象征。

近代科学医学的传播和女性卫生健康事业的发展,更进一步促进了"良妻贤母"论预设的行动主体的阶层划分。

1874年,明治政府颁布了关于医疗制度和卫生行政等各项规定的医制。医疗和卫生作为近代职业正式从国家层面被予以关注。卫生知识主要以杂志为媒介进行广泛传播。这种卫生知识不仅包括对当时主要的急性和慢性传染病知识的介绍,还包括女性的生理卫生、生育等卫生知识。比较有代表性的如《大日本私立卫生会杂志》(1883年创刊),《妇人卫生杂志》(1887年创刊)、《妇人世界》(1906年创刊)、《妇女新

闻》(1900年创刊)等。女性生理、生育等方面的知识介绍尤其引人注目。比如,生理期会出现哪些症状(包括精神上的);月经不调应该如何治疗;怀孕期间应该注意哪些疾病;如何预防流产等等[19]。"女性疾病"在日本近代医学上正式作为一个主题被提出来啦。因为是疾病和生理现象,所以与过去的神圣性等迷信色彩截然区别开来。

与此相关的是女性的身体结构主题。以泽田顺次郎为代表的近代前期的性科学者对人体解剖和两性的研究。在《人体解剖与两性的研究》一书中,对比了男性与女性的体格、体质、身体器官的特征和功能。他甚至指出,女性的声音之所以与男性不同完全是因为性的作用。因为女性可以通过美丽的声音来诱惑男性[20]。对身体的关注不仅表现在对身体健康上,还表现在对化妆和美容的价值追求上。在近代前期的女性杂志《主妇之友》上,美容化妆都是重要的一栏。

无论是生理上的疾病还是外观上的美的价值,都成为了女性关注的要点。当女性的身体成为话题时,女性就会在有条件的情况下对自身进行更多的关注,尽量避免使身体健康受到损伤的工厂劳动或职业。这种条件并不是所有阶层的女性都能够达到的。无论是长时间在工厂或灰坑做工的中下级阶层女性,还是散落在各个都市中的染上各种疾病的娼妓、流民,亦或是忙于农业生产的农村劳动妇女,都没有条件对自身给予关注。

4. 结语

"良妻贤母"论是日本近代初期的产物,它的产生预设了从根本上无法缝合的行动主体间的阶层差别缝隙。从预设的行动主体来看,能够相对接受和践行"良妻贤母"论的女性仅限于上级阶层的"太太"们,因为只有她们才拥有践行所需的家庭物质基础这种内在条件。

除去物质条件以外,近代前期的劳动就业环境和就业状况,以及女性健康卫生事业的发展这类外在条件的客观存在,也强化了行动主体的阶层划分。上级阶层妇女更能够充分地规避无法依靠个人力量所能解决的外在条件的局限性所带来的困难,而下级阶层女性却只能与这些困难直接周旋。

"良妻贤母"论从理论上带动了上级阶层全职主妇的产生。从生活方式来看,家务劳动和育儿便成为了她们所从事的主要劳动。近世的"闲太太"变成了近代的家务劳动和育儿的劳动承担者的"家庭主妇"。在这一阶层女性中便形成了统一的外在秩序,即生活模式的同化。但是,外在秩序的强化并未与内在秩序的建构协调同步。"良妻贤母"论把追求生活方式的统一作为目标,把家务劳动和育儿作为自身存在的手段和目的,缺乏以意志论和内在规范上的价值指涉,最终导致"良妻贤母"化约为以家务劳动和育儿为生存状态的"家庭主妇"职业女性的产生。要理解日本的贤妻良母观和日本近代全职主妇的产生,就必须对"良妻贤母"论预设的行动结构进行研究。这既是社会科学研究的逻辑基础,也是对日本女性人生道路选择进行了解的重要突破口。

注

[1]深谷昌志.『良妻賢母主義の教育』.[M].黎明書房.1966年.156.

[2]小山静子.『良妻賢母という規範』.[M].勁草書房.1991年.15-25.
[3]李卓.《近代日本女性观——良妻贤母论辨析》.日本学刊.[J].2000年(4).
[4]深谷昌志.『良妻賢母主義の教育』.[M].黎明書房.1966年.11;久木幸男.「良妻賢母論争」.『日本教育論争史録』.[M.第一卷、第一法規.1980年.232.
[5]李卓.《近代日本女性观——良妻贤母论辨析》.日本学刊.[J].2000年(4).
[6]高群逸枝.『女性の歴史』(下).[M].講談社文庫.1972年;ひろたまさき.「ライフサイクルの諸類型」.女性史総合研究会.『日本女性生活史』第4巻.[M].東京大学出版会.1990年.
[7]杰弗里.C.亚历山大 著 何蓉译.《社会学的理论逻辑》(3).商务印书馆.2012年.3.
[8]同上,120.
[9]大久保利谦.《森有礼全集》第1卷.[M].宣文堂书店.1972年.611.
[10]ひろたまさき.「文明開化と女性解放論」.女性史総合研究会.《日本女性史》第4卷,近代.[M].东京大学出版会.1982年.31.
[11]村上はつ.「産業革命期の女子労働」.女性史総合研究会.『日本女性史』第4卷,近代.[M].東京大学出版会.1982年.77.
[12]以上数据转引自村上はつ「産業革命期の女子労働」82.
[13]转引自「産業革命期の女子労働」92.
[14]日语中的计量单位「畳」,一张榻榻米的大小不足1.5平方米,比现在的普通单人床更小.
[15]西川祐子.「住まいの変遷と「家庭」の成立」.女性史総合研究会.『日本女性生活史』第4卷.近代[M].東京大学出版.1990年.17.
[16]日俄战争时期,福冈县筑丰五郡的石灰生产总量占全国的一半以上,一战后达到了三分之二.
[17]安川寿之輔.「被差別部落と女性」.女性史総合研究会.『日本女性史』第4卷.近代.[M].東京大学出版会.1982年.192.
[18]同24,209.
[19]成田龍一.「衛生環境の変化のなかの女性と女性観」.女性史総合研究会.『日本女性生活史』第4卷,近代.[M].東京大学出版.1990年.96-111.
[20]同上,113.

参考文献

瀬地山角、木原葉子.1986.「東アジアにおける良妻賢母主義——近代社会のプロジェクトとして」.『中国——社会と文化』.第四号

李卓.2000.《近代日本女性观——良妻贤母论辨析》.日本学刊(4)

深谷昌志.1966.『良妻賢母主義の教育』.黎明書房

小山静子.1991.『良妻賢母という規範』.勁草書房

久木幸男.1980.「良妻賢母論争」.『日本教育論争史録』.第一卷、第一法規

中嶋邦.1981.「日本教育史における女性」.女性学研究会.『女性学をつくる』.勁草書房

高群逸枝.1972.『女性の歴史』(下).講談社文庫

ひろたまさき.1990.「ライフサイクルの諸類型」.女性史総合研究会.『日本女性生活史』第4巻.東京大学出版会

慶応義塾.1959.『福澤諭吉全集』第3卷.岩波書店

飛鳥井雅道.1984.「国民」の創出——国民文化の形成.飛鳥井雅道.『国民文化の形成』.筑摩書房

小股憲民.1984.「国民像の形成と教育」.飛鳥井雅道.『国民文化の形成』.筑摩書房

山口輝臣. 2000.「近代前期の構造(二)国民形成」. 谷博,山口輝臣.『19世紀日本の歴史——明治維新を考える』. 放送大学教育振興会

大久保利謙. 1972.《森有礼全集》第1卷. 宣文堂書店

村上はつ. 1982.「産業革命期の女子労働」. 女性史総合研究会.『日本女性史』[4]. 東京大学出版会

西川祐子. 1990.「住まいの変遷と「家庭」の成立」. 女性史総合研究会.『日本女性生活史』[4]. 東京大学出版

安川寿之輔. 1982.「被差別部落と女性」. 女性史総合研究会.『日本女性史』[4]. 東京大学出版会

成田龍一. 1990.「衛生環境の変化のなかの女性と女性観」. 女性史総合研究会.『日本女性生活史』[4]. 東京大学出版.

落合恵美子. 1989.『近代家族とフェミニズム』. 勁草書房.

ひろたまさき. 1982.「文明開化と女性解放論」. 女性史総合研究会.《日本女性史》[4]. 東京大学出版会

沢山美果子. 1990.「子育てにおける男と女」『日本女性生活史』[4]. 東京大学出版会

西村茂樹. 1912.「弘道会大意の演説」.『泊翁叢書』第二輯. 日本弘道会

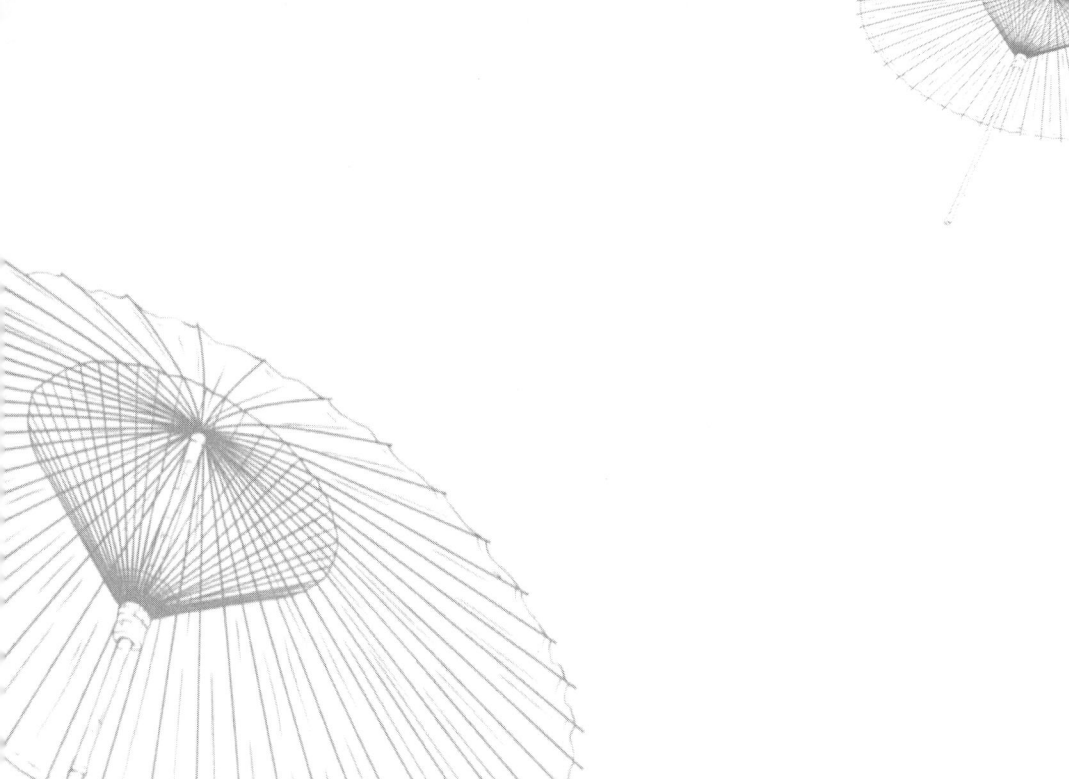

优秀硕士论文

極限系のとりたて表現の焦点に関する日中対照研究
——日本語のサエ、マデ、モと中国語の"连……都/也"を中心に

北京外国语大学　吴庆霞

摘要：日语的提示表达能够传达出人的各种复杂感情,如果运用得当,就能很好地表现出人们微妙的心理活动。而恰恰也因为它的这种纤细性,导致日语学习者很难掌握它。日语学界一直以来也把提示表达作为是"日本独有"的东西,围绕其进行的解释说明晦涩难懂,连日语母语者都难以理解。因此,如若要将这样一个从日语语言研究中所创造出来的概念推广至更多的非日语母语人群,就必须将它与其他语言进行对照研究,找出它与其他语言的对应性。

　　本文从焦点的角度出发,对以日语的「さえ」「まで」「も」和汉语"连...都/也"为中心的日汉极限系提示表达进行了对照研究。通过本文的考察,明确了日汉极限系提示表达的焦点形式、焦点扩张环境以及汉语"连...都/也"结构中"连"的作用。

キーワード：焦点　極限　とりたて

1. はじめに

　　日本語は曖昧で柔らかい婉曲表現を好むとよく言われている。しかし、極限系のとりたて表現[1]「さえ」「まで」「も」は例えば：

　(1)餓死寸前になって、雑草さえ/まで/も食べた。（作例）

極端なことを取り上げ、話し手の極めて強い気持ちを表すことができる。婉曲で柔らかい日本語にはこんな語気の強い表現が存在するとはとても面白く思えるので、これについて研究してみようと考えたのである。

　　そして、上記の「さえ」、「まで」、「も」はいずれも次のように、

　(2)快要饿死的时候,连野草都/也吃了。

中国語の"连……都/也"構造に訳すことができ、両者は一定の対応性があると言えよう。しかし、管見の限りこの極限系のとりたて表現に関する体系的な日中対照研究はあまりないようである。したがって、本稿では焦点の角度からその対照研究を試みようとする。

　　なお、とりたておよび極限系のとりたての概念について日本語記述文法研究会(2009)ではそれぞれ次のように定義している。

　　とりたてとは、文中のある要素を際立たせ、同類の要素との関係を背景にして、特別な意味を加えることである。

日本語記述文法研究会（2009：3）

極限系のとりたてとは文中のある要素をとりたて、同類のものの中で極端な例として示すとともに、ほかのものは当然そうであるという意味を暗示することである。
　　　　　　　　　　　　　　　　　　　　　　日本語記述文法研究会（2009：87）

　場合によって「でも」も極限の意を表すことができるが、沼田（2009）で指摘したように、「でも」は「だ」の連用形「で」と「意外」の「も」に分けて考えるので、本稿では単独に扱わない。また、研究者によっては「すら」や「だに」を考察の対象に入れる人もいるかもしれないが、「すら」は古い形であるという印象を与え、日常的な話し言葉には現れない。「だに」も現代では非常にかたい文体を除いてほとんど用いられない。従って、本稿では「すら」と「だに」を研究の対象から外す。中国語の場合、"连……都""连……也"以外に、"连……还""连……就"などもある。しかし、現代におけるその使用率が非常に低いので、本稿では研究の対象としない。

　また、日本語では極限を表すものとして、「きわめて」「非常に」などの副詞の類もあり、中国語では"连…都/也"構造以外に、例えば"极""非常"などの副詞もある。なぜ日本語の「さえ」「まで」「も」と中国語の"连……都/也"構造を研究の対象としたのかといえば、主に次の二つの理由がある。

　まず、日本語の「きわめて」「非常に」および中国語の"极""非常"など副詞の類は極限の意味を表してはいるが、単に客観的な対象として限度を表している場合が多い。一方、「さえ」「まで」「も」および"连……都/也"構造は情報として対象の極限性が示されるばかりでなく、普通話し手のある種の気持ちが込められている。

　（3）御嬢さんや奥さんの返事はきわめて簡単でした。『こころ』

　上の例文における「きわめて」は「簡単」という属性や状態の帯びている程度に対して、その度合いが極限であることをストレートかつニュートラルに述べている。

　（4）雑巾さえ満足に縫えない。（沼田2009：171）

　一方、「さえ」などの類は単なる極限を表すだけでななく、「雑巾さえ満足に縫えないとは驚いた！」、「雑巾さえ満足に縫えないとはみっともないなあ！」というような話し手の「驚き」や「不満」などの気持ちが込められている。中国語の場合も同様のことが言える。

　次に、極限のとりたて表現「さえ」「まで」「も」および"连……都/也"構造は副詞の類と比べてみると、一文で多重な情報内容を盛り込めることができ、表現効果が優れており、効率的で簡潔だと考えられる。

　　（5a）先生の話さえ聞かない。（作例）
　　（5b）连老师的话都不听。（作例）

(5a)あるいは(5b)の一文から、次の①から④までの四文で述べられているのとほぼ同じ内容が十分読み取れる。

　①ほかの人の話よりも、先生の話は聞くだろうと思った。
　②ところが先生の話を聞かなかった。
　③先生の話を聞かなかったとは驚いた。
　④だから、ほかの人、たとえば友達やクラスメートの話は聞くはずがないだろう。

従って、「きわめて」「非常に」および"极"、"非常"など副詞の類と比べて、「さえ」「まで」「も」および"连……都/也"構造の性質はもっと複雑である。複雑であるこそ言語における役割もより大きいし、研究の価値もより大きいといえよう。

　以上述べたことに基づいて、本稿では日本語の「さえ」、「まで」、「も」と中国語"连……都/也"を中心に考察を進めていきたいと考える。

2．先行研究とその問題点

2.1　日本語のサエ、マデ、モの焦点に関する先行研究

　日本語の極限を表すとりたて表現の焦点についての先行研究に、代表的なものとして沼田（2009）などが挙げられる。沼田（2009）ではとりたての焦点を次のように定義している。

　とりたての焦点とは、とりたての作用域内[2]にある要素で、文脈などの語用論的情報から、ほかとの範列的な対立関係を集約的に表す要素ととらえられる構成素の範囲である。

沼田（2009：59）

　また、沼田氏はとりたて表現の分布との関係からとりたての焦点を直前焦点（Normal Focus）、前方移動焦点（Forward Focus）、後方移動焦点（Backward Focus）との三種類に分けた。この三種類の焦点形式はそれぞれ次のように規定されている。

　直前焦点とはとりたて表現の直前、あるいは格助詞を介して直前の要素が焦点となるものである。直前焦点の場合、とりたて詞の分布は原則として焦点を表示する。形式化すると次のようになる。

　(6) a ［……〈NP/AdvP〉T……Pred］（名詞句、副詞句のとりたて）
　　　b［〈NPn/AdvPn〈NPi/AdvPi〈NP1/AdvP1 Pred〉1〉i〉nT］（述語句のとりたて）
　　　　T：とりたて詞、　i：n≧i≧0

沼田（2009：65-66）

　後方移動焦点とは文中の名詞句などに後接するとりたて表現が、その名詞句から述語までの範囲、つまり、述語句を焦点とするものである。後方移動焦点では、とりたて詞の分布が焦点の先頭要素を表示する。形式化すると、次のようになる。

　(7)［〈NPn/AdvPn〈NPi/AdvPiT NP1/AdvP1 Pred〉1〉i〉n］
　　　T：とりたて詞、　i：n≧i≧0

沼田（2009：68-70）

　前方移動焦点とはとりたて表現が述語に後接するにもかかわらず、述語と離れて、焦点はその述語と共起する前方の名詞句などであるものをいう。前方移動焦点ではとりたて詞の分布は焦点とは直接関わらない。形式化すると、次のようになる。

　(8)［……〈NP/AdvP……PredT］
　　　T：とりたて詞

沼田（2009：70-71）

そして沼田氏は「基本的にとりたて詞はすべてこの三種類の焦点を考えることができる」と指摘した。
　しかし、果たして極限系のとりたて表現はすべてこの三種類の焦点形式を考えることができるかどうかについて筆者は疑問に思う。また、この三種類以外に、他の焦点形式を考えることができるのかなど、極限系の取立て表現の焦点形式について再検討する必要があると考える。
　そして、直前焦点の場合、とりたて表現の分布は原則として焦点を表示する。とりたて表現は格助詞などの語と比べて、文中での分布は相当自由で、種々の要素に後接することができる。従って、直前焦点になるのはあまり制限がなく、ごく普通の場合である。これに対し、すべての文が後方移動焦点になれるわけではなく、それには種々の制限が課せられている。しかし、管見の限り、これについて分析した先行研究はあまりないようである。

2.2　中国語の"连……都/也"の焦点に関する先行研究

　焦点形式から"连……都/也"構造を考察した先行研究には徐(1993)、徐(1998)、金(2009)などが挙げられる。これらの先行研究は"连"を省略した"连……都/也"構造すなわち"都/也"形式について論述を行った。
　徐(1993)と徐(1998)では"都/也"は後方型焦点を持たず、前方型焦点をもつと主張した。一方、金(2009)では徐(1993)と徐(1998)の捉え方は文表層の共起や出現位置からだけ導き出したものであり、語順をそのまま反映した表面的な分析に過ぎないと指摘し、中国語の構造上の特徴に基づき、焦点を捉え直し、"都/也"の直前に意外の焦点位置があり、とりたてられる要素をその焦点位置に置くという操作が必要であると主張した。
　この二人は「前方型焦点」の仕組みについて異議があるものの、焦点が"都/也"の前方にあり、後方にはないという点で共通している。しかし、次の例文を見て、必ずしもそうとは限らないと考える。
　(9)对于这样的大事儿，<u>连脑子</u>都不动才真丢人哪！《金光大道》
　この文は"都"の前にある名詞"脑子"だけではなく、"都"の後ろの述語をも含む事柄全体を焦点とするほうがより自然であろう。
　故に、"连……都/也"構造の焦点形式についてはさらなる検討が必要であると考える。
　さらに、例文(9)のような焦点が拡張された場合、その条件や環境について先行研究もあまり見当たらない。
　そして、金(2009)では、"连……都/也"構造における"连"は省略したりする場合があることから、それを補助的に"都/也"を助けるものと見なした。

2.3　日中対照に関する先行研究

　日中極限系のとりたて表現に関する体系的な対照研究はあまりないので、その焦

点の対照に関する体系的な研究も見当たらない。しかし、"都"と「さえ」、"也"と「も」の対応関係についての先行研究は多少存在している。

中国語の"都"と日本語の「さえ」の対応関係を考察した先行研究には徐（1993）と金（2009）があげられる。

徐（1993）は、"都"をとりたての機能を有するとりたて副詞とし、意味特徴から、それを"都1"と"都2"に分けた。そのうち、"都1"は意外の「さえ1」とよく対応しているが、最低条件の「さえ2」には"都"が対応しないと述べた。そして、焦点について考察し、意外の"都1"は「前方型焦点」をもつが、「後方型焦点」を持たないと指摘した。それに対し、「さえ」は文中での分布の自由性から焦点表示機能を持っており、「前方型焦点」のみならず、「後方型焦点」をとる場合もあると指摘した。

そして金（2009）はまず"都"にはとりたての機能を有するものとそうでないものがあると主張し、その弁別基準を提示した。その上で、とりたての機能を有し、意外を表す"都"に絞って、意外の「さえ」とのとりたて特徴の異同について考察し、以下の結論を出した。意外の"都"は"都"によりとりたてられる要素を"都"の直前にある意外の焦点位置に置くという操作が必要であるのに対し、意外の「さえ」はとりたてられる要素に後接し、出現位置で焦点を示すことができるという相違点があることを示した。

金（2007）はまた「意外」を表す"也"と「も」を考察し、次のような結論を導き出した。"也"は意外を表すとき、そのとりたてられる要素を"也"の前にある「意外の焦点位置」に移動させる必要があり、またその統語的操作が行われたことが明らかであることを示す手段として"连"、語順、文脈などが用いられている。一方、意外の「も」はとりたての焦点を決定するには語用論的情報に頼り、その分布位置からは特定できないと指摘した。

2.4　先行研究の問題点

このように、日本語の極限系のとりたて表現と中国語の"连...都/也"構造についてはそれぞれ多くの先行研究があり、様々な面において成果を上げているが、不足なところもある。

まず、研究の対象として、「さえ」と"都"、「も」と"也"の対応関係についての個別的対照研究は多数存在しているが、日中極限系のとりたて表現を網羅的に扱った対照研究は少ない。そもそも極限を表すとりたて表現には、「さえ」のほか、「まで」や「も」などがある。一方、中国語においても、"都"は"也"と意味的に共通する部分が多く、「さえ」が"也"と対応する例、或いは「も」が"都"と対応する例も少なくない。なぜただ「さえ」と"都"（或いは「も」と"也"）だけを取り出して研究の対象としたのかについて疑問に思う。

次に、日本語の極限系のとりたて表現の焦点について、先行研究では「直前焦点」、「前方移動焦点」、「後方移動焦点」を考えることができると指摘したが、果たして「さえ」、「まで」、「も」は皆この三種類の焦点形式を備えているかどうか、また、この三種

類の焦点形式以外、ほかの焦点形式を有するかどうかについては再検討する必要があると考える。さらに、「後方移動焦点」になれるのは一定の制限があり、やや特殊な焦点形式である。しかし、先行研究では「後方移動焦点」になれる環境についての分析はあまりなされていない。

第三に、中国語の場合、先行研究では"连…都/也"構造の焦点を「前方型焦点」としたが、意外の焦点は必ずしも"都/也"の前にあるべきだと限らず、文脈やプロミネンスによっては"都"の後方にある動詞まで焦点をとることも可能であると考える。また、日本語と同じく、焦点拡張の条件や環境についてもさらなる考察が必要である。

第四に、先行研究では"连…都/也"構造における"连"の役割を積極的に認めず、それが補助的に"都/也"を助ける働きをしているものにすぎないと主張したが、"连"を省略すると文の意味が変わったり、焦点が曖昧になったりすることもあるので、"连"の役割について真剣に検討する必要があると考える。

3.研究課題と研究方法

本稿では先行研究を踏まえ、日本語の「さえ」「まで」「も」と中国語の"连……都/也"を中心に、日中極限系の取立て表現が焦点における特徴を考察していきたいと考える。具体的には以下の課題を解決しようとする。

①「さえ」「まで」「も」はすべて「直前焦点」「前方移動焦点」「後方移動焦点」との三種類の焦点形式を備えているかどうか、また、この三種類以外の焦点形式を有するかどうか、焦点拡張の環境はどうであろうかなどをはっきりさせること。

②"连……都/也"構造の焦点形式および焦点拡張の環境を考察すること。

③焦点などと関連して"连……都/也"構造における"连"の役割を検討すること。

④日中極限系のとりたて表現が焦点における対応性を分析すること。

そして、コーパスは実例を大量に収集でき、客観的な指標で比較できるので、本稿の分析に必要な言語データは主に北京日本学研究センターで開発した『中日対訳コーパス』(CJCS)から収集したいと思う。補助的に北京大学で作成した『CCLコーパス』と国立国語研究所が開発した『現代日本語書き言葉均衡コーパス』(BCCWJ)をも利用しようと考える。

4.日本語の極限系のとりたて表現の焦点

4.1 日本語の極限系のとりたて表現の焦点形式

まず日本語の極限を表す「さえ」、「まで」、「も」は皆先行研究で指摘した直前焦点、後方移動焦点、前方移動焦点を有するかどうか、そしてこの三種類以外に他の焦点形式を考えることができるかどうかを検討してみる。

4.1.1 「さえ」の焦点形式
①「さえ」による直前焦点の認定
　(10)私は[私自身]さえ信用していないのです。『心』

この文の場合、明らかに「さえ」の直前にある「私自身」は自者[3]としてとりたてられ、焦点である。従って、「さえ」は「直前焦点」という焦点形式を有すると容易に認定できる。またこの文は「私は私自身を信用していないので、当然他人を信用していない」という意味を暗示する。従って直前焦点の場合、他者[4]は自者と同じ述語を共有している。
②「さえ」による後方移動焦点の認定
　(11)唇には私のよく知っている、[あの冷笑さえ浮んでいる]。『野火』
　この文における「さえ」は形式上名詞「あの冷笑」に後接するが、「あの冷笑」に対する他者を想定するのは難しい。つまり、他の何か、例えば雨や水などが浮かべることと対照しているのではなく、意味的にはその名詞から述語までの範囲、すなわち「あの冷笑が浮んでいる」という全体をとりたて、述語句を焦点とするのである。従って「さえ」は後方移動焦点を有すると認定できる。ちなみに後方移動焦点の場合、直前焦点と違って他者と自者は共通の述語を有しない。
③「さえ」による前方移動焦点の認定
　(12)熊の足跡は[畑の周り]はもとより、[人家のすぐ近く]で見つかってさえいた。（沼田2009：71）
　沼田(2009)では、「さえ」は述語「見つかる」に後接するにも関わらず、述語と離れた「人家のすぐ近く」という前方の名詞句を焦点とする前方移動焦点があると記述したが、前述のように、この例文を日本語母語話者にチェックしてもらい、座りの悪い文と判断人が多く、直前焦点に変えたほうがより自然であるという。またコーパスで検査しても、前方移動焦点の例文はなかなか見つからない。仮に前方移動焦点の例があるとしてもかなりめずらしいといえよう。
④「さえ」による前方飛越焦点の提出
　(13)その生活の物質的に豊な事は、[内輪に這入り込まない私]の眼にさえ明らかであった。『心』
　この例文は別に「さえ」の直前にある「内輪に這入り込まない私の眼に」という句全体を焦点とするわけではないと考える。「内輪に這入り込まない私の眼」＝「内輪に這入り込んだほかの人の眼」というような範列関係をなしており、「眼」を外し、連体修飾成分「内輪に這入り込まない私」だけを焦点としているのである。
　この場合について沼田(2009)では言及しなかった。沼田(2009)で提出した前方移動焦点もこれと違う。いわゆる前方移動焦点はとりたて表現は述語に後接し、焦点がその述語の前方の名詞句である場合をいう。上の例文における「さえ」は別に述語に後接しているわけではないので、前方移動焦点ともいえない。沼田(2009)と区別するため、このような、とりたて表現の直前、あるいは格助詞を介して直前の体言を飛び越し、とりたて表現と離れた前方にある体言などの要素を焦点とする形式を「前方飛越焦点」と呼ぶことにする。
　以上「さえ」の焦点形式について検討してみたが、内容をまとめたら次のようになる。沼田(2009)では「さえ」には直前焦点、前方移動焦点および後方移動焦点との三

種類の焦点があると主張したが、本稿では前方移動焦点を認めず、直前焦点と後方移動焦点だけを認める。そして直前焦点と後方移動焦点の他、「さえ」はまた前方飛越焦点という焦点形式を有すると考える。

2.1.2 「まで」の焦点形式

①「まで」による直前焦点の認定

(14)この学校じゃ校長ばかりじゃない、[生徒]まで曲りくねった言葉を使うんだろう。『坊ちゃん』

「まで」の直前に位置する「生徒」は「校長」などと範列的な対立関係をなし、端的に表されており、「校長が曲りくねった言葉を使う、同僚の教師が曲りくねった言葉を使う、そして生徒まで曲りくねった言葉を使う」というような意味が暗示され、自者と他者は同じ述語を共有している。従って極限の「まで」によるとりたては直前焦点を有すると認定できる。

②「まで」による後方移動焦点の認定

(15)そして時には苛立って[涙まで流した]。『ああ、人間よ』

この文における「まで」は形式上名詞「涙」に後接しているが、意味からいえば、別に「Xを流した」のXを変数としてみているわけではなく、「涙を流した」という句全体をとりたて、つまり、[[涙まで流し]した]と、文の意味は文中のとりたて表現を焦点の末端である述語の後ろに移動させた文と同義になる。というわけで、「まで」は後方移動焦点になれる。

③「まで」による前方移動焦点の認定

「まで」による前方移動焦点の例文は、沼田(2009)では挙げていなかった。もし、沼田(2009)で挙げた「さえ」の前方移動焦点の例文(前掲)を「まで」に置き換えてみたら、次のようになる。

(16)熊の足跡は[畑の周り]はもとより、[人家のすぐ近く]で見つかってまでいた。

日本語母語話者にチェックしてみると、やはり座りの悪い文と判断人が多い。またコーパスで検査してみても、極限の「まで」による前方移動焦点の例は一つもない。仮にあるとしても、非常に珍しい場合であろう。

④「まで」による前方飛越焦点の提出

(17)その生活の物質的に豊な事は、[内輪に這入り込まない私]の眼にまで明らかであった。

前掲「さえ」による前方飛越焦点の例を「まで」に置き換えても、依然として自然な文である。従って、「まで」も「さえ」と同様のことが言え、前方飛越焦点を有すると考える。

上記のように、沼田(2009)では極限の「まで」は直前焦点、前方移動焦点、後方移動焦点との三種類の焦点形式があると主張したが、本稿では、前方移動焦点を認めず、直前焦点、後方移動焦点を認める。その他、「まで」はまた「さえ」と同じように「前方飛越焦点」を有すると考える。

2.1.3 「も」の焦点形式
①「も」による直前焦点の認定

(18)[自分自身]も頼りにする事の出来ない私は、妻の顔を見て思わず涙ぐみました。『こころ』

「も」の直前の[自分自身]が自者となり、「他人が頼りにする事ができない、自分自身も頼りにすることができない」というように範列関係をなして強調される。従って、極限の「も」によるとりたては直前焦点になりうるのである。

②「も」による後方移動焦点の認定

(19)気が抜けて[涙も出やしない]のよ。『青春の歌』

「も」は形式上「涙」についてはいるが、「涙」だけをとりたてるのではなく、「涙が出やしない」という事柄全体をとりたてるのである。範列関係をなしているのは、「水や雨など出やしない」のではなく、「声を出して号泣する」などである。つまり、「も」によるとりたての焦点は後ろの述語「出やしない」まで拡張し、後方移動の焦点形式になる。

③「も」による前方移動焦点の認定

「も」による前方移動焦点についてであるが、沼田(2009)では例文を挙げていなかった。もし、沼田(2009)で挙げた「さえ」の前方移動の例文を「も」に置き換えてみたら、次のようになる。

(20)熊の足跡は[畑の周り]はもとより、[人家のすぐ近く]で見つかってもいた。

日本語母語話者にチェックしてみたら、この「も」はやはり直接焦点にあたる「人家のすぐ近く」の後ろに立ち、「熊の足跡は畑の周りはもとより、人家のすぐ近くでも見つかっていた。」のようがより自然であるというように判断する人が多い。また、コーパスで検査したところ、極限の「も」による前方移動焦点の例もなかなか見つからない。もしあるとしても極めて珍しいであろう。ゆえに、極限の「も」による前方移動焦点は考えにくいと言えよう。

④「も」による前方飛越焦点の提出

(21)その生活の物質的に豊な事は、[内輪に這入り込まない私]の眼にも明らかであった。

前掲「さえ」による前方飛越焦点の文を「も」に変えても、自然さは変わらない。従って、極限の「も」も「さえ」「まで」と同様に前方飛越焦点を有するといえよう。

以上述べてきたように、沼田(2009)では「基本すべてのとりたて表現は直前焦点、前方移動焦点および後方移動焦点との三種類の焦点を考えることができる」と主張したが、本稿の考察の結果、極限系のとりたて表現「さえ」、「まで」、「も」は直前焦点と後方移動焦点を有するが、前方移動焦点は考えにくい。その代わり、前方飛越焦点を有するのである。

4.2　日本語の極限系のとりたて表現の焦点拡張の環境

ここまで見てきたように、「さえ」、「まで」、「も」によるとりたての焦点はその前

方および後方に拡張することができる。前方に移動された場合は基本例(15)などのような連体修飾関係によるものであるが、後方に移動された場合は下記の五種類に分けられる。
①機能動詞によるもの
　(22)前に一度見た時は話さえしなかったけどね。『サラダ記念日』
　動詞がその本来の意味を失い、動作名詞と結びついて動詞の意味を表す動詞を機能動詞(Funktionsverben)と呼ぶ。日本語の「名詞＋する」のように、動作の内容は名詞が担っている。機能動詞と動作名詞とは枠構造を形成している。上の例文の場合、「話」は動作を表す事態性名詞であり、意味的な主要素と考えられる。それが後ろの文法的機能を果たす動詞「する」と結びつき、一つの機能動詞結合となる。「話さえしなかった」は「話をすることさえなかった」と同じであり、つまり、述語までを含めた句全体を他者と対立させるのと同じ効果が生まれるのである。
　上は「さえ」の例を挙げたが、「まで」、「も」についても「さえ」と同様なことがいえる。下記も皆そうである。
②熟語動詞によるもの
　(23)花火が惜しげもなく、間髪もいれず、どんどん打ちあがります。『熱海』
　(24)近頃、顔さえ合わせない。『Say you love me』
　熟語動詞は機能動詞とよく似たものであるが、機能動詞と違って、動詞本来の意味は失われていない。しかし、特定の名詞、前置詞句だけと結びついて一つのまとまった意味を表す。上の例文における動詞「入れる」、「合わせる」はまた本来の意味が保たれてはいるが、「間髪」「顔」と結合して、「間髪を入れず」、「顔を合わせる」というように一つの慣用表現となり、全体としてまとまった意味を表現する。「間髪」や「顔」は述語の「入れる」、「合わせる」との結びつきが強いため、「間髪」や「顔」と範列的に対比される他者を想定するのは難しい。やはり全体として捉えるのがより自然だと考える。すなわち、後ろの述語の部分まで焦点が拡張されたと考えるほうが論理にあうのである。
③上位概念によるもの
　(25)どこまでも青く続く空に、言葉さえ失くしていた。『暗い日曜日』
　(26)事情も聞かずに知らぬ顔をし、自分が共産党員であることをわすれて、共産党員を普通の民衆と混同する。『毛沢東選集二(訳文)』
　「言葉」「事情」などは抽象度の高い上位概念で、それと対比される語(同位語)は基本的に見つからないので、「言葉」「事情」に対する他者を想定するのは難しい。やはり「言葉を失くしてさえいた」「事情を聞きもぜず」というように、全体として扱うほうが論理的である。
④文脈の支えによるもの
　(27)体内に寄生虫がたった一匹発生しただけでも、人間は大いに苦しみかつやせ衰え、時には命さえとらわれる。(沼田 2009：68)
　(28)事業を興し、巨万の富を築き、名声まで勝ち得た。(沼田 2009：169)

文脈の支えで、〈大いに苦しむ〉→〈やせ衰える〉→〈命をとらわれる〉、〈事業を興す〉→〈巨万の富を築く〉→〈名声を勝ち得る〉とうように、範列関係をなしてはいるが、他者と自者は同じ述語句を共有していなく、後方移動焦点になる。

⑤語用の制限によるもの

(29)涙まで/さえ/も浮かべて抗議した。（作例）

結合から見れば、「喜色」、「笑い」や「故郷の風景」なども「浮かべる」と結合できるが、語用からいえば、抗議するとき、「涙を浮かべること」はひとつの行為とみなし、極端を表すのである。これと対比されるのは「笑い」などNレベルのものではなく、「苦情を述べる」、「怒る」、「叱りつける」などの行為である。

以上のように、日本語の極限系のとりたて表現「さえ」「まで」「も」が後方移動焦点になれるには基本「機能動詞によるもの」「熟語動詞によるもの」「上位概念によるもの」「文脈の支えによるもの」「語用の制限によるもの」との五種類の環境が考えられる。

5．中国語の"连……都/也"構造の焦点

5.1 "连……都/也"構造の焦点形式
①直前焦点

(30)如果连［地图］都不认识，那怎么行啊!《邓小平文选第二卷》

この場合、"都"の直前に位置する"地图"は、例えば通信連絡などをはじめとする現代戦についての知識と範列関係をなしている。「地図さえ見てもわからない、まして通信連絡などをはじめとする現代戦についての知識や」という意味が暗示されている。この場合、焦点は"都"の直前にあるので、徐(1993)、金(2009)に従い、「直前焦点」と呼ぶことにする。

ところで、この文のもともとの語順は"不认识地图"であった、目的語"地图"を強調するため、それを前に移動し、際立たせようとしているのである。つまり、この場合、焦点表示の手段として、"连……都/也"構造に加え、語順を変え、倒置という方法も同時に用いた。よって、焦点を表現しようとするとき、複数の手段を総合的に使うことが出来るといえよう。

そもそも中国語の語順は日本語ほど自由ではないので、語順を少しでも変えたら、強調の効果が生まれると考える。

②前方飛越焦点

(31)我就是这个意思呀！连［这个意思］你也不能接受吗?《金光大道》

この場合、焦点は"也"の直前の"你"にあるのではなく、"你"を飛越し、"这个意思"に位置するので、「前方飛越焦点」と呼ぶことにする。

(30)とよく似て、(31)のもともとの語順は"你不能接受这个意思吗"である。しかし、(31)の場合、主語"你"も文に現れたので、(30)とはやや違い、目的語"这个意思"を焦点として際立たせたいなら、次の二つの操作方法がある。

①你连这个意思也不能接受吗?
②连这个意思你也不能接受吗?

操作方法①では、主語"你"を"连……都/也"構造の外に位置させる。この場合、焦点である"这个意思"は"也"の直前にあるので、焦点形式は直前焦点となる。

操作方法②では、主語"你"も"连……都/也"構造の中に入れ、"都/也"の直前に位置させる。そうすると、焦点である"这个意思"は主語"你"を介して"也"の離れた前に位置するようになってしまう。自然と前方飛越焦点の形式になる。

③後方移動焦点

最後に、後方移動焦点について考察する。徐(1993)、金(2009)などの先行研究は皆後方移動焦点を積極的に認めていないが、前述のように、必ずしもそうとは限らない場合がある。

(32) 作了一月的苦工，赚的钱，(连)饭都吃不饱。《我的父亲邓小平》

もしこの文が前方型焦点すなわち"饭"を焦点と捉えるなら、〈酒吃不饱〉→〈肉吃不饱〉→〈菜吃不饱〉→〈饭吃不饱〉などのような範列が出来てしまい、「お米も満足にできなかった。ましてお酒や」というような意味になってしまう。これは明らかに常識に反する。やはり"都"の前にある"饭"だけはなく、"都"の後ろの述語をも含む事柄全体を焦点とするのがより自然に思える。従って、筆者の考えでは、"连……都/也"構造には後方移動焦点が備わっているのである。

5.2 "连……都/也"構造の焦点拡張の環境
5.2.1 前方拡張の環境

"连……都/也"構造の焦点が前方に拡張される環境として次のような倒置によるもの、主述関係によるもの、連体修飾関係によるものとの三種類が挙げられる。

①倒置によるもの

(33) 连[睡梦里]他都会打电话来说"我爱你"。《倾城之恋》

この文のもともとの語順は「他睡梦里打电话来说"我爱你"」である。「睡梦里」との部分を際立たせるため、それを主語の「他」と語順を入れ替えたのである。すると、とりたての焦点はもはやとりたて表現の直前の「他」に位置するのではなく、離れた前方の「睡梦里」の部分に移動していくわけである。このような前方飛越焦点の環境を倒置によるものと呼ぶことにする。

②主述関係によるもの

(34) 连[禽兽]在中国都这样感受着痛苦，又何况乎人!《日出》

この文の場合、主語の部分"禽兽"だけが他者"人"と範列関係をなし、焦点として卓立されている。"都"の直前にある"在中国"は焦点の部分に含まれていない。つまり、主述関係の句をとりたてる場合、普通、句の述語(述題)の部分を飛び越し、句の主語(主題)の部分だけを自者とし、前方飛越焦点となる。

③連体修飾関係によるもの

(35) 连[绿豆]的味儿也变了，什么味儿都变了。《活动变人形》

(36) 他连[父母]的话都不听,更何况你的。(作例)

　　上の例文は"连"と"都/也"の間の句全体を焦点とするのではなく、句の修飾される部分"味儿""话"を飛び越し、句の修飾する部分"绿豆""父母"のみを焦点としているわけである。〈绿豆的味儿〉→〈其他东西的味儿〉、〈父母的话〉→〈你的话〉というような範列関係をなしている。

　　しかし、"A 的 B"という連体修飾関係をなす構造をとりたてる場合なら、皆前方飛越焦点になるわけではなく、文脈によっては直前焦点になることもある。

(37) 她对王胖子多熟悉,连王胖子留下的[烟蒂]都分得清楚。《人啊,人》

　　上の文における焦点は明らかに句の修飾部分"王胖子"にあるのではない。もし焦点が"王胖子"だったら、「彼女はでぶの張の残したタバコの吸殻が見分ける。またでぶの李の残したタバコの吸殻も見分ける。そしてでぶの王の残したタバコの吸殻さえ見分ける。」という意味になってしまう。したがって、この文脈では修飾された"烟蒂"を強調し、直前焦点になるわけである。

5.2.2　後方拡張の環境

　　"连……都/也"構造の焦点が後方に拡張される場合は、下記の機能動詞によるもの、熟語動詞によるもの、上位概念によるもの、文脈の支えによるもの、語用の制限によるものとの五種類が挙げられる。

①機能動詞によるもの

(38) 跟别的人连玩笑也不开。《关关雎鸠》

　　動詞"开"はその本来の意味を失い、名詞"玩笑"と結びついて一つの枠構造を形成しおり、"开玩笑"全体で自者になり、ほかと範列関係をなす。

②熟語動詞によるもの

(39) 结婚一年了,感情反而更好,连架也不吵了。《灯草花儿黄》

　　動詞"吵"はまだその本来の意味を失っていないが、"架"と結合して、慣用表現"吵架"になり、ひとつまとまった意味を表す。つまり、焦点となるものは前の名詞"架"から後ろの述語"吵"まで拡張されたということである。

③上位概念によるもの

(40) 连东西也不能乱吃。《网》

(41) 连事情都没办法做。《网》

　　"东西"、"事情"は上位概念で、それと対比される語(同位語)は基本的に見つからない。

④文脈の支えによるもの

(42) 他平日省吃俭用,不打牌,不喝酒,不下馆子,连的士都舍不得打。《灯草花儿黄》

　　他者と自者は同じ述語句を共有しなく、文脈の支えで、〈打牌〉→〈喝酒〉→〈下馆子〉→〈打的〉が範列関係をなす。

⑤語用の制限によるもの

(43) 他们有钥匙,连门都不敲就进来了。《黄金时代》

{彼らは窓を叩かないで、壁を叩かないで、ドアも叩かないで入ってしまった。(×)
彼らは挨拶をするどころか、ノックもしないで入ってしまった。(○)

　意味(結合度)から見れば、"窗户"も"墙"も"敲"の目的語になりうる、"门"と範列関係を構成できるが、語用から見れば、人の家を訪ねるとき、"敲门"は最も基本的なマナーで、これと対比されるのは、"敲窗户""敲墙"のではなく、"打招呼"などの行為である。

5.3 "连……都/也"構造における"连"の役割

　この節では上述の内容を踏まえて、中国語学界で激しく議論さている"连……都/也"構造における"连"の役割を検討してみようと考える。
　袁毓林(2006)などでは"连"の後ろにくるのは話題であり、話題指示の役割を果たすと主張しているが、本稿ではこれに賛成し兼ねる。話題とは文によって陳述される中心的対象である。普通、中国語では話題を文頭に位置させるわけである。しかし、

(44)他连惊讶和愤慨都没有，因为他根本不信。《钟鼓楼》

　上の文における陳述の中心的対象は明らかに"惊讶和愤慨"ではなく、"他"である。"他"はどのような人なのか、今どういう状況にあるか、驚いているか、怒っているかなど、"他"のことをめぐって話を展開していくわけである。つまり、この文の話題は"连"の後ろの部分ではなく、文頭の"他"であるので、"连"の役割は話題指示とはどうも言えない。
　では、果たして"连"の役割はなんなんだろうか。また上記の例について見てみる。文の話題が明らかである場合、普通、文の焦点は文のその他の部分に含まれる。上記の文において、話題が文頭の"他"ならば、焦点が話題の後ろにくる"连惊讶和愤慨都没有"の部分にあるはずである。このことから、"连"は文の焦点となんらかの関わりがあることは少しでも感じられるであろう。
　続いて、"连"と文の焦点とはいったいどういう関わりがあるのかについて検討していく。

(45a)这次事件我们都知道。

解釈①：プロミネンスを"这次事件"に当てる→私たちはこのことさえ知っている、ましてほかのことはいうまでもない。

解釈②：プロミネンスを"我们"に当てる→このことは私たちでさえ知っている。だからほかの人は皆知っているだろう

　しかし、"连"を付けると：

(45b) 连这次事件我们都知道。→解釈①
(45c) 这次事件连我们都知道。→解釈②

　このように、"连"がない場合、文の焦点は曖昧で特定できず、文脈によって"这次事件"になることもあれば、"我们"になる可能性もある。"连"を付けると、その焦点位置をはっきりさせることができる。连"の直後に来るのは必ず焦点か焦点の一部

である。従って"连"は焦点マーカーと考える。
　ところで、現代中国語では、"连……都/也"構造における"连"を省略する場合もある。
　実際この省略現象は元明の時代にすでにあった。杜(2004)によると、元明の時代は"连"か"都/也"かのどちらも省略することができる。
　(46)何家人也不带一个，独自行走。《醒世恒言》
　(47)连奴家至今，不知这物事那里来的。《喻世明言》
　清の時代になっても"连"や"都/也"のどちらも省略できるが、"连"を省略するよりも、"都/也"のほうを省略するのが多かった。故に、この時、"连……都/也"構造が表す強調の意味はまだ主に"连"によって担われ、"连"は"连……都/也"構造に支配的な地位を持つといえよう。
　(48)这还了得！连这个不知，怎能作得长远！《红楼梦》
　ところが、現代になって、"都/也"の勢力がだんだん強くなり、省略できにくくなった。一方"连"はよく省略される。
　そして、一部の研究者は"连"が省略される場合があることから"连"の役割を認めず、"都/也"こそ重要であると思い込んだのであるが、この見方は再検討する必要があると考える。
　まず、"连"は恣意に省略できるわけではないのである。次のような場合はやはり省略できない。
　①数量詞をとりたてて、"一"が省略される場合
　(49)连根线都不能给你买。《金山》
　②"连"の前と後ろが同じ語である場合
　(50)我连我自己都顾不住。《在云城》
　③"就/竟"などと共起する場合
　(51)竟连个人影都见不着了。《血与铁》
　また、省略されると意味が変わる可能性がある。
　(52)他们都来了。
　　　解釈①：彼らはみんなやってきた。
　　　解釈②：彼らでさえやってきた。
　(53)食堂也关门了。
　　　解釈①：(図書館だけでなく)食堂も閉まった。
　　　解釈②：食堂さえ閉まった。
　　　解釈③：食堂はもう閉まったなあ。
　つまり"连"がないと、極限の意味は文脈によっては実現できない場合がある。
　意味が変わらなくても、その焦点が曖昧になるおそれがある。勿論、省略されて、意味も焦点も変わらない場合がないわけでもない。
　(54)我当时想都没想直接给回绝了。《钟鼓楼》
　(55)头也不回，径直走出了门。《青春之歌》

この場合は後方移動焦点や否定文が多いようである。しかし、省略されても、ひとつの構造の意味をその構造の中の一語に課させるべきではないと考える。そもそも単独の"都"は元来全部の意味を表し、"也"は元来類同の意味を表し、"连……都/也"構造に入って初めて"连"と一緒に極限の意味を表せるようになったので、やはり、"连"を無視して極限の意味を"连……都/也"構造の中の"都"あるいは"也"だけに担わせるべきではなく、"连……都/也"構造をひとつの統一体とみなしたほうがより論理的だと考える。

5.4 焦点における日中極限系のとりたて表現の対照

これまでは日本語の極限系のとりたて表現「さえ」「まで」「も」および中国語の"连……都/也"の焦点をそれぞれ見てきたが、これからは両者の共通点と相違点をまとめる。

共通点についてであるが、焦点形式からいえば、日本語の「さえ」「まで」「も」は中国語の"连……都/也"と同じく、直前焦点、前方飛越焦点および後方移動焦点を有する。（沼田氏のいわゆる前方移動焦点は考えられにくい。）

焦点拡張の環境からいえば、日本語の「さえ」「まで」「も」と中国語の"连……都/也"は同じく連体修飾関係にある成分をとりたてると、前方飛越焦点になる可能性がある。また、後方移動焦点になる環境は両方とも機能動詞によるもの、熟語動詞によるもの、上位概念によるもの、文脈の支えによるもの、語用の制限によるものとの五種類が挙げられる。

相違点についてであるが、前方飛越焦点の場合、日本語の「さえ」「まで」「も」は連体修飾関係によるものという場合しか見つからないが、中国語の"连……都/也"はこれ以外に、また倒置によるもの、主述関係によるものの場合がある。

6. 終わりに

本稿では焦点の特徴から日中極限系のとりたて表現を対照してきた。この対照を通して、次のような問題が明らかになった。

まず、日本語の極限系のとりたて表現「さえ」「まで」「も」の焦点形式について、先行研究では日本語の極限系のとりたて表現「さえ」「まで」「も」は直前焦点、前方移動焦点および後方移動焦点との三種類の焦点形式を考えることができると指摘したが、本稿では直前焦点と後方移動焦点を認めるが、前方移動焦点は考えにくいと主張する。そして直前焦点と後方移動焦点のほか、極限の「さえ」「まで」「も」はまた前方飛越焦点という焦点形式を備えていると考える。

次に、日本語の極限系のとりたて表現「さえ」「まで」「も」の焦点拡張の環境について、先行研究はあまり触れていなかったが、本稿ではコーパスなどから収集したデータを整理したうえ、「さえ」「まで」「も」の焦点拡張の環境を分析した。その結果、前方飛越焦点になれる条件は連体修飾関係によるものであり、後方移動焦点になれる環境は機能動詞によるもの、熟語動詞によるもの、上位概念によるもの、文脈のさ

さえによるもの、語用制限によるものとの五種類がある。

また、"连……都/也"構造の焦点についてであるが、その焦点形式は先行研究で指摘した「直前焦点」のみならず、そのほか前方飛越焦点および後方移動焦点の形式も有する。また、前方飛越焦点になれるには連体修飾関係によるもの、主述関係によるもの、倒置によるものと三種類の場合があり、後方移動焦点になれるには熟語動詞によるもの、上位概念によるもの、文脈の支えによるもの、語用の制限によるものとの五種類が挙げられる。

そして日中極限系のとりたて表現の焦点における対応性についてであるが、日中極限系のとりたて表現はともに直前焦点、前方飛越焦点と後方焦点との三種類の焦点形式を備えている。また、後方移動焦点になる環境としても同じく機能動詞によるもの、熟語動詞によるもの、上位概念によるもの、文脈の支えによるもの、語の用制限によるものとの五種類が挙げられる。しかし、前方飛越焦点になれる環境として、日本語の極限系のとりたて表現「さえ」「まで」「も」は連体修飾関係によるものしか見当たらないが、中国語の"连…都/也"構造は連体修飾関係によるもの以外、倒置によるもの、主述関係によるものなどの場合もある。

最後に、焦点と関連して"连"の役割を分析した。"连……都/也"構造における"连"は時には省略される場合があるとは言え、決してなんの役割もない補助的なものとみなすべきではないと考える。"连"がないと、非文になったり、意味が変わったり、焦点が曖昧になったりおそれがある。従って、"连"は極限の意味および焦点を明示させる役割があると考える。筆者は"连"のこの役割を極限の焦点マーカーと呼ぶことにする。

紙幅のため、今回は焦点に絞って日中極限系のとりたて表現を考察したが、意味論、統語論、文章談話論そして習得などの角度から分析するのも面白いと考え、今後に譲る。

注

[1] 研究者によって「とりたて助詞」、「とりたて詞」、「係り助詞」など用語が異なるが、本稿ではこれについて議論せず、一括して「とりたて表現」と呼ぶことにする。

[2] とりたての作用域とは、とりたて表現が文中で意味的に影響を及ぼし得る最大の領域で、当該のとりたて表現によって、他と範列的な対立関係をなすと捉えられる、述語句の範囲である。とりたての作用域はとりたて表現の分布および文脈などの情報という、統語論的側面と語用論的側面の両方から規定されるものである。

[3] 「自者」とはとりたて表現がとりたてる文中の要素である。詳しくは沼田(2009)をご参照。

[4] 「他者」とはそれに端的に対比される自者以外の要素である。詳しくは沼田(2009)をご参照。

参考文献

井島正博. 2007.「サエ・マデ・デモ・ダッテの機能と構造」.『日本語学論集』3巻. 45-82. 東京大学大学院人文社会系研究科国語研究室

菊地康人. 2003.「現代語の極限のとりたて」.『日本語のとりたて:現代語と歴史的変化・地理的

変異』.沼田善子・野田尚史(編).くろしお出版
金成姫.2007.「「意外」の「も」と"也(ye)"」.『筑波応用言語学研究』14巻.45-58.筑波大学人文社会
　　　科学研究科文芸・言語専攻応用言語学領域
金成姫.2009.「とりたて詞「さえ」と中国語の"都(dou)"について」.『日中言語研究と日本語教育』
　　　2巻.34-44.好文出版
徐建敏.1993.とりたての観点から見た日本語の「さえ」と中国語の「都」『都大論究』30巻.16-28.
　　　東京都立大学
徐建敏.1998.「中国語の「也」と日本語の「も」―とりたての観点からみた対応―」.『東大論究』25
　　　巻.13-27.東京都立大学
中西久実子.2012.『現代日本語のとりたて助詞と習得』.ひつじ書房
沼田善子.2009.『現代日本語とりたて詞の研究』.ひつじ書房
南不二男.1974.『現代日本語の構造』.大修館書店
宮田幸一.1948.『日本語文法の輪郭』.三省堂
茂木俊伸.2004.『とりたて詞文の解釈と構造』.筑波大学博士(言語学)学位論文・平成16年3月
　　　25日授与(甲第3302号)
蔡永强.2006."连"字句探源.汉语学习.03期.36-42
曹秀玲.2005.再议"连……都/也……"句式.《语文研究》01期.17-20
崔希亮.1990.试论关联形式"连…也/都…"的多重语言信息.《世界汉语教学》03期.139-146
崔永华.1984."连……也/都……"句式试析.《语言教学与研究》04期.30-45
杜林.2004.汉语"连"字句.苏州大学汉语言文字学
洪波.2001."连"字句续貂语言.《教学与研究》02期.55-64
袁毓林.2006.试析"连"字句的信息结构特点.《语言科学》硕士研究生毕业论文02期.14-28

学習者コーパスに基づく日本語のアスペクト習得の研究
——C-JASにおけるアスペクト仮説の検証を中心に

北京外国语大学　姚一佳

摘要：体（aspect）是人类用来表达时间概念的语法范畴。20世纪70年代起，体的习得过程中超越母语、学习环境等因素普遍存在的习得规律开始被研究者们关注和探讨（e.g. Brown,1973）。这一普遍规律于1991年作为"体假说"被提出。

　　笔者对日语领域的先行研究进行分析之后，发现了以三个问题点：①先行研究中的动词分类标准不统一；②支持体假说的研究大多采用问卷调查法，提出质疑的研究都采用分析自由对话法，调查方法和调查结果之间的关系尚未明晰；③缺少对中国人日语学习者纵向自由会话资料的研究。

　　为此，本研究针对这三个问题点对体假说再次进行了实证研究，并得出了以下结论：①体假说所预测的四种习得规律中，有关完整体的习得规律得到了证实，有关非完整体的习得规律未得到证实；②中国人日语学习者和韩国人日语学习者的体习得过程并未见明显差别。

キーワード：アスペクト仮説　学習者コーパス　時間標識　進行形

1. 先行研究

1.1　アスペクトとアスペクト仮説
1.1.1　アスペクト

　　Comrie(1976)は、アスペクトを次のように定義した。"Aspects are different ways of viewing the internal temporal constituency of a situation(Comrie,1976:3)."

　　Vendler(1967)は内在アスペクトに注目し、動詞のタイプを、state（状態動詞）、activity（活動動詞）、accomplishment（達成動詞）、achievement（到達動詞）の四つに分類した（影山 1996 訳）。この四つのカテゴリーを図1で示すと、以下のようになる。

State	————————	love, contain, know
Activity	～～～～～～～	run, walk, swim
Accomplishment	～～～～～～X	paint a picture, build a house
Achievement	X	fall, drop, win the race

図1　Vendler(1967)の動詞分類

これらのカテゴリーを決定する意味素性として、[動的(dynamic)][瞬間的(punctual)][限界的(telic)]が挙げられる。

表1 動詞分類と意味特徴

	状態動詞（States）	活動動詞（Activities）	達成動詞（Accomplishments）	到達動詞（Achievements）
動的(dynamic)	−	＋	＋	＋
瞬間的(punctual)	−	−	−	＋
限界的(telic)	−	−	＋	＋

1.1.2 アスペクト仮説(Aspect Hypothesis)

20世紀70年代、幼児の母語習得(e.g. Brown, 1973; Bloom et. al., 1980; Antinucci & Miller, 1976; Stephany, 1981)に、幼児はテンス・アスペクト形態素を習得する時、過去完結を限界動詞、非完結相を非限界動詞と結びつきやすいという言語を越えて存在する普遍的な習得過程が発見されて以来、内在アスペクトが文法アスペクト形式の習得に与える影響が言語習得領域において盛んに論じられている。後で、このような習得過程は成人の第二言語習得にも報告され、アスペクト仮説(Aspect Hypothesis, Shirai 1991)として提唱された。

アスペクト仮説(Aspect Hypothesis, Shirai 1991)は文法アスペクト形態素の習得における語彙アスペクト(内在アスペクト)の影響を掲示し、以下のような四つの習得パターンを予測した(Shirai1 991)。

(1) Learners use (perfective) past marking on achievement or accomplishment verbs, eventually extending use to activity and state verbs(完結相過去形は、まず主に到達・到達動詞に付加され、後に活動動詞、状態動詞にも使われるようになる)。

(2) In languages that encode the perfective-imperfective distinction morphologically, imperfective past appears later than perfective past, and imperfect past marking begins with stative and activity (i. e., atelic) verbs, and then extends to accomplishment and achievement (i. e., relic) verbs(完結相過去と、非完結相過去の区別をする言語においては、非完結相過去の習得は完結相過去よりも遅れ、主として状態・活動動詞から始まる)。

(3) In languages that have progressive aspect, progressive marking begins with activity verbs, and then extends to accomplishment/achievement verbs(進行形は、主として活動動詞から始まる)。

(4) Progressive marking is rarely incorrectly overextended to stative verbs (in L1 acquisition)(進行形を誤って状態動詞につけることは、ほとんどない)。

この四つの習得パターンを図式化すると、表2となる。

表2 アスペクト仮説が予測したテンスアスペクト形式の習得順序（Li&Shirai,2000:50）

	State	Activity	Accomplishment	Achievement
(Perfective)Past	4	3	2	1
Progressive	?	1	2	3
Imperfective	1	2	3	4

数字：習得順序
?：極わずか

1.2 外国語のアスペクト習得におけるアスペクト仮説を検証した研究及びその結果

　アスペクト仮説（Aspect Hypothesis, Shirai 1991）が提唱されて以来、英語（e. g. Shirai&Andersen 1995）、スペイン語（e. g. Andersen 1991）、ギリシア語（e. g. Sophia Delidaki&Spyridoula Varlokosta 2003）、ノルウェー語（Gujord 2013）、ロシア語（Martelle 2011）、ドイツ語（e. g. Rohde 2000）、韓国語（e. g. Ju-Yeon Ryu 2011）、日本語（e. g. Shirai&Kurono 1998）、中国語（e. g. Li&Shirai 2000）、イタリア語（e. g. Giacalone-Ramat 2002）、フランス語（e. g. Salaberry 1998）など世界の各言語において検証された。その中、アスペクト仮説を支持するものは多数であるが（e. g. Andersen 1991, Robinson 1995, Shirai 1995, Rohde 1996, Bayley 1994, Housen 1994, Bardove-Harlig&Reynolds 1995, Bardovi-Harlig 1998, Giacalone Ramat 1995, 1997）、支持しない結果を出すのも出てきた（e. g. Kumpf 1984, Nixon 1986, Dietrich et al. 1995, Salaberry 1999, Finger 2000, Slabakova Rohde 1996, Bardovi-Harling 1998, Finger 2000, Housen 2002, Rocca 2002, van Rooy 2006, Devyani Sharma&Ashwini Deo 2009）。

　20世紀末以来、アスペクト仮説の影響が広がり、非インド・ヨーロッパ言語においても盛んに論じられてきた（e. g. Kurono 1995, Shirai&Kurono 1998, Li&Shirai 2000, Ju-Yeon Ryu 2011）。その中、日本語のアスペクト習得を検討したものは主に子供の母語習得（e. g. Shirai 1998, Shirai&Nishi 2005）、障碍児の母語習得（e. g. 長濱・澤 2013）、子供の第二言語習得（e. g. 橋本 2005, 2007, 2008）、成人の第二言語習得（e. g. 黒野 1995、Shirai&Kurono 1998）など多様な学習者グループにおいて展開された。アスペクト習得における普遍性を掲示する一方、成人と子供の言語習得の相違点、第二言語と母語習得の相違点、さらに日本語と他の言語の相違点など各研究者は各自の視点から言語習得の普遍性と個別性を検討した。

　その中、成人学習者を対象にした日本語のアスペクト習得研究は主に、黒野（1995）、Shirai&Kurono（1998）、許（1997, 2000, 2002）、菅谷（2003）、小山（2004）、Ishida. M（2004）、塩川（2007）、Sugaya&Shirai（2007）、孫・小泉・玉岡・宮岡（2010）が挙げられる。

1.3 先行研究の問題点
1.3.1 中国人日本語学習者の縦断的な発話データはまだ取り扱われていない

今まで収集した11本の成人日本語学習者を対象にした先行研究では中国人日本語学習者(Shirai&Kurono 1998；許 1997，2000，2002；小山 2004；Sugaya&Shirai 2007；孫・小泉・玉岡・宮岡 2010)、韓国人日本語学習者(小山 2004)、非漢字圏母語話者(黒野 1995；菅谷 2003；Ishida. M 2004；Sugaya&Shirai 2007)など様々な母語話者のデータを取り扱われた。先行研究で収集したデータ及び調査方法を以下の表でまとめる。

表3 成人日本語学習者のアスペクト習得に関する先行研究におけるデータの種類

先行研究	研究対象		データ種類			
	母語	レベル	横断		縦断	
			テスト	発話データ	テスト	発話データ
黒野(1995)	中国語、ベンガル語など異なる母語	初級			●	
許(1997)	中国語	中上級	●	●		
Shirai&Kurono (1998)	中国語	来日8か月		●		
	中国語、ベンガル語など異なる母語				●	
許(2000)	中国語、韓国語、英語	初、中、上、超		●		
許(2002)	中国語	中上級			●	
菅谷(2003)	ロシア語	初級上から中級下			●	●
	テルグ語	中級以￥下			●	
小山(2004)	中国語、韓国語、それ以外の非漢字圏の言語	初級後半、中級前半、中級後半	●			
Ishida. M.(2004)	英語	学習歴4か月				●
塩川(2007)		初中級、中級、上級	●			
Sugaya&Shirai (2007)	英語、ドイツ語、ロシア語、その他の言語		●	●		
孫・小泉・玉岡・宮岡(2010)	中国語	1年生、2年生、3年生	●			

斜線：中国人日本語学習者の縦断的な発話データ

表4で見られるように、先行研究では中国人日本語学習者のデータを分析した研究は多い(黒野 1995；Shirai&Kurono 1998；許 1997，2000，2002；小山 2004；Sugaya&Shirai 2007；孫・小泉・玉岡・宮岡 2010)が、主にテスト法で収集した(黒

野1995；Shirai&Kurono 1998；許1997, 2002；小山2004；孫・小泉・玉岡・宮岡 2010)。発話データを取り扱ったのは許(1997)、Shirai&Kurono(1998)、許(2000)、Sugaya&Shirai 2007 四本である。しかも、全部横断データである。つまり、今まで、中国人日本語学習者の縦断的発話データはまだ取り扱っていなかった。中国人日本語学習者のアスペクト習得状況をより詳しく究明するために、本研究は3名の中国人日本語学習者の縦断的な発話データを取り扱い、アスペクト仮説を検証する。

1.3.2 検証結果とタスクの関連性

成人日本語学習者を対象にした日本語のアスペクト習得研究は、アスペクト仮説と一致する結果となったのが多数であり、一致しない結果を出したのは菅谷(2003)、Ishida. M(2004)、Sugaya&Shirai(2007)三本である。

先行研究では、調査方法として、主にテスト法(黒野1995；Shirai&Kurono, 1998；許1997, 2002；小山2004；Sugaya&Shirai, 2007；塩川2007；孫・小泉・玉岡・宮岡2010)、絵を用いたオーラルプロダクション(許1997；Sugaya&Shirai 2007)、OPI(許2000；菅谷2003)、自由会話(菅谷2003；Ishida. M 2004；Sugaya&Shirai 2007)の四つの形式を取った。

表4 成人日本語学習者のアスペクト習得に関する先行研究の調査方法及び調査結果

先行研究	調査方法	調査結果
黒野(1995)	文法性判断テスト	○
許(1997)	絵を用いたオーラルプロダクション	○
	穴埋めテスト	○
Shirai&Kurono(1998)	会話	○
	文法性判断テスト	○
許(2000)	OPI	○
許(2002)	穴埋めテスト	○
菅谷(2003)	日記インタビュー、OPI	○(テルグ語話者)、×(ロシア語話者)
小山(2004)	文法性判断テスト	○
Ishida. M.(2004)	会話	×
塩川(2007)	文法性判断テスト	○
Sugaya&Shirai(2007)	文法性判断テスト	○
	絵を用いたオーラルプロダクション	×(母語に進行形なしグループ)
孫・小泉・玉岡・宮岡(2010)	意味判断課題	○

○：アスペクト仮説を支持する
×：アスペクト仮説を支持しない

表4で先行研究の調査方法及び調査結果をまとめた。○で示したのは調査結果がアスペクト仮説の予測と一致するもので、×で示したのは一致しないものである。つまり、アスペクト仮説と一致しない結果を出したものはすべて発話データを取り扱った。ここから、アスペクト仮説の検証結果は使われたタスクの間に何らかの関連性があると考えられる。

1.3.3 動詞分類の基準は一致していない

前述したように、アスペクト仮説の基礎となったのはVendler(1967)の動詞分類である。Vendler(1967)は内在アスペクトに注目し、動詞のタイプを、state(状態動詞)、activity(活動動詞)、accomplishment(達成動詞)、achievement(到達動詞)の四つに分類した。そのあと、この分類方法を各言語に応用するために、言語学者によっと英語(e.g. Dowty 1979；Mittwoch 1991；Shirai&Andersen 1995)、スペイン語(e.g. Clements 1985；De Miguel 1999)、カタロニア語(e.g. Pérez Saldanya 2002)、日本語(Shirai&Kurono 1998)など一連の言語テストを練りだした。

しかし、先行研究では、各研究者は各自の基準に即して動詞を四分類した場合が多く、「Tests for Inherent Aspect in Japanese」(Shirai&Kurono 1998)に基づいて、Vendler(1967)の動詞四分類にしたのはShirai&Kurono(1998)、Ishida.M(2004)、Sugya&Shirai(2007)の三本である。

言語習得の普遍性を検討する時、普遍的な基準を用いることは前提である。異なった分類基準は最後の調査結果に影響を及ぼせることは言うまでもない。

表5　成人日本語学習者のアスペクト習得に関する先行研究における動詞分類

先行研究	動詞分類(用法分類)
許(1997)	動作の持続：あくびをしている、寝ている、食べている、描いている、泣いている、慰めている、遊んでいる、流れている、(電話を)かけている、飛んでいる、鳴いている、登っている、待っている、吸っている
	結果の状態：(電気が)ついている、(コート、絵が)かかっている、沸いている、座っている、折れている、割れている、殺されている、死んでいる、倒れている、落ちている、開いている、閉まっている、止まっている、(傘を)さしている、咲いている、(太陽が)出ている、(包丁で)刺されている
	経験・経歴：発表している、なさっている、していらっしゃる、書いている、起こしている
	反実仮想：遊んでいん、死んでいた、着いている
	結果の状態：行っている、入っていた、結婚している
	動作の持続：寝ていた、聞いていた、聞いていませんでした
	習慣・繰り返し：走っている、書いていた、起きていた
	形容詞的な働き：形をしている、似ている、際立っている
	慣用法・所属・職業：持っている、知っている(2)、覚えている、(店長を)している、住んでいる、勤めている
許(2000)	運動の持続(＋長期)：住んでいる、勤めている、仕事している
	運動の持続(－長期)：思っている、している、考えている、探している
	性状(＋可変性)：混乱している、流行っている、満足している、混んでいる
	性状(－可変性)：離れている、似ている、太っている、色着いている、
	繰り返し：見ている、会っている、読んでいる、かけている、勉強ばかりしている、会話をしている
	結果の状態：落ちている、壊れている、風邪を引いている、離婚している
	状態の変化：慣れてきている、深刻になっている、増えている、向いて行っている、変わってきている
	運動効力：聞いている、卒業している、登っている、生まれている

续表

先行研究	動詞分類（用法分類）
許（2002）	性状（＋可変性）：汚れていた、混んでいた
	運動の持続（＋長期）：住んでいた、していた
	繰り返し：泳いでいた、練習していた
	運動の持続（一長期）：やっていた、散歩していた
	性状（一可変性）：離れていた、目立っていた
	直前までの持続：思っていた、寝ていた
	運動効力：言っていた、始まっていた
	結果の状態：結婚していた、行っていた
	状態の変化の結果：大きくなっていた、上がっていた
小山（2004）	活動動詞：探す、見る、住む、勉強する、降る、飲む、待つ
	到達動詞：行く、消える、来る、ふとる、落ちる
塩川（2007）	活動動詞：書く、聞く、作る、読む
	到達・達成動詞：落ちる、壊れる、入る、着る
Sugaya&Shirai（2007）	活動動詞：遊ぶ、（雨が）降る、飲む
	達成動詞：作る、書く、並べる
	到達動詞：つく、知る、壊れる、覚える、結婚する、疲れる、行く、届く、（財布が）落ちる
	瞬間活動動詞：落ちる、散る、叩く
孫・小泉・玉岡・宮岡（2010）	活動動詞：建設する、訪問する、練習する、翻訳する、選択する、修理する、整理する、掃除する
	到達動詞：出発する、到着する、中止する、入学する、開始する、卒業する、結婚する、終了する

＊黒野（1995）、Shirai&Kurono（1998）には使用語彙の内訳が提示されていない

2．研究概要

2.1 研究目的及び研究課題

本研究は、国立国語研究所で公開されている日本語学習者の縦断的発話コーパスC-JAS(Corpus of Japanese as a second language)[1]における中国人日本語学習者（3名）と韓国人日本語学習者（3名）の三年間全八期の発話データを用いて、成人日本語学習者を対象に、アスペクト仮説（Aspect Hypothesis；Shirai 1991）を検証する。研究課題は、以下のように設定する。

研究課題：C-JASにおいて、タ、テイタ、テイルの動詞形態素ごとの動詞タイプ（状態、活動、達成、到達動詞）の使用頻度の傾向は、アスペクト仮説の予測と一致するか。

 1-1：完結相過去形タは、到達動詞→達成動詞→活動動詞→状態動詞と次第に使用が広がっていくか。

 1-2：非完結相過去形テイタの習得は完結相過去形タより遅れているか。また、状態動詞→活動動詞→達成動詞→到達動詞と次第に使用が広がっていくか。

 1-3：進行形テイの習得は活動動詞→達成動詞→到達動詞と次第に使用が広がっていくか、

1-4：進行形をあやまって状態動詞に付けることはほとんどないか。

2.2 研究対象及びデータ概要

本研究の研究対象となったのは中国人日本語学習者（女性3名）と韓国人日本語学習者（男性2名、女性1名）、総計6名である。各学習者の第一期から第八期までの縦断的発話データ、計3年間(46.5時間)の87万語以上の発話データを対象に分析を加えた。6名の学習者は全員教室環境学習者であり、最初の1年間は同じ日本語学校で同じ時期に初級から日本語を学んだ。学習者の性別、母語、調査期間の年齢、学習者の環境を表6にまとめた。

表6　学習者の概要（C-JASマニュアル,2012）

	性別	母語	調査期間の年齢	学習者の環境
C1	女	中国語	25歳～28歳	1期：日本語学校 3～4期：大学1年生（看護系） 5～8期：大学2年生
C2	女	中国語	20歳～23歳	1期：日本語学校 2～5期：短大1年生（国文系） 6～8期：短大2年生
C3	女	中国語	22歳～25歳	1～2期：日本語学校 3～5期：大学研究生（商学系） 6～8期：大学1年生（他大学商学系）
K1	男	韓国語	21歳～24歳	1～2期：日本語学校 3～4期：別の日本語学校 5～8期：専門学校1年生
K2	男	韓国語	18歳～21歳	1～2期：日本語学校 3～4期：大学1年生（工学系） 5～8期：大学2年生
K3	女	韓国語	21歳～24歳	1～3期：日本語学校（3期後やめる） 4～5期：主婦兼アルバイト 6～8期：大学1年生（商学系）

発話データは3年間(1991年7月―1994年3月)における学習者一人につき8回の対話データである。一回の調査は、約60分の対話形式である。データの名称として、1回目から8回目までの調査時期(3―4ヶ月ごとに調査)ごとに1期から8期と呼ぶこととする。C1のみ2回目のデータが欠けているため、データの総数は47本である。

2.3 研究方法

(1)6名の学習者の発話データより、タ、テイタ、テイルを使用した文を抽出した。
(2)タ、テイタ、テイルの各動詞形態素に使用されている動詞を言語テスト（Tests for Inherent Aspect in Japanese；Shirai&Kurono 1998）に基づいて状態動詞、活動動詞、到達動詞、達成動詞の四つの動詞タイプに分類しコーディングした。

(3)各期ごとに動詞タイプの使用頻度(タイプ頻度)を算出した。使用頻度(タイプ頻度)は、タ、テイタ、テイルそれぞれについて、各期ごとに、各動詞形態素を使用した発話文の総産出数に対する各動詞タイプの使用割合(タイプ頻度)である。

(4)母語話者の判断により、学習者の発話における誤用文を抽出した。

(5)誤用文をル(タ)にすべき所でテイル(テイタ)を使ったタイプとテイル(テイタ)にすべき所でル(タ)を使ったタイプに分けた。

(6)誤用文に使われた動詞を言語テスト(Tests for Inherent Aspect in Japanese; Shirai&Kurono 1998)に基づいて状態動詞、活動動詞、到達動詞、達成動詞の四つの動詞タイプに分類しコーディングした。

(7)各期ごとに誤用に使われた動詞タイプの使用頻度(タイプ頻度)を算出した。

(8)各期ごとに動詞タイプの使用頻度(タイプ頻度)を算出した。使用頻度(タイプ頻度)は、タ、テイタ、テイルそれぞれについて、各期ごとに、各動詞形態素を使用した発話文の総産出数に対する各動詞タイプの使用割合(タイプ頻度)である。

3. 研究結果:学習者コーパスによるアスペクト仮説の検証

3.1 習得パターン(1):完結相過去形(Past tense morphology)の習得順序

アスペクト仮説(Shirai 1991)は、完結相過去形は、まず主に到達・達成動詞に付加され、後に活動動詞、状態動詞にも使われるようになると予測した。日本語では完結相過去形をタで表す。つまり、アスペクト仮説の予測によると、日本語の完結相過去形タの習得は到達動詞(e. g. 死ぬ、行く、来る)から始まり、達成動詞(e. g. 書く、食べる)、活動動詞(e. g. 泳ぐ、走る)、状態動詞(e. g. 思う、感じる)に至る。それで、学習者の発話では、タと動詞の結びつきがもし頻度の高い順に、到達動詞、達成動詞、活動動詞、状態動詞となったら、アスペクト仮説が予測した習得パターン(1)が立証されたと判断できる。

表7 時期別の完結相過去形(タ)の使用状況(タイプ頻度)

学習者	C1					C2					C3				
動詞分類	到達	達成	活動	状態	検証結果	到達	達成	活動	状態	検証結果	到達	達成	活動	状態	検証結果
第一期	64%	7%	14%	14%	×	43%	9%	34%	14%	○	48%	3%	39%	10%	○
第二期	N/A	N/A	N/A	N/A	N/A	66%	3%	23%	9%	○	53%	6%	25%	16%	○
第三期	54%	3%	34%	9%	○	50%	3%	38%	9%	○	61%	9%	13%	17%	×
第四期	65%	5%	21%	9%	○	62%	0%	26%	13%	○	60%	10%	10%	20%	×
第五期	58%	2%	21%	19%	○	41%	0%	33%	26%	○	64%	4%	11%	21%	×
第六期	57%	9%	20%	13%	○	49%	3%	34%	14%	○	68%	0%	27%	5%	○
第七期	67%	13%	13%	7%	○	62%	3%	18%	18%	×	53%	5%	21%	21%	×
第八期	61%	8%	14%	16%	×	56%	0%	34%	9%	○	58%	0%	20%	20%	○

续表

学習者	K1					K2					K3				
動詞分類	到達	達成	活動	状態	検証結果	到達	達成	活動	状態	検証結果	到達	達成	活動	状態	検証結果
第一期	33%	N/A	17%	50%	×	48%	7%	30%	15%	○	36%	N/A	36%	29%	×
第二期	57%	N/A	29%	14%	○	61%	1%	22%	15%	○	63%	N/A	23%	15%	○
第三期	44%	6%	31%	19%	○	54%	2%	25%	19%	○	58%	N/A	33%	8%	○
第四期	45%	5%	37%	13%	○	53%	N/A	32%	15%	○	59%	2%	23%	16%	○
第五期	55%	2%	26%	17%	○	45%	N/A	29%	26%	○	49%	3%	34%	13%	○
第六期	35%	3%	41%	22%	×	52%	3%	24%	21%	○	62%	5%	24%	10%	○
第七期	47%	7%	27%	20%	○	54%	7%	18%	21%	×	70%	5%	13%	13%	×
第八期	57%	N/A	22%	20%	○	52%	N/A	33%	14%	○	54%	5%	29%	13%	○

○:アスペクト仮説と一致する
×:アスペクト仮説と一致しない
%:タイプ頻度

表7を見ると、C-JASにおける6名の日本語学習者の完結相過去形タと動詞の結びつき状況が分かれる。完結相過去形の使用状況では、アスペクト仮説と一致する部分が多い。

3.2 習得パターン(2):非完結相過去形(Imperfective past)の習得順序

アスペクト仮説(Shirai 1991)は、非完結相過去形と完結相過去形の区別をする言語においては、非完結相過去の習得は完結相過去形よりも遅れ、主として状態・活動動詞から始まり、達成動詞、到達動詞に至ると予測した。日本語では、非完結相過去形をテイタによって表し、完結相過去形をタで表す。つまり、非完結相過去形と完結相過去形の区別する言語である。アスペクト仮説の予測によると、日本語の非完結相過去形テイタはタより習得が遅れ、主として、状態・活動動詞(e.g. 走る、思う、感じる)から始まり、達成動詞(e.g. 書く)、到達動詞(e.g. 死ぬ、行く、来る)に至る。それで、学習者の発話では、①テイタの出現時期はタより遅れる、②テイタと動詞の結びつきがもし頻度の高い順に、状態・活動動詞、達成動詞、到達動詞となったら、アスペクト仮説が予測した習得パターン(2)が立証されたと判断できる。

表8 時期別の非完結相過去形(テイタ)の使用状況(タイプ頻度)

学習者	C1					C2					C3				
動詞分類	到達	達成	活動	状態	検証結果	到達	達成	活動	状態	検証結果	到達	達成	活動	状態	検証結果
第一期	N/A	N/A	N/A	N/A	N/A	N/A	N/A	N/A	N/A	N/A	N/A	N/A	N/A	N/A	N/A
第二期	N/A	N/A	N/A	N/A	N/A	50%	N/A	50%	N/A	×	N/A	N/A	100%	N/A	○
第三期	N/A	N/A	N/A	N/A	N/A	50%	N/A	50%	N/A	×	N/A	N/A	100%	N/A	○
第四期	N/A	N/A	100%	N/A	○	N/A	N/A	100%	N/A	○	33%	N/A	67%	N/A	○
第五期	33%	33%	N/A	33%	×	20%	N/A	80%	N/A	○	N/A	N/A	N/A	N/A	N/A
第六期	31%	8%	54%	8%	○	14%	14%	71%	N/A	○	14%	14%	71%	N/A	○

続表

学習者	C1					C2					C3				
動詞分類	到達	達成	活動	状態	検証結果	到達	達成	活動	状態	検証結果	到達	達成	活動	状態	検証結果
第七期	50%	17%	33%	N/A	×	N/A	N/A	N/A	100%	○	33%	33%	33%	N/A	×
第八期	42%	33%	19%	6%	×	26%	5%	63%	5%	○	25%	N/A	50%	25%	○
学習者	K1					K2					K3				
動詞分類	到達	達成	活動	状態	検証結果	到達	達成	活動	状態	検証結果	到達	達成	活動	状態	検証結果
第一期	N/A	N/A	N/A	N/A	N/A	N/A	N/A	50%	50%	○	N/A	N/A	N/A	N/A	N/A
第二期	N/A	N/A	N/A	N/A	N/A	100%	N/A	N/A	N/A	×	67%	N/A	33%	N/A	×
第三期	N/A	N/A	N/A	N/A	N/A	33%	N/A	67%	N/A	○	100%	N/A	N/A	N/A	×
第四期	N/A	N/A	100%	N/A	○	40%	N/A	60%	N/A	○	67%	N/A	33%	N/A	×
第五期	N/A	N/A	N/A	N/A	N/A	50%	N/A	25%	25%	×	100%	N/A	N/A	N/A	×
第六期	50%	N/A	50%	N/A	×	18%	N/A	73%	9%	○	40%	20%	40%	N/A	×
第七期	100%	N/A	N/A	N/A	×	N/A	N/A	50%	50%	○	50%	N/A	50%	N/A	×
第八期	50%	N/A	50%	N/A	×	45%	5%	40%	10%	×	33%	N/A	67%	N/A	○

○:アスペクト仮説と一致する
×:アスペクト仮説と一致しない
%:タイプ頻度

表8を見ると、C-JASにおける6名の日本語学習者の非完結相過去形テイタの使用状況が分かれる。日本語の非完結相過去形テイタは、K2以外の5名の日本語学習者のデータにおいて、第一期でともに出現していない。その一方、6名の学習者とも、第一期からタを使用し始めた。この点から見ると、アスペクト仮説の予測とおり、日本語の非完結相過去形テイタは確かに、完結相過去形タより習得が遅れると判断できる。

3.3 習得パターン(3):進行形(Progressive)の習得順序

アスペクト仮説(Shirai 1991)は、進行形の習得は、主として活動動詞から始まると予測した。さらに、Li&Shirai(2000)が提示した習得順序によると、進行形の習得は、活動動詞から始まり、達成動詞を経て、到達動詞にいたるプロセスである。また、状態動詞と進行形の結び付きは極わずかである。日本語では、進行形を表す基本的なアスペクト形態素として、テイルとテイタが挙げられる。テイタについて、前節で詳しく検討したので、ここでテイルを中心に展開する。

つまり、アスペクト仮説の予測によると、日本語の進行形テイルの習得は主として、活動動詞(e.g.走る、泳ぐ)から始まり、達成動詞(e.g.書く、食べる)、到達動詞(e.g.死ぬ、行く)に至る。それで、学習者の発話ではテイルと動詞の結びつきがもし頻度の高い順に、活動動詞、達成動詞、到達動詞となったら、アスペクト仮説が予測した習得パターン(3)が立証されたと判断できる。

表 9 時期別のテイルの使用状況（タイプ頻度）

学習者	C1					C2					C3				
動詞分類	到達	達成	活動	状態	検証結果	到達	達成	活動	状態	検証結果	到達	達成	活動	状態	検証結果
第一期	N/A	N/A	N/A	N/A	N/A	37%	5%	53%	5%	×	100%	0%	0%	0%	×
第二期	N/A	N/A	N/A	N/A	N/A	26%	9%	56%	12%	×	30%	0%	70%	0%	○
第三期	48%	9%	39%	4%	×	39%	0%	52%	10%	×	50%	6%	38%	6%	×
第四期	50%	19%	25%	6%	×	14%	10%	62%	14%	×	29%	10%	52%	10%	×
第五期	50%	13%	25%	16%	×	42%	8%	46%	4%	○	48%	10%	38%	5%	×
第六期	18%	0%	76%	6%	×	32%	11%	58%	0%	○	34%	0%	52%	14%	×
第七期	42%	11%	42%	5%	×	38%	10%	38%	14%	×	61%	4%	29%	7%	×
第八期	41%	6%	38%	15%	×	33%	53%	53%	7%	○	37%	0%	53%	11%	×
学習者	K1					K2					K3				
動詞分類	到達	達成	活動	状態	検証結果	到達	達成	活動	状態	検証結果	到達	達成	活動	状態	検証結果
第一期	N/A	33%	67%	N/A	○	25%	25%	38%	13%	○	67%	N/A	33%	N/A	×
第二期	50%	N/A	N/A	50%	×	31%	N/A	46%	23%	×	14%	14%	71%	N/A	○
第三期	25%	N/A	50%	25%	×	50%	6%	31%	13%	×	41%	5%	41%	14%	×
第四期	N/A	50%	50%	N/A	○	43%	3%	46%	8%	×	39%	3%	50%	19%	○
第五期	36%	N/A	55%	9%	×	44%	5%	36%	14%	×	36%	N/A	64%	N/A	○
第六期	17%	17%	50%	17%	×	42%	3%	71%	16%	×	42%	8%	38%	12%	×
第七期	71%	14%	7%	7%	×	40%	11%	38%	11%	×	53%	N/A	41%	6%	×
第八期	54%	15%	31%	N/A	×	35%	5%	55%	5%	×	45%	10%	34%	5%	×

○：アスペクト仮説と一致する
×：アスペクト仮説と一致しない
％：タイプ頻度

　表9を見ると、C-JA Sにおける6名の日本語学習者の進行形テイルの使用状況が分かれる。6名の学習者とも、アスペクト仮説の予測と一致しない使用状況が出た。しかも、少なくない。また、テイルの使用状況には個人差が強く、ある一定の傾向が見られるとは言い難い。

3.4　習得パターン(4)：進行形を誤って状態動詞(State)に付けることはほとんどない

　アスペクト仮説は、進行形を誤って状態動詞に付けることはほとんどないと予測した。言語テス(Tests for Inherent Aspect in Japanese; Shirai&Kurono 1998)に基づいて、日本語ではVendler(1967)の状態動詞(State)に分類できるものとして、「思う」「感じる」などが挙げられる。つまり、学習者の発話データでは、もし「思う(e.g.)」にすべき所を「思っている(e.g.)」にしたタイプの誤用が出現していなかったら、アスペクト仮説が予測した習得パターン(4)が立証されたと判断できる。

　そして、6名の日本語学習者の発話における誤用を母語話者の判断によって抽出して、①ル(タ)にすべき所をテイル(テイタ)にした誤用パターン、②テイル(テイ

タ)にすべき所をル(タ)にした誤用パターンという二つのタイプに分け、それぞれで使われた動詞を言語テスト(Tests for Inherent Aspect in Japanese;Shirai & Kurono 1998)に基づいて状態動詞、到達動詞、達成動詞、活動動詞に分類した。

誤用パターン①における状態動詞の例はアスペクト仮説の予測と一致していない、つまり進行形を誤って状態動詞につけるものである。以下のような発話文が挙げられる。

(1)(C1・第八期)
0092　N：そうだね
0093　L：よかったΦ思535ょてて(思って)，〈うん〉まちがた［間違った］ところもちゃんと，直してくれた，〈あそうー〉，やっぱり，こう，こ，どういうか，専門的Φレポート書くΦ，まだ，ちょっと楽よ。

(2)(C1・第八期)
0111　L：えー，例えば，あのー，いーかんのチューブ挿入?〈はいはいはい〉，あれは私，さい，しゅ実習Φとき［時］びっくりして，〈したの?〉，がくさい，学生同士に，お互いにしてもらった，つらかった涙ぼろぼろ出て，もうやっと分かった，いーかんの挿入どういうことか，つらさが，もう，わ，しみじみ思ってた(思った)，もうそこまで，向こうで看護婦さん，さん，4人ぐらいなってて，救急科ね〈うん〉毎日2人か，3人ぐらい，挿管してた，わけよ，なか［なんか］そこまで，くつ［苦痛］Φ全然，わからないよ，ただ入れただけ，早く入れて

(3)(C2・第五期)
0065　N：ふーん
0066　L：でも自分も外国人どし，あの，日本に来てから，んー，ちょどういう，台湾いるときはがい，いつも外国人に【国名B】人とか【国名D】人見た時ね，とても嫌なんですよ，なんで，あの，外国人は私の国来るの? と〈うんうんうん，{笑}〉と思ったった(思ってた)んですよ，だから自分今もう外国人として日本に来て，多分日本人も同じこと考えてるかなーと思ってる(思う)〈うん〉，だから，あのー，たまには我慢Φしかないけど，でもたまには自分の，言いたいことも，あたしも，なんが［なんか］ちゃんと友達に，なんが［なんか］，言いますから，私はなんの，も，目的で来たとか，ん，変じゃない，くて，とか，ん，なか［なんか］今考えたら昔のことはとても馬鹿馬鹿しいと{笑}，か，んー

(4)(C3・第四期)
1124　N：怖い? あーそう
1125　L：うん，顔見たら厳しいなー，Φいつも思っています(思います)よ

(5)(K3・第六期)
0417　N：きれいになってた?
0418　L：でもあんまりきれいとは，思ってません(思いません)でした

273

さらに、進行形を誤って状態動詞につける誤用文を表にまとめる。

表10　進行形を誤って状態動詞につける誤用

学習者	出現時期	状態動詞	誤用数
C1	第八期	思う	9
		感じる	5
C2	第五期	思う	2
	第八期	思う	1
C3	第四期	思う	1
	第七期	分かる	1
K3	第六期	思う	1

　表10を見ると、C1、C2、C3、K3の四名の学習者の発話では、進行形を誤って状態動詞につける誤用が出現した。が、ほとんど、「思う」と「感じる」に集中している。特に、「思う」の誤用例が多い。総じて、アスペクト仮説が予測した習得パターン(4)が立証できなかった。

4. 考察：アスペクト形態素の使用と時間標識の関係

4.1　先行研究でのアスペクト仮説に関する説明および問題点

　従来アスペクト仮説(Shirai 1991)に対する説明として、「The Language Bioprogram Hypothesis(Bickerton 1981)」、「The Prototype Hypothesis(Shirai&Andersen 1995)」と「The Distributional Bias Hypothesis(Shirai&Andersen 1995)」三つの仮説が挙げられる。しかし、本研究は学習者コーパスC-JASを用い、アスペクト仮説を検証した結果、仮説の進行形と非完結相の習得状況に関する予測と一致していないこととなった。この現象はプロトタイプやインプットから説明しがたい。また他の要因が影響されていると考えられる。

　実はSugaya&Shirai(2007)は文法性判断テストと絵を用いたオーラルプロダクションによって得られた違った調査結果に注目し、タスクが仮説の検証に与えた影響について説明した。Sugaya&Shirai(2007)は、二つのタスク、文法性判断テストと絵を用いたオーラルプロダクションを使い、母語に進行形がある英語母語話者グループと母語に進行形がない（例：ドイツ語）学習者グループに対して、日本語のテンス・アスペクト形態素の習得について調べた。その結果、母語に進行形がない学習者グループの発話データがアスペクト仮説の予測と一致していないとなった。この結果について、Sugaya&Shirai(2007)は暗示的知識とタスクの関係から説明してみた。つまり、絵を用いたオーラルプロダクションという即席的な発話行為を要求するタスクでは、学習者は暗示的知識を作動し答えを出した。第二言語学習者にとって、母語は暗示的知識の基礎である。そして、母語に進行形がない学習者グループには、母語から形成された進行形の使用規則がないので、暗示的知識が作動する時、母語に進行形があるグループと違った傾向が出た。

しかし、本研究の対象となった中国人日本語学習者と韓国人日本語学習者の母語には、ともに進行形がある。例として、中国語の"在""着"、韓国語の「-ko iss-」、「-a iss-」が挙げられる。それで、母語に進行形がある中国人日本語学習者と韓国人日本語学習者の発話データがアスペクト仮説を支持していない結果は単なる暗示的知識で説明しがたいようである。
　その原因を探るにはまずテンス法と発話データの区別を明確したい。テスト法は、穴埋めテスト（許1997；許2002）と四肢選択式の文法性判断テスト（黒野1995；Shirai&Kurono 1998；小山2004；塩川2007；Sugaya&Shirai 2007）という二つの形式に分けられる。例として、以下の二つが挙げられる。
　（6）穴埋めテストの例（許2000）
　　　大雨が降っていなければ今頃はみんなと（遊ぶ）＿＿＿＿＿＿だとう。
　（7）文法性判断テストの例（Sugaya&Shirai 2007）
　　　高橋：あれ、シャツに口紅が＿＿＿＿＿＿ね。
　　　山本：え、ほんとうですか!?
　A：つきます　　B：つきました　　C：ついています　　D：ついていました

　つまり、テストでは常にアスペクト形態素が必要な所（動詞）で穴を開け、学習者の意識を潜在的に強く引き付く。しかし、即時的な会話は線的なもので、ほぼ一瞬にして文全体を完成しなければならない。それで、学習者は動詞のような具体的な部分に意識を配分しがたい。この区別が、テスト法で検出した結果はほぼアスペクト仮説と一致している一方、会話データは一致しない結果にいたることが多い、という現象を説明できると考えられる。
　それで、学習者の発話を具体的に見ると、以下のような特徴的なものが出てきた。
（8）C2・第二期
0720　N：半年だったっけ？
0721　L：はい。
0722　N：あーじゃそん時に毎日泣いたわか？
0723　L：まいーにち泣いた、電話、お母さん、母と電話したら、もー泣いてる。母も向こうで泣いてる、「泣かないでください」、あたしも「ママ泣かないでくださーい」、二人いつも泣いてる。あと、兄、兄のほうね、「もし、泣いてだったら、電話かかないでください。電話かけたら、みんなしんどいでしょう」、とか、うん、しかれた。
　同じく「泣く」という動詞が一文の中で何度でも出るが、結びついたテンス・アスペクト形態素が違っている。誤用か正用かの弁別をさておいて、例の中の「泣いた」と「泣いている」の区別は単なるアスペクト仮説（Shirai 1991）で説明しかねる。このような区別は一体どこから起きるのか。学習者が使った時間標識に注目したい。最初の「毎日泣いた」という発話は母語話者の「あーじゃんそん時に毎日泣いたわけ」をリピートする可能性がある。そして、発話の時点を＜今＞から＜その時＞というステージに切り替えし、「母と電話したら」という場面と「（電話の）の向こう」という場面でともに進行形「泣いている」を使って表した。さらに、「いつも」で頻度の

高さを強調し、＜その時＞の状況を相手に伝える。

このように、時間標識が先ずステージを建て、テンス・アスペクト形態素を出演者のように一瞬にして選択するというプロセスは学習者が発話する時に行われている、と考えられる。

4.2　学習者の進行形（非完結相）の使用と時間標識の関係

文章における時制使用について、従来劇的効果説、共感説、近景・遠景化説などがあり、習得の場合、Decyani Shama&Ashiwini Deo(2009)も時間副詞などによって決められた文のアスペクトの効果に注目し、SAH仮説（Sentential Aspect Hypothesis）を提案した。

そして、本研究で取り扱った時間標識は文の時間を表す効果がある時間副詞（e.g. 今日、いま、昨日）、時間節（e.g.〜時）などを含む。学習者の発話における非完結相テイルと共起した時間標識は以下の表にまとめられる。

表11　学習者の発話における非完結相と共起した時間標識（時期別）

時期	K1	K2	K3
第一期	12時、今	今、初めから、もう、〜時、引用	ずっと、今、引用
第二期	N/A	もう、今、その時前までは、その間、〜時、ただいま	まだ、後で、全部、いつも、すぐ、その時
第三期	今、もう	まだ、いま、〜時、ずっと、もう、今度、あれまで	昨日、いま、ずっと、引用、生まれて
第四期	よく、もう、〜時に	〜時、もう、ずっと、今、最初、〜時代、十何年間、いつも、最近、引用、今まで、高校時代、もう夏休みの間、昔	今、4年間、まだ、前に、〜時、全部、毎日、5時から9時までは、いつも、昔、今まで、20歳以上、〜中で、高校、70歳をすぎして
第五期	いま、〜時、まだ、その時、毎日	2日前、次の日、もうすでに、3日周期、〜時、最近、まだ、〜の中で、今、まだもう、一日ずつ、その時、いつも、ばっかり、1年間、半分まで、昔から、今まで、もう、29日	今、2週間ぐらい、小さいごろ、最近、三日、六ヶ月の間、引用、20歳になるまで
第六期	よく、いつも、今、後	もう、〜時から、引用、昼間、帰る日、ずっと、今、よく、四ヶ月、毎日、そこまで、〜時、今日、まだまだ、そういうことがあったら、自分がやりたくなったら、〜まで、小学生の頃、陰で、前に、夏休み、今まで、高校まで、最初（小学生の時）、そのまま、高校時代、その時（もう）	うまれるまで、〜時、お盆と正月、〜後で、今、全部、最近、最初、よく、何も、まだ、前
第七期	よく、夏、今、もう、先週から、2回、引用	その横、まだ、いつから、そこまで、〜ほど、ヨッローパから、最近、今、いつも、〜まで、ずっと、ホテルの中、もう、〜時、引用、午後3時ぐらいまで、	一日中、何の飾りも、昔、今、いつも、前

续表

時期	K1	K2	K3
第八期	夜、10分、30分、1回、〜時	最初、前、〜時、授業中、大学で、もう、今、最近、高校卒業してから、一年目から、2ヶ月間、今まで、まだ、昔、毎日、今から、その時、いつも最後まで、一年間、何週、小学生からずっと、中3のとき、1年生、引用、初めて、いつも	今、よく、何時間、初めて、4年経った、中学生のころ、後、一日中、後

時期	C1	C2	C3
第一期		今、まだ、あの時、空港の時、その時、あの時、いつも、なんでも、もう、〜時、30分、12月、今日、みんな	今
第二期		昔、授業する時、まだ、もう、いつも、よく、引用、19歳の3カ月間、毎日、母と電話したら、向こうで、最近、今、今まで、よく時々、すぐ、ばっかり、同じこと、まだまだ、今週、〜時、あの日	〜時、今、この間、上海では、長い時間、〜時、今年
第三期	まだ、ずっと、今、その時、昨日、もう、〜時、引用、毎日、初めて、最近、よく、すぐ、夏休み、昼休み、一日2時間、〜前、5年間	よく、引用、あの時、なんでも、〜時、もう、まだ、みんな、最初、充分、今、ずっと、全然、何回何回、今日、人の前に	今、まだ、そばに、引用、前
第四期	今、ずっと、その時、全部、引用、よく、〜時、そこまで	試験とき、何かことをする時、まだ、今、最近、今までに、引用、よく、3時でも、〜時、住み始めたとき、毎日	大学で、まだ、今まで、よく、今、〜時、みんな、夜11時、その時、あの時、一生懸命、もう、毎日、いつも、この前、一ヶ月
第五期	練習中、そこまで、引用、最近、今年、いつも、ずっと、〜のほう、春休み、全然	長い時間、しばらく、〜時、3時まで、もう、みんな、今、昔、まだ、同じ服、引用、昔のこと、授業する時、今年、今度	まだ、よく、何年間、今、今度、時々、ばかり、1年間全部、夜、昼間の時間、全部、一生懸命、普通、ずっと、そこまで
第六期	まだ、毎年、全部、今、毎日、ずっと、最近、30年すぎた、引用、梅雨前、そこまで、すごく、何ヶ月	同じく、もう、〜時、今、3時まで、遅くまで、11時半ぐらい、ずっと、まだ、何年経っても、同じこと、友達と会う時、全然、長い時間座ったら、昨日、みんな、小学生5年生からもう、夜が寝れない時、朝まで	〜時、今、引用、まだ、よく、今年、時々、時には、来た前、20代、その時、前、だんだん、学生時代
第七期	今、ずっと、その時、最近、引用、一生、まだ、初めての日、〜時、1週間、すこしずつ、毎日、すごく	まだ、昔、みんな、よく、もう、今、引用	その時、今、いつも、そこまで、ずっと、毎日、まだ、〜時、今もう、よく、みんな、一年、中国、いっぱい、引用
第八期	のほう、今日、〜時、今、最近、〜前、どこのほう、まだ、すごく、3年間、この前、もう、前、来週、そこまで、帰る時、大体、最初から、学生ところ、1週間、全部、〜ところ、ずっと、発表の日、くる前、一度みたら、最初のころ、そばに、この前、後期、3月21日、病院のほう	今、よく、その時、ばっかり、みんな、いつも、その時、辛い時、今年、〜時、全部、昔の話をした時、引用、今回の試験、もう、その前の日、夜、夜中まで、最初、1年間ぐらい、最初のころ、くしゃみした時、別れてあと	3年間ずっと、引用、今、いつも、最初の時、まだ、毎日、前と変わらず、〜時、何年間、来年から、よく、もう大学の時、昼間、夜、4年間ずっと、時々、来た時、最初から、入る時、もう、前、来た時、最初

6名の日本語学習者の発話における進行形に関する明示的な時間標識の使用頻度(表)を調べると、平均56%ぐらいの使用率に足している。そして、6名の学習者の言語能力はそれぞれ違っているが、第一期、いわゆる習得初期において、時間標識の使用頻度はほぼ高い。さらに、習得につれて、使用頻度が下がっていく、特に習得が一番早い学習者K2のデータはこの点から見ると、典型的である。しかし、使用頻度は下がると同時に、使われた時間標識の種類増加している。いわば、学習者は習得の初期がより強く時間標識にたより、後期になると、時間を表す形式が多様化していき、特に上下文脈で表す傾向が強くなる。

表12　進行形に関する時間標識の使用頻度(時期ごと)

時期	K1	K2	K3	C1	C2	C3
第一期	67%	66%	75%	N/A	72%	67%
第二期	N/A	70%	63%	N/A	66%	43%
第三期	75%	42%	57%	62%	65%	36%
第四期	100%	49%	46%	57%	42%	69%
第五期	73%	52%	38%	50%	56%	66%
第六期	33%	53%	32%	80%	51%	73%
第七期	55%	37%	33%	46%	39%	57%
第八期	33%	43%	29%	66%	76%	70%
平均	62%	51%	47%	60%	58%	60%

表12で示したように、学習者の進行形に関する文に使われた時間標識の使用状況について、以下の三点が観察られる。
(1)進行形に関する文において明示的な時間標識が使われた文が6名の日本語学習者で平均56％の使用率に足している。
(2)時間標識の形式は初期から後期まで、時期につれて多様化されている。
(3)習得初期はより強く明示的時間標識に頼っている。

5. 終わりに

本研究は国立国語研究所で公開されている日本語学習者の縦断的な発話コーパス(Corpus of Japanese As a Second Language；C-JAS)を用いて、アスペクト仮説が予測した四つの習得パターンを検証した。その結果は以下の四点にまとめた。
(1)アスペクト仮説が予測した四つの習得パターンの中で、完結相過去形の習得順序は立証されていた。そして、非完結相過去形の習得は確かに完結相過去形より遅れている。しかし、進行形と非完結相過去形の習得順序は立証されていなかった。
(2)中国語母語話者と韓国語母語話者の間、習得順序における区別が見られなかった。
(3)日本語学習者の発話において、状態動詞の使用頻度が低くない。
(4)進行形に関する文において明示的な時間標識が使われた文が6名の日本語学

習者で平均56％の使用率に足している。それに、時間標識の形式は初期から後期まで、時期につれて多様化されているが、初期学習者のアスペクト形態素使用が後期より明示的な時間標識に頼っている。

　本研究で取り扱われた時間標識は明示的なもので、時間副詞、節など語彙で表したものである。6名の日本語学習者とも進行形の使用において時間標識を伴うものは50％を超えている。発話という即時性が要求するテンス形式では、学習者の注意力が文の全体に配分しなければならない。この関係で、内在アスペクトからの影響はテンスデータより弱く現れると考えられる。そして、発話する時、学習者のテンス・アスペクト形態素の使用は動詞、時間標識、テンス・アスペクト形態素三者の総合作用によって決まると推測する。この総合作用について、今後またより深く検討する必要があると思われる。

　それに、初級学習者は上級学習者に比べ、明示的に使われた時間標識の種類が少ないが、使用する頻度が高いという傾向がある。そして、上級学習者の使用状況を分析するためには、また文脈など暗示的な時間標識を調べる必要がある

注

[1] C-JAS(Corpus of Japanese As a Second language):
　 http://c-jas.jpn.org/login.py

図表

図1　Vendler(1967)の動詞分類
表1　動詞分類と意味特徴
表2　アスペクト仮説が予測したテンス・アスペクト形式の習得順序(Li&Shirai 2000:50)
表3　成人日本語学習者のアスペクト習得に関する先行研究におけるデータの種類
表4　成人日本語学習者のアスペクト習得に関する先行研究の調査方法及び調査結果
表5　成人日本語学習者のアスペクト習得に関する先行研究における動詞分類
表6　学習者の概要(C-JASマニュアル,2012)
表7　時期別の完結相過去形(タ)の使用状況(タイプ頻度)
表8　時期別の非完結相過去形(テイタ)の使用状況(タイプ頻度)
表9　時期別のテイルの使用状況(タイプ頻度)
表10　進行形を誤って状態動詞につける誤用
表11　学習者の発話における非完結相と共起した時間標識(時期別)
表12　進行形に関する時間標識の使用頻度(時期ごと)

付録

Tests for Inherent Aspect in Japanese

(Each test was used only on the clauses remaining after the preceding tese.)

Step 1: State or Non-State?

Can it refer to present state in simple present tense without having a habitual or vivid-present interpretation?

If yes → State (e.g., *Tukue no ue ni hon ga aru.* "There is a book on the table.")

If no → Non-state (e. g. , *Boku wa gohan o taberu.* "I will eat rice" or "I [often/usually etc.] eat rice. ") → Go to Step 2

[N. B.] Since Japanese has two types of adjectives, which are inflected for tense (e. g. , *atui* "is hot" vs. *atukatta* "was not hot"), and both adjective types pass the test for stativity, adjectives are included in the category of stative verbs. Also included are the nominal followed by the copula, because they have exactly the same conjugation pattern as one of the two adjective types (nominal adjectives).

Step 2: Activity or Non-Activity?

If you stop in the middle of the action, does that entail that you did the action?

If yes → Activity (e. g. , *aruku* "walk")

If no → Non-Activity (e. g. , *eki made aruku* "walk to the station") → go to Step 3

* If it is difficult to distinguish between "punctual verbs denoting resultative state" and "activity verbs denoting action in progress," use the following tests (a), (b) and/or (c).

(a) Is it possible to say "X wa Y (=place) de V-te i-ru," and if so , is it more natural than to say "X wa Y ni V-te i-ru"?

If yes to both questions → Activity (e. g. , *John wa soko de neteiru.* "John is sleeping there".)

If no → Resultative State (and therefore the verb is achievement) (e. g. , *John wa soko ni / * de sundeiru.* "John lives there. ")

(b) Is it possible to say "V-hazimeru" without iteration involved?

If yes → Activity (e. g. , *hanasi-hazimeru* "start talking")

If no → Resultative State (and therefore the verb is achievement) (e. g. , * *suwari-hazimeru* "start sitting")

Does it have a "simultaneous activity" reading in the frame "V-nagara"?

If yes → Activity (e. g. , *hanasi nagara* "while talking")

If no → may be Resultative State (e. g. , *siri nagara* "although knowing"), but not necessarily, since this test also involves "agency"

Step 3: Accomplishment or Achievement? (Punctual or Non-Punctual)

If test(a) does not work, apply test(b), and possibly (c).

(a) If "X wa Y de V-ta" (Y=time; e. g. , 10 minutes) is possible, does that entail X was involved in V-ing (i. e. , V-te i-ta) during that time?

If yes → Accomplishment (e. g. , *Kare wa go hun de itimai no e o kaita.* "He painted a picture in five minutes. ")

If no → Achievement (e. g. , *Kare wa go hun de itimai no e ni kizuita.* "He noticed a picture in five minutes. ")

(b) Can "V-te i-ru" have the sense of "action-in-progress"?

If yes → Accomplishment (e. g. , *Kare wa oyu o wakasiteiru.* "He is heating water until it boils. ")

If no → Achievement (e. g. , *Kare wa sono eni kizuiteiru.* "He has noticed the picture. "

(c) "X wa Y de V-daroo"(Y=time; e. g. , 10 minutes) = "X wa Y goni V-daroo"

If no → Accomplishment (e. g. , *Kare wa itizikan de e wo kakudaroo* "He will paint a picture in an hour" is different from *Kare wa itizikan go ni e o kakudaroo* "He will paint a picture after an hour," because the former can mean he will spend an hour painting a picture, whereas the latter does not.)

If yes → Achievement (e. g., *Kare wa nihun de utai-hazimeru daroo* "He will start singing in two minutes" can have only one reading, which is the same as in *Kare wa nihungo ni utai-hazimeru daroo* "He will start singing after two minutes." with no other reading possible.)

参考文献

許夏珮. 1997. 中・上級台湾人日本語学習者による「テイル」の習得に関する横断研究.『日本語教育』95 号. 37-48. 日本語教育学会

許夏珮. 2000. 自然発話における日本語学習者による『テイル』の習得研究 OPIデータの分析結果から—.『日本語教育』104 号. 20-29. 日本語教育学会

許夏珮. 2002. 日本語学習者によるテイタの習得に関する研究.『日本語教育』115 号. 41-5. 日本語教育学会

黒野敦子. 1995. 初級日本語学習者における「—テイル」の習得について.『日本語教育』87 号. 153-164. 日本語教育学会

小山悟. 2004. 日本語のテンス・アスペクトの習得における普遍性と個別性—母語の役割と影響を中心に—. 言語と教育—日本語を対象として—. 415-436. くろしお出版

長濱圭吾・澤隆史. 2013. 聴覚障碍児の書いた文章における動詞の進行形の使用に関する研究. 東京学芸大学紀要. 総合教育科学系. 64(2);67-73. 東京学芸大学学術情報委員会

橋本ゆかり. 2005. 日本語を第二言語とする英語母語幼児のテンス・アスペクト習得：アスペクト仮説の普遍性の検証を中心に. 第 29 回日本言語文化学研究会ポスター発表要旨

橋本ゆかり. 2007. テイル用法の普遍的習得順序について—年齢・環境要因に起因する共通性と差異.「対話と深化」の次世代女性リーダーの育成:「魅力ある大学院教育」イニシアティブ. 110-112

塩川絵里子. 2007. 日本語学習者によるアスペクト形式『テイル』の習得—文末と連体修飾節との関係を中心に—.『日本語教育』134 号. 100-109. 日本語教育学会

菅谷奈津恵. 2003. 日本語学習者のアスペクト習得に関する縦断研究『動作の持続』と『結果の状態』のテイルを中心に—.『日本語教育』119 号. 65-74. 日本語教育学会

鈴木夏代. 2012. Task-based language teaching(TBLT)における動詞形態素の習得—テンス・アスペクト仮説からの考察—. 早稲田大学大学院教育学研究科紀要. 別冊. 19 号— 2. 267-277

孫猛・小泉政利・玉岡賀津雄・宮岡弥生. 2010. 第二言語としての『テイル』の習得におけるプロトタイプの形成. 言語科学論集. 第 14 号. 27-38

Andersen, R, W. 1991. Development sequences: The emergence of aspect marking in secondlanguage acquisition. Crosscurrents in Second Language Acqusition a-ndLingustic Theories

Andreas Rohde. 2000. Tense and aspect in naturalistic L2 Acquisition. Psycholi nguistics on the threshold of the year 2000. pp359-363

Antinucci F, Miller R. 1976. How children talk about what happened. Journal of Children Language. 3:pp167-189

Bloom, L., K. Lifter & J. Hafitz. 1980. Semantics of Verbs and Development of Verb Inflection in Child Language. Language. 56. pp386-412

Bickerton, D. 1981. Roots of Language. Ann Arbor: Karoma

Decyani Sharma & Ashwini Deo, 2009. Contact-based aspectual restructuring: a critique of the Aspect Hypothesis. Queen Mary's OPAL #12 Occasional papers Advancing Linguistics

Elaine C. Klein, Iglika Stoyneshka, Kent Adams, Tamara Rose, Yana Pugach and Stephanie Sole, 2004. Past tense affixation in L2 English: the effects of lexical aspect and perceptual salience. Poster presented at the 28th annual Boston University Conference on Language Development

Ellis, R. 2004. Individual differences in second language learning. In C. Elder and A. Davies(Eds.). The handbook of applied linguistics. pp525-551. Oxford: Blackwell

Gujord, Ann-Kristin Helland. 2013. L2 acquisition of temporality: Universal or specific? Findings from a corpus based study of the grammatical encoding of past time in L2 Norwegain. Department of Linguistic, Literary and Aesthetic Studies

Hongli Fang. 2005. Acquisition of tense-aspect morphology by English learners of French and Chinese. Unversity of Florida

Ishida, M. 2004. Effects of recasts on the acquisition of the aspect form – te i-(ru) by learners of Japanese as a foreign language. Language Learning. 54:2, June 2004. pp311-394

Ju-Yeon Ryu. 2011. The L1 acquisition of the imperfective aspect markers in : a comparison with Japanese. 25th Pacific Asia Conference on Language. Information and Computation. pp186-195

Li, Ping & Y. Shirai. 2000. The acquisition of lexical and grammatical aspect. Berlin: Mouron de Gruyter

Megumi AOKI. 2001. A computer learner corpus-based approach to the Aspect Hypothesis. Japan society of English Language Education. Ping-Yu Huang. 2008. The Aspect Hypothesis and L2 leaners' awareness of lexical aspect. Post presented in the Acquisition of Tense, Aspect and Mood in L1 and L2 conference. Aston University, Birmingham. U.K

Shirai, Y. 1993. Inherent aspect and the acquisition of tense/aspect morphology in Japanese. In H. Nakajima & Y. Otus(Eds.). Argument structure: Its syntax and acquIsition. pp185-211. Tokyo: Kaitakusha

Shirai & Andersen. 1995. The Acquisition of Tense-Aspect Morphology: A prototype Account. Language. Volume 71. Issue4. pp743-763

Shirai, Y. 1998. The emergence of tense-aspect morphology in Japanese: universal disposition? First Language. 18. pp281-310

Shirai & Kurono, 1998. The acquisition of tense-aspect marking in Japanese as a Second Language. Language Learning. 48:2. June1998. pp245-279

Shirai, Y., & Nishi, Y. 2005. How what we mean impacts how we talk: The Japanese imperfective aspect marker-teiru in conversation. In J. Frodesen & C. Holten(Eds.), The power of context in language learning and teaching(pp39-48). Boston, MA: Thomson Heinle

Sugaya & Shirai. 2007. The acquisition of progressive and resultative meanings of the imperfective aspect marker by L2 learners of Japanese. Studies in Second Language Acquisition. 29. pp1-38

Sophia Delidaki & Spyridoula Varlokosta. 2003. Testing the Aspect First Hypothesis: a preliminary investigation into the comprehension of tense in child Greek. ZAS Papers in Linguistics 29. 2003. pp73-84

Vendler, 1967. Linguistics in philosophy. Ithacha. NY: Cornell University Press.

Wendy M. Whitehead Martelle. 2011. Testing the aspect hypothesis in L2 Russian. Doctor Dissertation. Faculty of Arts and Sciences. University of Pittsburg

Xiaowei Zhao & Ping Li. 2009. Acquisition of aspect in self-organizing connectionist models. Linguistics. pp47-5. pp1075-1112

Yasuhiro Shirai & Roger W. Andersen. 1995. The acquisition of tense-aspect morphology: a prototype account. Language. Volume 71, Issue 4. Dec. , 1995. pp743-762

Yasuhiro Shirai & Atsuko Kurono. 1998. The acquisition of tense-aspect marking in Japanese as a second language. Language Learning. 48:2. June 1998. pp245-279

Yasuhiro Shirai, (2007). The Aspect Hypothesis, the comparative fallacy and the validity of obligatory context analysis: a reply to Lardiere, 2003. Second Language Research. 23, 1. pp51-64

宮崎駿『ハウルの動く城』の深層
——戦争の表象を中心に

北京外国语大学　王蕙林

摘要：日本动画巨匠宫崎骏,从1978年出道,迄今为止共导演了11部长篇动画电影。他的作品在日本社会获得了极高的人气,引发了各种各样的社会话题。正如很多研究者所指出的,他的作品带有明显的文明批判性以及复杂的多义性,超越了一般单纯娱乐作品的范畴。2004年出品的《哈尔的移动城堡》,是一部极能体现宫崎骏战争认识的作品。可惜,由于这部作品的构成以及叙事略显费解,直到今天,尚没有得到足够的理解。然而,理解这部作品,对于理解宫崎骏的战争观以及日本战后社会具有非常大的意义。因此,笔者希望能在这篇论文中,试着重新解读隐藏于作品中的深意,使作者的想法得到更好的理解。《哈尔的移动城堡》是根据英国小说家戴安娜·万尼·琼斯的小说改编的。对比原作,电影的最大特征就是以战争作为主题。导演之所以进行了这样的改编,是与他本人幼时的战争体验、和于电影制作过程中爆发的伊拉克战争息息相关的。宫崎骏十分敬爱堀田善卫,他从堀田那里继承了"只有从过去中才能预见未来"这一观点。可以看出,苏菲因为了解哈尔的过去而得到了拯救哈尔的能力这一设定,是堀田思想在《哈尔的移动城堡》中的具象。这篇论文不仅着眼于宫崎骏,同时还将他所深受其影响的作家圣埃克絮佩里和堀田善卫的作品也纳入视野,给作品增添了深度与广度。

キーワード：ハウルの動く城　宮崎駿　アニメーション　戦争

1. はじめに

　　宮崎作品はエコロジー的な側面にばかりスポットライトを与えられてきたが、その思想の深層は、戦争認識を抜きにしては語れない。そして『ハウルの動く城』は彼の戦争認識を聞き取るための重要な作品である。

　　しかしこの作品は興行的にこそ成功したが、映画評の類では過去最低の評価であったといえる。その原因に、宮崎がはっきり仕組みを説明することをあえてしなかった結果、厖大に織り込んだメッセージと深い寓意性が大多数の観客に伝わらなかったことが挙げられるだろう。宮崎は2005年、ヴェネツィアで受けたインタビューで以下のように語ったことがある。

　　　　もっともっと深いところでやんなきゃいけないんだなって思ったら、通常のエンターテインメントの枠組みを壊さざるをえなくなって、非常にややこしい

映画になった[1]。

　本論文では、作品のセリフや設定の細かい分析をベースに、作品に込められたメッセージをもう一度捉えなおし、監督が目指した「もっともっと深いところ」を探ってみたい。

2. 映画の着目点——原作との比較を通して

2.1　映画と原作の違い

　『ハウルの動く城』はイギリスの児童文学作家ダイアナ・ウィン・ジョーンズ（1934～2011）の小説『魔法使いハウルと火の悪魔』（1986年刊）を原作としているが、大幅な改編を加えた。その中で一番大きな違いは、戦争に関する描写である。

2.2　戦争に対する描写

　この映画における戦場の表現は、非常に壮烈である（図1参照）[2]。また、戦場を飛び交う戦艦の形も極めて醜い上、戦闘に参加するものたちも異形に描写されている（図2参照）。

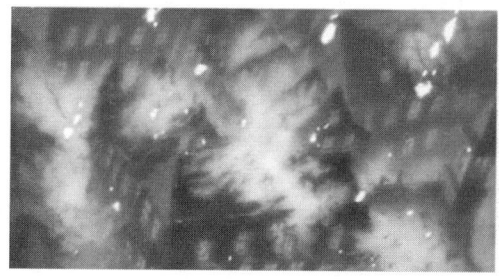

図1　　　　　　　　　図2

　火の海で家屋が炎上し、人間が死に、怪物が大勢に空を飛び交う世界が即ち、『ハウルの動く城』がイメージする戦争の世界なのだ。また、この映画では、戦火は常に上空から降ってくる形で町を襲う。これは第二次大戦末期の空襲や原子爆弾を想起させられる。このような描写は、『ナウシカ』や『天空の城ラピュタ』にも大量に見られる。宮崎がこんな頻繁に戦火に包まれた世界を描いたのは、彼の原点にある戦争体験と密接に関わっていることは間違いない。彼は1941年、太平洋戦争が勃発した年に生まれたが、幼少期に東京大空襲を経験し、空襲下に近所の女性を助けられなかったことが長年心に掛かっていた[3]。

　この作品も含めて、宮崎作品には飛行の要素が多い。これは、単なる自由への憧れなどに帰結できない、戦後日本社会に潜む深層心理とも関わる。千田洋幸は、

> 宮崎アニメを特徴づける飛行・飛翔のシーンは、（中略）一見、戦争や戦闘がストーリーの中心を構成していないようにみえるテクストにおいても、戦争のイメージがさまざまな形で再構成され、映像の細部に織りこまれている[4]。

と述べているが、その飛行シーンは、『ハウルの動く城』に至って、空襲・飛行軍艦・戦場を飛ぶ怪鳥など、直接戦争のイメージとして現れた。映画では、空から地面を俯瞰する構図や、地面から空を仰ぐ視線など、空襲にまつわる色んな視角が描かれている。（図3―5参照）

図3　空から地面を俯瞰する構図

図4　下から上を見上げる構図。圧迫感が強い

図5　地面にいる人間が空を向く視線。
人間の小ささと恐慌が目立つ

3. 映画における戦争の原因

　映画における戦争は、多くの観客と研究者によって指摘されたとおり、経緯がよく理解できい。もしその戦争に本当に原因があったとしたら、当事者であるハウルとサリマンなどの人物の分析から入手して探ってみるしかなかろう。

3.1　魔法使いハウルと火の悪魔――大きな力の持ち主

　魔法は『ハウルの動く城』において、重要な役割を果たしている。角によれば、『ハウルの動く城』に代表される後期の宮崎作品では、大きな力の象徴として、科学技術に代わって、魔法が重要なファクターとして登場する[5]。魔法は宮崎駿の作品では通常意味でのファンタジーの何でもできるような魔法ではなく、現実の何かが託されたものとして趣旨を現実的に変換されてきた。

　カルシファーの魔法で遂げた最大な壮挙と言えば、動く城の建設と維持であろう。映画における城は、原作との共通点もあるが、相違点の方が目立つ――生物的・工業的な特徴を持っていて、工業社会そのものを象徴し、その醜さや重々しさを表現しているように思える（図6参照）。

　工業社会の象徴としての城を動かすカルシファーは、普遍的に言えば人類の強い

能力を代表するのはもちろん、工業社会の動力源の象徴としての一面も持っているだろう。宮崎は工業文明に対しては一貫して批判的であるが、この映画では、カルシファーというキャラを作ることによって、力というものの暖かさと美しさをも強調する。ただし、カルシファーは大変な仕事をする時は恐ろしい悪魔の顔に変わる。この設定は、火というものは、適正利用される時は恩恵をもたらすが、大きすぎて制御できなくなる時は、危害となることを表現していよう。

図6

3.2　ハウルの師匠サリマン――権力の化身

サリマンは政府の主導者だが、彼女はソフィーにこう言ったことがある：

> ところが、あの子は悪魔に心を奪われ、私のもとを去りました。魔法を自分だけのために使うようになったのです。
>
> 今、王国はいかがわしい魔法使いや魔女を野放しにはできません。ハウルがここへ来て、王国のために尽くすなら、悪魔と手を切る方法を教えます。来ないなら力を奪い取ります。

この言葉からわかるように、サリマンが心配するのはハウルの安否ではなく、ハウルが自分の力を自分のためだけに使い、国家に協力しないことである。このような政府は自分の目的を達成することしか考えておらず、そのためにはどんな手段をも使うようなものとして描かれている。

3.3　イラク戦争の影響

この映画を理解するには、映画制作時に発生したイラク戦争を視野に入れなくてはいけない。戦争と映画製作の進行過程を比較して、以下の表1でまとめた。

表1

	イラク戦争	映画製作
1999年	12月、英米はUNMOVICをイラクに設置した。この採択にはイラクは受け入れを拒否した。	動く城を描いたイメージボードを製作。
2000年	4月17日、コフィー・アナン国際連合事務総長は「10年間の制裁の結果はその効果だけでなく、その範囲と厳しさで、罪の無い市民を自国の政府からだけでなく、国際的共同体の行動によって往々にして犠牲になることで、深刻な疑念を持った。包括的で厳しい経済制裁が独裁的体制に向けられている場合、悲劇的なことに一般的に苦しむのは制裁の発動対象になった行為を行った政治的エリートではなく、国民である」とした。	企画提出。『ハウルの動く城』という映画タイトル決定。細田守が監督することになる。2002年公開の予定。

续表

	イラク戦争	映画製作
2001年	1月、 ブッシュ大統領就任。査察に対するイラクの非協力姿勢を問題にした。 9月11日、 9.11事件発生。	4月、 吉田玲子によるシナリオ決定稿が完成。 5月、 イギリスへ二週間に渡るロケハン。 12月13日、 東宝は『ハウルの動く城』を03年春に公開すると発表された。
2002年初頭	ブッシュ大統領は「悪の枢軸」演説(2002.01.29)を行い、イラク、イラン、北朝鮮は大量破壊兵器を保有するテロ支援国家であると名指しで非難した。特にイラクに対しては、長年要求し続けた軍縮の進展の遅さと、大量破壊兵器の拡散の危険を重視し、2002年に入って政府関連施設などの査察を繰り返し要求した。	春頃、 『ハウル』の企画は頓挫し、細田以下スタッフは解散した。
2002年7月		14日、 鈴木敏夫はジブリの今後について二つの重大発表を行った。その一つが、03年2月1日から宮崎の新作の製作を開始するということである。
2002年9月	24日、 イギリスのトニー・ブレア首相は「イラクは、化学兵器と生物兵器を保有している。イラクのミサイルは45分間で展開できる」と断言した。	メインスタッフがヨーロッパへロケハンに出発。宮崎の提案で、フランス・アルザス地方のコマール、パリ、ドイツのハイデルベルクなどをめぐる12日間の旅になった。
2002年10月〜12月	11月8日、 国連では、イラクに武装解除遵守の『最後の機会』を与えるとする国際連合安全保障理事会決議が採択された。イラクは「悪の集団」による「邪悪な決議」と非難したが、UN MOVICの受け入れを容認し、4年ぶりに全面査察に応じた。 12月7日、 イラクは膨大な量の申告書を提出した。	10月、 企画展示「天空の城ラピュタと空想科学の機械達展」。その中に『空想の空とぶ機械達』があり、『ハウル』とほぼ同時代のヨーロッパ風の舞台で、珍妙な機械が空中や海中を行き交う。 11月、 常設展示『フィルムぐるぐる』内の一本『ぼうぼう君』。暖炉の炎が薪を食べて燃え上がるワンカット・約一分の作品。明らかに『ハウル』のカルシファーのテストである。宮崎版『ハウルの動く城』はメインスタッフを揃えてスタートした。 12月13日、 東宝は「〇四年夏に宮崎の新作『ハウルの動く城』公開」と発表した。スポーツ各紙には「戦火のメロドラマを堂々と描きたい」といった宮崎のコメントが紹介されている。この時点で既に戦争をテーマにしようと決めていた。

続表

	イラク戦争	映画製作
2003年1月〜2月	1月、UNMOVICは、イラクは大量破壊兵器を持っている疑いがあり、イラク側が申告した内容には虚偽の内容があるとされていた。このためアメリカとイギリスは、イラクが安保理決議1441に違反したものとして攻撃の準備を始めた。	1月、キャラクター設定決定。動く城のテスト版完成。 2月1日、ジブリ休業終り。作画イン。
2003年3月	20日、アメリカ側はイギリスなどと共に『イラクの自由作戦』と命名した作戦に則って、侵攻を開始した。国連の支持なしの攻撃である。	23日、第75回米アカデミー賞の授賞式が開催され、「千と千尋の神隠し」が長編アニメーション賞を受賞した。イラク戦争の戒厳下での発表となったが、宮崎駿監督は「いま世界は大変不幸な事態を迎えているので、受賞を素直に喜べないのが悲しいです。」とのコメントを発表した。
2003年5月	2日、停戦宣言	作画中
2004年1月	形式的にはこれより復興支援。ただし、戦闘自体は続いている。	7日、東宝は、『ハウルの動く城』の公開延期を発表した。
2004年6月	CPAから暫定政権へ主権移譲、連合暫定当局解散。	映画製作完了。
2004年11月	17日、米兵死者が1200人に到達。	20日、映画公開。

　以上の羅列からわかるように、映画の企画の段階から、世界はイラク戦争のかげりに覆われるようになり、作画の最中にイラク戦争が勃発し、国連の支持なしの侵攻となる。

　イラク戦争が始まってから、日本の文壇、論壇においては、日本における戦争の記憶について議論が沸いた。9.11のテロを髣髴させるものとしてアメリカで語られたのがパールハーバーと特攻であったためだ。政治的争点となっているイラク占領の正当化についても、アメリカ側から、アメリカ軍による日本の占領が成功した事例が参照された。

　宮崎駿がイラク戦争に強い怒りを感じたのは、彼の敗戦に関する記憶があってのことだろう。映画には、彼の戦争記憶を髣髴とさせる場面はいくつもある——帽子屋のある町から疎開しようと人々が荷車で引き上げるショットや、敵軍の空襲を受けた時の様子は、町にいる市民の視点で空襲を描いてるという点で、宮崎自身が四歳の時、焼夷弾が落下し火が街を包んでゆく中で逃げ回ったという戦争の記憶と繋がっていることは間違いないだろう[6]。

　イラク戦争の前史となる湾岸戦争が起きたときにも、宮崎は激しい反応を示し、

当時製作中の『紅の豚』にそれに対する反感を潜ませた。その当時の発言から、宮崎が、戦争当事国のどれにも同情していなく、大声で叫ばれる正義のイデオロギーを蔑視していることがよくわかる。湾岸戦争の延長線にありながら湾岸戦争よりさらにひどいイラク戦争に対して、彼はさらに強い怒りを感じた。『ハウルの動く城』において以下のようなシーンがある。ソフィーを自分の秘密の花畑に案内した日、そこの空を通る軍艦を見て、ソフィーの「軍艦?」という質問に対して、ハウルは、「町や人を焼きに行くのさ」と答えた。ソフィーは「敵? 味方?」と聞き返し、ハウルは「どちらでも同じことさ」「人殺しども」と言った。この映画には、争乱の明確な原因と結果や、正義と悪が見られない。

このような政府に対して、宮崎は以下のシーンで密かに嘲笑と批判をした。ソフィーがハウルの代わりに王宮へ行く途中、広場で王様の銅像を見かけるが、その勇ましい姿にはたくさんの鳩が留まり、鳩の糞だらけになっている（図7参照）。

図7

4. 近代戦争と近代国家

4.1　近代国家とナショナリズム

映画はイラク戦争への批判だけに留まってはいない。宮崎が追究しようとしたのは、イラク戦争のような戦争が、なぜ起きたかの根本的な原因であろう。

『ハウルの動く城』は19世紀末20世紀初頭のヨーロッパに舞台を置いたが、それはちょうど近代の工業・資本主義が主導する「愛国主義の時代」であった[7]。近代の特徴の一つは、近代国家(国民国家)の成立であるが、それはフランス革命から起源した、「国境線の内側を徹底的に均一化させた国」とも言える。近代国家は、歴史と言葉教育で、「同胞」の意識、即ちナショナリズムを国民に刷りこむ。そして、「ナショナリズムが軍事力に革命を起こして、その強い軍事力がナショナリズムの存在を肯定する強力な根拠として機能する」というフィードバック関係が近代国家にある。したがって、近代戦争とナショナリズムは相互不可分の存在である[8]。

ナショナリズムを国民に刷り込むために、政府が採った宣伝手段が映画において意識的に描かれている。ポスターやビラなどがその例である。ソフィーがレティーを訪ねに行く途中の壁に、勇ましい兵士の姿が映っているポスターが貼ってある

が、その上に「Mut und Willenkraft」というドイツ語の言葉が書いてある（図8参照）。これを訳せば「勇気と意志」という意味になるが、政府がこのようなポスターを作ることによって、軍隊や戦争についての崇高なイメージを作り出そうとしている。また、ソフィーたちが港町で買い物をする朝に敵機によってビラを撒かれるが（図9参照）、この敵国による宣伝行為に対して、ソフィーの国の政府軍は「敵のビラを拾うな！」と緊張げに叫んだ後、自分に有益なビラをも散らす（図10参照）。プロパガンダ活動は戦争にとっては極めて重要であり、戦争双方の国は競い合ってそれをしていることがわかる。

図8

図9

図10

政府のプロパガンダ活動やメディア宣伝のもとで、民衆はどんな風に戦争を感じたのだろう。ここで、戦時下、ソフィーが身を置く普通民衆の生活と、ハウルが身を置く本当の戦場の進行を比較し、以下の表2にまとめた。

表2

	普通民衆の目から見た戦争	ハウルが見た戦争
一日目	町の民衆が軍隊の来臨に興奮する。	軍隊がいっぱい来てるから、ハウルは城の姿を隠した。
二日目	町は平和である。ファニーは首都から買ってきた流行の帽子を店員に楽しく見せている。	ハウルは戦場に行っている。
三日目	朝の港町では、民衆はボートに乗って軍艦の出征を祝っている。 港町でも首都でも戦争動員が展開される。	ハウルは夜の戦場から戻ってきて、風呂に入っては、また戦場に出かけた。 戦場は火の海であった。

续表

	普通民衆の目から見た戦争	ハウルが見た戦争
四日目	朝の港町で、自国の軍艦がぼろぼろになって戻ってくる。みんなが騒いでいる中、敵の飛行機が爆弾を落とし、政治宣伝のビラを撒き散らしたので、町中が大騒ぎする。その日の夕方、薄暗くなった街で町長を初めとする市民たちが大きな国旗を掲げ、ラッパや太鼓を演奏しながら何かのビラを撒き散らす。	ハウルはソフィーに、自分の代わりに王宮に行ってその話を断ってもらうようお願いした。
五日目	ソフィーが王宮にへ行く途中、首都では民衆は兵隊と飛行艇に乗って楽しんでいる。	ハウルは王宮に行ってソフィーを連れ出すが、兵隊に追われて、戦う。
六日目	ソフィーはハウルの庭で初めて身近に軍艦を見る。	ハウルは自分の秘密の庭侵入した軍艦を攻撃した。そのせいで怪物に襲われて、また戦うことにした。その戦いは何日間も続く。
何日後のある日	夜、空襲警報が突然鳴り響く。別の町で、激しい空襲が繰り広げられているようだ。	ハウルは鳥形になって、空を覆うようなたくさんの巨大飛行軍艦の間をぬって飛んでいる。真っ赤の地獄のような地上には蟻のような兵隊が並んでいる。
次の日、二人の戦争はとうとう一つになった	ソフィーの町の住民達が荷物を運んで疎開されていく。人々は頭を垂れて、苦い表情を浮かべる。その夜、空襲はとうとうソフィーの町にも来臨する。住民が逃げ出した後の空っぽの町の中は、炎でいっぱいである。巨大飛行軍艦はソフィーの家の上空を通り過ぎ、たくさんの爆弾を投下する。ソフィーの家はハウルのおかげで難を逃れたが、家の前の鉄道は燃やされ、家の窓からも火が吹きこむ。	ハウルは真っ赤に染められた空を飛んで、巨大飛行軍艦を追ってソフィーの町までやってきた。みんなを助けた後、またその真っ赤な空に戻って、巨大軍艦を追っていく。たくさんの怪物がハウルを囲んで、空で激しい戦闘が展開される。

　民衆は政府によって刷り込まれた考え方で能天気に勝つに決まってると信じ込んでいる時に、ハウルは戦火と怪物に溢れている真っ暗な世界となった戦場を経験している。戦争を発動するのは政府だが、被害者は民衆である。ハウルが「確かにこの王宮にはサリマンの力で敵の爆弾は当たらない。そのかわり、まわりの町に落ちるのだ。魔法とはそういうものだ」と言ったのが即ちこの意味なのだ。

　この映画は「もっともっと深いところ」で戦争を追究しようとしたが、そのより深いところには、一つには戦争に取り巻かれる民衆と社会がどういう状態になるかということが含まれていよう。『ハウル』の冒頭に登場するソフィーの町の民衆は軍隊の来臨に熱狂し、大声で歓迎をする。そして兵士相手に、女性達が幸せそうに踊ったりする。久美は、この女たちは、実は「国家」と踊っているのだと指摘している[9]（図11参照）。

　映画には、酔っ払いの姿もクローズアップされている。わざわざ酔っ払いを描くのは、国家に煽動され、開戦に興奮する社会が、実は酔狂していて、理性を失っていることを暗喩していよう（図12参照）。理性を失った国民たちは、自分の国が戦争に勝つと確信していた。したがって、港町の民衆が自国の船がぼろぼろになって帰

ってきたのを見ると、みんな信じられないような顔になってしまう（図13参照）。

図11

図12

図13

　開戦に喜んでばかりいた国民たちは、戦争が進むに連れ、だんだんその恐ろしさを思い知る。空襲が頻繁になり、住民は町を離れなくてはならなくなる。火の雨が降り注ぐ中、逃げ切れなかった人が火の中でもがいている凄まじい光景もぼんやりとでありながら確実に描かれている。国家に翻弄された民衆だけが最終的に被害者になることが表現されている（図14参照）。

図14

宮崎は意識的に民衆の戦争感覚を描くことによって、自由で理性的であるはずの国民が、どのようにして、喜んで、自発的に自分の生活を葬ったのかを追及した。

　国家の戦争遂行のための宣伝に対して、宮崎は荒地の魔女の口を借りて批判した。戦火が町中を荒らしている時に、魔女は平然とタバコを吸いながら「派手ねぇ」と言うが、その姿は、戦争を何度も経験したことを暗示していよう。こんな彼女だが、戦争の勝利を伝える新聞の報道に対し、「バカものだけさ、信じるのは」と言い捨てている。米村によれば、「皇軍は勝利していると信じ込まされ、敗戦が隠蔽されたイメージとしての太平洋戦争がここにはある。」[10]

　また、近代国家の象徴として、この映画では、大量の旗が描かれている（図15・16参照）。このような光景は、宮崎駿が描いたもう一枚の絵を連想させられる（図17参照）。

図15　国旗

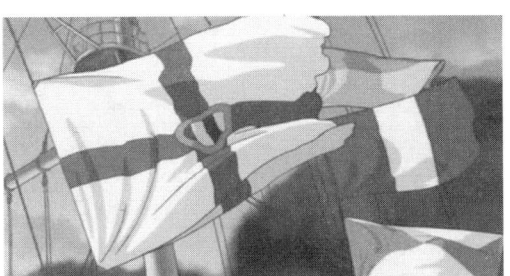
図16　港町の出征前の軍艦にひらめく旗

図17

これは、宮崎が神奈川近代文学館が2008年に主催した「スタジオジブリが描く乱世　堀田善衞展」のために描いた表紙絵である。その絵の主体も、無数の旗がひらめく大きな軍艦である。宮崎駿は、安保闘争に加わっていた大学時代に初めて堀田の作品に出会ったが、「潮に流されて自分の位置が判らなくなった時、ぼくは何度も堀田さんにたすけられた」[11]と書いたように、生の指針を堀田から求め続けてきた。

　堀田の作品は常に近代国家と個人の関係をテーマにしているが、宮崎は彼から受け継いだ考えを、自分が企画した展示会の表紙絵に体現した。その絵に描かれる船は軍艦だが、軍艦にたくさんの旗を描くことによって、近代戦争とナショナリズムの不可分な関係を表現している。

　また、この軍艦の形はハウルの城と似通うところが大きい。ただ取りたてて違うのは、ハウルの城には一つの旗も見当たらないことである。旗を持たないハウルの城は、アナーキーな態度を鮮明にしている。

4.2　弱虫ハウル——アナーキーなスタンス

　前章で述べたように、ハウルの動く城は工業社会の特徴を一身に集めている。また、映画の冒頭で示される映像は半分霧に隠された城だが、霧から露出している城の部分は、タイトルクレジットを挟んでその直後に出る、ソフィーが住む町の風景と極めて似ている。ソフィーの町では煙突がびっしり並んでいて、黒い煙を吐いていて、その下には家屋がたくさん並んでいる。続けて示されるこの二つの画面が極めて高い相似性を見せていることから、ハウルの城は当時の社会そのものの縮図として作られていることが推測できる。荒地を自在に行き来するもう一つの縮小された社会として、ハウルの動く城が存在する（図18・19参照）。

図18　ハウルの城の一部　　　　　図19　ソフィーの町

　また、細かいところであるが、ハウルが身に着けてある「アクセサリー」たちは、それぞれ緑・青と赤である。これらの色は、黒を除いて、動く城の扉の色とピッタリ一致しているが、城とハウル本人の関連性を暗示していよう。すなわち、この城はハウルの機械的身体である。

　一言で言えば、映画における城は、ハウルの機械的身体であり、人間が住む社会と独立したもう一つの縮小された社会である。人間社会となるべく距離を置くために、色んなところに通じる扉が設置されている。

主流社会から独立したもう一つの社会。このような設定は、「アナーキー」という名詞を連想させられる。叶精二によれば、宮崎は本作を「アナーキーな映画だ」とスタッフに語ったことがある[12]。

「アナーキー」とは無政府状態であるが、都市社会に住む市民たちが行かないような荒地はアナーキーな場所である。そしてハウルの動く城は、ハウルがカルシファーの力を借りて創り上げた自分だけに属する王国として解釈できよう。

ハウルの国家に対する軽蔑と超越を最も良く体現しているのは、ハウルとソフィーが始めて会うときに繰り広げられる「空中散歩」のシーンである。二人が空中散歩する足の下では、軍隊と一緒になってお祭り騒ぎをする民衆が描かれる（図20・21参照）。

図20

図21

また、ハウル一家が王宮から「借用」した飛行艇を除去する場面も、アナーキーな雰囲気を強く匂わせている。ソフィーが足で飛行艇を蹴り、ぼろぼろになった飛行艇は地面に落ちて少し滑稽な動きでもがいた後に黒い煙をたてて壊れたが、マルクルやカカシはそれを見て大喜びをする。自分達の王国に侵入してきた「国家」の象徴としての飛行艇が除去されることに、みんなが祝っている。

4.3　自由に生きるために

ハウルが最終的に戻れない道に踏み入ることになったのは、彼が最も重視した秘密の庭が侵された時だった。最後で明かされることになるが、ハウルが流れ星を捉えて契約を交わす運命的な出来事が繰り広げられた場所が、即ちこの庭である。ここは彼の力への憧れの原点となっている。

図22

宮崎は、原作にない契約の場面を描くことによって、その契約に新しい意味を潜ませた。流れ星が降り注ぐ夜の景色は、奇跡と夢幻に満ちている。この場面は、宮崎駿が学生時代からずっと頭の中で温めてきた場面だそうだが[13]（図22参照）、その純粋さと美しさは、サン＝テグジュペリ（1900～1944）の作品を連想させられる。

宮崎はサン＝テグジュペリに深く影響され、彼の著書『人間の土地』が大好きで繰り返し読んだ。宮崎が最も傾倒したのは、彼の、人間の自由で高踏な精神への謳歌であるようだが、監督はこのシーンを持って、サン＝テグジュペリへ敬意を捧げているのであろう。星の子というイメージは人間の純粋な力への憧れを象徴し、ハウルが流れ星を捉えるのは、自然と自分に秘める不思議な力を感じ、それを求めようとしたからだろう。

　また、自由に生きようとし、アナーキーな生き方を選びながら、ハウルの「変」なところは、自ら進んで戦場に行って状況を見る習慣があることである。このような態度は、堀田の『方丈記私記』と関連付けて読めば理解することが出来るようになる。戦場へ異様な関心を持っているハウルの姿には、時代の観察者としての鴨長明の姿が重ねられている。

4.4　「守りたいもの」の真意──近代国家への徹底的な批判

　ハウルには、初めから終わりまで四つの状態があるが、ハウルの精神の違う段階を象徴している。魔王状態は完全に理性を失い、殺戮マシーンとなった状態である（図23～26参照）。

図23　普通の人間としての状態

図24　顔だけが人間である半鳥形状態

図25　体の一部が怪獣となった状態

図26　体全体が怪獣になった状態

　ハウルを狂わせるのは戦争であるが、その魔性の根源はやはり彼自身の本然に潜む凶暴である。近代国家及びその国家が引き起こす戦争のロジックに巻き込まれたくないハウルは、荒地に拠点を据え、アナーキーなスタンスを取ったが、実は心底では戦闘に参加する衝動をずっと持っていた。宮崎はサン＝テグジュペリの著書『人間の土地』のために書いた文章「空のいけにえ」において、自分の飛行機への愛好について以下のように反省している。

飛行機の歴史は凶暴そのものである。それなのに、僕は飛行士達の話が好きだ。その理由を弁解がましく書くのはやめる。僕の中に凶暴なものがあるからだろう。日常だけでは窒息してしまう[14]。

ハウルは参戦しないことに固執したが、政府のやり方と民衆の苦しみを見て、怒りに圧倒され、戦闘を邪魔した。彼の目的は善だが、手段は善といいがたい。暴をもって暴にかえる行為の結果、ハウルはだんだん正気を失うようになり、自分が攻撃している相手に勝る暴力者になってしまう。

図27

ハウルは戦場から戻ってくる度に、自分の身体から魔性を取り除こうと苦労するが、まだ魔王にならないように、自分をコントロールできている。その彼が映画の最後でようやく魔王になったが、その原因は何だろう？DVDに収録された「劇場用特報第3弾」には、「あの人は、弱虫でいい！」という一句が叫ばれているが（図27参照）、映画の中でこの一句を叫んだのは、ソフィーである。体の大半が魔物になってしまったハウルに、ソフィーは、逃げましょう、戦ってはだめと言うが、ハウルは「僕はもうじゅうぶん逃げた。ようやく守らなくてはいけないものができた。君だ」と答え、また戦場へ飛んでいった。彼のこのセリフに、彼が魔王に堕落する原因が潜ませてある。

原作と同じく、映画の動く城には、四つの色に代表される四つの扉があり、それぞれ違う世界に通じている。そして原作でも映画でも、ハウルは一回引っ越しをした（表3参照）。

表3

	原作				映画			
	赤 首都	青 港町（本拠）	緑 荒地	黒 ウェールズ	赤 首都	青 港町（本拠）	緑 荒地	黒 戦場
引越し前					首都／荒れ地／港町／戦場			
引越し後	オレンジ＜折れ谷＞のはずれにある空家	黄色ソフィーの店（本拠）	紫荒地のはずれ、花畑	黒ウェールズ	ピンクハウルの隠れ家、花畑	黄色ソフィーの店（本拠）	緑荒地	黒ハウルの子ども時代
					ソフィーの店／ハウルの子供時代／荒地／花畑			

ハウルはもとは動く城に本拠を置き、名前も幾つか使い分けて流離の生活をしたが、引越し後は、荒地の城を荒廃させ、ソフィーの店に本拠を置く定住生活、すなわち共同体生活に移った。「守りたいもののために戦う」というロジックは、正に近代国家が戦争を推進するために宣揚するような考え方である。ナショナリズムについて論じる代表作、ベネディクト・アンダーソンの『想像の共同体』は、ネイションとは「心に描かれた想像の政治的共同体である」と主張しているが、ハウルがソフィー、マルクル、荒地の魔女とヒンからなる共同体は、正にアンダーソンが指摘する通りの想像の共同体である。この共同体は近代国家と同質なものであり、その共同体を守るための戦いとは、近代戦争と同質な戦いである。

だからソフィーは、「私たちがここにいる限り、あの人は戦うわ」と悟った。宮崎監督はここで、出口のない近代戦争を終結するには、近代国家というものをまず壊さないといけない、という考えを明確に表現した。

5. 戦争の終結に向けて

5.1 ソフィーと彼女にかけられた呪い

原作におけるソフィーは、魔力を持っている本当の魔女である。一方映画では、ソフィーはあくまで極普通な女の子として描かれているが、なぜ彼女によってしかハウルは救われないのか？ 筆者の意見では、彼女の最大な「優勢」は、社会から自分を遮断した点にある。

宮崎と堀田善衛・司馬遼太郎の鼎談を記録した著作『時代の風音』の第一章で、三人は「時代の空気」について話し合った。司馬の話によれば、大正初年に、多くの知識青年が左翼になっていたが、みんな理性的に考えた末になったのではなかった。なぜなら、その当時では、「左翼にならない人間というのは、つまり真心がないんだとさえ思われていました。」[15]「同時代でも、その現場、現場でつかまえかたが違いますな。」[16]と司馬が結論付けたように、宮崎は『ハウルの動く城』においては、戦時下の交戦国の社会の「時代の空気」を描くことによって、なぜ誰も戦争に疑問を示さなかったのかについて、原因を示した。

時代の空気に染められた世間の人は、国家の大義に加担しようとしないハウルを理解することはまず不可能である。まして彼を救い、戦争が引き起こす憎しみの連鎖を終結させることなど絶対できない。それができるのは、ソフィーだけである。

ソフィーは世間全体が戦争に興じているときに、無関心な態度を貫いた。彼女の自己遮断を表現するために、映画では、肩掛けと帽子という道具が使われている。

ソフィーが年寄りになって家を出るとき、初めて肩掛けを身につける。この世界に向かって歩き出さなくてはならなくなったソフィーは、肩掛けによって、自分の世界に溶きこもうとしない態度を宣言した（図28参照）。そして城に入った後、掃除で城の二階の窓を開け、荒地の美しい景色に見とれた瞬間に、肩掛けが吹き飛ばされて、永久に消えた。荒地に住み着き、ようやく心底から愛するような生き方が見つかったときに、ソフィーは自分と世界の間の遮断物を捨てる（図29参照）。

図28

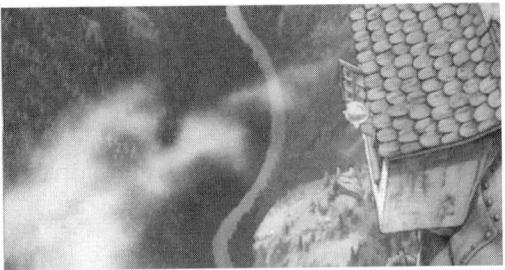
図29

　帽子も肩掛けと似たような働きを備えている。妹を訪ねるために店を出る前、ソフィーは深く帽子を被り、自分を隠そうとする意志がはっきり読み取れる。ハウルの代わりにサリマンに会いに行く前も、緊張で自信ないソフィーはまた帽子を深くかぶった（図30・31参照）。

図30

図31

　ソフィーはこのようにして、心理的障壁によって、自分を社会の空気から守った。前文で「時代の空気」というものに言及したが、ソフィーは、そのような空気に巻き込まれなかった稀な人間と言えよう。司馬によれば、昭和初年に多くの青年が左翼になったが、ならなかった人もいた。その人たちの中に、東洋学者・宮崎市定がいた。彼は、自分がならなかったのは、大脳が身体の生理を支配することができないのと同じことであると書いていた[17]。ソフィーも同じく、自分に嘘をつくことができない人だからこそ、時代の狂気に巻き込まれることを免れた。

図32　ファニーの帽子には
　　　二つの砲口がある

　純白な心を保ち続けたソフィーだけが、身をもって真実と接触することによって、世界の真相を理解することができる。ファニーのような人には決してハウルは救われない。彼女は首都で買ってきた帽子を嬉しく店員たちに展示するが、その帽子の装飾には、砲口が二つついている（図32参照）。世間の流行りを追うような人間は、真っ先に戦争に喝采するだろう。

5.2 暴走する現代社会が崩れるまで

　ソフィーがカルシファーを暖炉から出して城へ移そうとするとき、カルシファーが「オイラが出たら、この家くずれちゃうぞ」と言ったのは、近代社会の「アンストッパブル」の特性を宣言しているであろう。日本が福島第一原子力発電所事故が発生した後でも原子力発電をやめられないのは、一旦停止しようとしたら、高度なエネルギーの上に立つ文明社会が崩れるからだろう。人類はもう既に、ハウルが心をなくしたように、技術に対しての主導権と行くべき道を定める能力を失っている。

　だから、ハウルとカルシファーの間に結んだ契約を解くことは、第三者に頼らなくてはならない。その第三者に選ばれたソフィーはカルシファーを城から出し、巨大な城を崩壊させ、小さな城を手に入れた。

　しかし、この小さな城も忽ち崩れてしまうことになる。ヒンと一緒に崖の下へ転げていったソフィーは、まるで廃墟に中にうずくまっているようだ。この真空と絶望の状態が来臨して始めて、過去への扉が開いた。これは、かつて堀田善衛が東京大空襲の廃墟に立って、『方丈記』の記述を思い起こして、歴史と現在の相似性に気づき、現在を理解するために、まず歴史を顧みることから始めないといけない、ということと合い通じている。

5.3　Back to the future

　ソフィーはハウルの子供時代に戻り、そこでハウルとカルシファーの契約する場面を目にした瞬間、時空の穴が開き、彼女は現在に落ちていく寸前、「未来で待ってて！」と二人に叫んだ。この「タイムスリップ」設定は、多くの評者によって非難されている。しかし、この一見デタラメな設定には、実はより深い寓意が託されている。堀田善衛は「未来からの挨拶――Back to the Future」というエッセーで、

> かくて、未来がわれわれの背後にあってわれわれには見えない、ということになると、この未来はいくらか魔物めいて来ることは、避けがたいと思われる。（中略）過去と現在こそが、われわれの眼前にあるものであって、それは見ようとさえすれば見えるのだ、という考え方もまた、濃いリアリティをもっている。ここで過去という言い方を、歴史、と言い換えてもいいであろう[18]。

と書いている。このような歴史感覚を、彼はNHKでの『時代と人間』講座で以下のように形容している。

> 人間の存在は、たとえば巨大な曼荼羅の図絵のように、未来をも含む歴史によって包み込まれていると思う。よく、「歴史は繰り返さず」というが、このことばにはもう一つ、「歴史は繰り返さず、人これを繰り返す」ということばがくっついていたはずである[19]。

　人類の取り返しのつかない進歩を止めるためには、遠い昔になくした本心を取り

戻すためには、歴史に帰って、そこで起ったことを純白な心で見定めなくてはならない。ソフィーがハウルの子ども時代に帰ってハウルとカルシファーの契約の場面を見てから、ハウルの呪いを解く能力を手に入れたのは、そのような思想に裏付けられている。

　また、ソフィーの名前にもより深い寓意性が託されているように思える。ジョーンズと宮崎は共に作品の主人公の名前に拘る作者であるが、ソフィーという「知恵」を意味する名前をヒロインにつけることによって、彼女が知恵の化身であり、知恵こそハウルを救えるものであると主張したいのであろう。

　堀田善衛は、未来を予見する知恵は、過去を見定めて初めて獲得するものだと主張したが、ソフィーがハウルの子ども時代を見届けてから初めて、大きすぎる力を求めて行くべき道を失ったハウルを救えるという映画の設定は、ちょうど堀田の主張と一致する。

　また、ソフィーは映画前半ではいつも帽子を被っていた。帽子は髪を隠す道具であり、「髪隠し」である。『ハウルの動く城』はある意味でソフィーの自己解放の物語であるが、彼女が解放したものは、自分の感情だけではなく、人類の歴史と未来に関する知恵でもある。

5.4　雲の上へ飛んでいく一家

　映画の最後では、カルシファーはソフィーたちのもとへ帰って、「ハウルとソフィーの城」を創り上げては、一家を乗せて空高く飛んでいった。このエンディングは一見幸せのハッピーエンドに見えるが、実はどうであろう。

　多くの研究者が指摘したように、宮崎駿にとって、雲の上の空は死の世界である。これは、『紅の豚』における飛行機の墓場の場面によって一番端的に表されている。このような文脈でよめば、ハウルとソフィー一家は、死の世界を選んだことになる。

　『ハウルの動く城』のエンディングの「ハウルとソフィーの城」は、地面をよじ歩く「ハウルの城」と違って、空を飛ぶ小さな城となっている（図33・34参照）。

図33

図34

　この小さな城は、壊されるべきの元の城と違って、宮崎が比較的に理想的に思う城の姿である。新しい城は、自分の理念を持つ、一切の強権に縛りつけられることなく、自由に「自治」する小国家となったことと、工業を減らし、緑を増やし、自然と

融合して生きる、家族的な共同体のような社会となったことがあげられる。

　樹のマークが描かれる旗を掲げ、家屋の間に木がたくさん生え、開放した庭を持つなどの特徴は、大きな木が生えるラピュタの姿を連想させられる。この二作のエンディングでは、共に、緑豊かな城が世界から離れて空高く飛び去っていく。しかし両者の趣は大いに違っている。ラピュタは廃棄された物質文明を象徴し、死の空を漂い続けるが、ハウルとソフィーの城は理想的な世界を象徴している。パズーとシータは空のラピュタを捨て、大地のゴンドアを選んだが、ハウルとソフィーは世界を捨て、空高く飛び去っていくことを選ぶ。即ち、『ラピュタ』では、滅びたのは科学文明だけであり、パズーとシータはこの世界で人間らしく「生きる」ことを選んだ。それに対して、ハウルとソフィーはこの世界を見捨て、死の世界へと自ら飛んでいく。この違いに、1986年から2004年までの、宮崎駿の変化が見られる。

　叶精二が指摘したように、『ラピュタ』では、貧しくつましい日常世界は根本的に救済されることはない。パズーとシータがこれからどうやっていくかという問題は留保されたまま残った[20]。この問題に答えが出されたのは、18年後の『ハウル』にてである。その答えは、愛国主義や覇権主義の横行する世界において、自由

図 35

はあり得ない、ということである。映画のエンディングでは、雲の上の飛ぶ城は描かれるが、雲下をまだしも飛び続ける軍艦が描かれる。（図35参照）ハウルをこそ諦めたが、権力者は自分の覇権と利益のために、また他の魔法使いの力を求めるであろう。そのような人間世界はちっとも進歩してない。

　映画のエンディングに示される世界に対する絶望は、しかし人生への絶望には繋がらない。統治関係によって成立する厖大な帝国ではなく、共通の感情や価値によって組んだ共同体で、助け合いながらともに渡り合うことが、まだ理想として残っている。DVDの「劇場用特報第4弾」には以下のような画面がある。

図 36　「それが、世界の約束。」

ソフィーがヒンを抱えて一生懸命階段を上っていくシーンで、魔女は「なんであんな元気なの?」と困惑するが、ソフィーの元気な原因は、自分が愛する人間を抱えているからである。「なんでこんに重いのよ!」とソフィーは苦情を言うが、その重さこそが、前進する原動力であろう。ソフィーが飛行艇に乗って城へ逃げていく途中で、暗雲から雨が降り注ぐが、これは彼女の心配で寂しい心境を表していよう。憂鬱な雨の中で、彼女は指に嵌めた指輪を見るが、指輪から光が強くさし、涙の中で鼓動するハウルの心のように見える。これを確かめたソフィーは次の瞬間に、暗雲から抜け出し、晴れてきれいな夜空を飛ぶことになる。
　このシーンを見ていると、ふと、映画のエンディングソングの歌詞を思い出す。
　　　　涙の奥にゆらぐほほえみは
　　　　時の始めからの世界の約束
　これは谷川俊太郎が木村弓に依頼されて作った詩であるが、ここにあげた最初の二句は、困難な状況の中にいても、愛するものを抱えて生きていくことだけがこの世界の救いなのである、という風に解釈される可能性もあろう。
　木村は、作詞者の谷川に対して、「大切に思っていた人との別れの歌」[21]という注文を出したが、宮崎がこの詩を気に入った理由は、「大切に思っていた人との別れ」が、大切な理想との別れと置き換えることができるからではないだろうか。『紅の豚』の挿入曲『さくらんぼの実る頃』が、パリ・コミューンが弾圧されるという時代的コンテクストの中で、民衆によって自発的に時代の理想の美しさと儚さに読み替えられてしまったと同じように、『世界の約束』も、『ハウルの動く城』のコンテクストの中で、次のように読み替えることが出来よう。
　流れ星のように美しい自由と力と別れたが、自由と力を追い求める過程で感じた喜びは決して消えない。これからは原点に立ち戻って、人間らしい生き方を送るが、かつて自分の心を高揚させ、浄化させた理想は、いつまでも自分の行く道を照らすだろう。
　宮崎監督は、飛ぶ力を失ったハウルとソフィーの最後の会話の背景にこの歌を流すことによって、飛ぶことへの否定を経た最終的な肯定を表した。
　このような終わり方は、宮崎駿自身の矛盾をよく反映していると思う。工業文明に対しては批判的である一方、その根源をなす大きな力への憧れを自分の心に抱く。近代国家とナショナリズムのロジックに痛烈な批判を行う一方、これから来る大変な時代を生き抜けていくには、愛するものを抱えてともに渡り合うべきだと考える。映画の最後に登場する城は、もうアナーキーなものではなくて、近代国家と同質な、ちゃんとした理念を持つ、共同の観念で結ばれている共同体となっている。堀田が言った「歴史は繰り返さず、人これを繰り返す」という言葉のように、宮崎は今までの近代の歴史を否定していながら、自分の憧れと生き方のうちに、リヴァイアサンが誕生する可能性を発見した。宮崎は、理想としての城を雲の上へ行かせることによって、自分の矛盾に対する、答えにならない答えを出した。

6. 終わりに　風の吹き始めた時代へ向けて

　『ハウルの動く城』は2004年にリリースされたが、その製作は、前文で触れたイラク戦争のほかに、日本国内の右翼勢力の台頭にも刺激されていただろう。映画が上映されてから今日に至るまでの間に、イラク戦争が終結し、3.11大震災と原子力発電事故が発生した。それらたくさんの事件を見れば、この映画に含まれる社会に対する反省は一時的なものではなく、時代の深層に触れており、今でもまだまだ新しいであることを証明した。

　宮崎作品における風は、常に時代の変転を表している。そして彼は2011年に出した著書『本へのとびら――岩波少年文庫を語る』の中で、3.11大震災が発生した後の破滅の時代を「風が吹き始めた時代」と定義した。ハウルの城がとうとう暴走し出すようなこの時代では、情勢が良い方向へ向う兆しはまだ見えてこない。しかしそれでも力いっぱい頑張ってより良い世界を作ろうとすべきであると宮崎は主張する。「風立ちぬ、いざいきめやも。」という遺言である。

注

[1]宮崎駿　2005
[2]この論文で引用した映画『ハウルの動く城』の図は、すべてスタジオジブリ出版の『ハウルの動く城　DVD』(2004)からキャッチコピーしたものである。
[3]大泉実成　2002:24-33
[4]千田洋幸　2006:197-205
[5]角一典　2013:69-82
[6]「苦く残った戦争の記憶」『北海道新聞』001.7.3　夕刊
[7]叶精二　2006:284
[8]久米薫　2008:324-325
[9]久米薫　2008:327
[10]米村みゆき　2008:277
[11]宮崎駿　2008b:367
[12]叶精二　2006:280
[13]叶精二　2006:285
[14]宮崎駿　2013:272-273
[15]堀田善衛・司馬遼太郎・宮崎駿　2003:41
[16]堀田善衛・司馬遼太郎・宮崎駿　2003:46
[17]堀田善衛・司馬遼太郎・宮崎駿　2003:41
[18]堀田善衛　2009:274
[19]堀田善衛　2004:b212
[20]叶精二　2006:108
[21]www.youmi-kimura.com/cd_ryusei.html

参考文献
著書
井上静. 2004.『宮崎駿　映像と思想の錬金術師』. 社会批評社
上島春彦. 2004.『宮崎駿のアニメ世界が動いた　カリオストロの城からハウルの城へ』. 清流出版
大泉実成. 2002.『宮崎駿の原点――母と子の物語』. 潮出版社
大塚英志. 2009.『物語論で読む村上春樹と宮崎駿――構造しかない日本』. 角川書店
大塚英志. 2013.『キャラクターで見る日本まんが史』. 世界まんが塾
奥村賢編集. 2009.『映画と戦争――撮る欲望/見る欲望』. 森話社
叶精二. 2006.『宮崎駿全書』. フィルムアート社
加藤幹郎. 2006.『映画学的想像力　シネマ・スタディーズの冒険』. 人文書院
加藤幹郎. 2005.『映画の論理　新しい映画史のために』. みすず書房
加藤幹郎. 2009.『アニメーションの映画学』. 臨川書店
加藤幹郎. 2010.『表象と批評　映画・アニメーション・漫画』. 岩波書店
川端有子. 2013.『児童文学の教科書』. 玉川大学出版社
久米薫. 2008.『宮崎駿の時代　1941～2008』. 鳥影社
黒沢清編集. 2010.『アニメは越境する』. 岩波書店
佐々木隆. 2010.『謎解き！宮崎・ジブリアニメ』. ベスト新書
秦剛主編. 2004.《感受宮崎骏》. 文化艺术出版社
サン＝テグジュペリ. 2013.『人間の土地』. 新潮社
野村幸一郎. 2010.『宮崎駿の地平――広場の孤独・照葉樹林・アニミズム』. 白地社
半藤一利・宮崎駿. 2013.『半藤一利と宮崎駿の腰ぬけ愛国談義』. 文藝春秋
伴野孝司・望月信夫. 1986.『世界アニメーションの映画史』. ぱるぷ
日下部正哉. 2008.『宮崎駿という運動』. 弓立社
細馬宏通. 2013.『ミッキーはなぜ口笛を吹くのか　アニメーションの表現史』. 新潮選書
本多秋五. 2005.『物語戦後文学史』. 岩波書店
堀田善衛. 1971.『方丈記私記』. 筑摩書房
堀田善衛. 1993.『堀田善衛全集』. 筑摩書房
堀田善衛・司馬遼太郎・宮崎駿. 1997.『時代の風音』. 朝日新聞社
堀田善衛. 2004.『路上の人』. 徳間書店
堀田善衛. 2004.『時代と人間』. 徳間書店
堀田善衛. 2005.『定家名月記私抄』. 筑摩書房
堀田善衛. 2009.『天上大風』. ちくま学芸文庫
宮崎駿. 2002.『風の帰る場所』. ロッキング・オン
宮崎駿. 2005.『アニメージュ　コミックス　スペシャル　フィルム・コミック　ハウルの動く城』. 徳間書店
宮崎駿. 2008.『出発点(1979～1996)』. 徳間書店
宮崎駿. 2008.『折り返し点(1997～2008)』. 岩波書店
宮崎駿. 2011.『本へのとびら――岩波少年文庫を語る』. 岩波新書
宮崎駿. 2013.『続・風の帰る場所』. ロッキング・オン

米村みゆき. 2008.『ジブリの森へ――高畑勲・宮崎駿を読む』. 森話社
2004.『ハウルの動く城』パンフレット. 東宝株式会社商品事業室
2004.『ハウルの動く城 徹底ガイド――ハウルとソフィー ふたりの約束』. 角川書店
2004.『ロマンアルバム　ハウルの動く城』. アニメージュ編集部
2008.『堀田善衛展　スタジオジブリが描く乱世』. 神奈川近代文学館
2013. ジブリの教科書　シリーズ. 文芸春秋

映像
2004.『ハウルの動く城　DVD』. スタジオジブリ

論文
浅井千晶. 2011.「宮崎駿映画における境界の世界と「水」の役割」. 千里金蘭大学紀要 8. 10-15
安藤聡. 2004.「固定観念という呪縛――『ハウルの動く城』論」. 世界文学（99）
今井［カン］弌. 2007.「思春期・青春期危機における老婆イメージと「悪・性」」 人間学研究 8. 14-22
大野真. 2007.「掌（たなごころ）の上に至福あり：映画『ハウルの動く城』解読」 コミュニケーション文化論集 5. 41-61
川勝麻里. 2013.「宮崎駿. ディズニーからの卒業宣言」. 立教大学日本学研究所年報（10・11）. 130-146
角一典. 2013.「ジブリ映画のメタファー（2）：意志をめぐる考察」. 北海道大学紀要　人文科学・社会科学編 64(1). 107-122
角一典. 2013.「ジブリ映画のメタファー：科学技術と倫理をめぐって」. 北海道大学紀要　人文科学・社会科学編 63(2). 69-82
川中紀子. 2011.「宮崎駿『ハウルの動く城』における「母なるもの」の「元型」について―英雄神話及びブリュンドヒルド・モチーフとの比較―」. Shoin literary review44. 1-35
岸野あき恵. 2014.「『ハウルの動く城』における原作の精神とは―宮崎駿監督が目指したもの」. 白百合女子大学児童文化研究センター研究論文集(17). 1-18
木村晶彦. 2011.「戦前・戦中期における日本アニメーションキャラクターの感情表現の変遷―製作手法の観点から見た運動表象や構図及び擬音の量的分析を通して―」. 評論・社会科学 96. 17-43
小谷真理. 2008.「ファンタジーと子どもの文学」. 国文学 8月臨時増刊号　第 53 巻 12 号. 88-94
佐藤健志. 2005.「「ハウルの動く城」が物語る戦後日本と「倫理の死」」. 正論（394）. 296-307
秦剛. 2012.「原発建設時代の日本のSFアニメ」. 大衆文化第七号. 2-10
千田洋幸. 2006.「ナウシカはなぜ空を飛ぶのか―サブカルチャーと戦争の表象―」. 立教大学日本文学 97. 197-205
西川正也. 2005.「振幅する想像力―物語作家としての宮崎駿論（1）～東映動画以前～」. 共愛学園前橋国際大学論集（5）. 135-149
西川正也. 2006.「物語作家としての宮崎駿論（2）失われた起承転結：『ハウルの動く城』」. 共愛学園前橋国際大学論集（6）. 153-174
西原明史. 2010.「宮崎駿と「構造」の力」. 安田女子大学紀要 38. 51-63
長谷正人. 2004.「アニメーションという思想―宮崎駿試論―」. 早稲田大学大学院文学研究科紀要

第 1 分冊 50.83-96

原田留美.2006.「過剰な力と「成長」の物語：映画『ハウルの動く城』の場合」新潟青陵大学紀要 6.129-139

半藤一利.2013.「半藤一利(作家)が語る なぜ2人は惹かれあったのか 宮崎駿と司馬遼太郎 2人の国民作家の"遺産"」.週刊ポスト45(36).66-69

深尾葉子.2010.「『ハウルの動く城』に見る魂の脱植民地化過程」.東洋文化(90).91-116

柳澤浩哉.2008.「『ハウルの動く城』の謎を解く」.広島大学日本語教育研究(18).43-50

吉田純子.2013.「宮崎駿のアニメ映画はメディア・グローバリゼーションの波に乗っているのか」.論集 60(2).147-157

和田忠彦・野崎歓.2008.「対談:子どもの奪還――子どものちからを取り戻す」国文学 8 月臨時増刊号　第 53 巻 12 号.6-23

近世初期風俗画の小袖表現について
——大阪市立美術館蔵「邸内遊楽図屏風」を中心に

北京外国语大学　丁　韵

摘要：本课题将视野锁定在日本江户时代前期的服饰样式论,涉及日本江户时代绘画史、染织工艺史及近世初期町人文化和美意识等问题。

　　本课题选取的绘画作品为大阪市立美术馆所藏《邸内游乐图屏风》(以下略称大美本《邸内游乐图》),据绘画史研究者考证为狩野派江户初期宽永年间的作品,绘画史中,该作品在开创"邸内游乐图"这一重要画题方面占有举足轻重的位置。无独有偶,该幅作品诞生的时代前后,不仅仅和服形态样式发生着变动,在纹样设计方面更是一改前朝,出现了巨大的创新,即宽文小袖的诞生。在这一作品在服饰史研究的意义上需要重新加以发掘和认识。该作品不仅有助于弥补和服形态样式史上资料的空白,其中的纹样样式也提示出了宽文小袖前夜的雏形。

　　本课题最终的归结点,在于尝试梳理出在日本17世纪前期和服样式发生巨大变化的原因,分析出作品、和服资料背后所反映的日本近世初期,幕府统治、民众意识、审美潮流等多维构造。

キーワード：近世初期風俗画　邸内遊楽図　寬文小袖　美意識

1. はじめに

　　世界中が洋服に制覇された現代の社会では、着物は既に日本人の日常生活から後退したとはいっても、晴れ着として高く格付けられ、行事等正式の場で好まれて着られている。現代の着物は、江戸時代まで「小袖」という名で呼ばれていた。古来、一般庶民が着ていた、袖口が小さく、腕が動きやすい筒袖の実用着はその原型である。桃山から江戸時代にはいると、小袖は、近世の装飾美を象徴する存在となり、桃山小袖→慶長小袖→寛文小袖→元禄小袖という様式展開を遂げていくことになる。近世という時代を通して、装飾の美を尽くした小袖は、都市風景を彩る重要な要素である。小袖に対する研究は、近世の社会状況、生活実態及び美意識を窺うことに意義がある。

　　小袖の研究は、日本では美術工芸史の中の染織部門において行われている。とりわけ注目すべき成果は、神谷栄子氏[1]（神谷 1971:24-57）による、制作年代が確実で、仕立て直しのない23領の小袖遺品を実測された調査となる。近世初期の小袖が寛文から元禄にかけての三、四十年の間、急激な変動が起り、近世の中期以降、現在我々が目にする着物のように、身幅と袖幅の比率が1:1の形態へと定着する変遷

を丁寧に跡付けた。

　しかし、衣服等の染織品はもともと耐久性に限りがある消耗品であり、日本の高温多湿の風土がその保存に不利である故に、なかなか今まで残らない。実物研究を支える遺品資料が僅かしか残っていないという現状は、その類の研究が突き当った壁である。故に、昔の衣服を考証するために、絵画資料を参考する方法が多く用いられ、そして相当の成果があげられている。

　神谷氏の研究の中、小袖の形態の変遷において重要であるはずの、寛永から元禄期に制作された仕立直しの無いうぶな遺品資料はほとんどない。すなわち、寛永から元禄にあたる変遷移行期の具体的様相を把握するためには、依然、絵画資料を活用するしかない状況がある。丸山伸彦氏[2]（丸山 1988：21-33）はその状況を踏まえ、「花下遊楽図」「醍醐花見図」「舞踊図」「湯女図」「相応寺屏風」等の絵画資料を参照し、近世において小袖の形態変化が四つの段階を経ていたと推測された。氏（丸山 1989：4-7）は、あくまで絵空事に過ぎない絵画中の服飾表現の写実性に慎重な態度を取りながらも、絵画資料が染織・服飾史研究において有用であることを主張されている。[3]

　一方、さらに盛んに論考されているのは意匠と技法に関する問題である。室町末から江戸初期までの、片身替の小袖、肩裾模様小袖、総柄模様小袖の意匠展開を、女性の肖像画から考察した伊藤敏子氏[4]（伊藤 1972：23-33）を始めに、奥村萬亀子氏[5]（奥村 1980：49-60）、丸山伸彦氏[6]（丸山 1986：195-245）、河上繁樹氏[7]（河上 2005：1-16,2007：20-37）は、小袖雛形本や実物資料の文様に対する調査で、寛永末頃から元禄初期まで流行っていた、寛文様式成立の源流を辿られた。長崎巌氏[8]（長崎 2011：1-12,2002：1-54,2009：1-27）は、近世初期風俗画と肉筆浮世絵を研究対象に、近世全期にわたる小袖の意匠、文様の構図・内容について、更なる質的な研究を行われた。

　以上の研究は、複数の絵画資料を援用し、巨視的に小袖の意匠変遷を捉えてきた。また、一つの絵画作品を中心に、絵画史における技法論と作家論に基づく編年的研究成果を活かし、中に描かれた小袖の表現を細密まで観察し、作画年代の模様意匠を分析整理する研究がある。橋本澄子氏[9]（橋本 1978：47-136）は、寛永期制作とされた徳川美術館所蔵の「遊楽図（相応寺屏風）」〈付録：図 B-1〜図 B-4〉（八曲一双、紙本金地着色、以下「相応寺屏風」と通称する）に描かれた遊楽人物合わせ409人の着用している衣裳模様を、男女区別して分類整理し、さらに現存の染織品作例と照合し、その衣裳の展開図を作成された。続いて中野絵氏、小笠原小枝氏[10]（中野、小笠原 2000：95-105）は、橋本氏研究の流れを汲んで、サントリー美術館所蔵の「邸内遊楽図屏風」（六曲一隻、紙本着色）の中の76人の衣裳模様の特色を分析し、主題の模様は変形させることなく一定の多きさを保ち均等に配置するという寛永期の小袖模様表現の特徴を指摘された。当画題の40余りの作品の中、他の作例の小袖表現に対する整理と分析はまだ十分に行われていない。そして、画題展開中でよりオリジナルな作品の中の小袖表現に対する研究は、もっと意義があると考えられる。

本稿の課題は、以上の先行研究を踏まえて、大阪市立美術館に所蔵される「邸内遊楽図屏風」〈付録：図A〉（六曲一隻、紙本金地着色、以下大美本「邸内遊楽図屏風」と略称する）を中心に、中に描かれた男女の小袖の模様と形態について考察し、寛永期における小袖の過渡的様相を明らかにし、さらに当期で小袖の模様と形態で起こった変化の原因を探り、美意識を窺ってみたいと思う。研究方法として、絵画史における大美本「邸内遊楽図屏風」中の遊楽男女の衣裳模様を整理し、小袖実物資料及び雛形本等と併せて比較考察する。そして文献史料の記録を検証し、当期の小袖の変遷の様相と原因を考える。

2．近世初期風俗画の「邸内遊楽図」

　大美本「邸内遊楽図屏風」の小袖表現の考察に先だって、絵画史研究の中、当作品の制作年代、作家及び周辺作品の関係を検証し、その位置づけを明晰にする必要があると考えられる。作品に関わる基本情報を把握した上で、内容に注目し、本稿の目的である人物の小袖を中心にディスクリプションを行う。

2.1 「相応寺屏風」と大美本「邸内遊楽図屏風」

　現在徳川美術館に所蔵されている「相応寺屏風」は、従来、尾張徳川家初代藩主義直の生母、お亀の方の遺愛品として菩提寺の相応寺に納められるものだという伝承であった。

　「相応寺屏風」の全体の画風から見れば、狩野派の絵系に属するという見方はほぼ定説となっている。人物、松、衣装の模様を表現する技法は、左隻〈付録：図B-3、図B-4〉が全体的な形態の把握は非常に優れているものの、細部では雑或いは鋭すぎる線を使ったり、不自然と思える形も気にかけないのに対して、右隻〈付録：図B-1、図B-2〉は丁寧で堅実な線による明快描写を特色としている。およそ二種類の特色が両隻の間から見られ、特定の画家が一人で完成したようではない。その制作は各隻に一人のリーダー的な絵師を中心としながら数人が参加した工房と呼ぶべき組織によったと考えられている。この工房の初期の活動は、尾張徳川家と関わり、狩野光信、孝信やその弟子たちの成果を受け継ぎながら、探幽画にも学ぶのことのできた、探幽とほぼ同世代の人物を中心に行われていた、と門脇氏[11]（門脇1996：5-6）によって推定されている。

　前述した門脇氏による、「相応寺屏風」、大美本「邸内遊楽図屏風」の図様をめぐる検証を通して、大美本「邸内遊楽図屏風」がその画題の中に占める位置づけを明らかにしてくれた。門脇氏は、「邸内遊楽図」諸作品の直接な祖形は従来言われてきた「相応寺屏風」ではなく、大美本「邸内遊楽図屏風」であると結論を付けた。それは、後続作品の中から、「相応寺屏風」になく大美本「邸内遊楽図屏風」に初めて創出した図様や、「相応寺屏風」から位置や形態を変更して大美本「邸内遊楽図屏風」が使っているモチーフが数多く見取られたことで証明できるという。さらに、両作品の伝来を鑑み、「相応寺屏風」は特別に注文され、極めて少数の人にのみ観賞を許されてい

た、特別に秘蔵された作品であるのに対して、大美本「邸内遊楽図屏風」はおそらく市販的な性格の強い作品であろうと考えられている。

2.2 大美本「邸内遊楽図屏風」の人物描写

大美本「邸内遊楽図屏風」は、「相応寺屏風」の左隻に描かれている風流踊り、蹴鞠、邸内の遊楽、風呂場の部分をそのままクローズアップした感覚を与えるが、以上の要素を組み替えながら、ひと回り小さな画面の中に再構成した工夫が見られる。

画面の中、巨大な二階の邸宅が据えられ、左端は風呂場と繋がっている。向かって右の第一、二扇の下には、邸宅の前庭で、三味線に合わせ風流踊りをする男女のグループ〈付録:図表C 1-21〉(本節で以下、表中番号だけ)があり、同じく第三、四扇の下では中庭で鞠を蹴る四人の男女〈29-31、64〉が見られる。

邸内に目を移してみると、第二、三扇には縁側で互いに話し合う三人の女〈23、27、28〉と二人の男〈22、26〉がいる。第三、四扇には正面の縁側で唐草柄毛氈の上にタバコを吸う二人の男〈32、63〉、緋毛氈の上に将棋を楽しむ三人の男女が〈65-67〉いる。一階の室内で右端に庭中の的に向かって弓矢を稽古しているのは二人の男〈33、34〉、一人の坊主〈35〉である。真中には、中庭に向かって扇子を持って舞う女〈58〉と、彼女を囲み酒宴に興じる十一人の男女が〈36-39、56、57、59-62〉いる。傍らには、文を認める一人の女〈71〉と草紙本を読む二人の男女〈72、73〉がいる。

二階は、桐文の襖によって二間が仕切られる。右の間には、一階で見たように九人〈40-48〉の酒宴が行われている。外の縁側には、一人の僧侶〈49〉と談笑する二人の女〈50、51〉がいる。また一人の女〈52〉が文を読んでいる。隣の左の間では、双六に興じる男女が二人〈54-55〉いる。手前の縁側には、カルタをする四人の男女〈74-77〉、室内を眺める一人の男〈3〉が見える。

最後の第五、六扇は、邸宅と廊下でつながる風呂場と髪結い場である。男〈68〉に髪を結んであげる女〈69〉、水汲みする女〈79〉、お茶を捧げる小間使いの二人の女〈70、80〉、そして湯上りの白小袖の三人の男女〈78、81、82〉が描かれ、暖簾で仕切られる浴室の中には、一人の湯女〈85〉と、三人の湯客〈83、84、86〉が見える。

以上、全作品に描かれた人物[12]は、男性四十八人、女性三十八人、合計八十六人を数える。描かれた人物の身分は武士、僧侶、若衆、遊女、禿、湯女等様々だが、巨大な邸宅という舞台の中、遊楽に興じるようをそれぞれが演じ、クライマックスを迎えたような一体感が巧みに演出されている。

3. 大美本「邸内遊楽図屏風」における小袖の模様と形態

大美本「邸内遊楽図屏風」の図様の概要を確認したところで、模様、形態と順番に人物衣裳の考察に入ろうと思う。なお、「相応寺屏風」の小袖模様については、橋本澄子氏[13]（橋本1978:47-136）による研究を参考とする。橋本氏が「相応寺屏風」で行った作業のように、大美本「邸内遊楽図屏風」の男女86人に番号を割り当て、その小袖の地色と模様を記述して一覧表〈付録:表D〉にまとめてみた。

3.1 大美本「邸内遊楽図屏風」から見る小袖の模様

　大美本「邸内遊楽図屏風」が「相応寺屏風」左隻と酷似していることは既に見たとおりであるから、大美本「邸内遊楽図屏風」が「相応寺屏風」から派生した一形式であるという門脇むつみ氏の指摘を踏まえ、最初に小袖模様に関する「相応寺屏風」と大美本「邸内遊楽図屏風」の共通点を確認していきたい。

3.1.1 「相応寺屏風」との共通点

　まず女性衣裳の地色について、「相応寺屏風」の左隻では白、黒が大部分で僅かに茶や金茶が確認できるとされるが、その傾向は38人中白地が21点で絶対多数を占める大美本〈付録：表E-1〉でも概ね共通すると言える。

　模様意匠において、大美本「邸内遊楽図屏風」の女性衣裳の中には、雲取染分け模様が相当数あり、その傾向は「相応寺屏風」から受け継いでいることが分かる。この模様は、やや古風な慶長小袖に顕著なものとされている点が注意を引く。その他の女性衣裳の模様についても、散し模様（丸文、扇子）、植物模様（葡萄・瓢箪・楓・蔦葉・唐草）、幾何学模様（石畳・七宝繋・雷文繋・菱繋・松皮菱）など、「相応寺屏風」に見られる模様意匠が、大美本「邸内遊楽図屏風」にも確認できる。

　男性衣裳の地色についても、白、茶、黒の三系統が主流であり〈付録：表E-2〉、「相応寺屏風」と大きな違いはない。

　男性小袖の模様意匠では、散し模様（雪輪・丸文）、植物模様（菊花・葡萄・桜・楓）、器物模様（扇子・水車・櫂・鞠挟み・法螺貝・束熨斗・棕櫚）、動物模様（兎）、幾何学模様（菱繋・縞格子・雷文繋等）が現れ、同じく「相応寺屏風」と共通している。

　以上の統計と比較から、男女小袖の地色と模様意匠について、両作品の間に大きな共通性があることがわかった。それは、大美本「邸内遊楽図屏風」は画風、内容の両面にわたって「相応寺屏風」と密接な関係を持つという門脇氏の指摘と合致するものであろう。

3.1.2 「相応寺屏風」との差異点

　前節では、大美本「邸内遊楽図屏風」の衣裳模様を「相応寺屏風」と比較し、その共通点を分析した。しかし、ここで注意を喚起したいのは、小袖の模様意匠について大美本「邸内遊楽図屏風」には「相応寺屏風」と異なる傾向も垣間見えるという点である。具体的に言えば、模様意匠の性別間移行、および斬新な模様の出現という傾向である。以下は、「相応寺屏風」から大美本「邸内遊楽図屏風」にかけて、小袖模様の世界で起こった発展変化の兆しを掘り起こしてみたいと思う。つまり、寛永風俗画の一例・大美本「邸内遊楽図屏風」の描写をもとに、慶長小袖から寛文小袖へと移行する小袖模様の過渡的様相を素描してみたい。

　まず、模様意匠の性別間移行について、取り上げたいのは、鞠挟み、法螺貝、棕櫚の模様である。これら三種類の模様は、「相応寺屏風」においては、男性の小袖にしか現れていない。一方、大美本「邸内遊楽図屏風」では、第四扇57番の男性が鞠挟み〈付録：図F-1〉、さらに42番の女性が、鹿の子によって鞠挟み模様〈付録：図F-2〉が

表されていると見える。法螺貝の模様は、第一扇13番の男性〈付録：図G-1〉、さらに1番の禿〈付録：図G-2〉に確認できる。棕櫚模様は、大美本「邸内遊楽図屏風」の男性小袖にはないが、同じく1番の禿の小袖〈付録：図G-2〉に現れている。寛文小袖の模様を把握するうえで欠かせない染織史料の、寛文七年に『御ひいなかた』の再版として刷られた、女性の小袖模様の雛形本『新撰御ひいなかた』を紐解くと、上巻三十四丁裏、鹿の子絞りで表された鞠挟みと蹴鞠と柳の意匠が〈付録：図F-3〉、大美本「邸内遊楽図屏風」42番の女性の鹿の子鞠挟みからつながっていると考えられる。法螺貝模様は、大美本「邸内遊楽図屏風」のように紐がついていないが、『新撰御ひいなかた』上巻三十六丁表に、右肩に大きく強調される法螺貝模様〈付録：図G-3〉が確認できる。さらに、棕櫚の意匠は、『新撰御ひいなかた』には四点〈付録：図H-1～図H-4〉も収録され、中には寛文期の模様を象徴する奇抜な例もあるが、大美本「邸内遊楽図屏風」の第一扇1番の禿のように丁寧に描かれた例も見ることができる。

　次に、斬新な模様の出現について見てみよう。大美本「邸内遊楽図屏風」の中で最も注意したいのは、第二扇の廊下にしゃがんでいる22番の男性〈付録：図I-1〉が着た白地軍配模様の小袖になる。その軍配模様は、「相応寺屏風」をはじめ、以前の寛永風俗画には確認できない模様である。なお大阪市立美術館に寄託されている、個人蔵の「邸内遊楽図屏風」（六曲一双、以下「大美寄託本」と略称）の右隻第三扇には、黄色地軍配模様の女性〈付録：図I-2〉が描かれている。しかし、門脇むつみ氏によって整理された邸内遊楽図の系譜によると、大美寄託本は大美本「邸内遊楽図屏風」からモチーフの大枠が継承された、大美本「邸内遊楽図屏風」より後に位置づけ得る作品とされている。つまり、現存作品のなかで軍配模様の初出は、この大美本「邸内遊楽図屏風」であると言えるのであろう。大美寄託本の軍配模様は大美本「邸内遊楽図屏風」と比較してより進んだ意匠感覚を示しており、『新撰御ひいなかた』下巻四十二丁表の、三つ団扇模様〈付録：図I-3〉とほぼ同形と思われる。すなわち、軍配という斬新な模様は、大美本が制作された頃に男性小袖の意匠として初めて出現し、時代がくだって大美寄託本や寛文七年刊の『新撰御ひいなかた』に見るように、女性の小袖模様としてより斬新な形式に進化したと考えることができるのであろう。

　以上、「相応寺屏風」と大美本「邸内遊楽図屏風」の中の小袖模様を幾つか選び、『新撰御ひいなかた』を参照しながら、模様意匠の関連性を探ってみた。既に橋本澄子氏、または中野絵・小笠原小枝両氏によって、「相応寺屏風」に描かれる小袖の模様意匠が寛文小袖と関連づけられているが、その点ではむしろ「相応寺屏風」を継承する大美本のほうが、寛文小袖とより強いつながりが想像できるのではないだろうか。

　「相応寺屏風」→大美本「邸内遊楽図屏風」（→大美寄託本）→『新撰御ひいなかた』という絵画資料にみる小袖模様の一つの流れを敷衍して、服飾史上の変遷を仮定すれば、寛永の初め頃、男性に流行した小袖模様が、時間を経て、遊女の小袖模様に移り、寛文期に庶民向けの小袖模様としてより斬新な形式で現れたといえるだろう。

それは、わずかな遺品と染織関連史料から推測された寛文小袖の成立に至る道筋、すなわち男性のかぶきものから遊女の好みへという歴史の流れを補強するものと言える。さらに言えば、大美本の制作年代について、門脇氏の寛永期説が逆に裏付けられることにもなるのではないだろうか。

3.2 大美本「邸内遊楽図屏風」からみる小袖の形態

以上、大美本における小袖模様意匠の特徴が、推測年代の寛永期の時代風俗と合っていることを確認した。小袖の時代流行を敏感に捉え、絵画表現で忠実に反映しようとする絵師の拘りは、この作品から読み取ることができる。大美本の風俗描写の忠実さがある程度保証されたところで、続いて小袖の形態問題へ進んでいきたいと思う。

3.2.1 大美本「邸内遊楽図屏風」における小袖形態の特徴

大美本の小袖形態を検討する前に、まず、江戸時代にわたって四つの過程を経て現代着物の形へと収束したと論説された丸山伸彦氏の研究を概観しておきたい。氏は、近世初期に、神谷氏がいう身幅が広く袖幅の狭い小袖のほか、もう一つ別に身幅も袖幅も広いという小袖の系統が同時代に流布していた、ということを絵画資料から明らかにし、そして前者が第一類型、後者が第二類型と名づけた。さらに、その第一、二の類型の狭間に、「湯女図」〈付録：図J〉が示すように身幅も袖幅も狭いというやや変わった小袖が実際に存在した可能性についても触れている。小袖の形態変遷は、近世初期小袖の第一・二類型が併行する第一期（慶長末―寛永初期頃）、それから第一類型が衰退し、第二類型が継続する間、遊女から流行った細身に立褄・裾の長い形式が台頭する第二期（寛文末頃まで）、細身に立褄の長い形態が定着する第三期（享保頃まで）、現代着物とほぼ同形になっていく第四期（幕末明治期まで）、と氏によって系譜づけられた。

大美本における小袖形態〈付録：図K〉を観察してみると、男女、階層の間に差があるが、概して、身幅が広く、袖幅が狭く、立褄が長くなっている。それは、「相応寺屏風」に見る小袖の形態と同じ特徴で、作品の制作時代からも推測できるように、上述した第二期の小袖の特徴を示していると言えるだろう。

3.2.2 近世初期小袖形態変遷の原因

小袖、ひいては現代着物は洋服と区別できる一大特色は直線裁断である。〈付録：図L-1、図L-2〉に掲載した小袖の裁断図のように、一疋の反物[14]を、織り幅と丈をいっぱい利用して、裁ち落とされて無駄になる切地が生じないように、適当な寸法で切り、切った布帛を張り合わせ、繋いで、そうして小袖が作られるのである。故に、反物の幅と丈は、直接に小袖の裁断及び仕立て後の形態に関わる。

江戸時代初期までは絹織物の布幅は曲尺で一尺五寸の装束幅である。（高田1995：196）[15] 遺品資料データが不足でありながら、初期小袖の、身巾広い、袖巾狭いという特徴は、実物資料からであれ、近世初期風俗画からであれ、否めない事実である。そして、男女ともそうであった。それは既に先行研究で明らかになったことで

ある。

　では、なぜ初期小袖は袖巾が狭く、身幅が広いか。後世の小袖、着物と違う裁ち仕立て方によるほかならない。和服裁縫の伝承方法が、古くは主に口伝による秘伝として受け継がれてきたため、現存する最古の裁本である元禄3年(1690年)刊『裁物秘伝書』より以前のものなら、その寸法設定方法は詳かではない。さいわい、天正11年(1583年)没した小笠原長時が岩村意久に語ったことを書き留めた故実『懐妊着帯の事』所産着仕建の次第に、[16]

　　一　長二尺七寸。身は一幅。襟は袖より取るべし。袖の長ハ身半分。紐ハ身
　　　のたけ。幅は二寸より三寸の間。何もくけ紐。友裏三畳。三所閉るなり。

とあり、産衣寸法の話だが、身幅は反物の幅で、そして、襟・袖は合わせて一幅からとるという重要な糸口を残してくれた。その手掛かりで遡り、過去の研究では、幾点もの武家成人男性所用の小袖遺品に対して襟幅、袖幅、身幅の寸法を測った結果、襟幅足す袖幅はちょうど身幅であることが明らかになった。(神谷1971:24-57)[17]故に、赤子の産衣だけではなく、大人用小袖も同じく反物の一幅から襟と袖を取ることが判断できる。例として、神谷氏の研究を引用するが、永禄9年(1566年)銘辻ヶ花染小袖の実測データ(寸法単位cm)は：

　　袖巾 21.5　後身巾 38.5　襟肩アキ 13.0　裄下り 14.0　立褄 40.0　裾巾 25
　　合褄巾 20.0
　　前身巾 38.5　裄 60.0　袖口 17.0　襟巾 14.0　袖丈 47.5　身丈 130.0

であり、背中の縫代部分を考慮に入れ、身幅は大体袖巾足す襟巾の広さであることが明白である。並びに、そのデータで当小袖遺品が裁たれる当初の裁断図〈付録：図L-1〉は想定された。推測で、裁った反物の幅は42cm、曲尺に換算すれば約1尺四寸である。丈は約860cm、曲尺となると、2丈8尺以上である。

　その推測裁断図を現代着物の簡略的な裁断図〈付録：図L-2〉と対照的にみれば、すぐ二種の裁断法の区別がわかる。〈付録：図L-1〉の裁断より仕立てた小袖は、身幅：袖幅が1を超え、〈付録：図L-2〉より仕立てた現代着物の場合は袖幅＝身幅であることが明白である。その区別は、初期小袖と現代着物の形態上にある差異に関わる最も直接的な原因なのである。

4. 近世前期小袖意匠・形態の変遷からみた美意識の動向

　本章では、その近世前期小袖意匠・形態の変遷によって映された、近世前期の美意識の流れを捉えてみたい。今まで論説した順に追って、まずは意匠の面、次は形態の面から本章を展開する。

4.1　かぶき者嗜好から庶民風俗へ

　寛永年間に制作されたとされる大美本「邸内遊楽図屏風」が、近世前期の遊楽風俗

を写実にスケッチした作品であることは既に確認された。これらの遊楽図の主人公たちは、近世初期において、社会一般と異質な者であり、「かぶき者」と呼ばれている。徳川幕府の創業当初、戦国の余燼がなお収まるに至らず、世相が未だ落ち着いていない。旧大名の中、幕府の令で取り潰された者が多く、封禄を失った武家の浪人が町中に満ちていたのである。彼らは、泰平の世の中で、武芸によって新たな主人に従うのが非常に難しく、衣食の途に窮するものが多く、あげくに至って自暴自棄に堕ち強盗を為し、社会不安の激化を招いた。泰平の世に相容れられず、脾肉の嘆をかこっていた武弁一方の武家や浪人たちは、不平が募り、世をのろい、放縦無頼の行為によって憂鬱を発散していた。

　こうした世相の動揺の中、男伊達という現象が現れた。男伊達としてまず登場したのは「旗本奴」である。寛永から兆が見られ、はじめは強きを挫き弱きを助けるという質実剛健な精神であったが、明暦から寛文まで頃、虚勢を張った喧嘩口論、世上に跋扈跳梁、庶民を脅かすなど虚無的な行動となって堕落した。そういう旗本奴らの格好について、『我衣』[18]に

　　　　伊達と云事、御入国の砌、仙台の家士多くは人の目に立衣裳を着せり。依て有は伊達殿なりと云より始る。町人といへども、武篇を立、辻切喧嘩所々に有之。此節大小の神祇組とて若手の旗本、町人といへども一つに組合、何百人といふことを不知。また白柄組（吉弥組と云）風俗は髪を手一束に切、たぶさをとれぬ用心し、冬紺縮緬裏白大綿入り、一帯も白く三重に廻し、袖口白ふとくくくり丈は三里の少し下へ下るほどに短く、（鉛三匁づゝくけこみ、つまのはねかへるをよしとす。）長大小を帯し、柄糸下緒いづれも白く、衆道専に流行す。

とあり、旗本奴の代表的な徒党の白柄組で、髪型は手で一束で握るほど短く切る茶筅髷で、小袖の丈は膝の下三寸より少し下まで下り、褄が撥ね返るのが良いとし、長い大刀と脇差を腰につけ、そういう格好は衆道で流行しているということである。それは、まるで大美本「邸内遊楽図屏風」の中、邸前にしゃがんでいる22番の男の格好を文字で描写されたことではないかと考えられる。

　旗本奴の横暴に対抗して、町人から出た男伊達を「町奴」という。彼らは、はじめ旗本奴が良民に対する暴威を挫こうとして決起したのだが、のちにはやはり旗本奴と同じ様に、社会に毒害を流す存在となった。

　旗本奴、町奴等の男伊達は、幕府の権力に反抗する意欲が潜んでいて、そういう自由な反骨精神が風俗面に投射し、異装という警戒色的な現象として現れた。当然、帰結として武張ったもの、奇矯なものが好まれ、華麗な大柄の模様を導き、新奇なモチーフの創造に拍車をかけることとなった。大美本「邸内遊楽図屏風」に描かれた男性衣裳のように、散し模様、動物、植物、器物等のモチーフが小袖模様に用いられ、構図も前代の模様で区画を埋め込む対称的な構図様式を打破し、華麗な大柄で非対称を追求する傾向が著しい。

　年少の人たちの間にはこれを模倣する者も多く、若衆の中で流行り、さらに、遊女

までひろめていく。これら異装者は、当時は一般に「かぶき者」と呼ばれている。上部が傾いている意味から発し、平衡を失い常軌を逸すること、放縦、わがままの意味などに転じている。ことに女性は、男性以上にかぶきやすい天性を有しているから、かぶき者たちの伊達姿に好意を示すことになる。歌舞伎の創始者出雲のお国の断髪男装などは、かぶき女として資格満点であったろう。

歌舞伎芝居と遊里という近世の二大悪所は、身分秩序の厳しい封建社会から隔離した、独自の倫理を持つ虚構な歓楽世界である。虚構の世界で生きる彼らは、空虚な自己の存在を強く主張する必要があり、第一手段はやはり外在の服装に求めるのである。その深層心理が、反抗的、ついに無頼的に堕ち虚無感に帰する旗本奴や町奴らと通い合い、しぜんに男性の異装風俗が、風月場の遊女へ流動することは想像に難くない。故に、第二章第二節の分析で見られた、「相応寺屏風」→大美本「邸内遊楽図屏風」（→大美寄託本）等の絵画資料の中の小袖模様が男から女へと性別間の移行現象は、単に偶然現象ではなく、上のような社会心理に支えられ、一種の美意識の動向と看做すべきだと考えられる。

では、その二大の歓楽場は、徳川時代を通じて、服装流行の先駆けで、一般庶民の間で広汎に普及している風俗の発信源であったのはいったい何故であろう。その条件は、商品経済の発展に伴い、町人の経済力の向上である。都市の町人は、幕府興隆の勢いにのって、次第に経済的地盤を養い、経済上の実力が伸張する一方、士農工商の身分秩序の被支配階層の最下層に位置する。経済力と社会地位の間のアンバランスによって、幕府権力に対する反抗精神が生み出されつつある。芝居や遊郭に流連し、自由解放を求め、浮世の楽を尽くすのも、町人が日常の抑圧を発散する一種の方式である。だが、その反権力精神が存在する一方、町人の経済は自立性が欠け、幕藩体制に寄生している形態であり、町人自身は幕府政権を転覆する能力がなく、終にその反抗精神が虚無化、退廃化へと変質していく。そういう心理状態は、かぶき者と共鳴している。それこそ、遊民風俗が庶民嗜好へ移行する精神的基盤である。

幕府が町人、農民生活の奢侈化に恐れ、服装の華美化について度々奢侈禁止令を下し、取締りが強化される背景下、一般庶民の服装はそれほど自由ではなく、表に向いて服制に従わなければならない。故に、かぶき者から由来した風俗流行は、庶民の服制ではなく、小袖の意匠、様式的方面の発展に寄与したのである。それで、寛永年間の「邸内遊楽図屏風」の中のかぶき者の小袖模様が、一定の時間をかけて一般庶民に納得され、消化され、二三十年後の寛文年間に、良家の女性向けの出版物『御ひいなかた』で最新流行として現れたわけである。寛文小袖の開花には、上のような反抗的な町人精神が底流しているということが注目すべきだと思っている。寛文様式の左右非対称で背面から余白をとるという奇抜な構図は、左右の平衡を打破し、模様が背面左肩から腰を経て右裾へ向かって円弧を描くように表わされ、上のような町人の反抗心理が造形面へ投射する表現ではないかと考えられる。

4.2 服装量感美から肢体曲線美へ

さて、小袖の形態面における変遷に目を移そう。室町時代、上流武家の女性では、桂を数領襲ねて着る公家の服装に倣って、小袖を数枚も襲ねて、さらに上に打掛を羽織って着る習慣が始った。この着装形式は、新興武家階級の権威や格式を誇示する上で具合がよかったのであろう。それによって、豪華さや重量感を表わし武家風の服装美が創出された。室町時代から桃山時代を経て江戸時代初頭まで、小袖は身幅が広く、袖幅が狭く、襟が長く、立褄が短いという形態である。それも古代以来の貴族の服装様式に見られるおおらかで優雅な雰囲気に憧憬し、ゆったりとした量感のある小袖が着装の好みであると深く関わると考えられている。そういうような近世初期小袖に用いられた絹織物は、主に練貫[19]、唐織物[20]、固織物や浮織物が多く、これいずれも生経練緯で、布全体の張りが特徴とされ、その風合いが格調を表すのに良い。

時代が下がるとともに、小袖の生地は、紗綾、綸子になった。紗綾は平織地に文様を四枚綾で織り表した平地綾文組織の絹織物である。経糸緯糸共に生糸を使用し、織ってから練った、緻密でさらりとした柔らかさを持つ生地である。この織物は天正期には日本国内にて織り始められたと言われ、江戸時代初期には、需要が多く、輸入も生産もかなり盛んであったようだ。長崎商館仕訳表によると、正保元年（1644年）、オランダ船が長崎で販売した絹織物の中で紗綾は、縮緬の7倍上、綸子の2倍以上であり、その需要は非常に多かったとみられる。（山脇 2002：4-5）[21]

慶安三年（1651年）刊行の女訓書『女鏡秘伝』には、上巻一の十七条で「小袖の地のこと」について、[22]

　　はぶたへ（羽二重）ハ地のうすき（薄き）ハあしくしわよりて。うしろのていよろしからず。からおり（唐織）のたぐひこれまたこハばりて（強張りて）あしく。さや（紗綾）ハいやしきものなりさりながら、そめのもやうによりてよろし、りんず（綸子）ハしなやかにしかもひかりありて一しほよきものなり。たい一しわよらざるものなり。ぬめ（絖）のりんす（綸子）はなにゝしてもよろしぬめ（絖）のひりんず（緋綸子）となをよし、かほ（顔）にうつりてさくらいろに見ゆるものなり。ちりめん（縮緬）もしなやかにふりのよきものなり、これもしハよらずそめやう。さま／＼あるべしひぢりめん（緋縮緬）の事はつねに人ことにき侍るニこのましからずいやしきものなり。うゑ／＼にハめしたまふべからずあかきものめしたまハゞひりんず（緋綸子）べにかのこ（紅鹿の子）なとよし、したよりめし候。しろき小そてハはぶたへ（羽二重）。かめや（亀屋）中にも地のよきをかんとす、うすんなとも人によるべし。ぬめ（絖）のりんず（綸子）なとをうこんそめにし、ひかりありてくらゐあるなり。中よりうこんなとよし。いつれも一すちには申かたし、あるひはそめのもやうによりてにあはぬこともあるべし、たゞめしつかへるをんなのこそてのそめやうをこゝろをつけて見たまふ

べし（括弧内の当て字、部分の句読点は筆者より）

とあり、要するに、小袖の生地は、唐織の類の生地は強張りて具合が悪く、紗綾、綸子、絖、羽二重等しなやかで、光沢があり、皺がよらない練絹類が好まれるということである。生経練緯の絹は、格調を表わすために良いとしても、身体の輪郭線を自然に優しく表わすためにはふさわしくない。新しい練絹、紗綾、綸子など柔らかい材質を用いて小袖を仕立てる時、従来のような小袖の身幅が広く、身体を包み、かつ充分過ぎる余分を削除する必要が出てきた。柔らかい生地で以前のような広い身幅であれば、帯を締めると多くの皺が生じて見苦しく感じるようになるからである。

また同書、上巻一の十五条、「こそてしたてやうのこと」で、[23]

こそでのしたてやうよく/\ねんを入へし。身ひろすぐれは、みなりあしきものなり。すこしはせはきをかんとす。かたのゆきそてのしたなかきもいなかめき、又みしかきもいやしく、しやうの事もをんなどものていを見たまふべし。身のたけはながきこそよけれみじかきはいやしさりながら殿のすきこのめるほとをしるべし。内のをんなともにつけ殿もかやうのさたをしたまふものなり。それにこゝろをつけてきゝたまふべし、殿をもちてよりはなに事もとのゝこゝろにしたかふべし

とあり、この条について、幕末の風俗考証家の喜田川守貞は、「縫裁、身幅広は形容好からず。これ古今同事なり。肩行・袖下長きは鄙風とすること、今に反す。けだし京阪は今も肩行短し。中世長くして文化以来、再び短きことなり。身のたけ長きを好みとす。古今同事なり。」[24]と評を加えた。上の史料から、慶安頃から既に女訓物の中では服装について身幅を狭くするのが大事で、肩裄（身幅＋袖幅）が長すぎるのを避けることを女性に教えたのである。それは、世間の好みが身幅狭いものに移行し、女訓物に反映されたものと思われる。

　まだまだ中性的気風が若干残っていた桃山時代が終わり、江戸時代に入ると、ずんぐりと膨らんだ服装様式から離れて、自然に身体を包み装う姿を美しいと感じる風潮になってきた。そのため、身幅を狭め、袖幅を広げて身幅と同様にして仕立て、現代着物の形態に接近するようになっていく。

　そのような服装量感美から肢体曲線美へと変わる美意識の動向は、大美本「邸内遊楽図屏風」をはじめ、近世の風俗画と浮世絵の中の人物の身体、服装描写からも明らかに読み取れる。近世中期以降、小袖は昔のように依然として直線裁断でありながら、ゆったりした従来の形と違い、その身幅を狭めて、細身にぴったり体に密着させた。曲線裁断と違い衣服そのものは平面的であっても、細身の衣服に包まれた体の曲線は布の平面性に反発して布を押し返し、そこに独特の潤いのある曲線をつくった。特に、女性の姿に対して、これをなで肩、柳腰と称して、ふくよかな女性の肢体を賛美したもので、浮世絵の中からその微妙に身体表現を認めることができる。

5. 終わりに

　以上で、近世前期における小袖の意匠・形態の変遷に反映された美意識の動向を分析したみた。意匠面では、大柄模様と非対称構図の様式がかぶき者風俗から一般庶民の嗜好へ流動し、形態面では、中世の格調ある服装の量感美から離れ身体の曲線美に追求するようになったという。そのような小袖変遷の傾向は、美意識が「雅」から「俗」へ過渡する展開方向を説いている。むろん、それは、近世は文化の重心が次第に武家から町人階層に移り、町人の経済力向上から生み出された文化的エネルギーで、町人ならではの世俗性の持つ文化、美意識が発生する必然性によることだと思っている。

　そういう町人の美意識には、幕府権力を蔑視する反骨精神、すなわち「意気地」、そして浮世の歓楽場で醸し出した色気、妖艶さ、すなわち「媚態」が底流している。さらに、その美意識には、日本の風土、仏教による上代から長引いている無常観という地色が染められている。近世前期には、まだ戦国時代の武弁殺伐の野性の残照が帯び、奇抜を追求していたが、元禄期に入り、友禅染のような、町人の財力を誇る豪華絢爛さが好まれ、宝暦期以降は、その華美濃艶が廃れ、恬淡、洗練が趣味となり、ついに「いき」という町人文化の熟成に達したのである。従来は、「いき」という美意識の起源をせいぜい宝暦年間まで遡り、元禄を境に、以前の文化、美意識とはっきりと区別して論じられ、一定の断裂感がある。しかし、美意識というのは、必ず前代の延長線に立ち、後世に長引いていくというような延々と続いている連続性の持つものでなければならない。元禄で区画された、近世前期と後期の美意識は、一見して両者の表現が背反し、異質なものだと判断しがちだが、実は、精神面において、両者の底面に流れている町人精神が同質なものであるというのは、筆者の考えである。

　寛文様式の左右非対称で背面から余白をとるという奇抜な構図、なで肩、柳腰の女性の肢体曲線は、いきの精神構造である「二元的可能性」、「意気地」、「無常観」を造形面で表わす、近世前期におけるもう一つの形式ではないかと思われる。

　本研究は、近世初期風俗画と寛永期・寛文期の小袖から、当時の美意識の動向を発掘した。雅、数寄、恬淡な美意識と対極し、世俗的、退廃的な美意識は近世初頭から、町人が担い手として発生したことがわかる。前者の理性的な美意識に対して、後者は非理性的、感性的、ひいて狂気的なものと考えられるが、ミシェル・フーコーのいう、「ヨーロッパのルネサンス期における狂気は、社会的秩序の限界を示し、より深いところにある真実を照らし出す力を持っていた」のように、その非理性的な美意識を単に否定できないと思っている。近世の世俗的な美意識が、日本にとってもう一種のルネッサンスではないかと筆者は理解している。

注

［1］神谷栄子「小袖」（『日本の美術』67、1971年12月）、24-57.
［2］丸山伸彦「小袖の形態変化についての一考察」（『美術史』37(1)、1988年1月）、21-33.

[3] 丸山伸彦「江戸ファッション事情——流行と描かれた装い」(展示図録『江戸のふぁっしょん——肉筆浮世絵にみる女たちの装い』、麻布美術工芸館、1989 年 6 月)、4-7.

[4] 伊藤敏子「小袖意匠の展開——女性肖像画を中心として」(『大和文華』56、1972 年 9 月) 23-33 頁.

[5] 奥村萬亀子「寛文小袖の成立について」(『京都府立大学学術報告. 理学・生活科学』31、1980 年 11 月)、49-60.

[6] 丸山伸彦「近世前期小袖意匠の系譜——寛文小袖に至る二つの系統」(『国立歴史民俗博物館研究報告』11、1986 年 3 月)、195-245.

[7] 河上繁樹「雁金屋資料にみる江戸時代前期の小袖：関学アート・インスティチュートの研究から(Ⅰ)」(『人文論究』55(1)、2005 年 5 月)、1-16。同氏「江戸時代前期における小袖の模様染について：関学アート・インスティチュートの研究から(Ⅱ)」(『人文論究』56(4)、2007 年 2 月)、20-37.

[8] 長崎巌「近世・近代風俗画における服飾表現に関する分野横断的研究」(『服飾文化共同研究報告』2011、2011 年 12 月)。 同氏「小袖からきものへ」(『日本の美術』435、2002 年 8 月)。 同氏「江戸時代町人女性のファッション——小袖の変遷と肉筆浮世絵における服飾描写」(展示図録『肉筆浮世絵と江戸のファッション——町人女性の美意識』、ニューオータニ美術館、2009 年 10 月).

[9] 橋本澄子「江戸初期の衣裳模様について——相応寺屏風に画かれた人物着用衣裳による展開図作製とその時代的考察」(『東京国立博物館紀要』14、1978 年)、47-136.

[10] 中野絵、小笠原小枝「小袖文様考——邸内遊楽図屏風(サントリー美術館蔵)を中心に」(『日本女子大学紀要 家政学部』47、2000 年 3 月)、95-105.

[11] 門脇むつみ「『相応寺屏風』研究」(『美術史論叢』3、1996 年 3 月)、5-6.

[12] 各人物の位置は【付録：図 A】に参照.

[13] 橋本澄子「江戸初期の衣裳模様について——相応寺屏風に画かれた人物着用衣裳による展開図作製とその時代的考察」(『東京国立博物館紀要』14、1978 年)、47-136。本稿で言及された「相応寺屏風」の衣裳模様のデータは、すべて橋本研究に参考したのである.

[14] 和服切れ地の総称。江戸時代に小袖 1 枚分に要する布地の幅、長さが定まり、これを 1 反とするようになった.

[15] 高田倭男『服装の歴史』中央公論社、1995 年、196。 曲尺：一尺＝10/33 メートル。 曲尺とは別に、着物の仕立てに鯨尺・呉服尺も使われていた。 1 鯨尺は曲尺で 1 尺 2 寸 5 分である。1 呉服尺は 1 尺 2 寸であった.

[16] 塙保己一『続群書類従 第弐拾四輯ノ下 武家部』巻第六百九十二、続群書類従完成会、1925 年、200.

[17] 神谷栄子「小袖」(『日本の美術』67、1971 年 12 月)、34.

[18] 加藤曳尾庵『我衣』巻一上、六十三(『日本庶民生活史料集成 第 15 巻 都市風俗』、三一書房、1971 年)、19.

[19] 生経練緯とも言われ、経糸に精錬していない生糸、緯糸には精錬した練糸を用いた、平織の絹地である.

[20] 模様を縫取り織の技法で表わした刺繍のように見える絹織物.

[21] 山脇悌二郎『絹と木綿の江戸時代』、吉川弘文館、2002 年、4-5.

[22] 田中ちた子、田中初夫『家政学文献集成 江戸期Ⅰ 女鏡秘伝書』、渡辺書店、1966 年、287-289.

[23]田中ちた子、田中初夫『家政学文献集成　江戸期Ⅰ　女鏡秘伝書』、渡辺書店、1966 年、284 -285.

[24]喜田川守貞『近世風俗志（守貞漫稿）三』、岩波文庫、1999 年、20.

参考文献
原典

太宰春台.『独語』.武笠三 校.1925.『名家随筆集　上』.有朋堂書店

塙保己一.1925.『続群書類従　第弐拾四輯ノ下 武家部』.続群書類従完成会

加藤曳尾庵.『我衣』.1971.『日本庶民生活史料集成　第 15 巻　都市風俗』、三一書房

喜田川守貞.1999.『近世風俗志（守貞漫稿）三』.岩波文庫

正木政幹.1764.『絹布裁要』.林宗兵衛出版

三浦浄心.1917.『慶長見聞集』、『江戸叢書　巻之弐』.江戸叢書刊行会

成島司直.1907.『徳川実記　第 2 編』大猷院殿御実記・巻八.経済雑誌社

司法大臣官房庶務課.1932.『徳川禁令考.第六帙』.吉川弘文館

田中ちた子、田中初夫.1966.『家政学文献集成　江戸期Ⅰ　女鏡秘伝書』.渡辺書店

論文

遠藤武.1961.「服飾上よりみたる近世女性の風俗論」.『遠藤武著作集　第Ⅰ巻　服飾編』.遠藤武.1-64.文化出版

藤木悦子.1987.「桃山小袖から慶長小袖へ──その美意識の変遷」.『福岡女子短大紀要』34.11-24

藤井美穂子.1985.「織物寸法統制令をめぐって」.『日本歴史』445.76-84

橋本澄子.1978.「江戸初期の衣裳模様について──相応寺屏風に画かれた人物着用衣裳による展開図作製とその時代的考察」.『東京国立博物館紀要』14.47-136

河上繁樹.2007.「江戸時代前期における小袖の模様染について：関学アート・インスティチュートの研究から（Ⅱ）」.『人文論究 』56(4).20-37

河上繁樹.2005.「雁金屋資料にみる江戸時代前期の小袖：関学アート・インスティチュートの研究から（Ⅰ）」.『人文論究 』55(1).1-16

門脇むつみ.1996.「邸内遊楽図」.『国華』第 1210 号.33-35

門脇むつみ.1996.「『相応寺屏風』研究」.『美術史論叢』12.1-56

河原由紀子.1982.「衣服形態による美的表現の方向性について」.『金城学院大学論集・家政学編』21.65-77

神谷栄子.1971.「小袖」『日本の美術』67.24-57

丸山伸彦.1989.「江戸ファッション事情──流行と描かれた装い」.麻布美術工芸館図録『江戸のふぁっしょん──肉筆浮世絵にみる女たちの装い』.1-3

丸山伸彦.1988.「小袖の形態変化についての一考察」.『美術史』37(1).21-33

丸山伸彦.1986.「近世前期小袖意匠の系譜──寛文小袖に至る二つの系統」.『国立歴史民俗博物館研究報告』11.195-245.長崎巖.2011.「近世・近代風俗画における服飾表現に関する分野横断的研究」.『服飾文化共同研究報告』.1-12

中野絵、小笠原小枝.2000.「小袖文様考──邸内遊楽図屏風（サントリー美術館蔵）を中心に」.『日本女子大学紀要　家政学部』47.95-105

奥村萬亀子.1980.「寛文小袖の成立について」.『京都府立大学学術報告.理学・生活科学』31.49-60

田沢裕賀. 2006.「遊楽図と歌舞伎図」.『日本の美術』483. 1-84
武田恒夫. 1967.「近世初期風俗画」.『日本の美術』20. 1-110

著作
遠藤武. 1985.『遠藤武著作集　第Ⅰ巻　服飾編』. 文化出版局
濱田信義. 2013.『日本の文様』. パイインターナショナル
橋本澄子. 2003.『日本の髪型と髪飾りの歴史』. 源流社
福井貞子. 2000.『木綿口伝』. 法政大学出版局
切畑健. 2003.『日本の女性風俗史』. 紫紅社
金沢康隆. 1998.『江戸服飾史』. 青蛙房
丸山伸彦、道明三保子. 2012.『すぐわかる「産地別」染め・織りの見分け方』. 東京美術
丸山伸彦. 2008.『江戸モードの誕生：文様の流行とスター絵師』. 角川グループパブリッシング
長崎巌. 2005.『きものと裂のことば案内』. 小学館
長崎巌. 1999.『「きもの」と文様――日本の形と色』. 講談社
日本風俗史学会関東支部編. 1985.『風俗史への招待』. 文化出版局
山下裕二、高岸輝. 2014.『日本美術史』. 美術出版社
山脇悌二郎. 2002.『絹と木綿の江戸時代』. 吉川弘文館
吉岡幸雄. 2000.『日本の色辞典』. 紫紅社
辻惟雄. 2002.『カラー版 日本美術史』. 美術出版社
高田倭男. 1995.『服装の歴史』. 中央公論社

展覧会図録
2014.『大浮世絵展：国際浮世絵学会創立50周年記念』. 読売新聞社
2012.『20年のあゆみ――MOA美術館名品図録』. MOA美術館
1999.『花洛(みやこ)のモード：きものの時代：特別展覧会』. 京都国立博物館
1998.『和の意匠――新たなモチーフ・大胆なデザイン』. 大阪市立美術館
1997.『かぶく美の世界――絵は語る　異端と享楽の浮世』. 徳川美術館
1993.『洛中洛外のプリマドンナ――遊楽と風俗画・17世紀』. 兵庫県立歴史博物館
1989.『江戸のふぁっしょん：肉筆浮世絵にみる女たちの装い』. 工芸学会麻布美術工芸館

付録：

図A 邸内遊楽図屏風
大阪市立美術館蔵 80.3cm×255.4cm 紙本金地着色 六曲一隻

図B-1 重要文化財 遊楽図屏風（相応寺屏風）
徳川美術館蔵 各隻126.1cm×407.8cm 紙本金地着色 八曲一双 右隻 右から第一扇〜第四扇

近世初期風俗画の小袖表現について

図B-2 重要文化財 遊楽図屏風（相応寺屏風）
徳川美術館蔵 各隻126.1cm×407.8cm 紙本金地着色 八曲一双 右隻 右から第五扇―第八扇

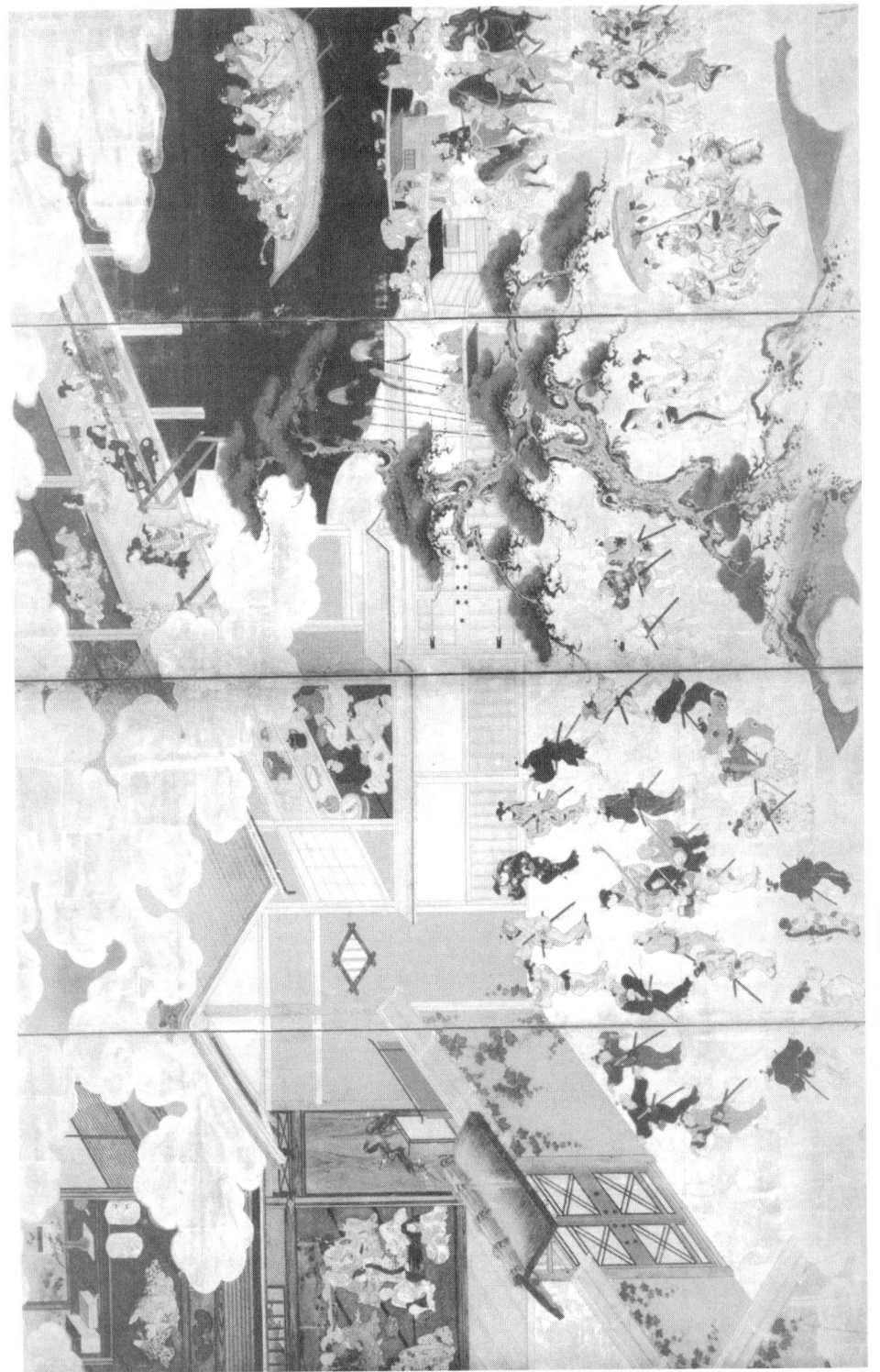

図B-3　重要文化財　遊楽図屛風（相応寺屛風）
徳川美術館蔵　各隻126.1cm×407.8cm　紙本金地著色　八曲一双　左隻　右から第一扇―第四扇

近世初期風俗画の小袖表現について

図B-4　重要文化財　遊楽図屏風（相応寺屏風）
徳川美術館蔵　各隻126.1cm×407.8cm　紙本金地着色　八曲一双　左隻　右から第五扇―第八扇

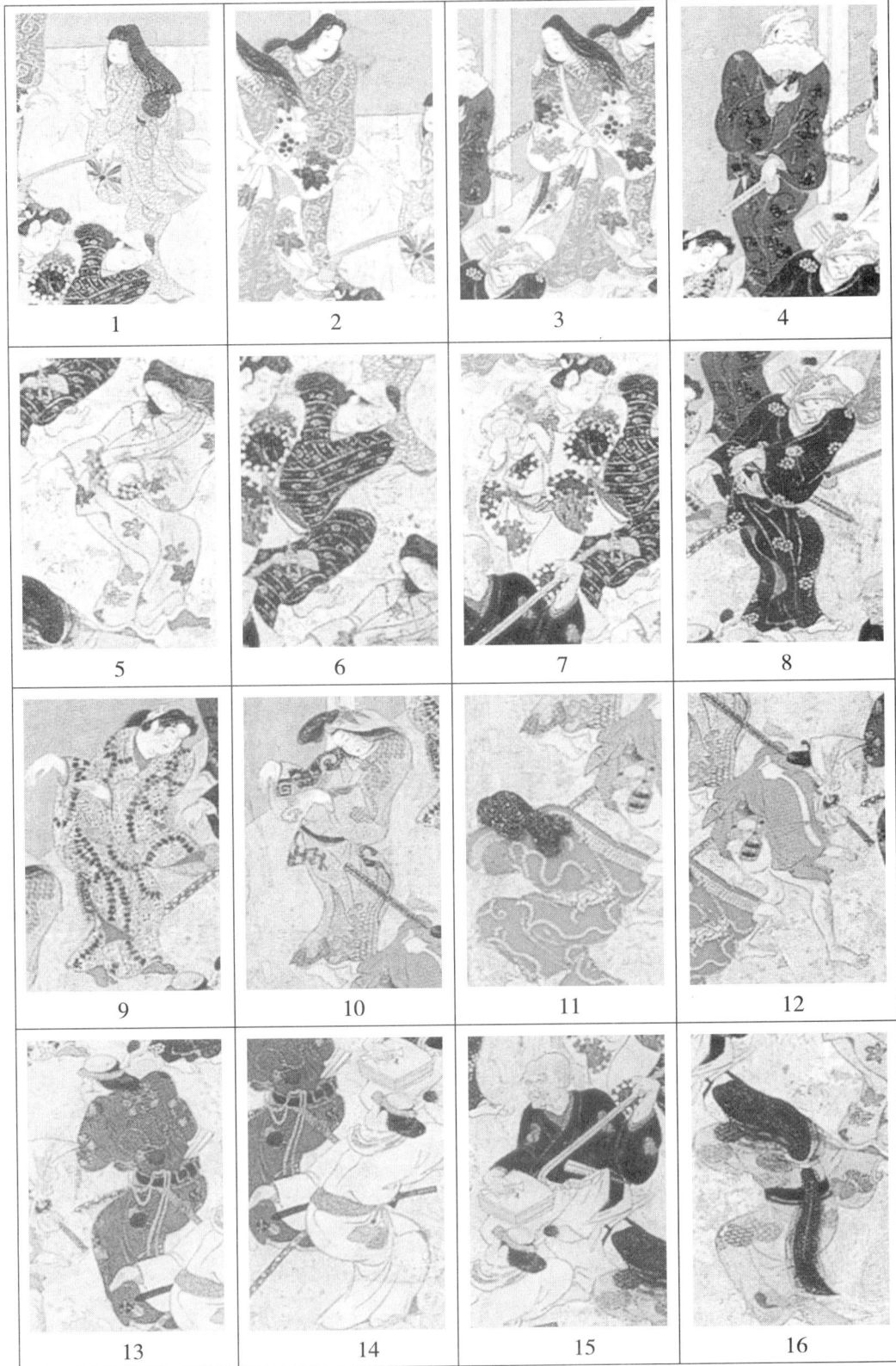

近世初期風俗画の小袖表現について

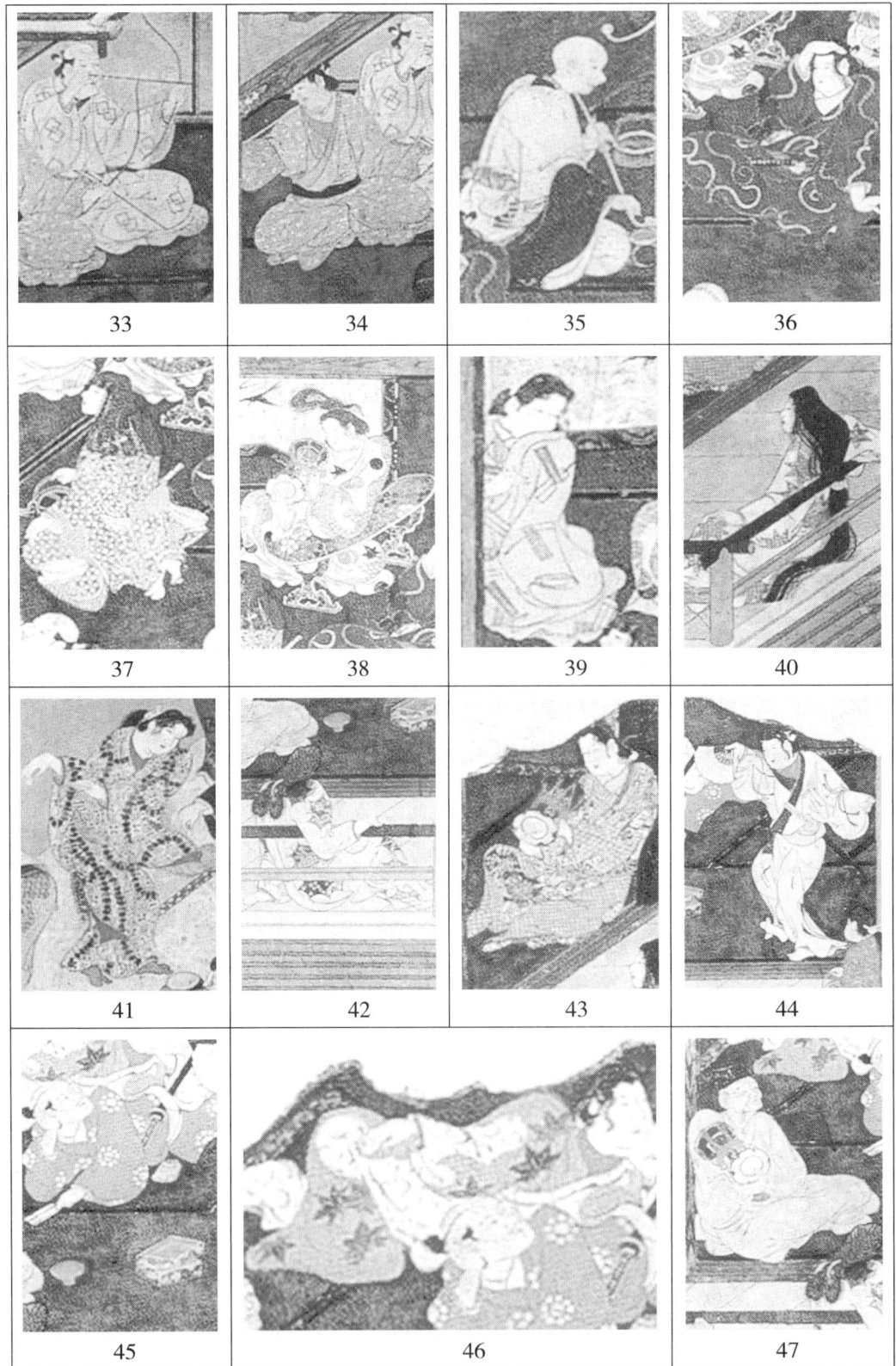

近世初期風俗画の小袖表現について

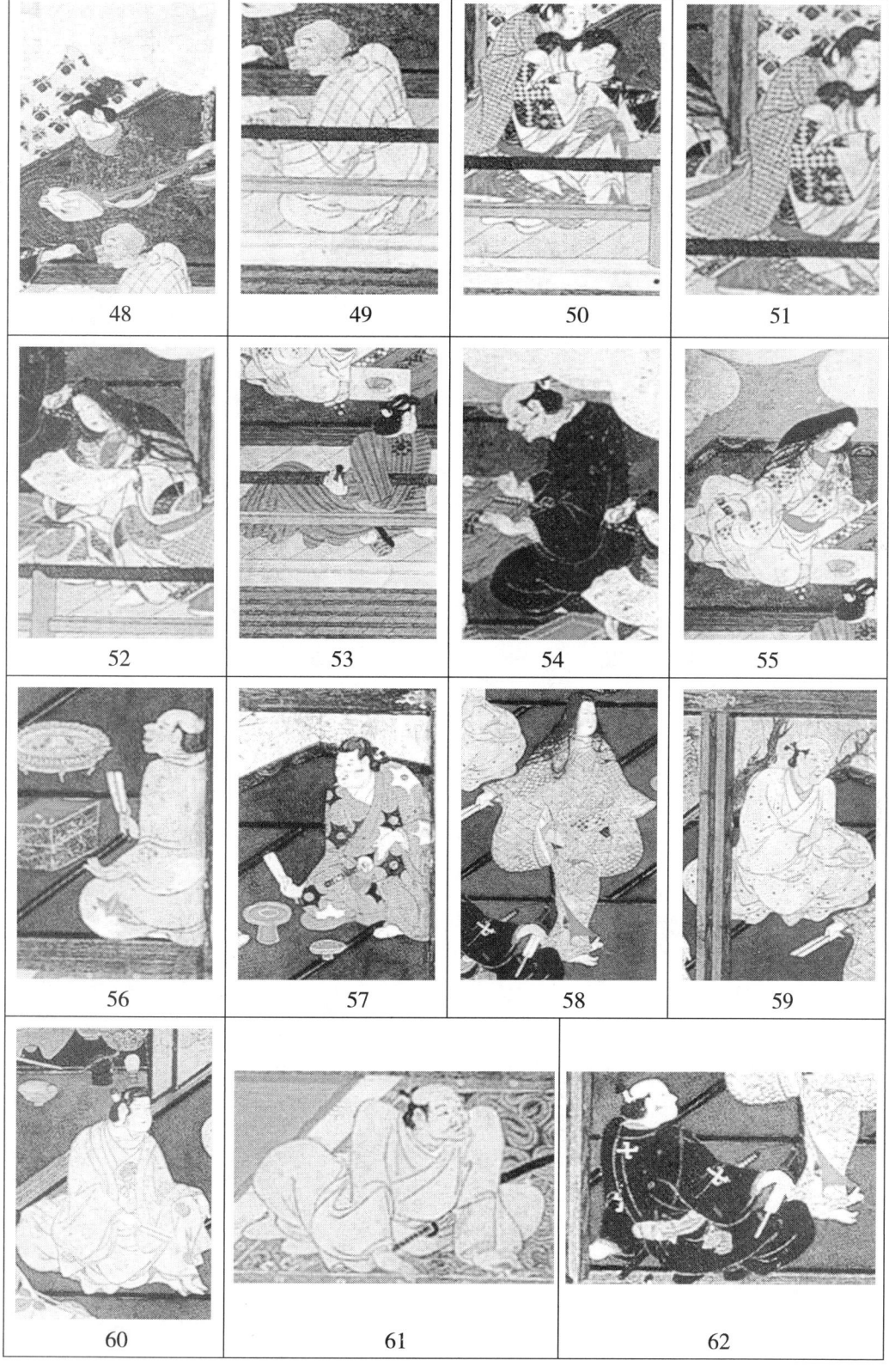

日 本 学 研 究

近世初期風俗画の小袖表現について

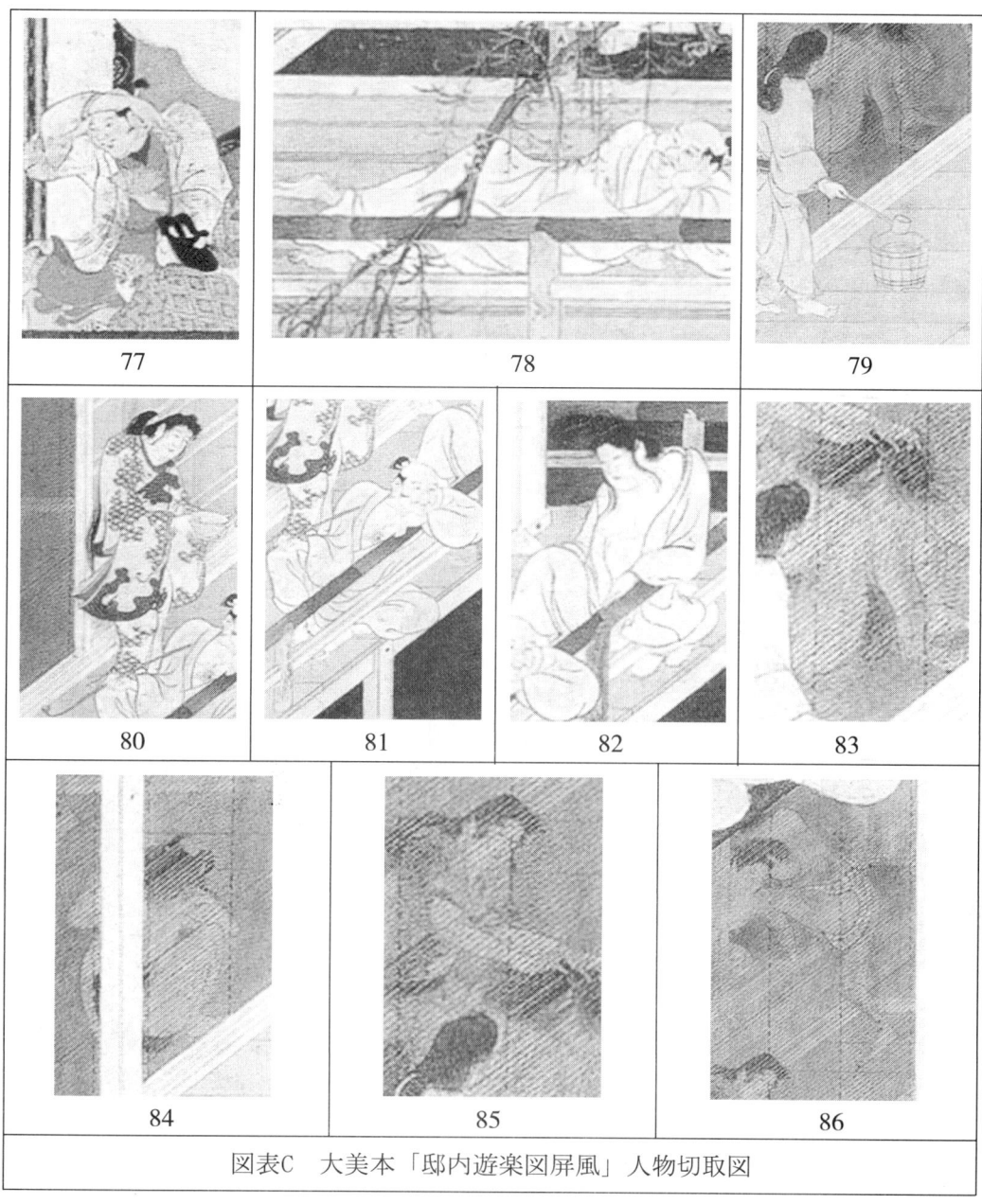

図表C　大美本「邸内遊楽図屏風」人物切取図

表D 大美本「邸内遊楽図屛風」衣裳模様一覧表

第一扇																
番号	1	2	3	4	5	6	7	8	9	10	11	12	13	14	15	16
性別身分	女性(禿)	女性	女性	男性	女性	男性	男性(若衆)	男性	女性	女性	女性	男性	男性	男性	男性(僧侶)	女性
衣服の形	振付小袖	小袖	打掛・小袖	小袖	小袖	小袖	振付小袖	小袖	振付小袖	小袖	小袖	小袖	小袖	小袖	小袖・袴	小袖
地色	白	蘇芳	赤白	緑	覗き色	黒	白	黒	白	覗き色	赤	薄茶	緑	白	黒白	江戸茶
模様	入子菱地	雲取	花唐草	不明	蔦葉	横縞	雪輪	九曜文	花唐草	雲取・網目・鹿の子	一目絞り	兎	法螺貝	無地	不明	雲取模様
		法螺貝	葡萄				不明		念珠	雷文			水車			
			棕櫚						金唐草							

近世初期風俗画の小袖表現について

	第二扇									第三扇									
	17	18	19	20	21	22	23	24	25	26	27	28	29	30	31	32	33	34	35
	女性	男性	男性	男性	男性	男性	女性	男性	女性(禿)	男性	女性	女性	男性	女性	男性(僧侶)	男性	男性	男性	男性(僧侶)
	小袖	小袖	小袖	小袖	小袖	小袖	小袖	小袖	振付小袖	小袖	振付小袖	振付小袖	小袖・袴	振付小袖	小袖・袴	小袖	小袖	小袖	振付小袖
	白	黒	緑	薄茶	鼠黒	白	白	白	白	黒	白	白	浅葱・薄茶	白	茶・薄藍	白	浅葱	鼠	鼠黒
	雲取模様	桜	菊(首抜)	無地	無地袖替り	軍配	雲取模様	無地?	雲取模様	菱繋	雲取・鹿の子	瓢箪	菊	銀杏四つ寄せ？	子持ち横筋	櫂	菱繋	霞	無地袖替り
	銀杏		幾何模様？						袖裾鋸歯		扇	瓢箪葉・蔓							
	松皮菱																		

337

第三扇												第四扇						
36	37	38	39	40	41	42	43	44	45	46	47	48	49	50	51	52	53	54
男性	女性(禿)	女性	女性	女性	女性	女性	男性	男性	男性	男性	男性	男性(僧侶)	女性	女性	女性	男性	男性	
小袖	振付小袖	小袖	小袖	小袖	小袖	小袖	小袖	小袖	小袖	小袖	小袖	小袖	小袖	振付小袖	小袖	小袖	小袖	
褐	地無し	白	茶色	白	赤	薄茶	地無し	白	茶	茶	鼠	紺	白	白	茶	白	茶	黒
蛇	雲形	雲取模様	扇	楓	唐草	鞠挟み	雲取模様	束熨斗	九曜星	楓	無地	不明	格子	袖裾鋸歯	総鹿の子	扇	縦縞	無地
	鹿の子	楓				鹿の子	鹿の子								石畳		五所紋付九曜文	
	七宝繋	丸文散し				花形												

近世初期風俗画の小袖表現について

	第四扇													第五扇					
	55	56	57	58	59	60	61	62	63	64	65	66	67	68	69	70	71	72	73
	女性	男性	男性	女性	男性	男性	女性	男性	男性	男性	男性	女性	男性	男性	女性	女性(禿)	女性	女性	男性
	小袖	小袖	小袖	振付小袖	小袖	小袖	小袖	小袖	小袖	小袖・袴	振付小袖・袖無し	小袖	振付小袖	小袖	小袖	振付小袖	小袖	小袖	小袖
	白	薄茶	茶	白	薄藍	白	白	黒	薄茶	白黒	茶白	白	緑	白	薄茶	白	薄茶	赤	黒
	葡萄	白抜き	鞠挟	雲取	井桁	丸文散し	雲取・鹿の子	無地	無地	無地	扇	楓	一目絞り	雷文繋	雲取模様	雲取模様	雲取模様	総鹿の子	丸文散し
		楓		雷文繋	霰		桜葉	五所紋付卍					唐草？	葡萄	菱繋	袖裾鋸歯			霰

339

第五扇				第六扇								
74	75	76	77	78	79	80	81	82	83	84	85	86
女性	男性	女性	男性	男性	女性	女性	男性	女性	男性	男性	女性	男性
振付小袖	小袖	小袖	小袖・羽織	小袖	小袖	振付小袖	小袖	小袖	裸	裸	小袖	裸
白	薄茶	赤	茶白	白	白	白	白	—	—	不明	—	
幾何文散し	花菱	総鹿の子	無地	無地	無地	雲取	無地	無地				
鹿の子		楓										
松皮菱												

近世初期風俗画の小袖表現について

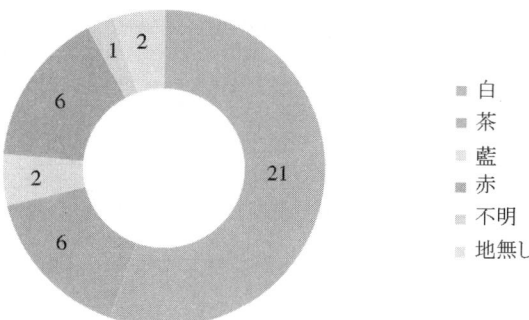

表 E-1　大美本「邸内遊楽図屏風」女性衣裳地色統計図（表 D より作成）

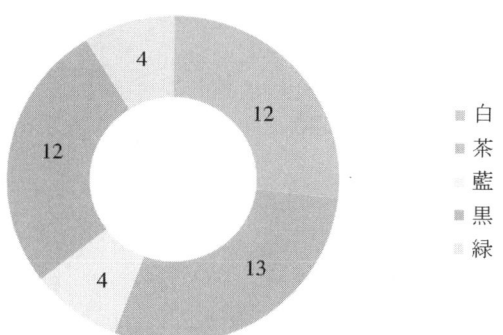

表 E-1　大美本「邸内遊楽図屏風」男性衣裳地色統計図（表 D より作成）

  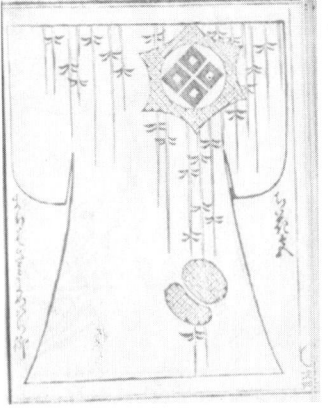

図F-1 第四扇57番の男性　　図F-2 第四扇42番の女性　　図F-3 『新撰御ひいなかた』上巻三十四丁裏

図G-1 第一扇13番の男性　　図G-2 1番の禿　　図G-3 『新撰御ひいなかた』上巻三十六丁表

  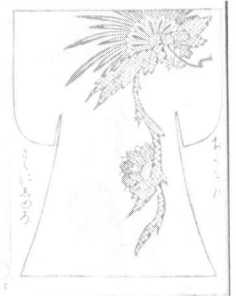 

図H-1 『新撰御ひいなかた』上巻九丁裏　　図H-2 『新撰御ひいなかた』上巻四十五丁表　　図H-3 『新撰御ひいなかた』下巻三十二丁表　　図H-4 『新撰御ひいなかた』下巻四十五丁表

図I-1 大美本「邸内遊楽図屏風」第二扇22番の男性

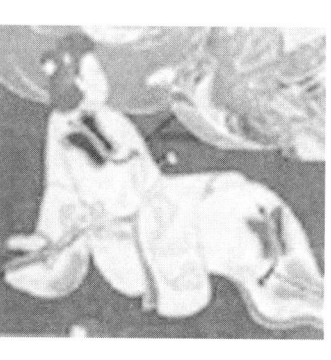
図I-2 大美本寄託本右隻第二扇の女

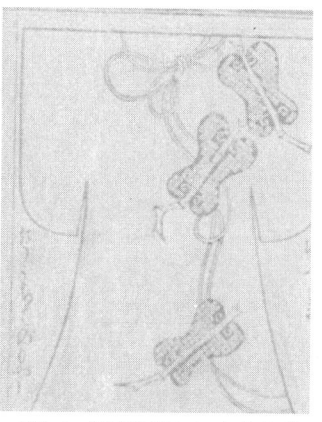
図I-3 『新撰御ひいなかた』下巻四十二丁表

図J 重要文化財「湯女図」MOA美術館蔵 紙本着色 一幅

図K 大美本「邸内遊楽図屏風」小袖の袖幅と身幅の比例

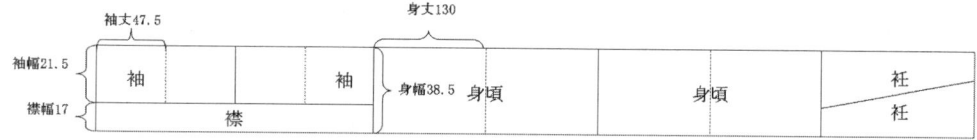
図L-1 永禄九年銘辻ヶ花染小袖推測裁断図（裂幅42cm 総長約860cm）
神谷栄子「小袖」(『日本の美術』67、1971年12月) 34頁より

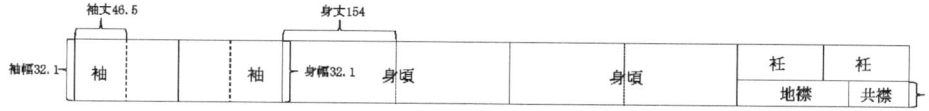
図L-2 現代着物裁断図（筆者作成）

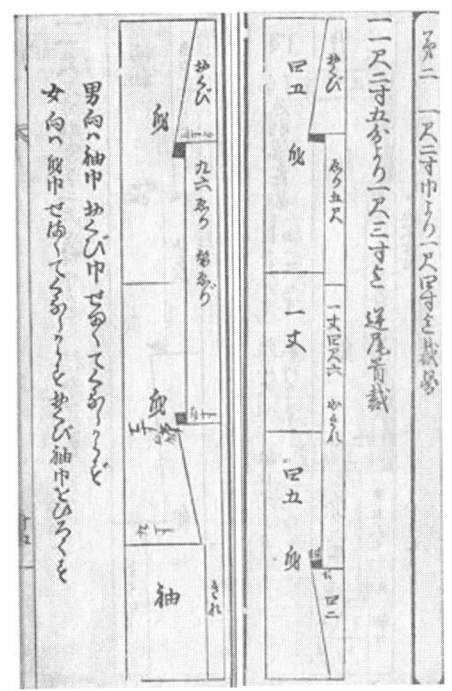 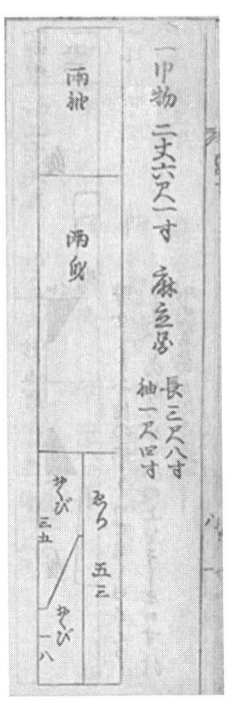

図M-1 『絹布裁要』14丁裏と15丁表　　図M-2 『絹布裁要』8丁裏

図版出典

図A　大阪市立美術館蔵「邸内遊楽図屏風」――『国華』第1210号、1996年10月

図B-1〜B-4　重要文化財　徳川美術館蔵「遊楽図屏風（相応寺屏風）」――『かぶく美の世界――絵は語る　異端と享楽の浮世』、徳川美術館、1997年10月

図F-3、図G-3、図H-1〜L-4、図I-3　『新撰御ひいなかた』――国立国会図書館デジタルコレクション、稀書複製会編『御ひいなかた』、米山堂、1936年

図I-2　個人蔵　大美本寄託「邸内遊楽図屏風」右隻局部――『和の意匠――新たなモチーフ・大胆なデザイン』、大阪市立美術館、1998年10月

図J　重要文化財　MOA美術館蔵「湯女図」――『MOA美術館名品図録　総合編』、MOA美術館、2012年4月

図M-1、図M-2　『絹布裁要』――国立国会図書館デジタルコレクション、正木政幹『絹布裁要』、林宗兵衛出版、1764年

定年高齢者の再社会化に関する測定方法の検討

北京外国语大学　王勇丽

摘要：由于医疗体制和公共卫生水平的不断充实,战后日本人的寿命增长迅速。2013年日本男性寿命已达80.21岁,女性寿命达86.61岁。即使按照法定退休年龄65岁来计算,日本男性退休后仍将面对超过15年的老年生活,对于日本女性来说,这个时间长度则长达20多年或者更长。退休,毫无疑问会给生活带来不连续性,但又不得不说老年期同时也是一个展开新的职业生涯和生活方式的新阶段。有关于再社会化对退休老年人个人生活的影响及所引起变化的相关研究,在社会学里并不多见。特别是从社会化的视角、通过测量指标对老年人的退休适应过程进行量化研究的很少。笔者的最终目的是希望为退休老年人适应新的人生阶段提出具体的介入方法,为此本文重点探讨了退休老年人再社会化的指标体系。当然,具体到个人时,老年人的再社会化问题因人而异,不同的人有不同的环境和情况,不能一概而论。但从退休老年人所遇到的普遍性问题而言,对老年人再社会化进行量化研究是十分必要的。至于老年人再社会化的影响因素如何影响到个人,以及老年人再社会化指标的可操作性问题,还有待进一步探讨。

キーワード：再社会化　定年高齢者　測定方法

1. はじめに

　医療技術の発達により量的には寿命が伸びた日本人であるが、人生における総時間のおよそ4分の1を占める「引退後」をどのように過ごすのか、「第二の人生」としてどのように位置付けるのかといった質的な側面について、我々の課題として突きつけられているのである。

　定年退職のため同僚や部下と離れ、子供が独立して家を出ていく、配偶者との死別あるいは親しい人が死んでいくなどによって、喪失状態に陥る高齢者は数多く存在している。定年退職によって、会社人間としての役割を終えたと同時に、家族や社会などの社会的な場(所)から必要されなくなり、自己存在の意味も失ってしまう可能性がある。そのため、いろいろな社会的問題が生じてくる。

　2013年に東京都内であった万引で、65歳以上の高齢者の摘発者数が19歳以下の少年を上回った。48%の高齢者の万引き理由は「お金はあるが使いたくない」[2]。高齢犯罪者は高齢者の増加を上回るスピードで激増、単純に高齢者が増えているだけではなく、キレる高齢者[3]も増えている。暴行・障害など粗暴犯の数は数十年前と比べて20倍、高齢者増加率に対する粗暴犯の検挙率も世界でトップとな

った[4]。

　それらの高齢者に対して、主な問題は身体的な問題だけではなく、社会に不適応であることへの心理的障害が生じたのは無視できない事実である。退職した高齢者が社会的な役割や立場から初めて解放された時に、自分とは何なのか、自分の役割はなにか、どのように生きたら良いのかと言ったテーマに改めて直面する。

　伝統的な視点で高齢者の再社会化を求めるのはますます困難になる。今の高齢者を、年齢と共に多様な人生経験を持ち、個人差がはっきりしてくる高齢期に入り、多様な価値を受け容れ、また、社会システムの一翼として、積極的に捉えていくべきであろう。しかしながら、社会の高齢化が進展していく中で、介護を必要とする寝たきり老人や痴呆性老人の対策のあり方に関する研究が主流であり、高齢者福祉というと身体的変化に着目した医学的な視点が重視されている。が、現在高齢者の大半を占める、身体的には「健康な高齢者」の社会的役割の変化に着目した議論は、重視されてはいるが、具体的な方策は充分練られておらず、前者と対比して乏しいと言わざるを得ない。

　高齢者再社会化の研究については、現在、測定指標の研究・開発が特に求められている。サクセスフル・エージング（成功した高齢期）は、近年注目されている研究テーマであって、測定法の開発も種々試みられているが、いまだに試行錯誤の段階にある。評価基準は再社会化の構成要素の中で最も研究が遅れているものであって、高齢者の再社会化を評価する基準を表わす指標を研究するのは非常に少ない。評価基準の指標の検討は残された課題である。

　なので、本文の最終の目的としては、再社会化概念を高齢者の老後生活への適応過程に関する研究に導入し、高齢期を人生の新たな段階と認め、その段階に適応していく過程を影響する要素を究明したい。

　本論文では、定年した高齢者の再社会化指標を開発し、再社会化の概念を明らかにし、因子構造から再社会化の概念を操作的に定義することを目的としている。

2. 現代社会における高齢者再社会化の現状

　I・ロソーによると、老人の地位は財産所有権・戦略的知識・生産性・相互依存・伝統と宗教・親族と家族・地域生活という七つの主要な制度的要因に左右される（I・ロソー 1947a；5-6)[1]。

　だが、都市化、工業化、情報化等が進展しながら、人間をめぐる社会的環境はますます専門化、組織化を強め、しかも急速に変化している。このような変化の速い巨大化した社会において、高齢者の社会的地位を支える資源と条件もだんだん崩され、高齢者の権威を損なわれてくる。

　比較的に単純な社会では、高齢者にとって、経験と財産は安心と自立を与え、若者の生活機会を支配する権威を持つ主な資源であった。彼らはこの権利を背景に若者の服従を要求した（I・ロソー 1947b；13）。だが、今の日本では、所有権と経営権の分離に伴い、「家父長制」の崩壊、若者が次第に自立し、老人の権威が弱められて

きた。

第2点では、伝統に縛られた比較的単純な文化とは反対に、情報社会に入って、今まで老人が重要な役割を果たしてきた文化の記憶という意義が薄くなってきて、高齢者に教導されるより高齢者に新たな知識を教えるようになった(齋藤静 2008：63-75)[2]。

第3点では、人間関係の希薄化による孤立感が増大していることである。老人の孤立化は、量的にも質的にも今後さらに拡大することが予想され、大きな問題となってくる。戦前日本においての老後生活は、子供が老親を扶養することを原則とし、楽隠居が一般的なパターンであった(竹中星郎 1998：43-44)[3]。しかし、戦後においては、「家」制度がなくなるとともに、子供の扶養意識も大幅に低下し、若年層の都市進出によって過疎地帯における老人世帯の増加は激しい。

また、生活様式の急速な変化は、経験の権威が低下し、老人の存在価値も著しく減少させ、子供と同居している老人にも深い孤立感を味わさせている。なので、今の高齢者は役割の喪失と自己認識のかとうに陥ている。

2.1　役割喪失

山本(山本 1995：76-91)[4]は高齢者には(1)心身の健康(2)経済的自立(3)家族や社会とのつながり(4)家庭や社会での役割(5)自己存在の意味、という5つの喪失を挙げている。(3)(4)(5)は全て役割喪失によるものと考えることができる。子供の自立に伴う虚脱感、定年退職などに伴う喪失感などにより、自己存在の意味が喪失されると考えられる。定年退職の役割喪失は、主として家族役割と職業役割からの疎外である。親しい人との離別や退職、定年後の低収入がもたらす生活様式の変容、心身的な衰えといった自立を難しくするようなことによって役割喪失が起こる(I・ロソー 1947c：132)。

役割の喪失は必然的にそれまでの集団所属を影響し、集団内(家庭・地域など)における権威を低下させ、社會関係の途絶あるいは減退という状況にも遭遇する。

「『年寄りとつき合うより孫を世話したいわ』って、毎日来られても…」というように、個人的な交友関係が一切なく、孫しか目に入らない高齢者は迷惑この上ないであろう。「『敬老会』なんてバアサンばっかり！」と、同世代を軽蔑する。役割の喪失により、高齢者は価値の低いモノと見るばかりでなく、高齢者たちはお互いに相手を軽蔑する傾向がある。加齢に伴って、これまで享受していた機会や報酬に除外され、不利な立場に置かれ、それまで持っていた社会との結びつきの重要な基礎を失った。

また、老年期には規定された活動というものは比較的に少ない。その役割は、開放的で柔軟性があり、構造化されていない(Richard Williams 1960：261-297)[5]。最大限の個人的な好みと個人の選択によって定義されることができる。しかし、役割とは何らかの社会的位置を占めている人々の間で、それらの位置との関連にを見出すことのできる一連の行動様式に関わる概念である。つまり、他人からの明確な役

割期待が役割遂行の鍵となる。だが、社会には高齢者に対するこういう明確な役割期待が欠如している。

所以、こういう役割喪失と役割期待不明に陥る高齢者が、役割の曖昧あるいは葛藤の中に、矛盾を感じながら緊張を生じ、「役割のない役割」[6]（小辻 2011:109-119）になった。

2.2　若さの自己イメージ

「『おばあちゃんなんてとんでもない！みっちゃんと名前で呼んで！』と言い張る…」、孫が生まれてもなお「かわいい女性」としての自分を前面に押し出したがる義母は多いようである。また、「『60代なんですよぉ』『お若く見えますねー』『あらヤダ(笑)』ってやりとり、どれだけ繰り返せば気がすむの？」というように、相手が「若い」と答えるしかない状況で得意顔の義母を、恥ずかしく思う人もいるようである。面と向かって注意しにくい言動だけに、聞こえないフリをして流すしかなさそうである。「『まだそんな年じゃない！』とカンカン」というように、「席を譲られる」事実そのものにショックを受ける年配の人は多いようである。

つまり、高齢者は自分の若い自己イメージに、非常に執着している。バルーク(Baruch G. K & Pleck. J. H 1991:53,29-42)が表現したように、「我々にとって老年はいつも自分より十五年は年上なのである」[7]。実際に、こういう自他認識の不一致さが、高齢者の自己意識が社会のものの見方と価値を受けれていないことを示している。ゆえに、再び今までと異なった行動様式や社会規範を学ぶのは、高齢者のこれからの真の課題となる。

2.3　コミュニティの変容

社会的孤立は、地域社会における人と人とのつながりが薄れることが大きな要因となっている。その背景には都市化や工業化の進展がある。東京圏をはじめとする大都市圏では職住分離の都市構造のために長距離・長時間通勤が多くなっている。その結果、郊外の住宅地では昼間は地域住民が少なくなり、平日の勤労者の多くは、ただ寝るだけ家に帰るような地域のつながりのが薄いコミュニティが形成されている[8]（佐藤眞一 2011）。

それでもかつては地域には子育てをする専業主婦が多く、子どもを媒介とした地域活動が地域のつながりを維持してきた。しかし、共働き世帯が多くなるにしたがって、専業主婦世帯を上回り、昼間に地域にいる主婦も少なくなり、また、少子化の影響による子どもの減少が地域コミュニティの衰退と空洞化を促している。また、プライバシーを重視する都市型ライフスタイルが定着し、多くの都市住民は隣近所の様子もよく分からない地域社会に暮らしている場合も多く存在している。

長期の職業生活のため家族、地域などとの関係が分断されがちになり、そのため役割、自我の喪失を招いてしまう。また社会の無知や偏見のため、社会からの排除対象になりやすい状況にも遭遇する。

2.4 家族の社会化機能の低下

　社会化機能は家族機能の一つである。家族は子どもを育て、教育する機能を持っている。子どもは家族の中で人間性を形成し、文化を内面化して、社会に適応する能力を身に付けていく。

　家族の社会化機能は、子どもに対してのみが注目されるのは普通だが、家族は、その構成員を「父」「母」「子ども」という役割、兄弟姉妹における「兄」や「妹」などの立場、成長しながら身に付けていく「大人」としての態度など、生育環境や発達過程に沿ってそれぞれの役割に社会化させる機能を持っている[9]（阪本 2005：73-78）。つまり、人が家族の中で成長し、家族の中で役割が変化し、家族により社会化されることによって、その外側に広がる社会に適応する能力を身につけるというプロセスがある。したがって、家族の社会化機能の対象は、子どものみならず、全ての構成員の生涯にわたるものとして考えられる。

　だが、伝統的な家族機能が変容していることは周知のごとくである。家族の規模が小さくなり、核家族化が進み、従来の家族の役割も変化している。そのような変容が、家族の社会化機能を低下させているという指摘は多くみられる。家族の社会化機能が子どもに限る機能ではない、高齢者の社会化もまた、その失われつつある機能の対象に含まれると考えられる。

　伝統的な社会では、高齢期になると、生み育てるという直接的な育成の時代を終え、家族の中で最年長となる。そして、孫という新たな世代の誕生で、人生における自分の位置の自覚、後続世代へ伝承していく事柄やそのタイミングを見極めていく[10]（青井，1976：5-16）。それが伝統的な社会に見られた「老人」の位置であった。しかし、家族形態の変容、三世代同居の減少傾向により、家族機能が持っていた高齢期の再社会化機能も失われつつあるといえるのである。

3. 指標作成の操作的手順

3.1　本論文における再社会化の概念

　高齢期社会化の主な課題は、社会生活における状況の要求を正確につかみ、適切に行動することができるような高齢者役割の学習と状況的適応の習得である。さらに高齢期の社会化は、青年期までに形成された人格的統一を改めて再組織し直すという側面も含んでいるから、「再社会化」の過程であるともいわれる。

　はじめに説明した高齢期の再社会化現状、及び先行研究により、本論文で筆者が論じる退職した高齢者の再社会化の概念を仮定義した。

　つまり高齢者の再社会化とは「地位の低下、役割の曖昧や喪失、権威や権力の減退、収入の激減、交際圏の縮小などに直面している退職した高齢者は、社会活動に参加し、社会への関心を高まることによって新たな行動様式を身に付け、生活の主体性が生じ、周囲からの役割期待を遂行することによって社会的役割を習得し、人間関係がスムーズに進んでいき、これらを通じ再び社会に適応する過程を言う」と定

義する。

　筆者の再社会化の概念の特質は、第1点として社会とのつながりを中心に捉えていること、第2点は、目標が達成された結果の評価だけではなく、むしろ結果にいたるプロセスの生き方に注目していること、そしてそこに高齢者が直面している現状を認めていること、第3点は個人の主観的満足度に留まらず、社会的役割や行動様式を習得し社会適応に関与していることが条件であることの3点である。

3.2　仮定義の操作的手順

　再社会化の測定指標を開発するには、まず、再社会化とは何かという再社会化の概念を仮に定義することから始まる。次に、再社会化の仮の概念を測定する指標となる1つ1つの質問項目を作成することとなる。そのため、再社会化関連のキーワードを先行研究から多数抽出し、項目プールを作成する。ここでは、高齢者の現状、現実、社会参加、高齢者生活の質（QOL）などの再社会化の先行研究から再社会化関連のキーワードを抽出する。再社会化関連のキーワードを抽出し453個の項目プールを作成した。

　収集した多数のキーワードを分類し、大・中・小の項目に統合化するプロセスを通じ、再社会化の構成概念の操作的定義を試みる。また、小項目に分類し、まとめたキーワードの中から、測定指標となる質問項目文を作成する。

表 3.2.1　中項目6領域の項目名と所属小項目数

	中項目名（構成概念）	所属する17小項目	出所
1)	活動参加	3小項目	「社会参加」より、一部修正
2)	社会への関心	3小項目	マスローの心理学より
3)	生活の主体性	2小項目	サクセスフル.エージング理論の「自律」より
4)	役割の遂行	2小項目	ロソーの高齢者社会化理論より
5)	生活の協力関係	4小項目	「社会参加」より、一部修正
6)	社会関与関係	3小項目	「社会参加」より、一部修正

　完成した項目プールをもとに、KJ法により同じ意味を持つ項目の分類整理を繰り返し、各領域に名称を付し、領域の名称と所属キーワードを再社会化概念の構成要素とし、再社会化の構成概念の操作的定義を試みた。高齢者が自ら位置や集団所属にふさわしい新たな価値や行動を選択し設定し、習得していくことを再社会化の概念の基本的要素とした。特に、役割、社会との関連性、社会への関心、社会参加、生活の主体性、他者とのつながりをキーワードの抽出の基本視点としている。抽出した項目プールの1つ1つのキーワードが、すべてカードに書く。次に、カードに書かれた言葉が同じ意味を持つと、KJ法により1つのグループにまとめ、同一カテゴリーとし、こんなふうに中項目、大項目、小項目の順に分類を繰り返した。

　まず、全キーワードを6領域に分類し、中項目とした（表3.2.1参照）。中項目の6領域の項目名の内容は次のとおりである。

1)「活動参加」(趣味活動やボランティア活動などの、社会との関連性が生ずる活動に参加すること)、2)「社会への関心」(社会に積極的な意識を持ち、情報や他者への関心を高めること)、3)「生活の主体性」(自律的で、意思決定の能力を持つこと)、4)「役割の遂行」(期待され学習される行動様式を遂行すること)、5)「生活の協力関係」(親族や家族・友人などの頼りになれる関係)、6)「社会関与関係」(社会とのつながりを強める関係)。

表3.2.2　行動様式の再社会化に所属する中・小項目

大項目(一級指標)	中項目(二級指標)	小項目(三級指標)	出所
行動様式の再社会化	活動参加	趣味活動 ボランティア活動 再就職	社会参加より、一部修正 同上 同上
	社会への関心	情報への関心 他者への関心 他者への寛容さ	「QOL」より、一部修正 マスローの心理学より、一部修正 同上

　6領域とした理由は、第1に、収集した多数のキーワードを分類するには、10項目以内に収めることが適切であると判断したからである。第2に、先行研究から、指標の構成概念の因子数は、標準的に最大5～10構造因子が適切であること。第3に、カードの分類整理する結果として5～10グループにまとめられたことである。

　これらの6領域の個々の名称の由来は、「活動参加」は社会参加の先行研究の「社会活動」から、「社会への関心」はマスローの心理学より取り上げた概念である。「生活の主体性」はサクセスフル・エージング理論の「自律」概念から名づけている。「役割の遂行」はロソーの高齢者社会化理論の「社会的役割」概念から導き出している。「生活の協力関係」と「社会関与関係」は、社会参加の先行研究からきている。

　次に、KJ法で得られた6領域を中項目とし、同じカテゴリーと思われる領域をグループ化し、最終に3つのグループに分け、大項目とした。一方の「活動参加」「社会への関心」の2領域が所属するカテゴリーを大項目「行動様式の再社会化」と名づけた(表3.2.2に参照)。また、もう一方の「生活の主体性」「役割の遂行」の2領域が所属するカテゴリーを大項目「社会的役割の再社会化」と名づけた(表3.2.3に参照)。そして、「生活の協力関係」「社会関与関係」の2領域が所属するカテゴリーを大項目「人間関係の再社会化」と名付けた(表3.2.4に参照)。

表3.2.3　社会的役割の再社会化に所属する中・小項目

大項目(一級指標)	中項目(二級指標)	小項目(三級指標)	出所
社会的役割の再社会化	生活の主体性	自発的な社会貢献意識 その人らしさ	「QOL」より、一部修正 サクセスフル・エージング理論の「自律」概念のより、一部修正
	役割の遂行	周囲からの期待 社会的規範	ロソーの高齢者社会化理論より 同上

　6領域の全キーワードを整理し、否定語や、不適切な表現のキーワードを削除し、

フィールド調査を行う質問項目に重要となるキーワードを残した。6領域の中項目を、さらに表現が似ているキーワードを同一カテゴリーに分類し、各中項目を2〜4個の小項目に分類した。

最終的に、再社会化の項目プールを整理し重要と思われるキーワードを選択し残した。結果として76個のキーワードを残し、16種類の小項目に分類した。各小項目に所属するキーワードが示している特性に応じ、操作的に項目名を付した。

小項目への分類は、3つの条件に従い行った。第1の条件は、1つの中項目に所属する小項目数を2〜4個とした。第2の条件は、1つの小項目に所属するキーワードの数を10個までとした。第3の条件は、各小項目には調査票の質問項目にふさわしいと思われるキーワードを残し、他のキーワードは削除した。

表3.2.4　人間関係の再社会化に所属する中・小項目

大項目(一級指標)	中項目(二級指標)	小項目(三級指標)	出所
人間関係の再社会化	生活の協力関係	配偶者 家族 友人 知人・他人	「社会参加」の先行研究でまとめた基本属性より、一部修正。
	社会関与関係	近所付き合い 同僚 趣味同士	「社会参加」と「QOL」の先行研究より、一部修正。

大項目「行動様式の再社会化」に所属する中項目及び小項目とした項目名を、表3.2.2に示した。大項目「行動様式の再社会化」には、「活動参加」「社会への関心」の2中項目が所属し、6個の小項目から構成されている。また、大項目「社会的役割の再社会化」には、2つの中項目「生活の主体性」「役割の遂行」が所属し、4個の小項目から構成されている(表3.2.3)。そして、大項目「人間関係の再社会化」には、2つの中項目「生活の協力関係」「社会関与関係」が所属し、6個の小項目から構成されている(表3.2.4)。これまでの項目分類をまとめると、再社会化構成概念は、3つの大項目、6つの中項目、16個の小項目からなっている。

こうして収集したキーワードをKJ法により、大項目、中項目、小項目と順次分類する作業を通して、再社会化の構成概念の操作的定義を試みた。つまり、再社会化の構成概念は、『3つの上位概念、「行動様式の再社会化」「社会的役割の再社会化」と「人間関係の再社会化」から構成され、上位概念の「行動様式の再社会化」には「活動参加」「社会への関心」という2つの下位概念が所属し、上位概念の「社会的役割の再社会化」には「生活の主体性」「役割の遂行」の2つの下位概念が所属し、上位概念「人間関係の再社会化」には、「生活の協力関係」「社会関与関係」の2の下位概念が所属している』、と操作的に仮定義することができる。

3.3　三つの領域名の由来

再社会化はある意味、今までの人生モデルから逸脱し、再び社会に再参入する自己を再形成する過程でもある。人間の自己形成は環境に対する均衡を維持するた

めの適応組織であるとともに、社会体系の機能的要件としての社会的圧力を個性的に受け止め、独自な状況定義を通して一貫した態勢を再組織しようとする自己適応のシステムでもある(麻生・柴野 1978)。

G. H. ミード[11](1934:241-253)によると、自己形成能力あるいは自己を社会化する能力とは、次にような諸性能(図表3.3.1に参照)の総体であると考えられる。

1)インター・パーソナルな状況に置いて、主動的な対人交渉を展開していく過程で獲得する「交渉性 sociability」.

2)その過程に置いて、他者特別する自己の独自性を自覚することにより獲得する「個性 individuality」.

3)両者の相互媒介として、自己発展に基づく形成する自己決定的な志向を選択能力としての「自律性 autonomy」.

このような意味で、自己形成的能力と性能は、人間の能動性、自発性、意志の自由、選択および判断の主体、または倫理的主体などのメカニズムを説明する道具概念となるのである。

ところで、再社会化過程が必ずしもこの自己形成の能力をもたらすとは限らない。定年高齢者として、定年高齢者として、社会で生存する基本的な価値規範や行動マナーなどとしての「自律性」はすでに身につけているはずので、本論文では残り三つの形成性質について分析する。

図表3.3.1 人間形成の過程

I 社会性 Sociality	II 個性 Individuality
III 交渉性 Sociability	IV 自律性 Autonomy

まず、交渉性は、社会集団において、他社とのやり取りの中で、自己を認識し獲得することである。なので、新たな人生段階に交渉性を再び身につけるためには、「人間関係の再社会化」が不可欠である。

次に、個性は、マッキーヴァー(R. M. Maciver 1988:67)によれば、自己と他者との相互作用過程において、各行為者の行為がある程度組織化、構造化されたものである場合に、その一連の首尾一貫した行為の系列をさして役割(ロール)を獲得することである[12]。つまり、定年高齢者に対する個性の確立は「社会的役割の再社会化」でもある。

最後に、社会性は、自己の環境的世界に対する主観的意味付けとの関連において、その状況にふさわしく反応する行動様式を選択し、「適切な対人関係を促進する能力」(Interpersonal competence)である。つまり、定年高齢者における交渉性の向上は、「行動様式の再社会化」でもある。

なので、本論文の再社会化指標では「行動様式の再社会化」、「社会的役割の再社会化」および「人間関係の再社会化」の3領域よりまとめていく。

4. 再社会化予備指標の作成

4.1 大項目「行動様式の再社会化」について

大項目「個人の生活」には、2つの中項目「活動参加」、「社会への関心」が所属している。2つの中項目別に所属する各小項目のキーワードからの質問項目文の作成手順を説明する。

4.1.1 中項目「活動参加」に所属するキーワードからの質問文の作成

中項目「活動参加」には、「趣味活動」「ボランティア活動」「再就職」という3つの小項目が所属している(表3.2.2)。

1)「趣味活動」に所属するキーワードからの質問文の作成

介護システムの充実と合わせて、高齢者が自由時間という資源を豊かで健康的な余暇活動に費やし、それを通して社会との諸関係に参加していける。「趣味活動」は高齢社会に不可欠な条件である。「趣味活動」に所属の5つのキーワード「1.クラブ活動、2.体に負担、3.外出、4.生きがい、5.余暇活動」(表4.1.1)から、高齢者への再社会化に関する調査項目文の候補として5個の質問文を作成し、次の4つの質問文を採用とした。

(1)教養・芸術・音楽関係の団体やグループに参加していますか?
(2)健康・スポーツのクラブやグループなどに参加していますか?
(3)高齢者の団体やグループなどに参加していますか?
(4)趣味のサークル・団体に参加していますか?

表4.1.1 小項目「趣味活動」に所属のキーワード

	キーワード
趣味活動	クラブ活動
	体に負担
	外出
	生きがい
	余暇活動

2)「ボランティア活動」に所属するキーワードからの質問文の作成

元気な高齢者の中には、地域での活動等に興味を持っている人が数多く存在する。趣味活動や自主グループなどの社会参加活動は知的好奇心や余暇活動を含む「知的能動性」は主とするものであるが、ボランティア活動はさらに創造的リーダーシップや利他的行動といった「社会的役割」も含むことで、高齢者が活動を通して達成感や生きがいを持つことに寄与する。

「ボランティア活動」に所属の4つキーワード「1.自主性、2.共感、3.自己責任、4.支え合う人間関係」(表4.1.2)から、高齢者への再社会化に関する調査項目文の候補として6個の質問文を作成し、次の3つの質問文を採用とした。

定年高齢者の再社会化に関する測定方法の検討

表4.1.2 小項目「ボランティア活動」に所属のキーワード

	キーワード
ボランティア活動	自主性
	共感
	自己責任
	支え合う人間関係

(1)町内会・自治会などで何か職務を担当していますか？
(2)何かボランティア団体（社会奉仕団体）に参加していますか？
(3)市民活動団体（NPO）に参加していますか？

3)「再就職」に所属するキーワードからの質問文の作成

定年退職を迎える人の約9割がまだまだ働ける、つまり再就職への意欲をもっていると言われる。長寿大国の日本において、60歳はまだひと花咲かすことができる年齢なのである。長年勤めてきた会社は退職しても、他の会社で働くことを希望される人が増えている。

「再就職」に所属の5つのキーワード「1. 定年退職、2. 定年高齢者、3. 力にあふれている、4. 人生に対する前向きな気持ち、5. 楽しく苦労する」（表4.1.3）から、高齢者への再社会化に関する調査項目文の候補として7個の質問文を作成し、次の3質問文を採用とした。

(1)シルバー人材センターなどの生産組織に参加していますか？
(2)転職・再就職活動に参加していますか？
(3)再就職していますか？

4.1.2 中項目「社会への関心」に所属するキーワードからの質問文の作成

中項目「社会への関心」には、3つの小項目「情報への関心」、「社会問題への関心」、「他者への寛容さ」が所属している（表3.2.2）。

1)「情報への関心」に所属するキーワードからの質問文の作成

定年高齢者は、技術の進歩や情報量の増大など、急速な経済社会の変化に適応しきれないために、不安感が増大してくる。定年高齢者に対してい、情報の獲得と社会への関心意欲が、まだ社会と繋がっていることを確認できる。

表4.1.3 小項目「再就職」に所属のキーワード

	キーワード
再就職	定年退職
	定年高齢者
	力に溢れている
	人生に対する前向きな気持ち
	楽しく苦労する

「情報への関心」に所属の4つのキーワード「1. 知的能動性、2. 積極的、3. 情報の欠如、4. 喪失体験」（表4.1.4）から、高齢者への再社会化に関する調査項目文の候補と

して6つの質問文を作成し、次の3質問文を採用した。
(1)本・雑誌・新聞を購読していますか?
(2)インターネットを利用していますか?
(3)携帯やパソコンを利用していますか?

表4.1.4 小項目「情報への関心」に所属のキーワード

	キーワード
情報への関心	知的能動性
	積極的
	情報の欠如
	喪失体験

2)「他者への関心」に所属するキーワードからの質問文の作成

「他者への関心」は、高齢者が、地域や社会の人々に関心を持ち、また、多くの人に接することで他者と相互にわかりあえる機会を持つことが重要である。

「他者への関心」に所属の5つのキーワード「1.人に関心があり、2.自分.他人、3.自己中心、4.人間関係の希薄化、5.相互依存が弱くなり」(表4.1.5)から、高齢者への再社会化に関する調査項目文の候補として7個の質問文を作成し、次の3質問文を採用とした。
(1)自分が住む地域について、生活する場所として愛着を感じますか?
(2)他人のために何らかの役を立ちたいですか?
(3)自分が損をしてまで、皆のためにつくしたいですか?

表4.1.5 小項目「他者への関心」に所属のキーワード

	キーワード
他者への関心	人に関心があり
	自分.他人
	自己中心
	人間関係の希薄化
	相互依存が弱くなり

3)「他者への寛容さ」に所属するキーワードからの質問文の作成

寛容さとは、「異なる意見や行動を許容すること」である。そうした地域でのかかわり合いの経験を通じて、他の世代など異なる生活様式を持つ者に対して寛容になることができ、他者と価値観を共有し、相互に関心を持ちながら、自らの役割を自覚し、社会への貢献を果たしていくことができる。

「他者への寛容さ」に所属の6つのキーワード「1.不満感、2.深い孤立感、3.自他認識の不一致、4.社会の無知や偏見、5.排除対象、6.多様な価値」(表4.1.6)から、高齢者への再社会化に関する調査項目文の候補として7個の質問文を作成し、次の4質問文を採用とした。

表 4.1.6 小項目「他者への寛容さ」に所属のキーワード

	キーワード
他者への寛容さ	不満感
	深い孤立感
	自他認識の不一致
	社会の無知や偏見
	排除対象
	多様な価値

(1) 他人の意見を聞いたとき、あなたは違いを感じながらも受けられますか?
(2) 違う意見があっても、できるだけ話を聞くようにしていますか?
(3) 他人の立場に立って、物事を考えるように努力していますか?

4.2 大項目「社会的役割の再社会化」について

大項目「社会的役割の再社会化」には、2つの中項目「生活の主体性」、「役割の遂行」が所属している。これからは、2つの中項目別に所属する各小項目のキーワードからの質問項目文の作成手順を説明する。

4.2.1 中項目「生活の主体性」に所属するキーワードからの質問文の作成

中項目「生活の主体性」には、「自発的な社会貢献意識」、「その人らしさ」という2つの小項目が所属している(表 3.2.3)。

1)「自発的な社会貢献意識」に所属するキーワードからの質問文の作成

高齢者が充実した生活を送る上で、蓄積してきた知識や経験をボランティア活動や地域活動といった社会貢献活動に活かす動きが注目される。

「自発的な社会貢献意識」に所属する4つのキーワード「1. 自由度、2. 人生を再設計、3. 多様な生活、4. 社会貢献」(表 4.2.1)から、高齢者への再社会化に関する調査項目文の候補として、5個の質問文を作成し、次の2質問文を採用とした。

表 4.2.1 小項目「自発的な社会貢献意識」に所属のキーワード

	キーワード
自発的な社会貢献意識	自由度
	人生を再設計
	多様な生活
	社会貢献

(1) 社会のために役立ちたいと思っていますか?
(2) 町内会などの地域活動に貢献したいですか?

2)「その人らしさ」に所属するキーワードからの質問文の作成

高齢者は誰でも、健康で生きがいを持ち、安心して自立した生活を送ることができ、いつまでも自分らしさを持ち、自立した生活を実現したい。

「その人らしさ」に所属する5つのキーワード「1. 人生の目的、2. 落ち着いて穏やか

な気分、3. 主導感、4. 真にありのままの自己になる、5. 充実した生活」(表4.2.2)から、高齢者への再社会化に関する調査項目文の候補として、11個の質問文を作成し、次の3つの質問文を採用した。

表4.2.2　小項目「その人らしさ」に所属のキーワード

	キーワード
その人らしさ	人生の目的
	落ち着いて穏やかな気分
	主導感
	真のありのままの自己になる
	充実した生活

(1) 自分らしい生活を送ることができていると思いますか?
(2) 自分らしい人生を送りたいと思いますか?
(3) 自分らしい個性的な生活を送るのに無理がありますか?

4.2.2　中項目「役割の遂行」に所属するキーワードからの質問文の作成

中項目「役割の遂行」には、「周囲からの期待」、「社会的規範」という2つの小項目が所属している(表3.2.3)。

1)「周囲からの期待」に所属するキーワードからの質問文の作成

老年期には規定された役割はなく、開放的で柔軟性があり、構造化されていない。なので、他人からの明確な役割期待が、役割遂行の鍵となる。

「周囲からの期待」に所属する5つのキーワード「1. 役割喪失、2. 位置にふさわしく行動、3. 社会的期待、4. 役割の曖昧、5. 役割遂行の鍵」(表4.2.3)から、高齢者への再社会化に関する調査項目文の候補として、9個の質問文を作成し、次の5質問文を採用とした。

表4.2.3　小項目「周囲からの期待」に所属のキーワード

	キーワード
周囲からの期待	役割喪失
	役割遂行の鍵
	役割の曖昧
	新し位置にふさわしく行動
	社会的期待

(1) 自分に何らかの役割が期待されていると感じる集まりや場(所)はありますか?
(2) 若い世代に知恵や知識・技術を伝える責任があると思いますか?
(3) 若い世代と、積極的に交流すべきだと思いますか?

2)「社会的規範」に所属するキーワードからの質問文の作成

「社会的規範」は、役割を限定する仕方や行動を判断する基準に規制を加えるものである。この規範は、選好や価値判断を表現する。

「社会的規範」に所属する5つのキーワード「1.生活環境の変化、2.自分の位置の自覚、3.立場や役割、4.社会的適応の場、5.期待の葛藤」(表4.2.4)から、高齢者への再社会化に関する調査項目文の候補として、9個の質問文を作成し、次の5つの質問文を採用した。

表4.2.4　小項目「社会的規範」に所属のキーワード

	キーワード
社会的規範	生活環境の変化
	自分の位置の自覚
	立場や役割
	社会的適応の場
	期待の葛藤

(1)約束は守るべきだと思いますか?
(2)法律を守るべきだと思います?
(3)指導者や専門家の意見を尊重すべきだと思いますか?

3.3 大項目「人間関係の再社会化」について

大項目「人間関係の再社会化」には、2つの中項目「生活の協力関係」、「社会参与関係」が所属している(表3.2.4に参照)。これからは、中項目別に所属する各小項目のキーワードからの質問項目文の作成手順を説明する。

中項目「生活の協力関係」に所属するキーワードからの質問文の作成

中項目「生活の協力関係」には、3つの小項目「家族」、「配偶者」、「友人」が所属している(表3.2.4)。

1)「家族」に所属するキーワードからの質問文の作成

「生活様式の急速な変化にともない、子供の扶養意識も大幅に低下し、高齢者夫婦世代や単独世代の比率が年々上がっている。定年退職後、家族との関係の修復も最社会化の一環となる。

「家族」に所属の3つのキーワード「1.家族と一緒にいる時間、2.家族との交流頻度、3.家族による支援」(表4.3.1)から、高齢者への再社会化に関する調査文の候補として、5個の質問文を作成し、次の3質問文を採用した。

表4.3.1　小項目「家族」に所属のキーワード

	キーワード
家族	家族と一緒にいる時間
	家族との交流頻度
	家族による支援

(1)家族の方の考えを尊重して、生活していますか
(2)自分の人生を犠牲にせずに、家族の幸せを配慮していますか

(3)毎日、家族と食事をともにしていますか

2)「配偶者」に所属するキーワードからの質問文の作成

　多くのサラリーマン夫婦は、結婚以来「夫は仕事、妻は家庭」という異なった世界で、異なった人間関係を作りながら生活をしている。妻が仕事をもっている場合でも、妻の生活は家庭中心です。定年はこれまでのような生活のあり方を変えてしまう。毎日決まった時間に出勤していた在職中とは違い、定年を迎えると、その途端に生活パターンの変化が生まれる。せっかく、今まで家族のために働いてきて、これからゆっくりとした時間を夫婦で過ごせるというときに、良い夫婦関係が築かれないならば、とても寂しいことである。

　「配偶者」に所属の3つのキーワード「1.日常的な夫婦間の情緒、2.配偶者、3.配偶者満足度」（表4.3.2）から、高齢者への再社会化に関する調査項目文の候補として、3個の質問文を作成し、次の3質問文を採用した。

表4.3.2　小項目「配偶者」に所属のキーワード

	キーワード
配偶者	日常的な夫婦間の情緒
	配偶者
	配偶者満足度

(1)配偶者と生活を助け合っていますか
(2)配偶者に配慮していますか
(3)配偶者からの協力が得られますか

3)「友人」に所属するキーワードからの質問文の作成

　現役時代の友人との関係は、「社縁」をきっかけとした仕事仲間が中心であるが、定年とともにこの関係は急速に薄れていく。そして、定年後の生活基盤は「自宅」となるので、町内会など地域の縁、いわゆる「地縁」をうまく活用していかないと、あまり友人関係は拡がらない。定年後生きていくうえでの財産は、「お金」だけでなく、「友人」も財産といってよい。たくさんの「友人」を持つと、人生は楽しくなる。

　「友人」に所属の4つのキーワード「1.電話をする、2.一緒に外出する、3.友人と一緒にいる時間、4.友人からの助け」（表4.3.3）から、高齢者への再社会化に関する調査項目文の候補として、4個の質問文を作成し、次の3質問文を採用した。

表4.3.3　小項目「友人」に所属のキーワード

	キーワード
友人	電話をする
	一緒に外出する
	友人と一緒にいる時間
	友人からの助け

(1) 最近、友人と会って一緒に過ごす時が、ありましたか？
(2) 最近、友人に電話をしましたか？
(3) 日常生活で困った時に、助けをお願いできる友人がいますか？

中項目「社会関与関係」に所属するキーワードからの質問文の作成

中項目「社会関与関係」には、3つの小項目「近所付き合い」、「新しい同僚」、「趣味同士」が所属している（表3.2.4）。

1)「近所付き合い」に所属するキーワードからの質問文の作成

定年後は、居住地域で過ごす時間が定年前に比べると多くなる。多くの定年高齢者は、転勤の繰り返しや公務が多忙であったことなどにより、定年後に初めて居住地域を意識し始める。人間関係が面倒くさい、干渉されたくない……。でも、今まで敬遠しがちな近所付き合いですが、定年退職して、社会関係の欠けていはいけない部分となる。

「近所付き合い」に所属の4つのキーワード「1. 社会的ネットワーク、2. 社会生活機能、3. お祭りや集会への参加 4. 他人の自分への反応」（表4.3.4）から、高齢者への再社会化に関する調査項目文の候補として、7個の質問文を作成し、次の3質問文を採用した。

表4.3.4 小項目「近所付き合い」に所属のキーワード

	キーワード
近所付き合い	社会的ネットワーク
	社会生活機能
	お祭りや集会への参加
	他人の自分への反応

(1) 地域の人との付き合いがありますか？
(2) 何かを目的とした、集まりに参加することがありますか？
(3) 近所の人との付き合いがありますか？

2)「新しい同僚」に所属するキーワードからの質問文の作成

60歳以降の25年〜30年間を漠然と生きるか、大筋の計画を持って、努力して生きるかによって、人生に大きな違いができる。再就職がその選択の一つとなる。再就職した高齢者は、全くの新しい環境で再就職するとなると、人間関係が不安だったり業務内容が覚えられるのか、仕事に付いていけるのかなど、若かった頃とはまた違う不安も大きく感じてしまう。良好な人間関係を早く構築することは、再就職先での仕事をスムーズに行なうことにつながる。

「新しい同僚」に所属の7つのキーワード「1. 人間関係、2. 再就職、3. 能力と意欲、4. 経験、5. 柔軟な思考、6. 新しい価値創造、7. チームワーク」（表4.3.5）から、高齢者への再社会化に関する調査項目文の候補として、9個の質問文を作成し、次の4質問文を採用した。

表4.3.5 小項目「新しい同僚」に所属のキーワード

	キーワード
新しい同僚	人間関係
	再就職
	能力と意欲
	経験
	柔軟な思考
	新しい価値創造
	チームワーク

(1)笑顔で人とやり取りできますか?
(2)物の貸し借りをしたり、相手の持ち物を褒めることができますか?
(3)会社が変わればルールも変わるので、謙虚に学ぶ姿勢を持っていますか?

3)「趣味同士」に所属するキーワードからの質問文の作成

趣味活動を通して友が増えることで人生が豊かになるだけでなく、人のつながりの薄れた都市部では豊かな人間関係の再生に一役買うものとなるでしょう。趣味サークル活動は、充実感や感動を仲間と共有することを通して、心の豊かさと人どうしのつながりを育み、一人一人にアイデンティティー(自分らしさ)をもたらす。

「趣味同士」に所属の7つのキーワード「1.趣味.特技、2.スポーツ、3.学習、4.社会参加活動、5.充実感、6.人とのつながり、7.仲間づくり」(表4.3.6)から、高齢者への再社会化に関する調査項目文の候補として、9個の質問文を作成し、次の6質問文を採用した。

表4.3.6 小項目「趣味同士」に所属のキーワード

	キーワード
趣味同士	趣味.特技
	スポーツ
	学習
	社会参加活動
	充実感
	人とのつながり
	仲間づくり

(1)趣味の合う友人・仲間いますか?
(2)趣味同士と生活の悩みを相談することができますか?
(3)最近、趣味活動にであった友達に連絡しましたか?

5. 終わりに

5.1 予備調査票に採用する48質問項目原案文

最終的に16小項目にまとめられた76個のキーワードから、作成した調査質問項目の48原案文をすべて一覧表としてまとめた。サクセスフル・エージング理論、ロソーの高齢者社会化論及びマスローの心理学を基本原理とした再社会化調査項目となる質問項目の最終の原案文を次に示した。

表5.1.1　質問項目原案文

大項目	中項目	小項目	予備質問項目
行動様式の再社会化	活動参加	趣味活動	(1)教養・芸術・音楽関係の団体やグループに参加していますか？ (2)健康・スポーツのクラブやグループなどに参加していますか？ (3)高齢者の団体やグループなどに参加していますか？ (4)趣味のサークル・団体に参加していますか？
		ボランティア活動	(5)町内会・自治会などで何か職務を担当していますか？ (6)何かボランティア団体（社会奉仕団体）に参加していますか？ (7)市民活動団体（NPO）に参加していますか？
		再就職	(8)シルバー人材センターなどの生産組織に参加していますか？ (9)転職・再就職活動に参加していますか？ (10)再就職していますか？
	社会への関心	情報への関心	(11)本・雑誌・新聞を購読していますか？ (12)インターネットを利用していますか？ (13)携帯やパソコンを利用していますか？
		他者への関心	(14)自分が住む地域について、生活する場所として愛着を感じますか？ (15)他人のために何らかの役を立ちたいですか？ (16)自分が損をしてまで、皆のためにつくしたいですか？
		他者への寛容さ	(17)他人の意見を聞いたとき、あなたは違いを感じながらも受けられますか？ (18)違う意見があっても、できるだけ話を聞くようにしていますか？ (19)他人の立場に立って、物事を考えるように努力していますか？
社会的役割の再社会化	生活の主体性	自発的な社会貢献意識	(20)社会のために役立ちたいと思っていますか？ (21)町内会などの地域活動に貢献したいですか？
		その人らしさ	(22)自分らしい生活を送ることができていると思いますか？ (23)自分らしい人生を送りたいと思いますか？ (24)自分らしい個性的な生活を送るのに無理がありますか？
	役割の遂行	周囲からの期待	(25)自分に何らかの役割が期待されていると感じる集まりや場（所）はありますか？ (26)若い世代に知恵や知識・技術を伝える責任があると思いますか？ (27)若い世代と、積極的に交流すべきだと思いますか？
		社会的規範	(28)約束は守るべきだと思いますか？ (29)法律を守るべきだと思いますか？ (30)指導者や専門家の意見を尊重すべきだと思いますか？

续表

大項目	中項目	小項目	予備質問項目
人間関係の再社会化	生活の協力関係	家族	(31)家族の方の考えを尊重して、生活していますか (32)自分の人生を犠牲にせずに、家族の幸せを配慮していますか (33)毎日、家族と食事をともにしていますか
		配偶者	(34)配偶者と生活を助け合っていますか (35)配偶者に配慮していますか (36)配偶者からの協力が得られますか
		友人	(37)最近、友人と会って一緒に過ごす時が、ありましたか？ (38)最近、友人に電話をしましたか？ (39)日常生活で困った時に、助けをお願いできる友人がいますか？
	社会参与関係	近所付き合い	(40)地域の人との付き合いがありますか？ (41)何かを目的とした、集まりに参加することがありますか？ (42)近所の人との付き合いがありますか？
		新しい同僚	(43)笑顔で人とやり取りできますか？ (44)物の貸し借りをしたり、相手の持ち物を褒めることができますか？ (45)会社が変わればルールも変わるので、謙虚に学ぶ姿勢を持てていますか？
		趣味同士	(46)趣味の合う友人・仲間いますか？ (47)趣味同士と生活の悩みを相談することができますか？ (48)最近、趣味活動にであった友達に連絡しましたか？

以上が調査質問項目となる最終の48の原案文である。

表4.4.1の48の質問項目原案文それぞれについて、「はい」「いいえ」のいずれかに○をつけて、「はい」であれば1点付け、「いいえ」であれば0点付け、高齢者の毎日の生活についてうかがう。

そのうち、活動参加のスコア(10点満点)、社会への関心のスコア(9点満点)、生活の主体性のスコア(5点満点)、役割の遂行のスコア(6点満点)、生活の協力関係のスコア(9点満点)、社会参与関係のスコア(9点満点)で、高齢者の再社会化程度を評価する。総計48点満点で、高得点ほど再社会化の程度が高いと判断される。

5.2 課題の展望

本指標は先行研究と相関理論に基づいて開発された定年高齢者の再社会化指標である。従って、本研究の再社会化指標は、就職したことのない高齢者に向けていないので、彼らにも適用可能かどうかはまだ不明である。また、現地調査されていないので、その妥当性について確認する必要もある。なお、同じ定年高齢者でも、自立生活が困難などADL[5]やIADL[5]の水準が低い高齢者や、あるいは、軽度の認知症高齢者にもこの指標を使用することが可能かどうかも検証する必要がある。

今回の研究で積み残した大きな課題は、今後は人生満足度指標やPGCモラールスケールなどと相関性が高いと予測される他の指標との比較検討である。高齢者の主観的幸福感指標と再社会化指標を一緒に用いた調査を行い、相関の程度やまた各

種の独立変数との関連性の相違などを調べ、再社会化の固有の性質を明らかにすることが必要である。

このような作業が積み重ねられ、改善が進んで、完成度の高い再社会化指標システムができ上がれば、自立度の高い高齢者を対象とする各種サービスの効果を評価する指標として活用することができるだろう。

高齢社会では、高齢者が可能な限り、心身的健康のレベルを高く保ち、自立した生活を続けることが期待されている。そのためには、高齢者自身の若い時からの努力とともに、高齢者の心身の活動レベルを高く保つための社会サービスを充実する必要がある。現在までに身体的健康の保持増進のサービスについては、有効な方式がほぼ確立されているが、再社会化などの精神の活動レベルの維持、増進のためのサービスとして、どのようなものが、またどのようなやり方が有効なのかが、必ずしも明確になっていない。再社会化指標は、有効な方法を開発するための具体的な道具の1つとして役立つことが期待される。

注

[1]「平均寿命、日本人男性 初の80歳超え 女性は86.61歳 2年連続世界一」・2014/8/1付・日本経済新聞・朝刊。

[2]平成25年,警視庁「万引きに関する調査研究報告書」。

[3]もともと「キレる」という言葉は主に若者に対して使われてきた。しかし、「キレる」現象はむしろ高齢者にも見られることが指摘されるようになった。藤原智美はこのような老人を「新老人」と定義した。

[4]平成25年,法務省,「犯罪白書」。

[5]ADL(英：activities of daily living)とは、日常生活動作を言う。つまり、食事・更衣・移動・排泄・整容・入浴など生活を営む上で不可欠な基本的行動を指す。

[6]IADLとは、手段的日常生活動作を言う。電話の使い方、買い物、家事、移動、外出、服薬の管理、金銭の管理など、日常生活動作(ADL)ではとらえられない高次の生活機能の水準を測定するものである。

参考文献

I・ロソー. 1998.『高齢者の社会学』・嵯峨座晴夫監訳・早稲田大学出版部. 5-6, 13, 132

齋藤静. 2008.「高齢期における生きがいと適応に関する研究-ネットワークの観点から」. 現代社会文化研究 (41). 新潟大学大学院現代社会文化研究科. 63-75

竹中星郎. 1998.『老年期の心理と病理』・放送大学教育振興会. 43-44

山本隆(福祉学者)『都市で高齢者を支える』. 啓文社. 1995, 76-91

小辻寿規. 2011「高齢者社会的孤立問題の分析視座」『Core Ethics』7. 109-119

佐藤眞一. 2011.「自立高齢者の健康維持・増進と社会参加・社会貢献を包括するプログラム指針の検討」. 社会技術研究開発事業研究開発プログラム『コミュニティで創る新しい高齢社会のデザイン』. 平成22年度採択プロジェクト企画調査終了報告書.

阪本陽子. 2005.『高齢期の社会化における「語り」の意義』教育研究所紀要(14)・73-78

青井和夫. 1976.「社会化再考」・日本教育社会学会編『教育社会学研究第31号』・東洋館出版.

5-16

麻生誠・柴野昌山. 1978.「変革期の人間形成——社会学のアプローチ」. アカデミア出版会

松岡忠昭. 1992.「社会参加——21世紀に向っての人づくり・地域づくりを推進している父親世代の活動について——都城市壮年団体連絡協議会（父親時代の学習＜特集＞）-」社会教育 46(2). 30-32, 全日本社会教育連合会

玉腰暁子. 青木利恵. 大野良之. 橋本修二. 清水弘之. 五十里明. 坂田清美. 川村孝. 若井建志 (1995)「高齢者における社会活動の実態」, 日本公衆衛生雑誌 42(10). 888-896

橋本有里子. 1997.「高齢女性の家族内孤立、独居志向性とその関連要因に関する研究：家族満足度、友人、地域社会参加度、孤独感との関連性を含めて」. 関西福祉科学大学紀要 7. 153-164

佐藤一子. 上杉孝実. 藤岡貞彦［他］. 2000.「生涯学習と社会参加（特集2 おとなが学ぶことの意味）」. 月刊社会教育 43(2). 48-60

佐藤秀紀. 佐藤秀一. 山下弘二. 2001.「地域在宅高齢者における活動能力と社会活動の関連性」, 日本保健福祉学会誌 8(2). 3-15

岡本秀明. 岡田進一. 白澤政和. 2003.「在宅高齢者の社会参加活動意向の充足状況と基本属性等との関連」. 生活科学研究誌 2. 263-272

熊野道子. 2013.「生きがい形成モデルの測定尺度の形成——生きがいプロセス尺度と生きがい状態尺度」

G. H. ミード. 1934.「精神・自我・社会」. 241-253

R・M・Maciver-C・BougleJ・Raffault 1988. Principles of Sociology. p67

Richard Williams. 1960. "Changing Status, Roles and Relationships," in Clark Tibbitts (ed.), Handbook of Social Gerontology (Chicago: University of Chicago Press). pp261-97

Baruch, G. K & Pleck, J. H. 1991. Adult daughter-parent relationships and their associations with daughters' subjective well-being and psychological distress. Journal of Marriage and the Family, pp53, 29-42

日本経済の外生ショックと景気変動
——中規模ニューケインジアンDSGEモデルによる実証分析

北京外国语大学　王　芮

摘要:景气波动的主要原因是什么？外生冲击如何在宏观经济系统中传播？是什么样的外生冲击驱动着宏观经济的周期波动？我们能够直接以数据的形式观察到经济的短期波动,但却无法以数据的形式观察到造成波动的外生冲击。景气波动的解释是现代宏观经济学的基本课题,具有非常重要的理论和政策意义。动态随机一般均衡模型作为当代宏观经济学的方法论,向我们揭示了这些问题的答案,本文以日本经济为对象,构建一个中规模新凯恩斯动态随机一般均衡模型,并用贝叶斯法Markov连锁蒙特卡洛Metropolis-Hastings算法进行估计。与传统的非结构计量模型相比,利用DSGE模型进行日本经济的景气波动问题的研究还比较少。本文基于模型估计结果,通过计算脉冲响应和历史分解,得到了过去35年间日本经济的景气波动的实证解释。

キーワード:日本経済　DSGEモデル　外生ショック　景気変動　ベイズ推計

1. はじめに

　日本では、1980年代以来、経済はドラマチックな変化を経験してきた。平成景気と呼ばれる1986年から1991年までのバブル経済時代では、景気が過熱し、投資ブームが起こり、資産価格も大幅に上昇していた。しかし、バブル経済が崩壊したあとの90年代以来、景気が低迷して、1997年の消費税増税や金融システムの混乱の影響で景気がどん底に落ちた。2000年代に入ると、外需増大や小泉内閣が主導する構造改革でようやく景気好転の兆しが見えてきたが、2008年からアメリカ発の金融危機の影響を受けて、日本経済は再び深刻な景気不振に落ちている。安倍内閣が誕生してから、「大胆な金融緩和、機動的な財政政策、民間投資を喚起する成長戦略」という「3つのや」からなるアベノミクスと呼ばれる経済政策が打ち出され、日本経済が緩やかに長年続いてきたデフレ状態から脱却して回復に向いていくように見える。

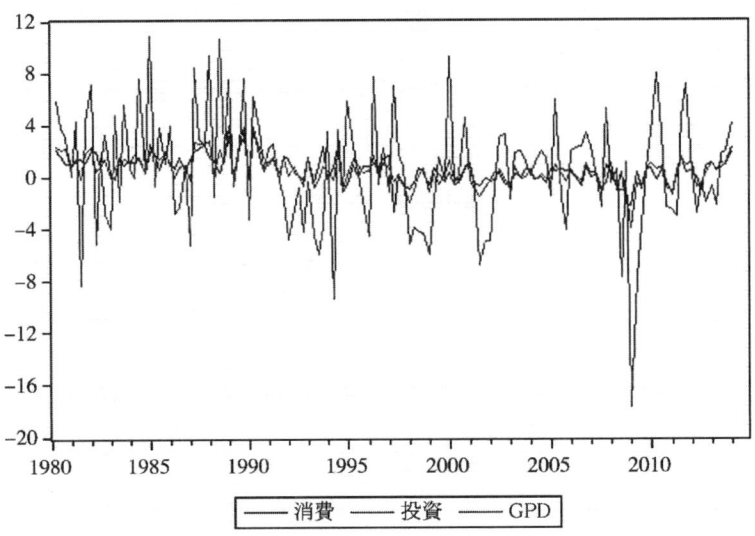

図1.1 マクロ経済変数の対前期成長率

　主要マクロ経済変数の時系列データの対前期成長率から見れば、日本経済のマクロ経済変数の不規則な動きである景気変動を確認できる。つまり、マクロ経済は循環変動を繰り返している。このような景気変動をどう説明すればいいか、景気変動の原因はどこにあるか。これはマクロ経済学の基本問題であり、第6章で議論するマクロ経済政策にも重要な意味を持っている。

　以上の問題について、現代マクロ経済学では、図1.2が示すように、一般的に、経済は長期的な均衡経路に乗って成長しながら、短期的に均衡経路が外生ショックの影響を受けてマクロ経済変数が不規則な循環動学を示すと考えられる。もし、経済に影響を与えるすべての要素、政治的要因、気候や戦争などを考慮に入れてモデリングできれば、すべての動学は内生的に決められることになるが、実世界の複雑性のため、これは明らかに不可能である以上、均衡経路だけ内生的にモデリングして景気変動の発生を外生ショックに帰結させる、というのは現代マクロ経済学の主流の考え方である。

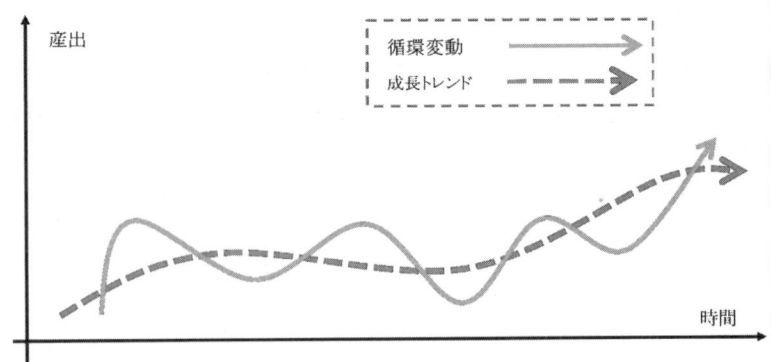

図1.2 マクロ経済の概念図

前にも言及したように、経済は長期的な成長トレンドに乗ってトレンドの近傍で不規則な循環変動を示している。この論文では、どうやってこの不規則な変動を理解するか、このような不規則な変動を作り出す力はなにかといった問題に答えを提示する。その方法としての現代マクロ経済学の方法論である動学的確率的一般均衡モデルを構築、ベイズ推計して、実証分析を展開する。

　第2章では、文献サーベイを行い、DSGEモデルが現代マクロ経済学の標準的な方法論に至る経緯を紹介して、本稿の分析に使われた実証技術を簡単に解説する。第3章では、本稿の分析に使われる中規模のニューケインジアンDSGEモデルを導出する。第4章はデータ処理とモデルの推計を説明する。

　続いて、第5章では、推計結果とモデルに基づいて、モデルを使って実証分析に入って、序論で提起された景気変動に関する問題に答えを提示する。まずはインパルスレスポンスを通じて、外生ショックが引き起こすマクロ経済の短期的な動学を考察する。次に、歴史分解を計算して、当時の日本経済の状況と照らし合わせながら、過去の景気変動の原因を特定する。

　最後に、第6章では、実証分析の結果に基づいて、景気安定化政策について議論して、本稿に残された問題点と今後の課題などについてまとめる。

2. マクロ景気変動に関す研究サーベイとDSGEの方法論

　この15年来、動学的確率的一般均衡（DSGE）モデルは現代マクロ経済学の主流の方法論になっている。第二次世界大戦以後、ケインジアン経済学とその方法論はマクロ経済学界を支配していた。ケインジアン的安定化政策が採用されていた。しかし、1970年代では、中東戦争に引き起こされた石油危機により、先進国では信じられないほど高いインフレが記録され、同時に、高い失業率も観察されていた。これは伝統的なケインジアン経済学により説明されることができない現象、いわゆるスタグフレーションである。学界では、ケインジアン的なマクロ経済政策と従来のマクロ経済学の方法論は有名なLucas批判（1976）により根本的に否定されていた。Lucas批判とはフィリップス曲線など、歴史データ、特に集計レベルのデータから観察、推計された統計的経験則はマクロ経済政策変化の効果を予測することができないので、マクロモデルは家計の効用最大化や企業の利潤最大化といったミクロ基礎づけから理論と整合的に構築されるべきであるという。

　Kydland and Prescott(1982)はマクロ経済学者が時系列計量モデルを使って行う実証分析の方法を大きく進化させた貢献的な研究である。彼らの論文では、カリブレートイされた新古典派的なDSGEモデルはアメリカ経済データの統計的特徴、とくにマクロ経済変動の主要指標であるGDPの自己相関などをうまく再現している。彼らのモデルおいて、合理的期待を持つ代表的な経済主体、企業の生産性に作用する外生的な技術変化、完全競争の市場構造など、いくつか仮定が置かれている。また、賃金や価格などの名目変数が瞬時的に市場均衡レベルに調整されるため、貨幣は完全にニューメレルとなっている。つまり、政策当局が実施する貨幣供給量や

政策金利の調整といった金融政策は実質的に実体経済に効果がなく、経済は完全に外生的な技術変化、賦存量などの実物的な要因により動かされている。こういうこともあって、名目粘着性や不完全性が存在していない経済では、マクロ経済変数の不規則かつ循環的な変動は完全に経済の実物的要因によると想定されているKydland and Prescott(1982)の理論枠組みは実物的景気循環理論(RBC)として知られている。RBC理論では、マクロ経済の景気変動はその原因がほとんど外生的な技術変化に帰結している。実際、多くの経験事実からすれば実体経済に影響を及ぼすのは技術変化だけではないと一般的にRBC理論の結論が妥当ではないと考えられている。

先ほどにも言い触れたが、RBC理論の妥当性について、Kydland and Prescott(1982)に批判的かつ懐疑的な経済学者は少なくない。しかし、資源制約と不確実的な環境に直面する代表的な経済主体が明確なミクロ基礎づけと合理的期待を持って最適化を行うという考え方はその後経済学界で広く認められ、受け入れられてきた。粘着価格、粘着賃金、独占的競争市場、情報の不対称性など、もっと現実的な仮定をRBC理論のフレームワークに取り入れることで、新古典総合派と呼ばれる現代マクロ経済学の主流が生まれてきた。

DSGEモデルを日本経済の研究に応用する例として、Hayashi and Prescott(2002)は日本の失われた10年の原因を調べて、全要素生産性(TFP)の減速と時短による労働供給の減少が景気後退の原因であると結論付けている。Hayashi and Prescott(2002)のあと、Iiboshi et al.(2006)やSugo and Ueda(2008)は日本経済の中規模ニューケインジアンDSGEモデルを推計して、日本マクロ経済データへのフィットの良さを示している。

2.1 DSGEモデリングのテクニック紹介

DSGEモデルを作ってさらにそれを実証に応用するには、まず、どのような経済主体が存在して、経済環境に直面してどのように行動するかといった経済主体と市場構造を定式化することが必要である。一般的に、各経済主体のミクロ基礎づけから最適化問題を解いてさらにそれを集計することでマクロレベルの経済を記述するという手順である。各経済主体は市場環境と資源制約(賦存量)の制約を受けて目的(消費による効用や利潤あるいは労働による不効用やコスト)を最適化(最大化あるいは最小化)する。最適化問題をラグランジュ乗数法や動学計画法(Dynamic Programing)で解いて、一階条件(first-order conditions)と呼ばれる問題の解を得る。これらの条件とほかの資源制約は変数の動学を決定する。ほとんどの一階条件が非線形であるため、通常、内生変数の定常状態の解析的な解を得ることは不可能である。便宜上、非線形システムを線形システムに、とくに対数線形システムに変換することは一般的なやり方である。対数線形システムの定常状態は全部ゼロであり、つまり、均衡からの乖離がない状態、テクニカルな言い方で言えば、鞍点経路(saddle path)あるいは鞍点(saddle point)からの乖離が存在しないという状態で

ある。また、モデルのパラメーターを推計するために、実際のデータとモデルのなかで定義された変数を整合的にリンクしなければいけない。モデルの変数とデータのリンケージは観察方程式（observation equations）と呼ばれている。TobinのQや資本ストックなど、観察できない変数が存在し、カルマンフィルター（Kalman filter）は観察できない変数の最良推計を計算してくれる。推計時、モデルの方程式および観察方程式を状態空間（state space）で表記して、尤度を計算する。実際の分析作業では、モデルの推計がとても肝心なステップであり、ベイズ推計（マルコフ連鎖モンテカルロサプリング、MCMC）は未知の構造パラメーターが多数ある複雑なモデルを推計する際に効率的な方法である。DSGEモデルはそのパラメーターが真の経済構造や性質を表すディープパラメーターであり、Lucas 批判に自然的に耐えるので、その実証の結果が伝統的な非構造アプローチより信頼度が高く、明確な解釈も可能である。

2.1.1 モデリングとモデルの解き方

第3章では、各経済主体の最適化問題を解いて資源制約条件、市場均衡条件と合わせて中規模のDSGEモデルを構築するので、ここでは、まず複雑なDSGEモデルをどうやって解くかについて説明する。一般的に、対数線形化で非線形システムから線形システムへの変換を行う。対数線形化はタイラー展開近似とUhlig(1999)という二種類のやり方があって結果的にどちらも同じ数式表記を提供してくれる。

対数線形近似で期待値がある以下の非線形方程式を

$$F(E_t s_{t+1}, s_t, E_t \varepsilon_{t+1}) = 0$$

線形に、あるいは対数線形に写像する。

$$A s_t = B s_{t-1} + C \varepsilon_{t+1} + D \eta_t$$

この方程式の解は以下の式で与えられる。

$$s_t = F(\theta) s_{t-1} + G(\theta) \varepsilon_t$$

ε_tは外生ショックのベクトルであり、η_tは予測誤差のベクトルである。Sims(2001)により提案されたアルゴイズムをここで説明する。係数行列の逆行列を式の両辺にかけて次の式を得る。

$$s_t = A^{-1} B s_{t-1} + A^{-1} C \varepsilon_t + A^{-1} D \eta_t$$

係数行列を特性値分解して整理する。

$$P^{-1} s t = \Lambda P^{-1} s_{t-1} + P^{-1} A^{-1} C \varepsilon_t + P^{-1} A^{-1} D \eta_t$$

$P^{-1} s_t$をw_tとして再定義して、特性値が1より大きい爆発的（不安定）な部分と特性値が1より小さい安定的な部分と、この動学システムを2つの部分に分解する。

$$\begin{bmatrix} w_t^U \\ w_t^S \end{bmatrix} = \begin{bmatrix} \Lambda^U & 0 \\ 0 & \Lambda^S \end{bmatrix} \begin{bmatrix} w_t^U - 1 \\ w_t^S - 1 \end{bmatrix} + \begin{bmatrix} (P^U)^{-1} \\ (P^S)^{-1} \end{bmatrix} A^{-1} C \varepsilon_t + \begin{bmatrix} (P^U)^{-1} \\ (P^S)^{-1} \end{bmatrix} A^{-1} D \eta_t$$

この線形動学システムの解はシステムが収束する鞍点経路である。すべての変数が収束する条件は以下の式で与えられる。

$$w_t^U = 0$$
$$(P^U)^{-1} A^{-1} C \varepsilon_t + (P^U)^{-1} A^{-1} D \eta_t = 0$$

二つ目の収束条件を使って予測誤差は次のように表記できる。
$$\eta_t = -[(P^u)^{-1}A^{-1}d]^{-1}(P^u)^{-1}A^{-1}C\varepsilon_t$$
システムの収束しない部分を無視して、以下の式が得られる。
$$w_t^s = \Lambda^s w_{t-1}^s + \{(P^s)^{-1}A^{-1}C - (P^s)^{-1}A^{-1}D[(P^U)^{-1}A^{-1}D]^{-1}(P^U)^{-1}A^{-1}C\}\varepsilon_t$$
$P^{-1}s_t$をw_tに定義したことを思い出して、次の関係を得る。
$$s_t = P^s\Lambda^s(P^s)^{-1}s_{t-1} + P^s\{(P^s)^{-1} - (P^s)^{-1}A^{-1}D[(P^U)^{-1}A^{-1}D]^{-1}(P^U)^{-1}\}A^{-1}C\varepsilon_t$$
これで我々が探す解である鞍点経路を見つけた。係数行列は構造パラメーターの複雑な非線形結合からなっているため、
$P^S\{(P^S)^{-1} - (P^S)^{-1}A^{-1}D[(P^U)^{-1}A^{-1}D]^{-1}(P^U)^{-1}\}A^{-1}C$を$G(\theta)$に、$P^S\Lambda^S(P^S)^{-1}$に$F(\theta)$再定義すれば、先ほど紹介した式と同じ表記が得られる。
$$s_t = F(\theta)s_{t-1} + G(\theta)\varepsilon_t$$

2.1.2 推計とシミュレーション

長い間、DSGEモデルの推計は計量経済学の理論に基づかないカリブレーションであった。Smets and Wouters(2003)以後、ベイズ定理に基づくベイズ流の推計はDSGEモデルの主流の推計方法となってきた。この分野で、An and Schorfheide (2007)、J. Fernández-Villaverde(2010)は一番いい参考である。

パラメーターを推計して、次はシミュレーションでモデルの動学を見る。ショック項に与えるイノベーションはすべての変数の均衡の定常状態から乖離を引き起こす。経済主体が合理的期待を持つという仮定のもとで、経済構造の変化や経済政策の変化を表すパラメーターを動かすことでこれらの変化の動学を追跡することができる。また、平準化されたショックのデータは推計段階で算出されるので、この算出されたデータを使って実際に実施されなかった経済政策の効果を見るための反事実的なシミュレーションも可能であり、政策立案者にとって参考となる。

2.1.3 実証分析のテクニック

すべての準備が整ったら実証分析の作業に入る。この論文はDSGEモデルを応用してマクロ経済の動学分析や景気変動の原因解明に注目するから、それについてのテクニックを説明する。外生ショックにより引き起こされた動学を見るために、2.1.1節で議論したDSGEモデルの解$s_t = F(\theta)s_{t-1} + G(\theta)\varepsilon_t$を思い出そう。$\varepsilon_t$に対するイノベーションはモデルにおいてショックの波及と増幅を引き起こす。変数の動学経路を追跡してインパルスレスポンスをプロットする。モデルのパラメーターが全部推計されたパラメーターである以上、インパルスレスポンスはマクロ経済変数の実際の動きを再現して、実世界で発生するマクロ経済の動きに関する認識を提供してくれる。ショックによるマクロ経済変数の動学を予測できるほか、過去にどのようなショックが発生して経済にどのようなインパクトを与えていたかについても調べられる。一般的に、対数線形化されたDSGEモデルを$E_t[f(y_{t+1}, y_t, y_{t-1}, u_t;\theta)] = 0$、$y_t$を内生変数ベクトル、$u_t$を外生ショックベクトル、$\theta$を構造パラメーターのベクトルと表して、定常状態の変数値yを$f(y, y, y, 0;\theta) = 0$から計算できる。この方程式を定常状態からの乖離$\widehat{y_t} = y_t - y$で近似すると、以下のように表記で

きる。
$$\hat{y}_t = g_y(\theta|)\hat{y}_{t-1} + g_u(\theta)u_t$$

$g_y(\theta)$と$g_u(\theta)$はそれぞれ構造パラメーターの非線形関数となっている。この方程式を初期時点まで繰り返し代入して以下の式が得られる。

$$\hat{y}_t = [g_y(\theta)]^t \hat{y}_0 + \sum_{i=0}^{t-1}[g_y(\theta)]^i g_u(\theta)u_{t-1}$$

この結果から見れば、内生変数の値は初期値とその後毎期、外生ショックからの撹乱により決定されるということが分かる。数期間の繰り返し代入の結果、初期値の影響が小さくなり、データの変動が全部各外生ショックからの共同作用に分解される。つまり、ショックの分解は外生ショックの歴史データへの働きを特定してくれる。

3. DSGEモデル

本稿で構築されるDSGEモデルは独占的競争、価格の粘着性、可変的資本稼働率、消費の習慣形成といったニューケインジアンな特徴を持ち、さらに、確率的な均斉成長トレンド（balanced growth path）をモデルに組み入れ、長期的な経済成長と短期的な景気変動を同時に捉えることでデータへのフィットを高めている。従来の研究に比べれば、フィルタリングなどのデータの事前処理による情報損失も回避できる。

3.1 家計

代表的家計はインデックス$h \in [0,1]$で表し、連続（continuum）して存在する。家計の効用関数は加法可分離的であり、二回微分可能などの効用関数の一般性質を満たす。家計は消費$C_{t,h}$から効用を、労働供給$L_{t,h}$から不効用を得る。

$$E_0 \sum_{t=0}^{\infty} \beta e^{\varepsilon_t^B} \left[\frac{(C_{t,h} - \theta C_{t-1,h})^{1-\sigma}}{1-\sigma} - \frac{A_t^{1-\sigma}}{1+\chi} L_{t,h}^{1+\chi} \right]$$

構造パラメーター$\beta, \theta, \sigma, \chi$はそれぞれ割引因子、消費の習慣形成の度合い、リスク回避度と労働供給の弾力性の逆数を表す。ε_t^Bは家計の選好ショックを表し、AR(1)の確率過程に従う。このモデルには、長期的な成長トレンドが含まれており、A_tは生産技術、あるいは生産性を表し、以下の確率仮定に従い、ε_t^Aは技術ショックである。

$$\log A_t = \log a + \log A_{t-1} + \varepsilon_t^A$$

$\log = \frac{A_t}{A_{t-1}} = \log a_t = \log a + \varepsilon_t^A$と定義して、書き換えれば$\frac{a_t}{a} = e^{\varepsilon_t^A}$となることが分かる。この技術進歩の確率過程はモデル経済の長期的原動力となっており、経済成長理論と整合的である。労働L_tに$A_t^{1-\sigma}$をかけるのは長期的な均斉成長を満たすための工夫である。家計はメンバーの全員が共同で労働、投資、消費の意思決定を行うと仮定し、家計内の分配問題を回避する。家計の異時点間の予算制約と資本の遷移式は以下である。

$$C_{t,h}+I_{t,h}+\frac{B_{t,h}}{P_t}=\frac{R^N_{t-1}B_{t-1,h}}{P_t}+R^K_t U_{t,h}K_{t-1,h}+W_{t,h}L_{t,h}+\frac{T_{t,h}}{P_t}$$

$$K_{t,h}=[1-\delta(U_{t,h})]K_{t-1,h}+\left[1-\Gamma\left(\frac{I_{t,h}}{I_{t-1,h}}\frac{1}{a}\right)\right]I_{t,h}$$

P_tはモデル経済の一般物価水準を意味して、消費者物価指数に相当する。家計は名目グロス金利R^N_tでリスクフリーの一期満期の政府債券$B_{t,h}$を購入して、政府からの一括税と所有する企業からの利潤の合計である$T_{t,h}$を受け取る。$\Gamma\left(\frac{I_{t,h}}{I_{t-1,h}}\right)=\frac{1}{2\zeta}\left(\frac{I_{t,h}}{I_{t-1,h}}\frac{1}{a}-1\right)^2$という関数形式は投資の調整費用を表す。資本稼働率$U_{t,h}$については、関数$\delta(U_{t,h})$は$\delta'(\cdot)>0, \delta''(\cdot)>0$という性質を満たし、定常状態において$\delta(U=1)=\delta\in(0,1)$が成立して、パラメーター$\mu=\delta'(U=1)/\delta''(U=1)$を定義する。すべての家計は同質的であるため、インデックス$h\in[0,1]$を省略する。後ほどで定義する産出量などの変数を含めて、トレンドを持つ実質変数$\{Y_t, Y^P_t, C_t, W_t, K_t, I_t\}$に対して技術水準$A_t$で割ってトレンド除去を行い、$\{y_t, y^p_t, c_t, w_t, k_t, i_t\}$と表記する。トレンドを持たない実質変数と名目変数は大文字のままで表記する。均斉成長を満たすために、限界効用Λ_tに対しては$\lambda_t=\Lambda_t A^\sigma_t$でトレンドを処理する。資本の遷移式に対してトレンドを除去する。

$$k_t=[1-\delta(U_t)]\frac{K_{t-1}}{ae^{\varepsilon^A_t}}+\left[1-\Gamma\left(\frac{i_t}{i_{t-1}}\right)e^{\varepsilon^A_t}\right]i_t \tag{1}$$

家計の最適な意思決定を示す一階条件はラグランジュ乗数法から直接得られる。ラグランジュ乗数Λ_tとΛ^K_tはそれぞれ微分消費の限界効用と資産の限界価格を表す。$\frac{\Lambda^K_t}{\Lambda_t}$は限界効用で評価した資産の実質価格であり、いわゆるトービンのQである

$$\iota=E_0\beta^t\left\{e^{\varepsilon^B_t}\left[\frac{(C_t-\theta C_{t-1})^{1-\sigma}}{1-\sigma}-\frac{A^{1-\sigma}_t}{1+x}L^{1+\chi}_t\right]\right.$$
$$+\Lambda_t\left(\frac{R^N_{t-1}B_{t-1}}{P_t}+R^K_t U_t K_{t-1}+W_t L_t+\frac{T_t}{P^t}-C_t\left|-I_t-\frac{B_t}{P^t}\right.\right)$$
$$+\Lambda^K_t\left.\left([1-\delta(U_t)]K_{t-1}+\left[1-\Gamma\left(\frac{I_t}{I_{t-1}}\frac{1}{a}\right)\right]I_t-K_t\right)\right\}$$

$C_t、B_{t-1}、L_t、U_t、K_t、I_t$についてそれぞれ微分で一階条件を得てトレンドを除去する。

$$\Lambda_t=e^{\varepsilon^B_t}(C_t-\theta C_{t-1})^{-\sigma}-\beta\theta E_t e^{\varepsilon^B_{t+1}}(C_{t+1}-\theta C_t)^{-\sigma}$$
$$\lambda_t=\Lambda_t A^\sigma_t=e^{\varepsilon^B_t}\left(c_t-\frac{\theta}{a}\frac{c_{t-1}}{e\varepsilon^A_t}\right)^{-\sigma}\frac{\beta\theta}{a^\sigma}E_t e^{\varepsilon^B_{t+1}}\left(e^{\varepsilon^A_{t+1}}c_{t+1}-\frac{\theta}{a}c_t\right)^\sigma \tag{2}$$

$$\Lambda_t=\beta E_t\Lambda_{t+1}R^N_t\frac{P_t}{P_{t+1}}=\beta E_t\Lambda_{t+1}\frac{R^N_t}{\pi_{t+1}}$$

$$\lambda_t=\beta E_t\lambda_{t+1}\frac{1}{(ae^{\varepsilon^A_{t+1}})^\sigma}\frac{R^N_t}{\pi_{t+1}} \tag{3}$$

$$e^{\varepsilon_t^B}A_t^{1-\sigma}L_t^x=\Lambda_t W_t$$

$$e^{\varepsilon_t^B}L_t^x=\lambda_t w_t \tag{4}$$

$$R_t^K=\frac{\Lambda_t^K}{\Lambda_t}\delta'(U_t)=Q_t\delta'(U_t) \tag{5}$$

$$Q_t=\beta E_t\frac{\Lambda_{t+1}}{\Lambda_t}[R_t^K U_{t+1}+Q_{t+1}(1-\delta(U_{t+1}))]$$

$$Q_t=\beta E_t\frac{\lambda_{t+1}}{\lambda_t}\left(\frac{1}{ae^{\varepsilon_{t+1}^A}}\right)^{\sigma}[R_t^K U_{t+1}+Q_{t+1}(1-\delta(U_{t+1}))] \tag{6}$$

$$1=Q_t\left\{1-\Gamma\left(\frac{I_t}{I_{t-1}}\frac{1}{a}\right)-\Gamma'\left(\frac{I_t\Gamma}{I_{t-1}}\frac{1}{a}\right)\frac{I_t}{I_{t-1}}\frac{1}{a}\right\}+\beta E_t\frac{\Lambda_{t+1}}{\Lambda_t}Q_{t+1}\Gamma'\left(\frac{I_{t+1}}{I_t}\frac{1}{a}\right)\left(\frac{I_{t+1}}{I_t}\right)^2\frac{1}{a}$$

$$1=Q_t\left\{1-\Gamma\left(\frac{i_t}{i_{t-1}}\right)-\Gamma'\left(\frac{i_t}{i_{t-1}}e^{\varepsilon_t^A}\right)\frac{i_t}{i_{t-1}}e^{\varepsilon_t^A}\right\}+$$

$$\frac{\beta}{a^{\sigma-1}}E_t\frac{\lambda_{t+1}}{\lambda_t}\left(\frac{1}{e^{\varepsilon_{t+1}^A}}\right)^{\sigma}Q_{t+1}\Gamma'\left(\frac{i_{t+1}}{i_t}e^{\varepsilon_{t+1}^A}\right)\left(\frac{i_{t+1}}{i_t}e^{\varepsilon_{t+1}^A}\right)^2 e^{\varepsilon_{t+1}^A} \tag{7}$$

3.2 中間財企業と最終財企業

最終財企業は投入要素の代替の弾力性が一定である生産技術で異質的な中間財をバンドルして最終財を生産する。中間財市場は独占的競争である。Calve(1983)の価格設定ルールに従って価格の粘着性を再現する。

$$Y_t=\left[\int_0^1 Y_{t,f}^{\frac{1}{1+\lambda_t^P}}df\right]^{1+\lambda_t^P}$$

$f\in[0,1]$は中間財企業のインデックスであり、中間財の価格のマークアップλ_t^pと中間財の代替の弾力性$\theta_t^p(\theta_t^p>1)$の間に$\lambda_t^p=\frac{1}{\theta_t^p-1}>0$が成立する。最終財企業は中間財を投入要素として生産コストを最小化する。

$$\iota=\int_0^1 Y_{t,f}P_{t,f}df+P_t\left\{Y_t-\left[\int_0^1 Y_{t,f}^{\frac{1}{1+\lambda_t^P}}df\right]^{1+\lambda_t^p}\right\}$$

このモデル経済の物価水準である集計レベルの最終財価格と中間財の需要曲線は以下の式で与えられる。

$$P_t=\left[\int_0^1 P_{t,f}^{-\frac{1}{\lambda_t^p}}df\right]^{-\lambda_t^p}$$

$$Y_{t,f}=\left[\frac{P_{t,f}}{P_t}\right]^{\frac{1+\lambda_t^p}{\lambda_t^p}}Y_t$$

Calvo(1983)の価格設定メカニズムに基づいて、毎期、すべての中間財企業のなか、$1-\zeta_P$の割合の中間財企業は価格を最適に設定するチャンスを得る。残りの中間財企業は機械的に前期のインフレ率と定常状態のインフレ率にそれ$1-\gamma_P$ぞγ_Pれとのウィットで価格を連動させる。

$$P_{t+j,f}=P_{t+j-1,f}\pi_{t+j-1}^{\gamma_p}\pi^{1-\gamma_p}=P_{t,f}\left[\prod_{k=1}^f\left(\frac{\pi_{t+k-1}}{\pi}\right)^{\gamma_p}\pi\right]$$

中間財企業は以下の生産技術の制約を受けて生産コストを最小化する。
$$Y_{t,f}=(A_tL_{t,f})^{1-a}(U_tK_{t-1,f})^a-\phi A_t$$
ϕは生産に占める固定コストであり、定常状態における中間財企業の利潤をゼロに基準化する役割を持つ。
$$min W_tL_{t,f}+R_t^KU_tK_{t-1,f}$$
$$s\cdot t\cdot Y_{t,f}=(A_tL_{t,f})^{1-a}(U_tK_{t-1,f})^a-\phi A_t$$
$$\mathcal{L}_t=W_tL_{t,f}+P_t^KU_tK_{t-1,f}+MC_{t,f}[|Y_{t,f}-(A_tL_{t,f})^{1-a}(U_tK_{t-1,f})^a+\phi A_t]$$
ラグランジュ関数をU_tK_t-1、L_tに関して微分して計算すして、トレンドを除去する。
$$R_t^K=aMC_{t,f}\frac{Y_{t,f}+\phi A_t}{U_tK_{t-1,f}}$$
$$W_t=(1-a)MC_{t,f}\frac{Y_{t,f}+\phi A_t}{L_t}$$
$$MC_{t,f}=\left(\frac{W_t}{(1-a)A_t}\right)^{1-a}\left(\frac{R_t^K}{a}\right)^a=\left(\frac{W_t}{1-a}\right)^{1-a}\left(\frac{R_t^K}{a}\right)^a \tag{8}$$
$$\frac{U_tK_{t-1,f}}{L_{t,f}}=\frac{aW_t}{(1-a)R_t^K}$$

コスト最小化の結果から分かるように、すべての中間財企業にとって、限界コストも資本労働の投入比率も同じになっているので、集計レベルの資本ストック$K_t=\int_0^1 K_{t,f}df$と労働投入量$L_t=\int_0^1 L_{t,f}df$の間には
$$\frac{U_tK_{t-1}}{L_t}=\frac{aW_t}{(1-a)R_t^K}$$
という関係が成り立つ。トレンドを除去して書き換えす。
$$\frac{U_tK_{t-1}}{L_tae_t^{\varepsilon^A}}=\frac{aw_t}{(1-a)R_t^K} \tag{9}$$
中間財の生産関数を集計して
$$\int_0^1 Y_{t,f}df=\int_0^1[(A_tL_{t,f})^{1-a}(U_tK_{t-1,f})^a-\phi A_t]df=A_t^{1-a}U_t^a\int_0^1 L_{t,f}^{1-a}K_{t-1,f}^a df-\phi A_t$$
$$=(A_tL_t)^{1-a}(U_tK_{t-1})^a-\phi A_t$$
中間財と最終財の需要曲線$Y_{t,f}=\left[\frac{P_{t,f}}{P_t}\right]^{\frac{1+\lambda_t^p}{\lambda_t^p}}Y_t$を利用すれば
$$\int_0^1 Y_{t,f}df=\int_0^1\left[\frac{P_{t,f}}{P_t}\right]^{\frac{1+\lambda_t^p}{\lambda_t^p}}Y_tdf=(A_tL_t)^{1-a}(U_tK_{t-1})^a-\phi A_t$$
総産出量は
$$Y_t\Theta_t=(A_tL_t)^{1-a}(U_tK_{t-1})^a-\phi A_t$$
となることが分かり、$\Theta_t=\int_0^1\left[\frac{P_{t,f}}{P_t}\right]^{-\frac{1+\lambda_t^p}{\lambda_t^p}}df$が中間財の価格の分散を意味する。トレンドを除去して以下のように表記する。

$$y_t \Theta_t = (L_t)^{1-a} \left(\frac{U_t K_{t-1}}{a e_t^A} \right)^a - \phi \tag{10}$$

中間財企業は割引現在利潤を最大化するように価格を設定する。

$$max E_t \sum_{j=0}^{\infty} (\beta \xi_p)^j \left(\frac{\Lambda_{t+j}}{\Lambda_t} \right) \left[\frac{P_{t,f} \left[\prod_{k=1}^{j} \left(\frac{\pi_{t+k-1}}{\pi} \right)^{\gamma_p} \pi \right]}{P_{t+j}} - MC_{t+j} \right] Y_{t+j,f}$$

$$s \cdot t \cdot Y_{t+j,f} = \left[\frac{P_{t,f} \left[\prod_{k=1}^{j} \left(\frac{\pi_{t+k-1}}{\pi} \right)^{\gamma_p} \pi \right]}{P_{t+j}} \right]^{-\frac{1+\lambda_{t+j}^p}{\lambda_{t+j}^p}} Y_{t+j}$$

一階条件は式(11)である。

$$E_t \sum_{j=0}^{\infty} \left\{ (\beta \xi_p)^j \frac{\Lambda_{t+j}}{\Lambda_t} \frac{1}{\lambda_{t+j}^p} \left[\frac{P_t^o \left[\prod_{k=1}^{j} \left(\frac{\pi_{t+k-1}}{\pi} \right)^{\gamma_p} \frac{\pi}{\pi_{t+k}} \right]}{P_t} \right]^{-\frac{1+\lambda_{t+j}^p}{\lambda_{t+j}^p}} Y_{t+j} \right.$$

$$\left. \times \left[\frac{P_t^o \left[\prod_{k=1}^{j} \left(\frac{\pi_{t+k-1}}{\pi} \right)^{\gamma_p} \frac{\pi}{\pi_{t+k}} \right]}{P_t} - (1+\lambda_{t+j}^p) MC_{t+j} \right] \right\} = 0$$

同式についてトレンドを除去する。

$$E_t \sum_{j=0}^{\infty} \left\{ \left(\frac{\beta \xi_p}{a^{\sigma-1}} \right)^j \frac{\lambda_{t+j}}{\lambda_t} \frac{1}{\lambda_{t+j}^p} \prod_{k=1}^{j} \left(\frac{1}{e_{t+k}^{\varepsilon^A}} \right)^{\sigma-1} \left[\frac{p_t^o \left[\prod_{k=1}^{j} \left(\frac{\pi_{t+k-1}}{\pi} \right)^{\gamma_p} \frac{\pi}{\pi_{t+k}} \right]}{P_t} \right]^{\frac{1+\lambda_{t+j}^p}{\lambda_{t+j}^p}} y_{t+j} \right.$$

$$\left. \times \left[\frac{P_t^o \left[\prod_{k=1}^{j} \left(\frac{\pi_{t+k-1}}{\pi} \right)^{\gamma_p} \frac{\pi}{\pi_{t+k}} \right]}{P_t} - (1+\lambda_{t+j}^p) MC_{t+j} \right] \right\} = 0 \tag{11}$$

ここのP_t^oはt期の最適価格を表す。すべての中間財企業が最適化した価格を集計すれば、集計レベルの価格の遷移法則が得られる。

$$1 = \left[\int_0^1 \left(\frac{P_{t,f}}{P_t} \right)^{-\frac{1}{\lambda_t^p}} df \right]^{-\lambda_t^p} = \left[(1-\xi_p) \left(\frac{p_t^o}{P_t} \right)^{-\frac{1}{\lambda_t^p}} + \xi_p (1-\xi_p) \left[\frac{p_{t-1}^o \pi_{t-1}^{\gamma_p} \pi^{1-\gamma_p}}{P_t} \right]^{\frac{1}{\lambda_t^p}} + \cdots \right]^{-\lambda_t^p}$$

無限級数$\left[(1-\xi_p) \left(\frac{p_t^o}{P_t} \right)^{-\frac{1}{\lambda_t^p}} + \xi_p (1-\xi_p) \left[\frac{p_{t-1}^o \pi_{t-1}^{\gamma_p} \pi^{1-\gamma_p}}{P_t} \right]^{\frac{1}{\lambda_t^p}} + \cdots \right]$をまとめて表記する。

$$1 = (1-\xi_p) \left\{ \left(\frac{P_t^o}{P_t} \right)^{-\frac{1}{\lambda^p t}} + \sum_{j=0}^{\infty} (\xi_p^j) \left[\frac{P_{t-j}^0}{P_{t-j}} \prod_{k=1}^{j} \left[\left(\frac{\pi_{t-k}}{\pi} \right)^{\gamma_p} \frac{\pi}{\pi_{t-k+1}} \right] \right]^{-\frac{1}{\lambda_t^p}} \right\} \tag{12}$$

3.3 金融政策当局

中央銀行が金融政策当局として名目金利R_t^NをTaylor(1993)のルールに従ってコントロールする。なお、本モデルでは日本銀行が実施している非伝統的な金融政策は考慮されない。

$$\log R_t^N = \phi_R \log R_{t-1}^N + (1-\phi_R) \left[\log R^N + \phi_\pi \left(\frac{1}{4} \sum_{j=0}^{3} \log \frac{\pi_{t-j}}{\pi} \right) + \phi_Y \log \frac{Y_t}{Y_t^p} \right] + \varepsilon_t^R$$

ϕ_Rは名目金利調整のスムージングパラメーターである。ϕ_πとϕ_Yはそれぞれ中央銀行がアンカーするインフレ率と定常状態の潜在産出からの乖離に対する反応の度合いを表す政策パラメーターである。潜在産出$Y_t^P = (A_tL)^{1-a}(kA_{t-1})^a - \phi A_t$を資本稼働率が$U_t = 1$になっている定常状態の産出として定義する。金利の非システマチックな変化を金融政策ショックとして捉える。トレンド変数はY_tと潜在産出量Y_t^Pだけなので、金融政策ルールを以下のように表記する。

$$\log R_t^N = \phi_R \log R_{t-1}^N + (1-\varphi_R)\left[\log R^N + \phi_\pi\left(\frac{1}{4}\sum_{j=0}^{3}\log\frac{\pi_{t-j}}{\pi}\right) + \phi_Y \log\frac{y_t}{y_t^P}\right] + \varepsilon_t^R \quad (13)$$

産出$y_t \Theta_t = (L_t)^{1-a}\left(\frac{U_t k_{t-1}}{ae^{\varepsilon_t^A}}\right)^a - \phi$は定常均衡の状態で価格の分散が存在しない場合、つまり$P_{t,f} = P_t, \Theta t = \int_0^1\left[\frac{P_{t,f}}{P_t}\right]^{\frac{1+\lambda_t^P}{\lambda_t^P}} = 1, U_t = 1$が成立する場合、潜在産出量に相当する。

$$y_t^P = (L)^{1-\alpha}\left(\frac{k}{ae^{\varepsilon_t^A}}\right)^a - \phi \quad (14)$$

3.4 市場均衡

資源制約

$$Y_t = C_t + I_t + gA_t e^{\varepsilon_t^G}$$

のトレンドを除去して、財市場が均衡する場合、以下の関係が成り立つ。

$$y_t = c_t + i_t + ge^{\varepsilon_t^G} \quad (15)$$

Gはスケールパラメーターであり、$Ge^{\varepsilon_t^G}$が政府や輸出からの外生需要を表してε_t^Gが外生需要ショックである。本稿では政府の財政政策が考慮されていないため、政府支出が外生的であると仮定する。このモデルでは、均衡条件は式(1)から(15)までである。5個の構造外生ショックは定常のAR(1)確率過程に従うと仮定する。

$$\varepsilon_t^{shock} = \rho_{shock}\varepsilon_{t-1}^{shock} + \upsilon_t^{shock}, \upsilon_t^{shock} \sim i.i.d. N(0, \sigma_{shock}^2), shock \in (B, A, G, P, R)$$

外生ショックのシーケンス

$$\{\varepsilon_t^G, \varepsilon_t^B, \varepsilon_t^A, \varepsilon_t^P, \varepsilon_t^R\}_{t=0}^{\infty}$$

が与えられる場合、すべての経済主体の最適化条件と市場均衡を満たす配分

$$\{c_t, L_t, k_t, U_t, y_t, y_t^P, i_t, MC_t\}_{t=0}^{\infty}$$

と価格ベクトル

$$\{P_t, \pi_t, w_t, R_t^K, Q_t, R_t^N\}_{t=0}^{\infty}$$

をこのモデル経済の均衡経路として定義する。

3.5 定常状態と線形化

定常状態においては、まず、消費のオイラー方程式(3)式から、$1 = \beta\frac{1}{a^\sigma}\frac{R^N}{\pi}$であることが分かる。$\frac{R^N}{\pi} = R$を定常状態のグロス実質金利に定義して、$R\beta = a^\sigma$が成立す

る。資本の遷移式(1)式が定常状態において、$k=(1-\delta)\frac{k}{a}+i$である。(7)式の定常状態では、$Q=1$という関係がある。故に、(6)式から$R^K=\frac{a^\sigma}{\beta}-1+\delta$であることが成立する。定常状態の価格分散が存在しないことが(12)式$\frac{P^O}{P}=1$という関係で分かる。

中間財企業のコスト最小化と価格設定の最適条件により、定常状態において、$MC=\frac{1}{1+\lambda^P}$および$w=(1-\alpha)\left(\frac{1}{1+\lambda^P}\right)^{\frac{1}{1-\alpha}}\left[\frac{\frac{a^\sigma}{\beta}-1+\delta}{\alpha}\right]^{-\frac{\alpha}{1-\alpha}}$, $\frac{k}{l}=\frac{\alpha}{1-\alpha}\frac{wa}{R^K}$であることが成立する。産出量が定常状態において潜在産出量に到達し$y=y^P$てである。(10)式から、定常状態の資本ストックと総算出の比率は$\frac{k}{y}=(1+\frac{\phi}{y})a^\alpha\left(\frac{l}{k}\right)^{\alpha-1}$となり、$\frac{\phi}{y}$は固定コストが総産出に占める割合であり、次節でパラメーターとして推計する。また、$k=(1-\delta)\frac{k}{a}+i$から$\frac{i}{y}=\left(1-\frac{1-\delta}{a}\right)\frac{k}{y}$と変形できる。資源制約(15)式は$y=c+i+g$が成立するため、産出に占める投資の割合$\frac{i}{y}$、消費の割合$\frac{c}{y}$はデータから直接算出できる。

上記の関係を利用して最適化条件および資源制約式(1)から(15)を線形化して、外生ショックの確率過程と合わせてモデルを付録にまとめる。

4. データとベイズ推計

本稿のモデルに5個の構造ショックがあるため、四半期マクロ経済時系列データを5系列使って推計する。データ系列の数と外生ショックの数が必ず一致しなければならないのは確率的特異性 (stochastic singularity) を回避するためである。データ系列が5より少なければ、全部のパラメーターを識別するための情報が足りない。データ系列が5より多ければ、尤度関数の計算を有効にするために、多めのデータを使わなくなる。DSGEモデルのベイズ推計とそれに関連する問題について、J. Fernández-Villaverde (2010)とAn and Schorfheide(2007)に参考されたい。モデルの定常状態において一部のパラメーターを推計せずにカリブレートする。ほとんどの実証DSGE文献に従って資本の減耗率と生産関数の資本の弾力性はそれぞれ0.025と0.37に固定する。$U=1$が定常状態の資本稼働率である。

4.1 データ

推計用のデータは期間が1980年第1四半期から2015年第1四半期までであり、全部日経NEEDS-Financial QUESTデータベースから収集している。全部のデータは四半期頻度に変換されている。また、季節調整系列が公表されないデータにつ

いてはConsus X-12で適切に季節調整が行われる。消費、GDPなどの名目データ系列はモデル経済の物価水準としての消費者物価指数で割って実質化されている。

表4.1　データ出所

変数	データ出所	データ系列
産出　Y_t	内閣府　国民経済計算	名目国内総生産
消費　C_t	内閣府　国民経済計算	名目個人消費
投資　I_t	内閣府　国民経済計算	名目設備投資
政策金利　R_t^N	日本銀行	有担保コールレート
物価水準　T_t	内閣府　消費者物価指数	生鮮食品を除く総合

データをモデル変数にリンクするために、観察方程式を特定化する必要がある。GDPを例にして、

$\Delta \log Y_t = \log Y_t - \log Y_{t-1} = (\log Y_t - \log A_t) - (\log Y_{t-1} - \log A_{t-1}) + (\log A_t - \log A_{t-1})$
$= (\log y_t - \log a) - (\log y_{t-1} - \log a) + \log a + \varepsilon_t^A = \tilde{y}_t - \tilde{y}_{t-1} + \log a + \varepsilon_t^A$

実際の処理では、観察方程式の両辺に100をかけて全部パーセンテージに変換して、データを定常状態からの乖離である線形化されたモデルの変数にリンクする。

$$100 \begin{bmatrix} \Delta \log Y_t \\ \Delta \log C_t \\ \Delta \log I_t \\ \Delta \log P_t \\ \log R_t^N \end{bmatrix} = \begin{bmatrix} a^* \\ a^* \\ a^* \\ \pi^* \\ R^* + \pi^* \end{bmatrix} + 100 \begin{bmatrix} \tilde{y} - \tilde{y}_{t-1} + \varepsilon_t^A \\ \tilde{C}_t - \tilde{C}_{t-1} + \varepsilon_t^A \\ \tilde{l}_t - \tilde{l}_{t-1} + \varepsilon_t^A \\ \tilde{\pi}_t \\ \tilde{R}_t^N \end{bmatrix}$$

推計上の便宜を図るため、観察方程式において$a^* = 100 \log a \approx 100(1-a)$、$\pi^* = 100 \log \pi \approx 100(\pi-1)$、$R^* = 100 \log R \approx 100(R-1)$という補助のパラメーターを再定義しておく。線形化されたモデルと観察方程式を合わせて状態空間に表記してモデルのパラメーターのベイズ推計を行う。データのプロットは図4.1から図4.5である。

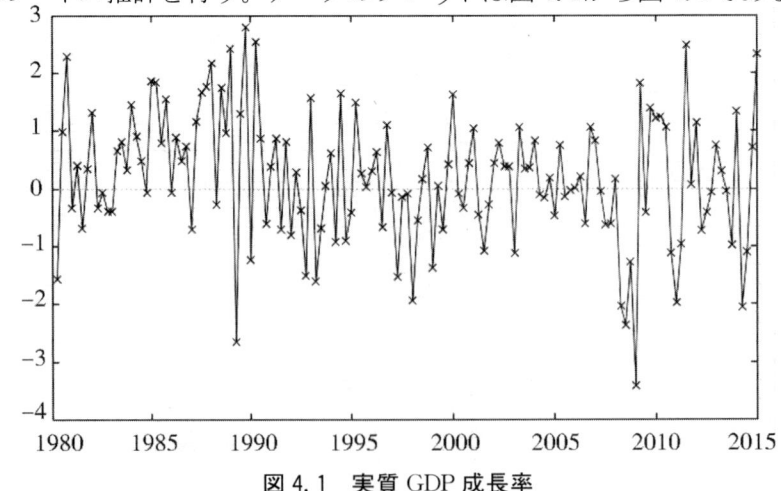

図4.1　実質 GDP 成長率

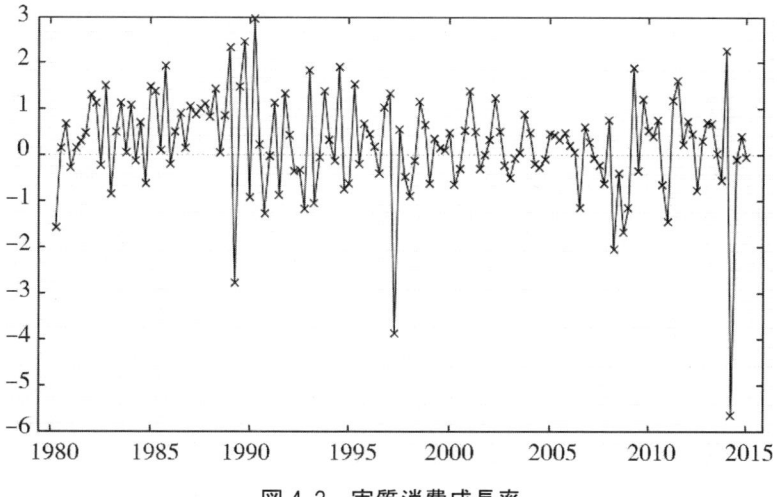

図 4.2　実質消費成長率

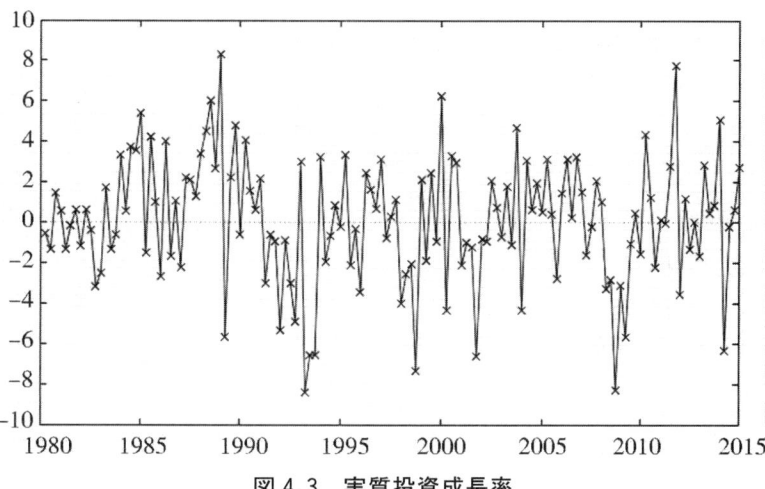

図 4.3　実質投資成長率

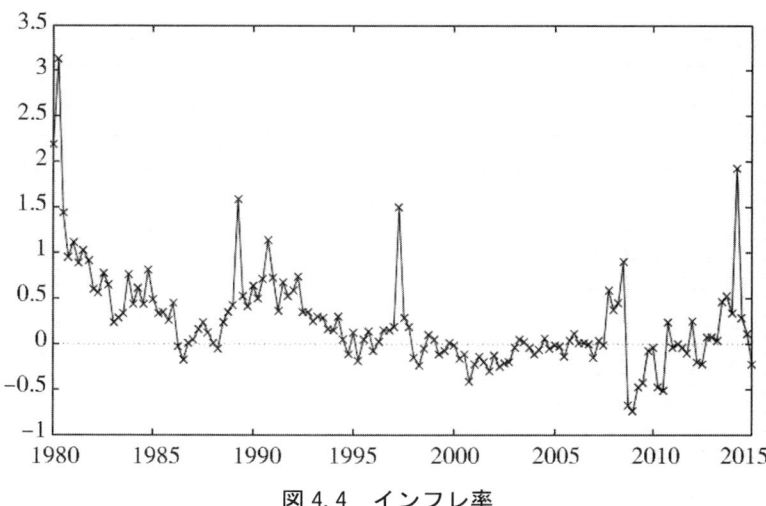

図 4.4　インフレ率

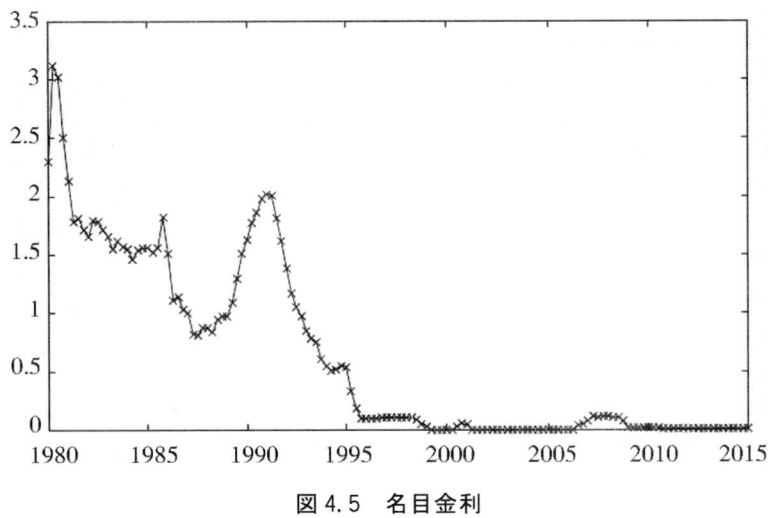

図 4.5　名目金利

4.2　パラメーターの推計

パラメーター推計において、事前分布を設定するため、Smets and Wouters (2007)，Sugo and Ueda(2008)，Iiboshi et al. (2006)，Kaihatsu and Kurozumi(2012) を参考にした。200000 回のMCMCサンプリングのうち、100000 回が保留された。パラメーターの複合収束診断もクリアできている。

パラメーターの定義リストは表 4.2 である。

表 4.2　パラメーターの定義

構造パラメーター		外生ショックパラーメーター	
λ^P	価格マークアップ	ρ_A	技術ショックのAR(1)係数
σ	リスク回避度	ρ_G	外生需要ショックのAR(1)係数
θ	消費の習慣形成の度合い	ρ_R	金融政策ショックのAR(1)係数
χ	労働供給の弾力性の逆数	ρ_P	価格ショックのAR(1)係数
μ	資本稼働率の弾力性	ρ_B	選好ショックのAR(1)係数
$1/\zeta$	投資調整コストの弾力性	σ_A	技術ショックの標準偏差
ϕ/y	産出に占める固定コストの割合	σ_B	選好ショックの標準偏差
γ_P	価格のインフレ連動	σ_R	金融政策ショックの標準偏差
ξ_P	Calvoタイプの価格粘着度	σ_G	外生需要ショックの標準偏差
Φ_R	政策金利の平準度	σ_P	価格ショックの標準偏差
Φ_π	政策金利のインフレに対する感応度		
Φ_γ	政策金利の産出に対する感応度		
α^*	定常状態の技術進歩率		
π^*	定常状態のインフレ率		
R^*	定常状態の実質金利		

表4.3 推計パラメーターの事前分布と事後分布
B：ベータ分布、G：ガンマ分布、IG：逆ガンマ分布

	事前分布			事後分布			
	平均	標準偏差	分布	平均	最頻値	90%信頼区間	標準偏差
σ	1.000	0.3750	G	0.1385	0.1525	0.0731 0.2029	0.0311
θ	0.700	0.1500	B	0.8830	0.8777	0.8462 0.9219	0.0244
χ	2.000	0.7500	G	0.7376	0.6024	0.2280 1.2471	0.3782
$1/\zeta$	4.000	1.5000	G	2.5675	2.7432	1.6821 3.4667	0.5028
μ	1.000	1.0000	G	0.2189	0.0000	0.0000 0.4683	0.1920
ϕ/y	0.075	0.0125	G	0.0774	0.0752	0.0577 0.0979	0.0086
γ_P	0.500	0.2500	G	0.9219	0.9618	0.8436 0.9991	0.0514
ξ_P	0.375	0.1000	B	0.8945	0.9042	0.8739 0.9146	0.0153
λ_P	0.150	0.0500	G	0.1530	0.1335	0.0719 0.2339	0.0676
α^*	0.190	0.0500	G	0.2399	0.2262	0.1472 0.3307	0.0567
π^*	0.485	0.0500	G	0.4603	0.4552	0.3851 0.5336	0.0454
R^*	0.175	0.0500	G	0.2125	0.2000	0.1323 0.2933	0.0461
Φ_R	0.800	0.1000	B	0.8087	0.8218	0.7496 0.8712	0.0335
Φ_π	1.700	0.1000	G	1.7652	1.7500	1.6124 1.9214	0.0758
Φ_Y	0.125	0.0500	G	0.0827	0.0654	0.0431 0.1216	0.0182
ρ_A	0.500	0.2000	B	0.9188	0.9377	0.8649 0.9744	0.0327
ρ_G	0.500	0.2000	B	0.9225	0.9214	0.8893 0.9556	0.0215
ρ_P	0.500	0.2000	B	0.0949	0.0550	0.0123 0.1735	0.0876
ρ_R	0.500	0.2000	B	0.5835	0.5722	0.4453 0.7237	0.0654
ρ_B	0.500	0.2000	B	0.0985	0.0732	0.0183 0.1741	0.0596
σ_A	0.500	Inf	IG	1.0242	0.9591	0.7462 1.2999	0.1545
σ_G	0.500	Inf	IG	2.3278	2.2933	2.0923 2.5600	0.1529
σ_P	0.500	Inf	IG	0.4731	0.4764	0.4068 0.5396	0.0466
σ_R	0.500	Inf	IG	0.1130	0.1105	0.1007 0.1250	0.0074
σ_B	0.500	Inf	IG	1.2226	1.2589	0.7767 1.6340	0.1911

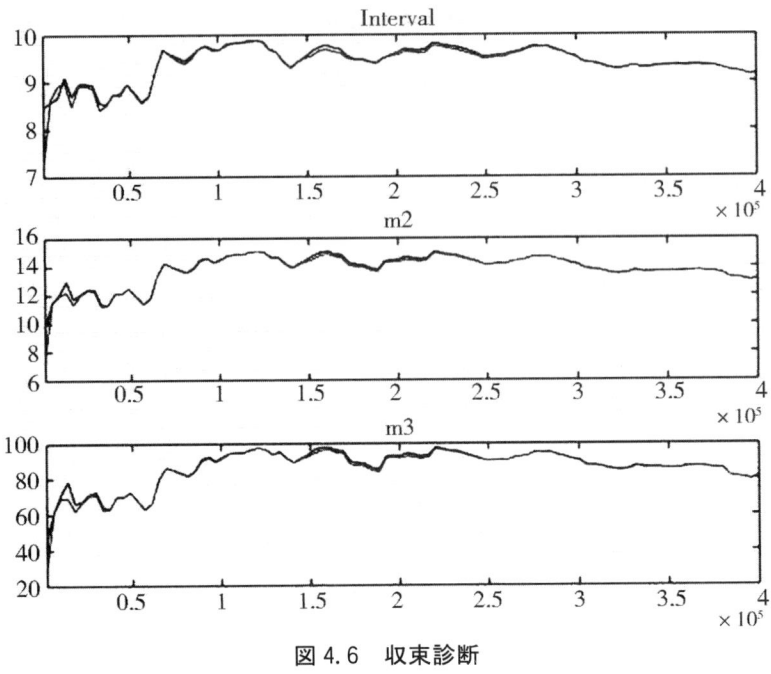

図4.6 収束診断

5. 実証分析

　この章では、前章で推計されたパラメーターの値を利用して、外生ショックが発生する場合、マクロ経済変数がどう動いていくかをシミュレーションで見てから、1980年から2015年までのデータを歴史分解で分析して、外生ショックがどのように日本経済にどのように働いてきたかを見る。まず、推計された結果を利用して、労働投入、賃金、資産価格などの変数の推定値を見る。

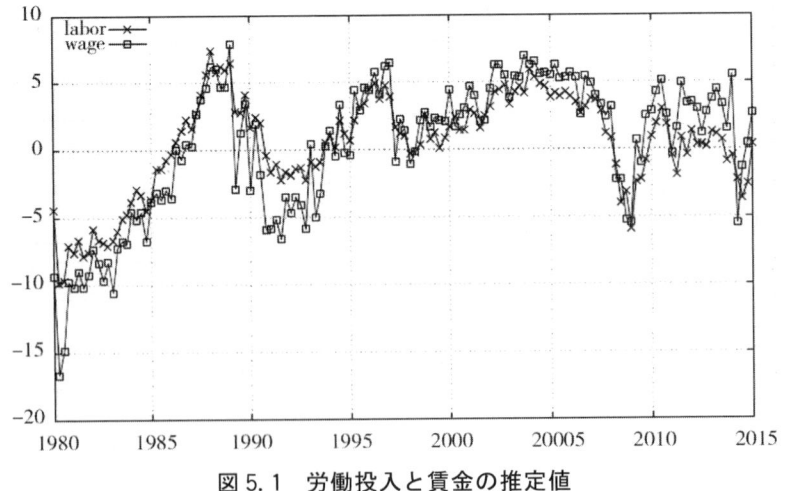

図5.1　労働投入と賃金の推定値

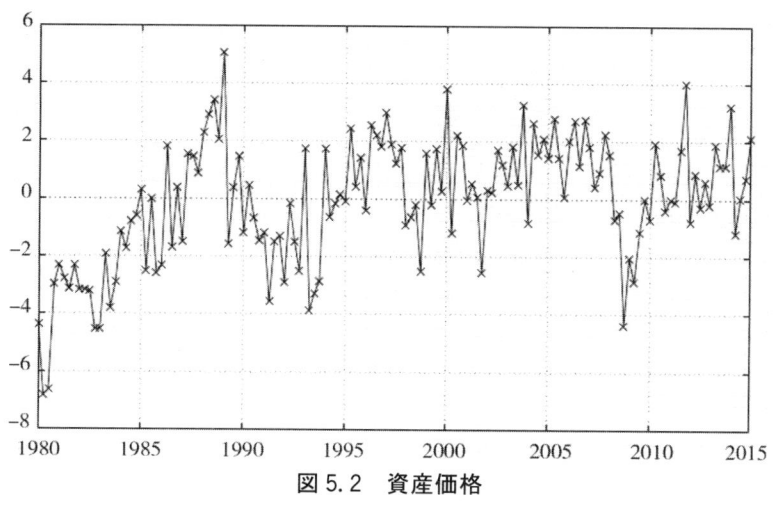

図 5.2　資産価格

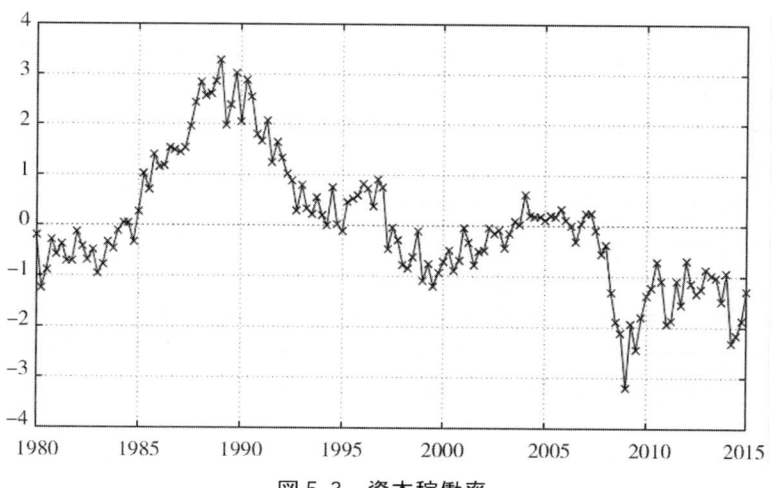

図 5.3　資本稼働率

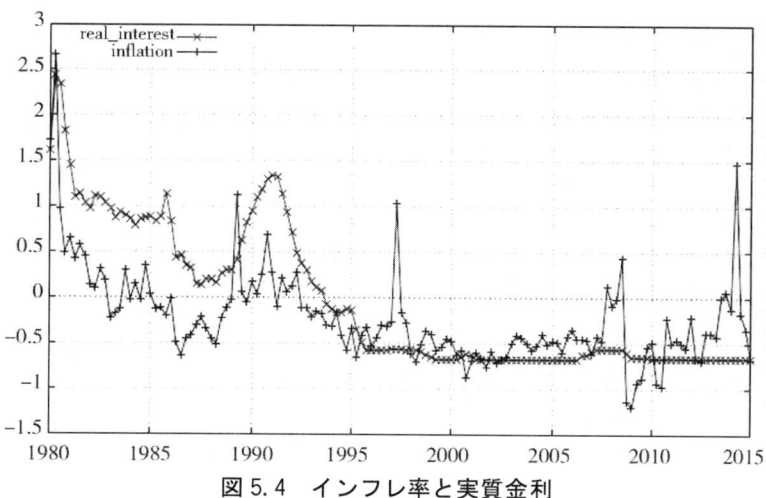

図 5.4　インフレ率と実質金利

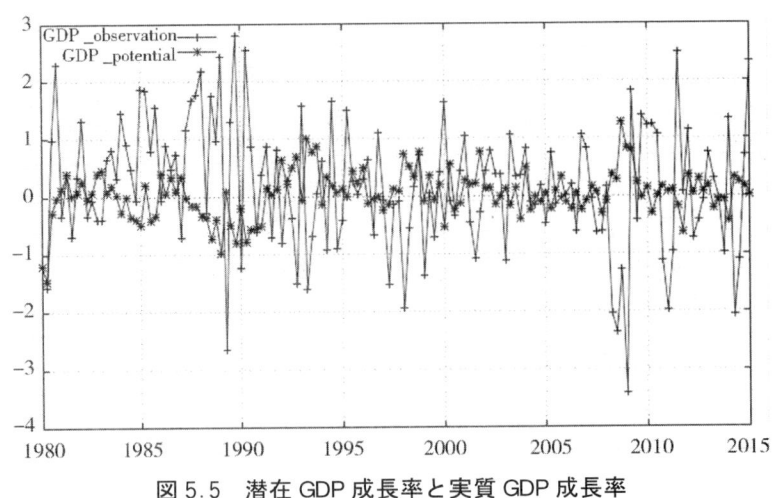
図5.5 潜在GDP成長率と実質GDP成長率

　労働投入と賃金は非常に似たような動きをしており、労働市場が緊迫しれば、賃金が上昇し、また、その逆も図5.1から認められる。90年代初期の「時短」改革による労働時間の減少は明らかにこの図から読み取れる。また、資産価格を見れば、バブル期や2000年年代初期の高騰および2008年世界金融危機による資産価格の下落は明らかにこの図から示唆されている。このモデルおよびその推計結果は日本経済をうまく再現していると考えられる。資本稼働率から見ても、バブル期以後の経済が低迷していることは資本稼働率の低下から確認できる。推計された実質金利は1995年をめどに、すでにゼロ以下に入っていることが分かる。潜在GDP成長率を推計した結果は図5.5である。同じ図では、実際のGDP成長率もプロットされており、この図から見れば、ほとんどの期間において、潜在GDPの成長率が実際の成長率を上回っていることが認められる。

5.1　インパルスレスポンス

　インパルスレスポンスは外生ショックが引き起こしたマクロ変数の動きをプロットしたものである。選好ショックが起こる場合、諸費への需要が高まり、産出もそれに従って増えるが、投資がその分減る。賃金と労働投入も増えて、インフレと金利の上昇が同時に観察できる。外生需要ショックが起こったら、明らかなグラウンディングアウト現象が観察できる。それは外生需要が高まることにより、産出が大幅に増えるが、投資と消費などの民間部門の需要が抑えられるということである。賃金、資本レントなどの要素価格も増える。金利とインフレの変化は「コブ状」の動きを見せており、政府支出などの外生需要が発生する場合、インフレをコントロールするように、中央銀行が利上げに踏み切ってやがて利下げをする金利政策とよく合致している。

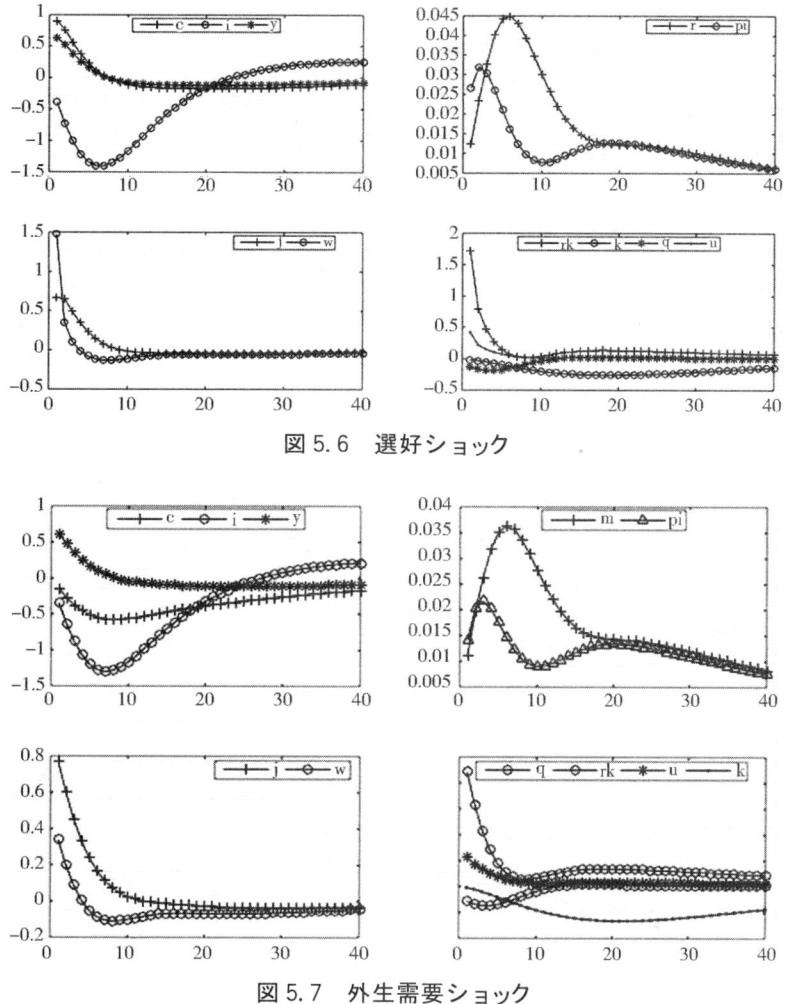

図5.6 選好ショック

図5.7 外生需要ショック

　金融政策ショックが利上げという形で発生する場合、インフレ、産出も抑制されることになるが、投資が金利の変化に一番敏感であるため、投資の減少が明らかに見える。投資が減って、資産価格を表すトービンのQも大幅に減る方向をたどる。技術ショックがある場合、生産が効率的になり、労働の投入がその分減って、産出も減る方向に動いていくが、長期的に投資が激しい上昇を見せている。それは技術が長期的に資本ストックに体化されることを意味する。価格ショックが消費財の価格の上昇を意味して、インフレの上昇と消費の減少につながる。インフレの上昇を食い止めるため、金利がその分緩やかに上昇してから通常の金利水準への回復に向かう。

　インパルスレスポンスでは、実際推計したパラメーターの値を使用しており、つまり、日本経済の構造えを再現しているシミュレーションを行っていると言える。このように、インパルスレスポンスは外生ショックが日本経済への影響をシミュレーションで評価して、実際のマクロ経済政策の運営に参考となるような役割がある。

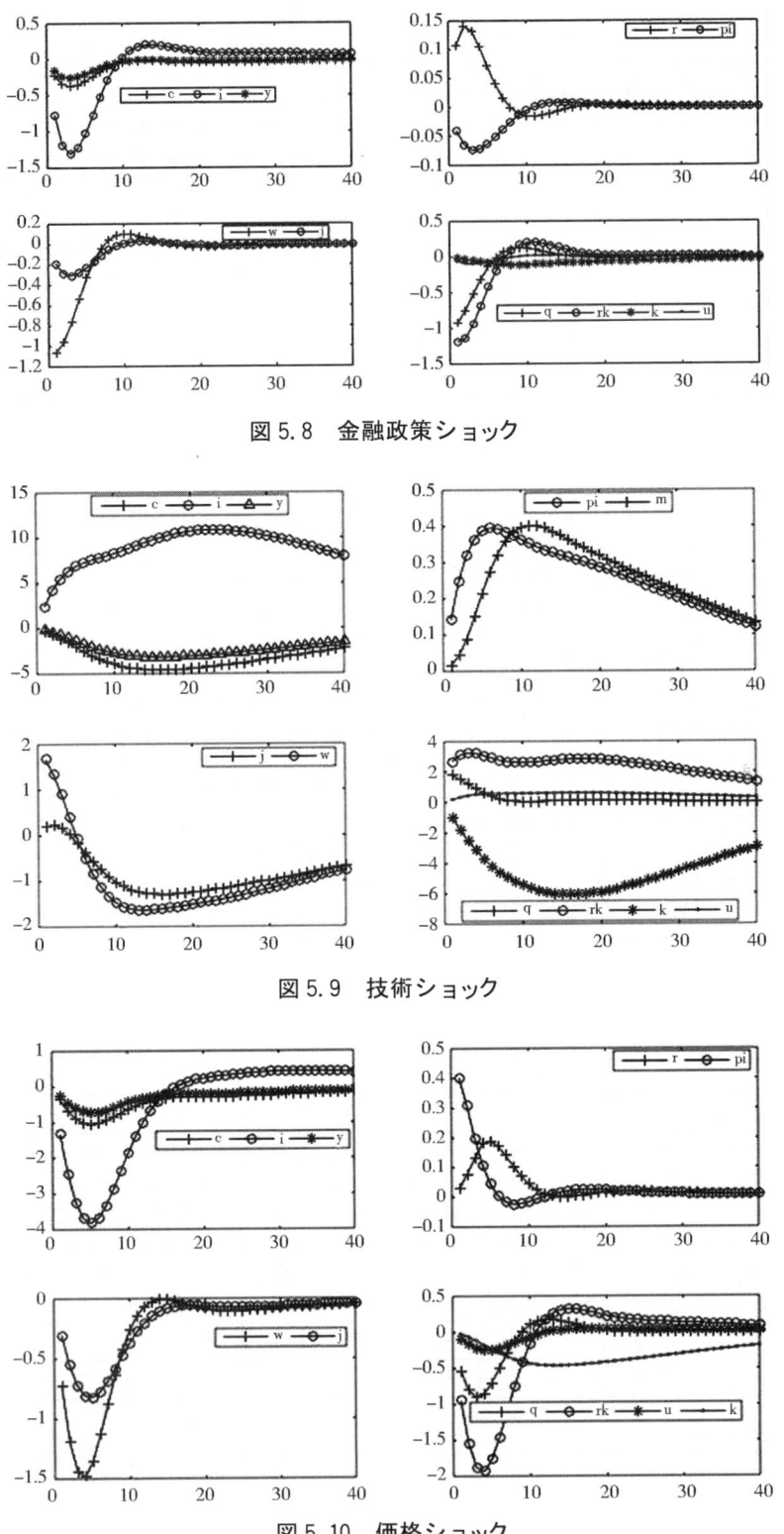

図5.8　金融政策ショック

図5.9　技術ショック

図5.10　価格ショック

5.2 歴史分解

2.1.3節で紹介した歴史分解のアルゴリズムを使って主要マクロ変数につい歴史分解を行った。外生ショックは大きく分けて三種類あって、それぞれ経済の供給サイドと需要サイドに作用するショックと政策当局によるショックである。。本稿で構築されたモデルでは5個の外生ショックあって、技術ショック、価格ショックは供給サイドに、外生需要ショック、選好ショックは需要サイドに働く。中央銀行による金利の上げ下げを金融政策ショックとして捉える。

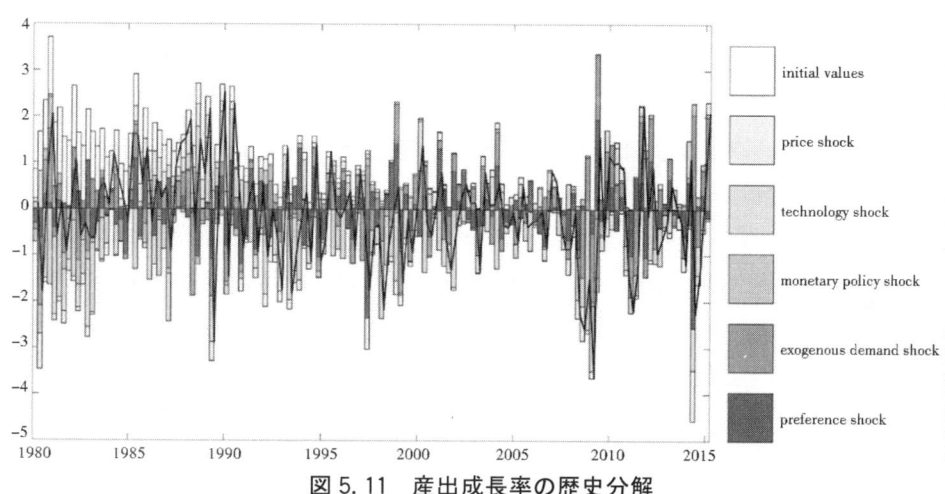

図 5.11　産出成長率の歴史分解

図 5.10は産出のコアの循環変動がほとんど技術ショックと外生需要ショックによって駆動されている。技術ショックについては、マイナス寄与の期間が長く、長年議論されてきた日本経済の生産性が伸び悩んでいるという問題もこの歴史分解から裏付けられている。

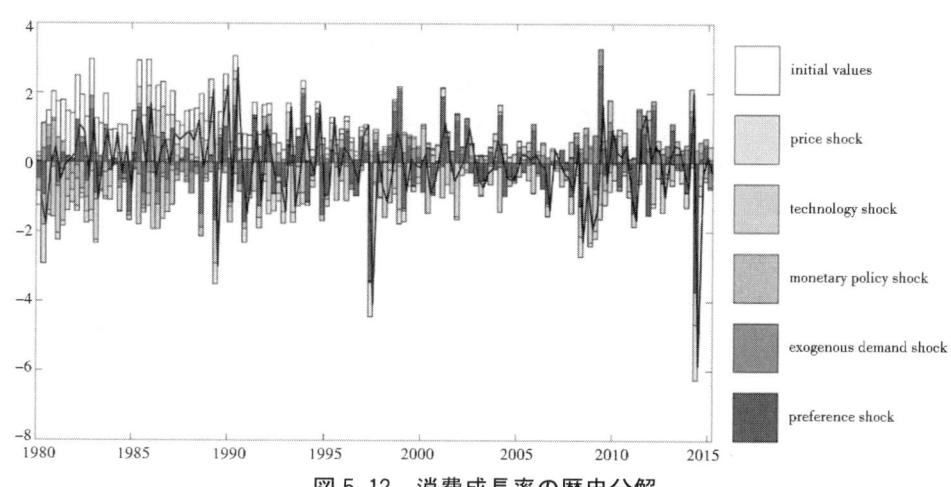

図 5.12　消費成長率の歴史分解

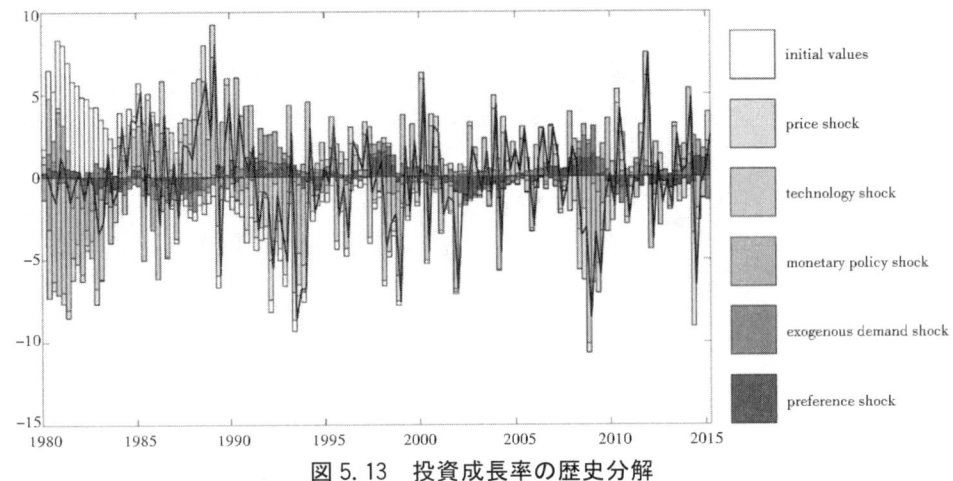
図 5.13　投資成長率の歴史分解

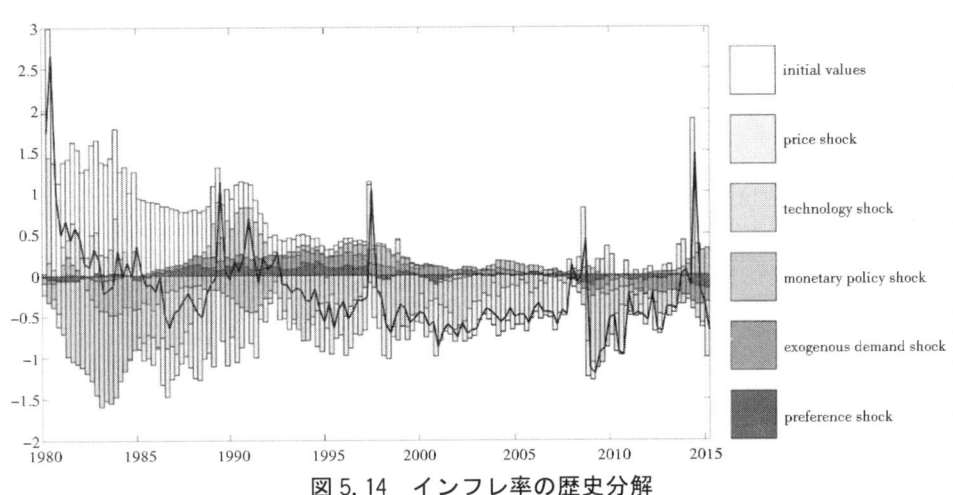
図 5.14　インフレ率の歴史分解

　消費が産出の60%を占めているから、その変動と変動の原因は産出に似ている。投資についても、似たようなショックのパターンが読み取れる。物価情勢については、デフレとゼロ金利下限は日本経済をディスカッションする際に重要な問題であるが、ゼロ金利近傍での不対称的な非線形性など、ゼロ金利制約を考慮したモデルの計量技術が未だに確立していないという事情もあって、本稿ではゼロ金利制約を考えずに推計した結果、インフレ率の変動に関して以下の示唆が得られる。インフレ率は経済のあらゆるところにある物価の集計レベルの変動を表すため、その変動の原因の特定も難しいと考えられる。図5.9から見れば、インフレの形成に各ショックも一役を買っているが、そのコアの動きが価格ショックで決められている。ほとんどの期間においてこのショックがマイナスに寄与してインフレを低めに働いている。

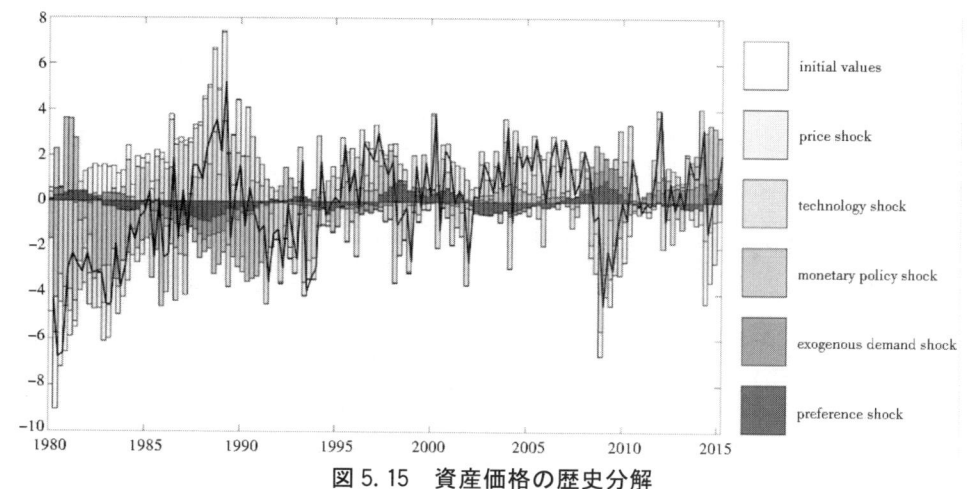

図 5.15 資産価格の歴史分解

推計に使用したデータ、産出成長率、消費成長率、投資成長率、インフレ率をそのまま歴史分解した結果は図 5.11 から 5.15 である。資産価格は観測できないため、モデルからの推計値を利用した。資産価格をまず観察する。図 5.15 から、資産価格に 2 つのピークがあり、ちょうどバブル期と金融危機に対応している。また、1997 年、大手金融機関の倒産が招いた日本の金融危機の混乱もその頃資産価格の下落から見て取れる。

6. 終わりに

この論文では、長期的な確率成長トレンドがある中規模ニューケインジアン DSGE モデルを推計した。5 節の実証分析では、インパルスレスポンスと歴史分解は外生ショックが引き起こせる日本経済の変動をシミュレーションで見て、歴史データの形成がどのような外生ショックによって解釈できるかについても見た。

この研究は純粋の実証研究として、観察ができないマクロ変数の推定、インパルスレスポンス、歴史分解などを図の形で出しており、一応満足できる結果を得たと言えるが、いくつかの問題点が残されている。以上の実証結果がもし正しいとしても、外生ショックの解釈はなお難しいところがある。とくに、技術ショックに関しては、内生的成長理論によると、生産技術が研究開発に対する投資と「技術生産」により内生的に決定されるが、短期的な景気変動に関心を持つ DSGE モデルの枠組みにおいて技術変化に関する設定と解釈はアドホックなところがある。景気変動を分解してそれを各種外生ショックの共同影響に帰結させるのは現代マクロ経済学の主流の考え方であるが、ショックがどこから来ているか、それを識別できるかについて不明な点が残っているというのも否定できない事実である。技術変化が経済に及ぼす影響のメカニズムを詳しく見たければそれをはっきりモデリングする必要がある。また、本稿は不動産部門をモデリングしていない。バブル期の投資は不動産部門に流れた場合が多い。普通の設備投資と違って、不動産投資の場合、量的な調整がゆっくりしか動かないのは投資調整のコストが莫大になる原因である。

な調整がゆっくりしか動かないのは投資調整のコストが莫大になる原因である。不動産部門をモデルに入れての考察が今後の研究にとって望ましい。日本のバブル経済は不動産を切り離して議論することができない。

　筆者の能力と時間も限られており、残念なことに、マクロ経済政策の精確な量的評価は本稿で行われていない。マクロ経済政策の評価にあたって客観的な評価基準である社会の経済厚生レベルを計算する必要がある。理論上、中央銀行が集権的な社会計画者として家計の効用関数から近似した損失関数を最小化し、逆に言えば社会の経済厚生を最大化できる金融政策は最適な経済政策であると言える。しかし、実際の研究では、「次元の呪縛」という技術制約もあって、シンプルなモデルを別にして、中規模DSGEモデルにおいて、損失関数の近似は極めて困難であり、その計算も簡単にできることではない。DYNAREには、最適化政策を求める機能は一応あるが、本稿のモデルとなると、この計算をうまく実行することができない。中央銀行の最適化問題は理論上わりと完備されているが、実証研究では、量的な評価が難しい。貨幣のミクロ基礎づけが存在するようなDSGEモデルを推定して、ゼロ金利制限、デフレが存在する経済では、量的緩和がどのようなメカニズムで効果を出しているかは今後の研究にとって実に興味深い問題である。つまり、日本経済について、本稿のモデルで分析した期間に限って議論すれば、ゼロ金利期間や量的緩和、インフレターゲットの導入など、金融政策のレジーム転換もあり、これらの問題をモデルの作成から推計まで考慮に入れて理論と整合的に分析することは今後の研究にとって大事な課題である。現在実施されている質的・量的緩和政策については、本稿の方法論の枠組みにおいて評価することができない。日本銀行が出したインフレターゲットや量的緩和など、非伝統的金融政策をどうやってモデリングして分析するかは今後の研究課題にとって価値のあるトピックである。本稿のような場合、実証的な立場から日本のマクロ経済の変動を考察し、長い時系列データを使っているが、政策問題となると、政策別にモデルを作って、評価する必要がある。時変パラメーターや政策レジーム転換を考慮したDSGEモデルを利用してもいいと考えられる。モデルの推計が最終目的ではなく、我々は現実の世界に政策インプリケーションを探し続けている。

注

本稿は修士論文「日本経済の外生ショックと景気変動——中規模ニューケインジアンDSGEモデルによる実証分析」を大幅に修正して執筆したものである。1980年から2015年までの35年間にわたる日本マクロ経済の分析はこれまでの研究にも稀に見かけないものであるが、修士論文の審査にあたってくださる先生たちのご意見にもとづいて、外生ショックの数を減らし、モデルに長期的な成長トレンドを入れるなど、モデルの構造を修正して、データを2015年第一四半期まで更新して再推計して、実証分析を行った。

原論文に指摘されたパラメーターの識別問題は今回モデルを調整したうえで再推計した結果、全部識別されることになっている。金融市場関係のデータの更新が入手しがたいため、金融市場の不完全性や石油価格ショックなどの分析は割愛することにした。パラメーターの推定値、歴史

分解など、実証分析の結果はモデルの構造により多少変化することがあるので、その解釈はあくまでもモデルの枠組みにおいて行われるべきである。なお、本稿に残りうるあらゆる過ちは筆者の責任に帰するものであり、その分析結果は筆者が所属する組織の立場と無関係である。

本文の執筆にあたって、指導してくださる丁紅衛先生に深くお礼を申し上げたい。論文の審査にあたってくださる諸先生からいろいろアドバイスも頂いており、この場を借りて再度感謝を申し上げる。

参考文献

An, S., & Schorfheide, F. 2007. "Bayesian analysis of DSGE models". Econometric reviews. 26(2-4). pp113-172

Adjemian, S., Bastani, H., Juillard, M., Mihoubi, F., Perendia, G., Ratto, M., & Villemot, S. 2011. "Dynare: Reference manual, version 4". In *Dynare Working Papers* (Vol. 1). CEPREMAP

Bernanke, B. S., Gertler, M., & Gilchrist, S. 1999. "The financial accelerator in a quantitative business cycle framework". *Handbook of macroeconomics*. 1. pp1341-1393

Christiano, L. J., Eichenbaum, M., & Evans, C. L. 2005. "Nominal rigidities and the dynamic effects of a shock to monetary policy". Journal of *political Economy*. 113(1). pp1-45

Clarida, R., Gali, J., & Gertler, M. 1999. "The science of monetary policy: a new Keynesian perspective ". (No. w7147). National Bureau of Economic Research

Canova, F. 2007. "Methods for applied macroeconomic research". Princeton University Press

DeJong, D. N., & Dave, C. 2011. "Structural macroeconometrics". Princeton University Press

Fernández-Villaverde, J. 2010. "The econometrics of DSGE models". Series. 1(1-2). pp3-49

Fukunaga, I., Ichiue, H., & Shirota, T. 2010. "Measuring Potential Growth with an Estimated DSGE Model of Japan's Economy". *Bank of Japan Working Paper Series* No. 10-E-13

Finn, M. G. 1991. "Energy price shocks, capacity utilization and business cycle fluctuations". Institute for Empirical Macroeconomics, Federal Reserve Bank of Minneapolis

Gertler, M., & Karadi, P. 2011. "A model of unconventional monetary policy". Journal of *Monetary Economics*. 58(1). pp17-34

Gerali, A., Neri, S., Sessa, L., & Signoretti, F. M. 2010. "Credit and Banking in a DSGE Model of the Euro Area". Journal of *Money, Credit and Banking*. 42(s1). pp107-141

Hirose, Y., & Kurozumi, T. 2012. "Do Investment-Specific Technological Changes Matter for Business Fluctuations? Evidence from Japan". *Pacific Economic Review*. 17(2). pp208-230

Heer, B., & Maussner, A. 2009. "Dynamic general equilibrium modeling: computational methods and applications". Springer

Hayashi, F., & Prescott, E. C. 2002. "The 1990s in Japan: A lost decade". *Review of Economic Dynamics*. 5(1). pp206-235

Iiboshi, H., Nishiyama, S. I., & Watanabe, T. 2006. "An estimated dynamic stochastic general equilibrium model of the Japanese economy: A Bayesian analysis". Mimeo

Kydland, F. E., & Prescott, E. C. 1982. "Time to build and aggregate fluctuations". Econometrical: Journal of the *Econometric Society*, pp1345-1370

Kitamura, T. 2010. "Measuring monetary policy under zero interest rates with a dynamic stochastic general equilibrium model: An application of a particle filter". *Bank of Japan Working Paper Series* No. 10-E-10

Kaihatsu, S., & Kurozumi, T. 2010. "Sources of Business Fluctuations: Financial or Technology Shocks?". *Bank of Japan Working Paper Series* No. 10-E-12

Kaihatsu, S., & Kurozumi, T. 2014. "Sources of business fluctuations: Financial or technology shocks?". *Review of Economic Dynamics*, 17(2). pp224-242

Lucas Jr, R. E. 1976. "Econometric policy evaluation: A critique". In *Carnegie-Rochester conference series on public policy* (Vol. 1, pp19-46). North-Holland

Motto, R., Rostagno, M., & Christiano, L. J. 2010. "Financial Factors in Economic Fluctuations". In 2010 *Meeting Papers* (No. 141). Society for Economic Dynamics

McCandless, G. 2008. "*The ABCs of RBCs*". Harvard University Press

Miao, J. 2014. "Economic Dynamics in Discrete Time". MIT Press

Smets, F., & Wouters, R. 2003. "An estimated dynamic stochastic general equilibrium model of the euro area". Journal of the *European economic association*. 1(5). pp1123-1175

Smets, F., & Wouters, R. 2005. "Comparing shocks and frictions in US and euro area business cycles: a Bayesian DSGE approach". Journal of *Applied Econometrics*. 20(2). pp161-183

Smets, F., & Wouters, R. 2007. "Shocks and frictions in US business cycles: A Bayesian DSGE approach". *American Economic Review*. 97(3). pp586-606

Sugo, T., & Ueda, K. 2008. "Estimating a dynamic stochastic general equilibrium model for Japan". Journal of the *Japanese and International Economies*. 22(4). pp476-502

Watanabe, T. 2009. "The application of DSGE-VAR model to macroeconomic data in Japan" (No. 225-E). *ESRI Discussion Paper Series*

Wickens, M. 2012. "*Macroeconomic theory: a dynamic general equilibrium approach*". Princeton University Press

付録:

モデルの線形化

資本遷移式

$$\widetilde{k}_t = \frac{1-\delta}{a}(\widetilde{k}_{t-1} - \varepsilon_t^A) - \frac{R^K}{a}\widetilde{U}_t + \left(1 - \frac{1-\delta}{a}\right)\widetilde{u}_t$$

限界効用

$$\left(1 - \frac{\theta}{a}\right)\left(1 - \frac{\beta\theta}{a^\sigma}\right)\widetilde{\lambda}_t$$
$$= -\sigma\left(\widetilde{c}_t - \frac{\theta}{a}\widetilde{c}_{t-1} + \frac{\theta}{a}\right)\varepsilon_t^B$$
$$+ \frac{\beta\theta}{a^\sigma}\left[\sigma\left(E_t\widetilde{c}_{t+1} - \frac{\theta}{a}\widetilde{c}_t + E_t\varepsilon_{t+1}^A\right) - \left(1 - \frac{\theta}{a}E_t\varepsilon_{t+1}^B\right)\right]$$

オイラー方程式

$$\widetilde{\lambda}_t = E_t\widetilde{\lambda}_{t+1} + \widetilde{R}_t^N - E_t\widetilde{\pi}_{t+1} - \sigma E_t\varepsilon_t^A + 1$$

労働供給
$$\varepsilon_t^B + x\widetilde{L}_t = \widetilde{\lambda}_t + \widetilde{w}_t$$

資本稼働率
$$(\widetilde{R}_t^K - \widetilde{Q}_t)\frac{\delta'(U=1)}{\delta''(U=1)} = (\widetilde{R}_t^K - \widetilde{Q}_t)\mu = \widetilde{U}_t$$

資産価格
$$\widetilde{Q}_t = E_t\widetilde{\lambda}_{t+1} - \widetilde{\lambda}_t - \sigma E_t\varepsilon_{t+1}^A + \frac{\beta}{a^\sigma}[R^K E_t\widetilde{R}_{t+1}^K + (1-\delta)E_t\widetilde{Q}_{t+1}]$$

投資
$$\widetilde{Q}_t + \frac{\beta a^{1-\sigma}}{\zeta}(E_t\widetilde{\iota}_{t+1} - \widetilde{\iota}_t + E_t\varepsilon IA_{t+1}) = \frac{1}{\zeta}(\widetilde{\iota}_t - \widetilde{\iota}_{t-1} + \varepsilon_t^A)$$

限界コスト
$$\widetilde{MC}_t = (1-a)\widetilde{w}_t + a\widetilde{R}_t^K$$

コスト最小化
$$\widetilde{w}_t + \widetilde{L}_t = R_t^K + \widetilde{U}_t + \widetilde{k}_{t-1} - \varepsilon_t^A$$

産出
$$\widetilde{y}_t = \left(1 + \frac{\phi}{y}\right)[(1-\alpha)\widetilde{L}_t + \alpha(\widetilde{U}_t + \widetilde{k}_{t-1} - \varepsilon_t^A)]$$

ニューケインジアンフィリップス曲線
$$\widetilde{\pi}_t - \gamma p\widetilde{\pi}_{t-1} = \beta a^{1-\sigma}(E_t\widetilde{\pi}_{t+1} - \gamma p\widetilde{\pi}_t) + \frac{(1-\xi_P)(1-\beta\xi_P a^{1-\sigma})}{}\widetilde{MC}_t + \varepsilon_t^P$$

タイラールール
$$\widetilde{R}_t^N = \phi\widetilde{R}_{t-1}^N + (1-\phi_R)\left[\phi_\pi\left(\frac{1}{4}\sum_{j=0}^{3}\widetilde{\pi}_{t-j}\right) + \phi_Y(\widetilde{y}_t - \widetilde{y}_t^P)\right] + \varepsilon_t^R$$

資源制約
$$\widetilde{y} = \frac{c}{y}\widetilde{c}_t + \frac{i}{y}\widetilde{\iota}_t + \frac{g}{y}\varepsilon_t^G$$

潜在産出
$$\widetilde{y}_t^P = -\alpha\left(1 + \frac{\phi}{y}\right)\varepsilon_t^A$$

外生ショック
$$\varepsilon_t^{shock} = \rho_{shock}\varepsilon_{t-1}^{shock} + \upsilon_t^{shock}, \upsilon_t^{shock} \sim i.i.d. N(0, \sigma_{shock}^2), shock \in (B, A, G, P, R)$$

『日本学研究』投稿規定

1. 『日本学研究』は、中国における日本学研究の発展に寄与することを目的として、北京日本学研究センターが編集し発行する定期刊行物である。
2. 『日本学研究』に寄稿することができるのは、中国内外において日本学研究に従事する者である。
3. 『日本学研究』には、日本学研究に関わる各分野(言語、文学、社会、文化、経済、教育等)の研究論文を掲載する。
4. 原稿執筆における使用言語は、日本語または中国語とする。
5. 投稿論文は、未発表の学術論文に限る。原稿の字数(注釈、参考文献一覧等を含む)は次のとおりとする。
   日本語　16000 字　以内
   中国語　12000 字　以内
   注：文字数はワードの文字カウント統計中のスペースを含めないものとする。
6. 投稿論文には、400 字以内の要旨を添付すること(中国語の原稿は日本語の要旨、日本語の原稿は中国語の要旨を用いること)。
7. 投稿論文には英文タイトルを添付すること。
8. 投稿の際には、印刷した原稿を送付すると同時に、電子ファイルをrbxyjtg@163.com 宛に添付して送付すること。
9. 具体的な要領は、『日本学研究』執筆要領を参照のこと。
10. 投稿された原稿は、本センターのレフェリー制度を通じて編集委員会において審査の上採否を決定する。なお、原稿は採否にかかわらず返却しない。
11. 投稿の締め切りは毎年 3 月末日とし、締め切り後 3 ヶ月以内に、採否を投稿者に通知する。
12. 投稿の際には、確実に本人と連絡が取れる連絡先(郵便番号、住所、携帯電話の番号、Email)を明記すること。
13. 原稿の投稿先及び連絡先は、次のとおりである。
    中華人民共和国北京市西三環北路 2 号
    北京外国語大学内北京日本学研究中心
    『日本学研究』編集委員会
    (郵便番号 100089　電話＋86 - 10 - 88816584)
14. 『日本学研究』は毎年 10 月ごろ出版する。出版後、採用された論文の執筆者に対し当該号の『日本学研究』を 2 部送付する。投稿論文には原稿料を支払わない。
15. 本規定は、『日本学研究』第 20 号から適用する。

(この投稿規定は 2015 年 3 月改定)

『日本学研究』執筆要領

1. 投稿論文は、パソコンでプリントアウトしたものと、電子ファイルを同時に提出する。印刷はA4サイズの用紙を用い、一行40字、一ページ30行とする。また、添付ファイルはMicrosoft Word文書もしくはテキストファイルとする。
2. 原稿の構成は表紙、要旨、キーワード、本文、注、参考文献、図・表とする。表紙には題名、英文タイトル、著者名、所属機関名（ない場合は省略）などを記載する。具体的には以下の通りである。
   (1) 論文タイトル（中央揃え）
   (2) 英文タイトル、著者名のローマ字表記（中央揃え）
   (3) 所属機関、著者名（中央揃え）
   (4) 要旨（MS明朝10.5、400字以内。中国語の原稿は日本語の要旨を、日本語の原稿は中国語または英語の要旨を提出する）
   (5) キーワード（MS明朝10.5、3－5語、原稿の使用言語と一致させる。）
   (6) 本文（MS明朝10.5）
   (7) 注釈（後注とし、注見出しは本文の該当箇所の右肩に[1]、[2]、[3]の要領で通し番号を付す。一括して本文の後ろに記載する）
3. 日本語を使用して執筆する場合は、原則として常用漢字、現代かなづかいを用いる。中国語の場合は、国務院の公布する『簡化字総表』に従う。
4. 年、月、日およびその他の数字は、原則としてアラビア数字を用いる。また年代は西暦で表すこととし、必要な場合は1993（平成5）年のように、元号を括弧がきにする。
5. 文献引用については、本文中および注の文中に（著者名 刊行年:頁数）のような割注を入れる。
   例：（柳田　1942:45）、（王　1992:123－124）、（Campbell 1988:56－57）
   ただし同年次刊行物の場合は、アルファベット順により、下記の例のように表記する。
   例（柳田　1942a:21－22）　（柳田　1942b:33－34）
6. 本文および注において参照した文献は、別紙に一括にして記載する。
   (1) 文献の配列は、著者名のアルファベット順とする。
   (2) 記載は以下のとおりとする。なお、欧文の雑誌および単行本はイタリックとするため原稿には斜字体で印字するか、あるいは下線を引いてください。
     (a) 雑誌論文の場合、著者名．年号．「論文名」．『誌名』．巻（号）．頁数．の順と

する。

石田英一郎．1984．「文化史的民族学成立の基本問題」．『民族学研究』．13(4)．300－311．
Howell，Signe．1985．Formal Speech Act as One Discourse．Man(N. S.)21(1)．79－101．

　　(b)論文集に記載されている論文の場合、著者名．年号．「論題」．『論文集名』．編者名．頁数．出版社．の順とする。

杉浦健一．1942．「民間信仰の話」．『日本民俗学研究』．柳田国男（編）．117－143、岩波書店。
WARD，Barbara E. 1965. Varieties of the Conscious Model：The Fishermen of South China. In The Relevance of Models for Anthropology. Michael BANTON(ed.)，113－137. Tavistock Publications.

　　(c)単行本の場合、著者名．年号．『書名』．出版社．の順とする。

泉靖一．1966．『文明をもった生物』．日本放送出版協会．
Douglas，Mary. 1966. Purity and Danger：An Analysis of Concepts of Pollution and Taboo. Praeger.

　　(d)翻訳書の場合は以下のようにする。

ダグラス、メアリー著．1972．『汚穢と禁忌』．塚本利明訳．思索社．

7. 図・表ごとに通し番号（「図1」、「表1」の要領により記入）、図・表名および説明、出典等を記す。
8. 特殊文字、外字を使用する場合は、原稿の中で大きめのサイズで示すと同時に、見本を添付すること。
9. 著者校正は初校のみとする。初校の段階での誤植以外の大幅な修正は原則として認めない。

《日本学研究》征稿启事

1. 《日本学研究》是为促进中国日本学研究发展，由北京日本学研究中心定期编辑出版的学术刊物。
2. 国内外从事日本学研究的人员均可向《日本学研究》投稿。
3. 《日本学研究》主要刊载与日本学研究各领域密切相关的研究论文（包括语言、文学、社会、文化、经济、教育等）。
4. 可以使用日文或中文撰稿。
5. 来稿须是尚未发表的学术论文。字数（包括注释、参考文献等）规定如下：
   日文　16000 字　以内
   中文　12000 字　以内
   注：字数以 Word 文档字数统计中不记空格的字符数为准。
6. 来稿须附 400 字以内的摘要（中文稿件附日文摘要；日文稿件附中文摘要）。
7. 所有来稿须有英文题目。
8. 投稿时，须提交印刷的纸制稿件，同时应把电子版发送到以下电子信箱：rbxyjtg@163.com
9. 其他具体要求请参照《日本学研究》撰稿规范。
10. 本中心编辑委员会将通过严格公正的审稿制度对来稿进行审阅，最终决定是否采用。所有来稿均不退还。
11. 征稿的截止日期为每年三月末，征稿截止后三个月内向作者通知审稿结果。
12. 投稿时，须写清确实可以取得联系的联络方式（邮编、地址、手机号码、电子信箱）。
13. 投稿地址及联系方式如下：
    100089 中国北京市西三环北路 2 号 北京外国语大学 216 信箱
    　　　北京日本学研究中心《日本学研究》编辑委员会 收
    电话：010 - 88816584
14. 《日本学研究》将于每年 10 月出版。出版后，将向作者寄送两本《日本学研究》。不支付稿费。
15. 本规定从《日本学研究》第二十期开始执行。

（本规定修改于 2015 年 3 月）

《日本学研究》撰稿规范

1. 投稿须为电脑打印的稿件,同时附电子版。打印稿请使用 A4 纸,格式为一行 40 字,每页 30 行。电子版使用 Microsoft Word 文档或纯文本格式。
2. 原稿的结构为封面、摘要、关键词、正文、注释、参考文献和图/表。封面上需注明论文题目、英文标题、作者名、作者的所属工作单位(没有的话可省略)。具体要求如下:
   (1)论文标题(居中)
   (2)英文题目、作者姓名的拼音(居中)
   (3)所属单位、作者名(居中)
   (4)摘要(字号为宋体五号字、400 字以内、中文稿件附日文摘要、日文稿件附中文摘要)
   (5)关键词:(字号为宋体五号字、3-5 词,与正文语言一致)
   (6)正文(字号为宋体五号字)
   (7)注释一律采用尾注。请在正文需要注释部分的右上角标上小的[1]、[2]、[3]等的符号,然后统一在正文的后面附上注释。
3. 若用中文执笔,请按照国务院公布的《简化字总表》书写。若用日文执笔,请使用常用汉字和现代假名。
4. 年、月、日以及其他数字,原则上使用阿拉伯数字。年份使用公历,必要的话可以把年号写在括号里,如 1993 年(平成 5 年)。
5. 正文和注释文中引用参考文献的话,请按照以(作者名 出版或刊登年月:引用页码)顺序注明。
   例:(柳田 1942:45)、(王 1992:123-124)、(Campbell 1988:56-57)等等。
   若参考文献为同一人同一年出版的不同文献,请按英文字母的顺序标注如下:(柳田 1942a:21-22)、(柳田 1942b:33-34)。
6. 正文和注释所参考的文献资料需单列一个参考文献部分,附加在原稿的末尾,格式如下:
   (1)文献的排列顺序要按照作者姓名的字母顺序排列。
   (2)参考文献的记载方式如下。欧文杂志名和单行本书名一般使用斜体字,所以请在原稿中用斜体字注明参考文献,或在杂志名和书名下划上横线注明。
   (a)若参考文献为学术刊物的论文,请按照作者名.出版年份."论文名".《刊物名》.卷(期).页数.的顺序书写。
   王伟.2002."日本医疗制度的课题与改革".《日本学刊》.2002 年第 3 期(总第 69

期). 99 - 109. 中华日本学会/中国社会科学院日本研究所主办.

Howell, Signe. 1985. Formal Speech Act as One Discourse. Man (N. S.) 21(1). 79 - 101.

  (b)若参考文献为书刊中汇编论文集论文,请按照作者名. 出版年份."论文题目".《论文集名》. 编者名. 页数. 出版社. 的顺序书写。

王一川. 2002."当代大众文化与中国大众文化学".《全球化与中国影视的命运》. 张凤铸/黄式宪/胡智锋主编. 230 - 254. 北京广播学院出版社.

WARD, Barbara E. 1965. Varieties of the Conscious Model: The Fishermen of South China. In The Relevance of Models for Anthropology. Michael BANTON(ed.). pp113 - 137. Tavistock Publications.

  (c)若参考文献为单行本,请按照作者名. 出版年份.《书名》. 出版社. 的顺序书写。

杨伯溆. 2002.《全球化:起源、发展和影响》. 人民出版社.

Douglas, Mary. 1966. Purity and Danger: An Analysis of Concepts of Pollution and Taboo. Praeger.

  (d) 若参考文献为译著,则书写如下。

克利福德·格尔茨著. 1999.《文化的解释》. 韩莉 译. 译林出版社.

7. 每个图/表须按照顺序标号(如〈图1〉、〈表1〉),并注明图/表的名称、说明和出处等。
8. 如果使用特殊文字和造字,请在打印稿件中使用比原稿稍大的字体,并另附样字。
9. 初校由作者进行校对。在初校过程中,原则上不接受除笔误以外的大幅修改。

Contents

Is the de-marked Noun Phrase as Agent the Subject of the Sentence Syntactically
.... Meng Huijun(3)

Current Situation of the Taxonomy about Japanese and Chinese Homographs:
—A Comparative Study of Two Versions Taxonomy about Two-Character
Kanji Words .... Ye xuyi(14)

Honorifics in Modern Japanese from the Perspective of Its Speakers
—On the Differentiated Uses and Expressiveness of Honorifics .... Wu Liyin(26)

A Study of the "Resultative Aspect" of the Transitive Verb in Reflexive Constructions
—Focusing on Japanese "teiru" .... Han Jiamei(47)

The Possibility of the Existence of Minor Category and Its Theoretical Significance:
The Grammatical Attribute of Dummy Verb suru .... Du Shengbin(61)

Study on the Textbook of Chinese Students in Japan in the 20's of 20th Century: For
Example of *Japanese Zennheki* .... Zhu Guirong(75)

Story Teaching Material of Japanese Textbooks in China for One Hundred Years
.... Zhang Jinlong Li Youmin(89)

A Study on Keigo in the Textbooks for University Japanese Majors in China
—Focusing on the New Description about Keigo .... Ren Lijie(98)

The Studies of Japanese Word Recognition by Chinese Learners of Japanese
in Teaching Japanese as a Second Language .... Fei Xiaodong(113)

The Effectiveness of the Japanese Learning Using the Movie
—For Japanese Beginner's Learners .... Kato Yasuyo Bi Chunling
QinYi Dantsuji Masatake(124)

About the Relationship of *Wu Bao Zhuan* and *Hinfukuron*
.... Yue Yuankun(135)

Comments on Kunikida Doppo' Essay Takibi on Preliminary Stage
—In Relation to the Poem 'Ode: Intimations of Immortality from Recollections
of Early Childhood' by William Wordsworth .... Qu Li(143)

Contents

The Changes of Zensemokokumu between *Nihon Ryouiki* and *Konjakumonogatari-syu* ·· Zhao Jiyu(151)

A Study of Adjectives-Kundoku in the old Manuscripts of Iwasaki *Nihon Shoki*
·· Liu Lin(162)

The Construction of National Image to the Western World
—A Comparative Study of Nitobe Inazo and Gu Hong-ming's
·· Li Binying(175)

Overlapping and Reconstruction of the Concept of Loyalty in Liang Qichao and Inazo Nitobe
—From Stories of Chen Ying, Gongsun Chujiu and Sugawara Michizane
·· Zhang Xiaoming(185)

Nakae Chomin's Translation of Kant's Philosophy and Confucianism
—In Terms of "LiangZhi" and "Liangxin" ···································· Li Ya(192)

Analysis of Hokusai's Technique and Intention in Eight Views of Ryukyu
·· Cheng Qian(203)

The Changes of the Rural Governance in the Postwar Japan ········· Le Yanzi(221)

A Research on Presupposed Action Structure of " Good Wife and Wise Mother" Theory ·· Li Shuqin(233)

A Comparative Study in the Focus of Limit-system Toritate Particles
—Concentration on Japanese "Sae""Made""Mo" and Chinese "Lian" Structure ·· Wu Qingxia(243)

The Acquisition of Tense-Aspect Morphology in Japanese as a Second Language
·· Yao Yijia(261)

Deep Analysis of Miyazaki Hayao Howl's Moving Castle
—Focusing on the Representation of War ···································· Wang Huilin(284)

The Kosode Design Styles in Genre Paintings of the Early Modern Period: A Case Study of Scene of Amusement in Osaka City Museum of Fine Arts
·· Ding Yun(309)

A Study on Measurement Index of the Retired Elderly' Re-socialization
·· Wang Yongli(345)

Exogenous Shocks and Macroeconomic Fluctuations in Japanese Economy
—An Empirical Analysis Based on Middle-Scale New-Keynesian DSGE Model
·· Wang Rui(367)

特别声明

投稿信箱更新为 rbxyjtg@163.com。

原来的投稿信箱 rbxyjtg@gmail.com 将不再使用。

特此声明！

北京日本学研究中心

2015 年 3 月